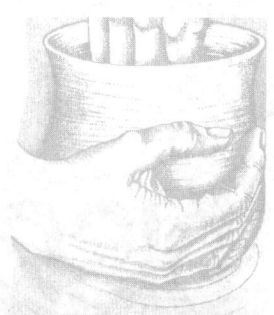

DISCIPLESHIP
제자훈련

데이비드 왓슨 지음 ‖ 권성수 옮김

기독교문서선교회

DISCIPLESHIP

By
David Watson

Translated by
Sung-Su Guon

1987
Christian Literature Crusade
Seoul, Korea

역자 서문

　요즈음 문득문득 생각이 머무는 부분이 있다. 팔닥팔닥 고동치는 심장이 기계심장, 인공심장으로 대치되는 것 같다. 기독교 복음생명이 너무 기계화, 인공화되고 있지 않은가? 거저받은 복음이 상품화되고 있지 않은가? '삶'이 하나의 '술'(術)이 되어가고 있지 않은가? 교회가 유지되어야 하고 확장되어야 할 '조직'이 되어가고 있지 않은가? '제자훈련'이 유행하고 있지만 '성장도구' 혹은 '성공수단'으로 활용되고 있지 않은가?
　생명의 복음이 상아탑 속에서 도식화되며 삶이 술이 되고 진리가 성공수단이 되는 듯한 현실을 살면서 내 자신이 갈등을 겪고 있다. 7년 가까이의 유학생활에서나 귀국해서나 여전히 자아에 대한 고뇌가 있다. 그것은 '과연 내 삶이 세속에 물든 것이 아닌가?' 하는 의식이다. 성경의 크리스찬, 성경의 교회는 어쩐지 오늘의 나, 오늘의 교회와 거리가 먼 것 같다.
　이런 생각을 하면서 우연하게도　데이비드 왓슨의　『제자훈련』을 접하게 되었다. 영국에 머물 때 기숙사 친구가 사준 것인데 읽으면서, "아! 바로 이것이다!"는 느낌이 여러 차례 들었다. 이것이야말로 생명이고 삶이구나고 무릎을 치게 되었다. 자신의 고뇌에 한가닥 해결의 실마리를 제공해 주고, "이렇게 살아도 되는가?"는 도전을 끊임없이 던져주고 있다.

왓슨은 복음진리를 친히 체험하고 체득하였다. 그리고 그대로 살려고 몸부림쳤고 또 그것을 신자들과 '함께' 실천하려 노력하였다. 그와 함께 한 자들이 그 생명에 동참하게 되었고, 그 생명이 삶에서 삶으로 전달되었다. 그는 질병으로 일찌기 세상을 떠나 주님에게로 갔지만 생명운동은 영국 각 도시로 번지고 있다. 캠브리지에 왓슨 후계자와 그 팀이 와서 복음을 전하는 집회가 있어 가보았더니 약 2,000명의 굶주린 영혼들이 모여 생명을 듣고 기뻐하는 것을 보았다.

생명이 삶 속에서 움직이는 것을 보았고, 읽었고, 또 그 움직임을 본인이 느끼면서(세속과의 갈등을 하면서) 이런 좋은 것을 우리 나라 교계에 소개하고 싶은 충동 때문에 번역하게 되었다. 이 책은 '사춘기 소년'과 같이 체격은 어른이나 정신이 아직 어린 한국 교계에 정신의 좋은 자양분이 될 것이다. 또 이미 앞서간 서구 교회를 몰락으로 몰고 가고 있는 세속화 현상이 급속히 번지고 있는 한국 교계에 "이래도 되는가?"는 도전을 던질 것이다. 설교나 성경공부나 신앙강좌나 수련회에서 귀한 자료로 쓸 수도 있을 것이다. 그러나 역자가 그랬듯이 "정말 이것을 가르칠 수 있을까? 가르치려면 내 자신부터 고쳐야 되는데… 이것을 가르쳐도 교인들이 도망가지 않을까?" 하는 갈등의 과정을 거치고나서, 본인이 도전받으면서 남들을 도전하게 되리라 본다.

아무쪼록 복음진리의 '맑고 맑은 옹달샘' 물을 이 책을 통하여 뭇독자들이 마시게 되길 바라며 그로 인해 많은 오염물이 제거되기를 바란다.

1987년 이른 봄 과천에서
역자 識

차례

역자서문/권성수

서 언	7
1 제자로 부르심을 받아	13
2 하나님의 가족으로 부르심을 받아	31
3 공동체를 창조하며	45
4 제자를 삼아	64
5 성령 안의 생활	96
6 기 도	122
7 하나님의 말씀	148
8 영적 전쟁	180
9 복음전도	202
10 제자도와 검소한 생활양식	229
11 제자도와 희생	254
12 넘치는 소망	275
부록A : 검소한 생활양식을 위한 복음주의자의 공약	293
부록B : 제자훈련 기초과정	303
부록C : 제자훈련 중급과정	305
참고서적	324

서 언

1980년대는 마르크스주의와 이슬람교와 제3세계 기독교 간의 투쟁의 시대가 될 것이라는 것이 중론이다. 서구 기독교는 이 범세계적 투쟁에 뛰어들어 무엇을 뚜렷하게 기여하기엔 너무 허약하고 너무 무기력하다. 여하간 80년대의 공산주의와 이슬람교와 제3세계 기독교의 세력다툼은 그야말로 심각할 것이다.

1917년 이래로 마르크스주의는 잔인한 결의를 보여왔다. 때로는 경악을 금치 못할 정도였다. 1975년 미국 노동조합(American Trade Unionists)연설에서 솔제니친(Alexander Solzhenitsyn)은 이렇게 말했다.

> 공산주의 혁명이 일어나기 전 80년 간에는…매해 17명꼴로 처형되었다. 1918년과 1919년 2년간 체카(Cheka)정권은 매월 재판없이 1,000명 꼴로 처형시켰다… 1937~38년 스탈린의 테러가 절정에 달했을 때 처형된 자들을 매월로 계산해 보면 매월 40,000명 이상이 총살당한 것으로 나타난다.

스탈린은 인류역사상 최악의 대량학살범이었다.

이슬람교의 광신적 팽창정책 역시 여러 이슬람 국가들에서 공산주의와 비슷한 잔학상을 드러내왔다. 이슬람교에서 기독교로 전향하는 자들은 항상 생명의 위협을 느끼고 있다. 심지어 친가족으로부터 위협을 받고 있다.

숫자상으로는 아직도 기독교가 가장 막강한 종교이다. 40억이 넘는 세계 인구 중 약 사분의 일이 기독교인이다. 메시지로 보면 예수 그리스도의 복음보다 더 좋은 소식이 세계 어디에도 없다. 예수님 외에 그 누가 인간심령의 깊디 깊은 울부짖음에 응답할 수 있는가? 허무한 인생에 의미를 찾는 울부짖음이 어디나 있다. 마음의 평안을 찾기 힘든 시대에 용서를 찾는 울부짖음이 있다. 불행과 압박이 어디서나 판을 치고 있는 세상에서 자유를 찾는 울부짖음이 있다. 절망의 먹구름이 짙어만 가는 세상에서 희망을 찾는 울부짖음이 있다. 이런 울부짖음에 대해 분명하게 응답하실 이는 예수 그리스도 뿐이다. 예수는 우리의 깊은 욕구를 구체적으로 충족시킬 수 있는 분이시다. 그는 인간 가운데 친히 함께 사심으로써 인간의 마음을 변화시키는 능력이 있는 분이다.

기독교는 이렇게 숫적인 우위와 현실에 호소하는 메시지와 막강한 영력을 가지고 있다. 그런데 어찌하여 기독교(특히 서구 기독교)가 이토록 무기력해졌는가? 나이로비(Nairobi)에 있는 세계 복음화연구소(Center for Study of World Evangelization)는 최근 세계 223개국, 6,270 종족, 50대 종교, 9,000개 이상의 기독교 교단(하나로 만드시기 위해 십자가 지신 예수님을 생각할 때 심각한 문제)을 철저하게 분석하여 컴퓨터 통계를 발표했다. 이 통계에 의하면 1979년 한해 동안 유럽에서만 1백 81만 5천 1백 명의 성인 기독교인들이 기독교 신앙을 포기하고 불가지론자, 무신론자, 혹은 타종교나 이단종교의 추종자가 되었다고 한다. 북미에서도 95만 명이 줄었다는 것이다. 이것은 기독교로 전향한 자들이 기독교 신앙을 포기한 숫자이다. 그러나 동시기에 제3세계 교회는 기하급수적으로 성장하였다. 아프리카에서는 6백 15만 2천 8백 명, 그러니까 매일 1만 6천 6백 명씩 증가하였다. 남아시아에서 3천 4백 81만 3천 명이 증가하였다.[1] 어째서 서구 기독교는 급속도로 줄어들고 가난에 허덕이는 제3세계 교회들이 이토록 부흥하였을까? 어찌하여 서구 기독교는 마르크스주의와 이슬람교와의 끈질긴 투쟁에서 아무것도

---

1) *Evangelical Missions Quarterly*, 1979년 10월호, p. 228.

할 수 없는 나약한 처지로 떨어졌는가?

솔제니친이 1976년 비비씨 파노라마(BBC Panorama)에서 이렇게 일침을 놓았다. "나는 서구의 급속도의 몰락이 임박한 것에 그다지 놀라지 않는다… 소련이 핵무기를 쓸 필요가 없다. 서구는 맨 손으로 생포될 수도 있다."

왜 이렇게 되었는가? 서구 기독교가 그리스도의 제자도를 무시해 왔기 때문이다. 대다수의 서구 기독교인들은 교인, 좌석 메꾸는 자, 찬양 부르는 자, 설교 맛보는 자, 성경 읽는 자, 심지어 중생한 자, 성경 읽는 자, 혹은 성령충만한 은사주의자(charismatics)이다. 그러나 예수님의 참제자는 아니다. 서구 기독교가 진정한 제자도를 배우고 제자가 되기 위해서는 개혁되어야 한다. 이렇게만 된다면 서구 사회는 놀랍게 변혁될 것이다.

이것은 결코 허튼 소리가 아니다. 1세기에 소수의 무명한 제자들이 성령의 능력으로 제자역활을 했을 때 전무후무한 영적 혁명이 일어났다. 세계를 재패한 로마 제국도 3세기 안에 기독교 복음의 위력 앞에 무릎을 꿇었다. 위대한 혁명지도자들마다 모든 문제의 핵심에 뿌리박고 있는, 난치병과 같은 인간본성과 싸웠다. 구에바라(Che Guevara)는 일찌기 이렇게 말했다. "나는 사람을 바꾸어 놓는 혁명이 아니라면 흥미가 없다." 혁명(revolution)이란 글자 그대로 도는 것(revolve)이다. 죄인들을 돌려서 받아들이고, 죄인들을 돌려서 내보내는 것이다. 사실 모든 형태의 혁명이 안고 있는 문제는 모든 것을 변화시키거나 사람의 마음만은 변화시키지 못한다는 것이다. 마음이 바꾸어지기 전에는 결국 아무것도 바뀐 것이 아니다. 그러나 그리스도는 성령의 내적 능력을 통해 우리 모두의 심층심부의 인성과 욕망을 바꿀 수 있는 사랑의 혁명을 제시하신다.

기독교 혁명의 영향이 얼마나 큰지 교회역사상 여러 경우를 통해 볼 수 있다. 그것은 항상 신자들이 제자의 댓가를 치룰 때에만 가능했다. 제3세계 교회가 비교적 활발한 것은 바로 이 때문이다. 물론 정치사회적 요인도 개입되어 있을 것이다. 그러나 정치사회적으로 가난한 곳에서 신약 시대 제자도의 산 증거를 선명하게 볼 수 있다.

부유한 서구 사회의 앞날은 너무도 어둡다. 지금이야말로 예수님께서 채택하셨던 사회갱신 계획을 무시할 수 없는 때이다. 예수님은 정치선언을 하시지 않았다. 일체의 폭력을 거부하셨다. 사회의 영향력있는 지위를 피하셨다. 전에 없었던 방법으로 세계를 변화시킨 예수님의 계획은 실상 아주 단순한 것이었다. 자기 주변에서 소수의 헌신적인 제자들을 모으셨다. 3년의 값진 생활을 그들과 함께 사시고 그들과 함께 나누시고 그들을 돌아보시고 가르치시고 교정하시고 신임하시고 용서하시고 끝까지 사랑하셨다. 그들은 때로 그를 낭패케 했고, 그에게 상처와 실망을 주었고, 그에게 죄를 지었다. 그럼에도 불구하고 예수님은 그들로부터 사랑을 철수하지 않으셨다. 이렇게 훈련받은 제자들이 후에 약속된 성령의 능력을 덧입고 당시 세계를 거꾸로 뒤집어 놓았다.

어느 공산주의자가 서구 기독교인에게 이렇게 도전했다.

> 복음은 마르크스 철학보다 더 강한 사회개혁 무기이다. 그런데 끝내 공산주의가 항상 기독교를 이기고 만다… 우리 공산주의자들은 말장난을 안한다. 우리는 현실주의자들이다. 일단 목표를 달성하겠다고 각오하면 그 수단을 획득할 줄 안다… 만일 당신이 복음을 실천하지도 전파하지도 않고 복음을 위해 시간과 돈을 희생하지 않는다면 누가 복음의 고귀한 가치를 믿겠는가?…우리는 공산당 메시지를 믿는다. 그러기에 우리는 모든 것, 심지어 우리의 목숨까지도 희생할 각오가 되어 있다…그런데 당신들은 손에 흙묻힐까 두려워하고 있다.

제자훈련이 바로 예수님의 세계변혁 계획이다. 이것은 아주 단순한 계획이었다. 그러나 대부분의 서구 교회가 이것을 무시해 왔다. 이 계획 대신에 리포트니, 위임식이니, 회의니, 세미나니, 선교회니, 십자군 운동이니, 동창회니, 예배의식 개혁이니 등등으로 대치시켜 왔다. 제자훈련의 의미에 대해서는 별로 관심이 없었다.

이 책은 예수님을 따르는 것이 무엇인지 다시 살펴보고 예수님을 따르는 방법을 제시하려고 쓴 책이다. 성령의 끊임없는 재생능력과 함께 미래를 향한 우리의 현실적인 희망을 품고 이것을 제시한다. 오늘날의 세계는 절망과 멸망으로 급전락하고 있다. 이것을 막을 길은 이밖에 없다. 하나님을 버리고 몰락하는 세계를 교회가 붙잡고 피조물 전체를 치유하는 일에 교회가 대행자(agent)가 되는 것을 하나님은 원하신다.

이 일을 위해 그리스도께서 지금도 사람들을 부르시고 계신다. 삶을 그리스도에게 전적으로 헌신하고 그리스도에 대한 사랑으로 모든 다른 신자들을 전적으로 사랑하며 그리스도께서 오늘의 세계에서 원하시는 모든 일을 위해 자기 몸을 산 제물로 바칠 자들을 부르시고 계신다. 이것이 나의 강한 신념이다. 이것이 이 책이 발굴하려는 제자훈련이다.

1

제자로 부르심을 받아

"그리스도께서 사람을 부르실 때는 와서 죽으라고 명하신다." 이것은 본회퍼(Dietrich Bonhoeffer)의 말이다. 이 일침 속에 그리스도의 제자훈련의 본질이 담겨 있다. 제자훈련의 본질은 철두철미한 비타협성에 있다. 죽으라고 할 때 물론 죽는 형태도 여러 가지다. 모든 신자가 다 순교소명을 받은 것은 아니다(본회퍼 자신처럼). 그러나 신자라면 누구나 어떤 희생이건간에 각오하고 딱 떨어지게 제자로 헌신하도록 부름을 받는다.

제자훈련이란 것이 본래 예수께서 자기를 따르도록 사람들을 부르셨을 때 비로소 생겨난 개념은 아니었다. "제자로 삼다"($\mu\alpha\nu\theta\alpha\nu\omega$)는 동사가 신약에 25회(복음서에 6회) 나오는데 비해 "제자"란 명사는 약 264회(주로 복음서와 사도행전) 나온다. 이것은 놀라운 사실이 아니다. 당시 헬라어로 이 말은 직업훈련을 받는 도제, 학문을 배우는 학도, 혹은 어느 스승의 문하생이란 의미로 쓰였다. 신약 시대에도 이런 일반적인 의미를 찾아볼 수 있다. 가령 "모세의 제자들"(요 9:28 이하)이라는 말은 모세 율법을 연구하는 학도들이라는 말이며, "바리새인들의 제자들"(막 2:18)이란 말은 기록된 토라(구약 율법)와 구전의 토라(선조들의 전승)에 나타난 유대 전통을 정확하고 자세하게 아는 일에 전념하는 자들이란 말이다. 이런 제자들은 자기들의 랍비에게 전폭적으로 굴복하며 스승의 해석과 지도없이 성경연구를 하지 않게 되어 있다. 제자들도 다방면의 훈련 끝에 스승이 되겠지만 훈련과정에서는 그렇게 철저하게 스승에게 복종한다.

기독교적 제자개념에 더 가까운 것으로서 세례 요한의 제자들을 생각해 볼 수 있다. 그들은 신약적 선지자인 요한에게 굴복하는 자들로서 스승을 따라 금식하고 기도했고(막 2:18, 눅 11:1), 유대 지도자들에게 대항했으며(요 3:25), 스승 요한이 투옥되어 있을 때나(마 11:2) 스승이 죽을 때도(막 6:29) 그에게 충성을 다했다. 모세의 제자들이나 바리새인들의 제자들과는 달리 그들은 스승의 메시지 뿐 아니라 스승 자신에게 삶을 전적으로 던진 자들이었다.

이와 같이 예수님께서 일을 시작하실 때 이미 제자훈련이란 것이 널리 알려져 있었다. 그런데 예수님은 이미 알려진 제자도를 사용하시면서도 동시에 독특한 제자훈련 패턴을 창조해내었다. 예수님은 자신이 친히 주도권을 잡으시고 제자들을 불러 따르게 하였다. 그는 그들로 자기 교훈 뿐 아니라 그 자신을 따르도록 부르셨다. 그는 그들에게 절대복종을 요구하였다. 그는 그들에게 봉사하도록 가르치셨고, 또 자기가 고난을 당하리라고 미리 말씀하셨다. 그는 각계 각층의 아주 평범한 사람들을 고루 부르셨다. 이제 제1장에서 그리스도의 부르심을 개략적으로 살펴보고, 제2장부터 이 주제를 계속 전개하려고 한다.

예수님에 의해 부르심을 받음

랍비 세계에서는 제자가 스승을 선택해서 자원하여 그의 학교에 입학하도록 되어 있다. 그러나 예수님의 경우 주도권이 전적으로 스승(예수님)에게 있었다. 시몬, 안드레, 야고보, 요한, 레위, 빌립 등 — 이들은 예수님께서 자기를 따르도록 직접 부르신 자들이었다. 부자 청년이 예수님에게로 와서 예수님('선한 스승')에게 중요한 질문을 던졌을 때도 예수님은 제자가 되려면 절대희생을 해야 한다고 하시면서 "와서 나를 따르라"고 하셨다.

1. 제자로 부르심을 받아

　물론 예수님의 인격이 정직하고 교훈이 좋고 기적의 능력이 있어서 이에 끌려 예수님에게 속해 제자가 되겠다는 자들이 있었지만 항상 그들에게 강력한 조건을 제시하신 분은 예수님 자신이었다. 때로는 너무나 어려운 조건이라 생각하고 "이것은 우리가 감당 못한다. 누가 이런 말을 들으랴?"고 반발하는 자들도 있었다(요 6:60). 그래서 그들은 예수님을 떠났다. 예수님께서 밤새 철야 기도하시고 뽑아내사 부르신 열 두 제자만 남았다. 이들이야말로 특별히 하나님께서 예수님에게 주신 자들이었다(요 17:9). 물론 열 두 제자는 우리와 다른 독특한 기능이 있었지만, 하나님의 주도 하에 예수께서 부르신다는 사실은 모든 제자들에게 적용되는 것이다. "너희가 나를 택한 것이 아니요 내가 너희를 택하여 세웠나니 이는 너희로 가서 과실을 맺게 하고 또 너희 과실이 항상 있게 하여 내 이름으로 아버지께 무엇을 구하든지 다 받게 하려 함이니라"(요 15:16).

　이 말씀에서 두 가지를 생각해 볼 수 있다. 첫째, 우리가 일단 예수님에 의해 직접 선택받은 제자들임을 인식하게 될 때 예수님에 대한 우리의 태도가 완전히 달라지게 되며 예수님이 우리에게 맡기신 일에 대해 기어이 해야겠다는 동기유발이 될 수밖에 없다. 나라를 대표하여 올림픽 선수로 선택되면 올림픽에 대한 그의 태도와 자세가 구경군으로 참석하는 자와는 전혀 다를 것이다. 국가대표로 올림픽에 출전하는 자는 자기가 선택되었다는 특권 때문에 절대희생과 절대헌신을 각오할 것이다. 아무리 열광적인 관람객이라도 가질 수 없는 강렬한 책임의식을 가지게 될 것이다. 오늘날 교회는 **자기들이** 스스로 "그리스도를 위한 결단을 내렸다"고 느끼는 많은 교인들 때문에 고통을 받고 있다. 혹은 **자기들이** 어느 교회에 등록하기로 결정을 내렸다고 생각하는 자들 때문에 교회가 상처를 받고 있다. 이런 자기중심 내지 인간중심의 사고방식이 영적 죽음을 낳고 비생산성을 가져온다. 우리가 그리스도에 의해 선택과 부르심을 받고 사명위임을 받았다고 인식할 때에야 비로소 우리 몸을 "하나님이 기뻐하시는 거룩한 산 제물"로 바칠 실제적인 책임의식을 가지게 될 것이다.

　사도들은 이런 사명의식(하나님의 부르심을 받았다)을 강하게 느꼈던 것이 분명하다. "우리는 순전함으로 하나님께 받은 것같이 하나님 앞에서와 그리스도 안에서 말하노라"(고후 2:17). "우리는 순수한 동기로 하나님으로부터 파송받은 사명자로서 하나님 앞에서와 그리스도 안에서 말한다"(많은 사람들은 하나님의 말씀을 이익의 도구로 삼지만). "이러므로 우리가 이 직분을 받아 긍휼하심을 입은 대로 낙심하지 아니하고"(고후 4:1). "예수 그리스도의 종 바울은 사도로 부르심을 받아 하나님의 복음을 위하여 택정함을 입었으니…로마에 있어 하나님의 사랑하심을 입고 성도로 부르심을 입은 모든 자에게"(롬 1:1,7). "하나님의 사랑하심을 받은 형제들아 너희를 택하심을 아노라"(살전 1:4). "너희는 너희의 것이 아니라 값으로 산 것이 되었으니 그런즉 너희 몸으로 하나님께 영광을 돌리라"(고전 6:19,20). 이런 말씀의 예는 수없이 많다. 그리스도가 직접 주도권을 잡으시고 성령의 주권적 사역으로 하나님이 나를 부르셨다는 강한 소명의식이 있었기 때문에 신자들이 담대하게 증언할 수 있었고, 고난 속에서 인내할 수 있었고, 부르심을 받은 대로 "부르심에 합당한" 삶을 살 수 있었다(엡 4:11).

요한복음 15:16에서 생각할 수 있는 두번째 교훈은 그리스도께서 우리를 제자들로 함께 부르셨다는 제자들의 공동체의식이다. 우리의 삶을 그와 같이 나눌 뿐 아니라 사랑 안에서 다른 제자들과도 나누도록 부르신다. "너희가 나를 택한 것이 아니요 내가 너희를 택하였다"는 말씀 다음에 바로 "서로 사랑하라"는 명령이 뒤따르는 이유가 여기에 있다. 실로 우리가 서로 사랑할 때에 그의 제자인 것이 드러나게 된다(요 13:34 이하). 우리가 서로 사랑할 때에야 비로소 우리의 봉사에 열매가 있고, 우리의 기도에 응답이 있다(요 15:16 이하, 마 18:19). 제자훈련은 결코 쉽지 않다. 고통과 눈물이 뒤따르기도 한다. 우리가 진지하게 그리스도를 따르려고 할 때 우리의 가치관과 야망을 재고해야 할 경우가 적지 않을 것이다. 그러나 한 가지 분명한 것은 이런 고통을 우리 스스로의 힘으로 직면하도록 부르심을 받은 것은 아니라는 점이다. 우리 속에서 일하시는 성령의 힘과 함께 하나님께서 다른 제자들의 격려와 지원의 사랑을 체험하도록 하신다. 우리가 이렇게 그리스도 안에서 맺은 사랑의 관계에서 얻는 힘으로써 어두움의 세력과의 싸움에서 승리할 수 있고 서로 도와가며 하나님이 맡겨주신 사명을 수행할 수 있게 되는 것이다.

예수님에게로 부르심을 받음

이 점 역시 예수님의 제자훈련의 특성이다. 예수님에 의한 부르심은 동시에 예수님에로의 부르심이다. 유대의 랍비와 그리이스의 철학자들은 제자들로 하여금 어떤 특별한 교훈이나 어떤 분명한 이념에 몸을 던질 것을 기대하였다. 그러나 예수님의 부르심은 100퍼센트 인격적인 것이었다. 즉, 제자들도 인격자이신 그를 따르고 그와 함께 있고 그에게 전생애를 일임하도록 하셨다. 그를 믿고, 또 죄를 회개하고 그를 믿음으로써만 제자들이 될 수 있었다. 가령 시몬 베드로와 나다나엘의 부르심에 대한 복음서의 기록을 보면 가장 중요한 요소는 예수님의 인격에 대한 그들의 반응이었다. 시몬이 예수님의 위엄에 찬 인격의 임재를 느껴올 때 "예수의 무릎 앞에 엎드려 가로되 주여 나를 떠나소서 나는 죄인이로소이다"고 고백할 수밖에 없었다(눅 5:1~11). 나다나엘도 예수님께서 자기 속을 꿰뚫어 보시는 것을 알았을 때 "랍비여, 당신은 하나님의 아들이십니다! 당신은 이스라엘의 왕이십니다!"라고 고백하였다(요 1:44~51).

키텔(Kittel)의 『신약신학 사전』(Theological Dictionary of the New Testament) 제4권에 이런 논평이 나온다. "예수님에 대한 제자들의 인격적 충성은 십자가와 부활 사이의 기간에 나타난 제자들의 행동에서 확인할 수 있다. 이 기간에 그들이 그토록 깊이 실망했던 것은 예수님이란 인물에게 죽음의 운명이 임했기 때문이었다. 엠마오로 내려가던 제자들의 얘기를 어떻게 해석하든간에 '그 분'이라는 인물이 엠마오로 내려가는 길에서 나눈 대담의 주제였다는 사실(눅 24:19 이하)을 보면 예수님이 체포되고 처형되기 전에 제자들이 예수님과 어떤 관계를 맺었던가를 분명히 알 수 있다. 예수님이란 인물이 죽은 후에 예수님의 교훈이 그의 추종자들에게 힘의 원천이 되었다는 기록이나 암시를 어디에서도 찾아볼 수 없다. 예수님이란 인물은 죽었지만 예수님의 교훈을 값진 유산으로 간직하게 되었다는 기록이나 암시도 전혀 없다. 이 점이야말로 예수님의 제자들을 바로 이해하는데 반드시 생각해야 할 중요한 점이다."[1]

　예수님께서 각 개인을 제자로 부르셨을 때는 그들과 삶을 공유하셨다. 물론 후대의 제자들과는 달리 열 두 제자는 특별히 깊은 차원에서 삶을 나누셨지만, 예수님은 그의 부르심에 응답하는 자면 누구에게나 자기 자신을 주신 것이 분명하다. 사람이 되심으로 사람들과 동일시하셨고 사랑의 가슴을 활짝 여시고 자신을 내어주셨다. 예수님이 그토록 매력적인 인물이었던 이유는 그가 사랑의 가슴을 활짝 열고 너무도 실제적으로 자신을 제공하셨기 때문에 사람들이 마음놓고 그를 신뢰할 수 있었던 점에도 있다. 그에게는 속임수나 가식이 전혀 없었다. 속이 훤히 드러나 보일 정도로 투명하리 만큼 열려진 가슴과 정직한 그의 인격이 사람들을 전에 맛볼 수 없었던 농도짙은 사랑의 관계에로 이끌어 들였다.

　그러므로 이런 완전한 사랑의 생활이 십자가에서 여지없이 바스라졌을 때 그들의 인생도 산산조각으로 부서지고 말았다. 사실 십자가 형벌의 무시무시한 사건 이후에 예수님께서 제자들의 신앙과 신뢰를 회복하는데는 상당한 시간이 걸렸다. 그러나 예수님은 그들을 자기와의 새로운 관계에로 부드럽게 인도하심으로써 제자들을 회복시키셨다. 베드로가 예수님을 세 번 부인하고 얼마 후에 예수님께서 세 번 사랑을 확인하는 질문을 던지셨다. "요한의 아들 시몬아, 네가 나를 사랑하느냐?" 부활하신 후 나타나실 때마다 개인적으로나 집단적으로 예수님은 그들에게 자신의 살아계신 모습을 확인시키시고 자기의 사랑과 용서를 확인시키셨다. 그들은 예수님의 증인들이 되었다. 예수님의 교훈을 가르치는 랍비들이 아니라 **예수님의 증인들**이 된 것이다. 모든 사람들에게 예수님에 대하여 말하고, 삶을 공유하면서 지상의 그리스도의 몸을 통해 예수님의 삶을 나타내 보였다.

　석가가 죽을 때 그의 제자들이 어떻게 하면 스승을 가장 잘 기억하겠느냐고 물었다. 석가는 자기 자신을 기억할 필요가 없다고 했다. 석가의 인격이 중요한 것이 아니라 석가의 교훈이 중요하다는 말이었다. 예수님의 경우 이와는 판이하다. 오히려 예수님의 인격이 모든 것의 핵심

---

1) 4장 p.446.

이다. 제자훈련이란 예수님을 알고 예수님을 사랑하고 예수님을 믿고 예수님에게 인생 전체를 거는 것이다.

복종하도록 부르심을 받음

유대인 랍비의 제자들은 교육을 마쳐서 자기들이 랍비(스승)가 될 때까지만 스승에게 노예처럼 복종하게 되어 있었다. 그러나 예수님은 교육이 끝날 때까지의 기한부 복종이 아니라 일평생 무조건 복종하도록 제자들을 부르신다. 우리의 천국 이편(이 세상)에는 졸업이란 없다. 우리의 삶이 다하도록 하나님의 뜻에 복종해야 한다. "나더러 주여 주여 하는 자마다 천국에 다 들어갈 것이 아니요 다만 하늘에 계신 내 아버지의 뜻대로 하는 자라야 들어가리라"(마 7:21). "너희는 나를 불러 주여 주여 하면서도 어찌하여 나의 말하는 것을 행치 아니하느냐"(눅 6:46).

예수님의 제자가 된다는 것은 예수님을 따르고, 예수님이 가신 길을 가고, 우리의 삶에 대한 예수님의 계획과 뜻을 받아들인다는 것이다. "아무든지 나를 따라 오려거든 자기를 부인하고 자기 십자가를 지고 나를 좇을 것이니라"(막 8:34). 제자훈련이란 옛날의 이기적인 죄악의 생활에 '아니요'라고 하고 예수님에게 '예'하는 것이다. 내면의 신앙이 외면의 복종으로 나타나야 한다. 키엘케골(Sören Kierkegaard)은 일찌기 이런 말을 했다. "복종하기가 너무 어려워서 믿기가 어렵다." 복종이 없는 곳에 참 신앙도 제자훈련도 없다.

오늘날의 세계는 신자보다 더 복종하는 부류의 제자들에 의해 점점 강한 영향을 받고 있다. 비비씨(BBC) 여성 테러단 소개 라디오 프로그램에서 테러단원들이 끝까지 충성하는 모습을 보여주었다. 결코 동료에게 배신하지 않고, 절대 잔인하며, 목적달성을 위해 죽으라면 달게 죽을 각오가 되어 있는 자들이었다. 데블린(Bernadette Devlin)은 이렇게 말했다. "과거에 '이것은 내가 할 수 없다!'고 한 때가 있었다. 이젠 '이것은 내가 해야 한다!'는 때가 온다."[2] 북미의 난폭한 혁명단체의

---

2) "More Deadly than the Male", 1978년 12월 4일 방송.

과격한 한 지도자는 말하기를 "혁명을 일으킬 수 있는 훈련된 제자들이 절대헌신 정예부대가 될 때까지 회원 삼분의 이를 잘라내었다"는 것이다.

그리스도의 사랑의 혁명이 오늘의 세계무대를 바꾸어놓는 것을 보기를 원한다면 이보다 더한 복종이 있어야 하지 않겠는가? 입버릇처럼 '예'해놓고 '하지만 못하겠어요' 하는 생활패턴을 청산하고 절대복종에로의 부르심에 응하기까지는 그리스도의 빛이 오늘날 참울한 세계의 어두움을 몰아내는 것을 보리라고 기대하지 말라. "주여, 못합니다!"는 말은 말이 안되는 소리다. 그러나 기독교회 안에 있는 많은 사람들이 조건적 제자훈련(상대 복종)의 안일한 타협을 원한다. 이 말은 결국 우리 멋대로 살겠다는 얘기다. '예스'와 '노'의 최종 결정권을 내가 가지겠다는 것이다. 그러나 진리는 타협없는 일직선이다. 즉, 그리스도를 만사의 주인으로 삼지 않는 것은 그를 결코 주인으로 삼지 않는 것이다. 예수의 제자훈련에는 절반이란 없다. 머그리지(Malcolm Muggridge)가 선명하게 말했다. "나는 과거의 오랜 세월 동안 내가 가진 설득의 은사를 총동원해서 그리스도에게 절대헌신 해야 한다고 권유해 왔다. 선원들이 폭풍이 일고 바다가 거칠어질 때 사력을 다해서 돛대에 자신들을 동여매는 것처럼 그리스도에게 전력을 다해 묶여 있어야 한다. 왜냐하면 실로 의심할 여지없이 우리 앞에 폭풍과 거친 바다가 가로놓여 있기 때문이다."[3] 오늘날 교회는 절대복종과 절대충성으로 예수 그리스도에게 자신들을 묶어놓는 참 제자들이 절실히 요청된다. 월리스(Jim Wallis)는 이렇게 말했다. "현대 전도의 비극은 많은 사람들에게 '믿으라'고 부르면서도 '복종하라'고 부르지 않는다는데 있다."[4] 성경적 전도는 하나님의 나라에 집중하고 하나님의 통치를 강조하고 사람들을 절대복종에로 부르는 것이다.

복종의 생활은 고통스럽지만 참 자유를 준다. 복종의 싸움은 외로운 싸움이 아니다. '날마다' 서로 권면하고 격려해야 한다. "형제들아 너희가 삼가 혹 너희 중에 누가 믿지 아니하는 악심을 품고 살아계신 하

---

3) *Christ and the Media*, Hodder & Stoughton, p. 43.
4) *Agenda for Biblical People*, Harper, 1976, p. 23.

나님에게서 떨어질까 염려할 것이요 오직 오늘이라 일컫는 동안에 매일 피차 권면하여 너희 중에 누구든지 저의 유혹으로 강퍅케 됨을 면하라"(히 3:12~13). 현대의 혁명 운동 단체로부터 배워야 할 것이 있다. 팔레스틴 해방운동인 엘 파타(El Fata)의 지도자는 자신들의 위력이 어디에 있나를 이렇게 표현했다. "내 친구와의 우정은 항상 깨어질 수 있다. 내 아내하고는 언제든지 이혼할 수 있다. 그러나 내 형제는 죽으나 사나 내 형제이다." 기타 인간관계가 아무리 강하고 질기다 해도 가족의 혈연관계보다 더 강한 것은 없다. 이것이 해방운동단 혹은 테러단의 의식구조이다. 죽음으로도 나누어질 수 없는 형제의식 바로 그것이다.

하나님의 가족 안에 우리는 서로 영원히 연합되어 있다. 이것을 바로 깨달아 보통 인간관계를 초월하는 농도짙은 사랑과 신뢰의 자리로 나간다면 그 뭉친 힘은 어마어마할 것이다. 전능하신 하나님을 아바 아버지라 부를 수 있게 하시는 성령은 **모든** 참된 신자로 하여금 다른 신자를 형제와 자매로 보게 하시는 동일한 성령이시다. 예수는 우리를 절대 복종에로 부르신다. 그러나 이 엄숙한 부르심은 그가 먼저 우리 위해 자기 생명을 내놓으시고, 성령을 우리 가슴에 부어주시고, 우리 서로에게 사랑을 심어주셨기 때문이다.

봉사하도록 부르심을 받음

제자들은 우선 제일 먼저 예수와 함께 있도록 부름을 받았지만 그들은 역시 가서 천국 복음을 전파하고, "병든 자를 고치며 죽은 자를 살리며 문둥이를 깨끗하게 하며 귀신을 쫓아내도록" 사명을 받았다(마 10:8). 예수께서 시몬과 안드레를 부르시자 마자 사람낚는 어부를 만들어 주시겠다고 말씀하셨다(막 1:17). 70인도 역시 예수의 이름으로 평화를 전하는 평화의 사자들로 보냄을 받았다. "병자들을 고치고 하나님 나라가 너희에게 가까이 왔다 하라"(눅 10:9). 예수는 남들을 위해 목숨을 버리기 위해 오셨고, 제자들도 그와 같이 하도록 부르심을 받았다. 그러나 그들이 이 말의 의미를 항상 깨달은 것은 아니었다.

예수는 제자들의 삶에서 봉사정신을 마비시키는 두 가지 양주의 유혹에 그들이 빠질 때마다 그들을 거듭 교정시켰다. 첫**번째** 유혹은 야심(ambition)이었다. 그들은 가끔 누가 제일 크냐고 다투었다. 야고보와 요한은 천국의 우정승, 좌정승 벼슬자리를 구했다. 이것은 세상의 정신이다. 즉, 봉사(service) 대신에 지위(status)를 추구하는 정신이다. 예수는 그들을 이렇게 책망하셨다. "너희 중에 누구든지 크고자 하는 자는 너희를 섬기는 자가 되고 너희 중에 누구든지 으뜸이 되고자 하는 자는 너희 종이 되어야 하리라 인자가 온 것은 섬김을 받으려 함이 아니라 도리어 섬기려 하고 자기 목숨을 많은 사람의 대속물로 주려 함이니라"(마 20 : 26~28). 예수는 후에 결코 잊을 수 없는 방식으로 이 봉사정신을 모범으로 보이셨다. 허리에 수건을 두루시고 그들의 발을 씻기신 것이다.

두번째 유혹은 신세한탄 (self-pity)이었다. "보소서 우리가 우리 집을 버리고 주를 따랐나이다"고 시몬 베드로가 말했다. 이 말은 그가 제자로서 상당한 희생을 느끼기 시작했을 때 한 말이다. 그때 예수는 하나님의 나라를 위해 모든 것을 버린 자들은 "금세에 있어서 여러 배를 받고 내세에 영생을 받지 못할 자가 없느니라"고 베드로에게 위로를 주셨다(눅 18 : 28~30). 우리는 우리 자신의 약점과 고통에 대해 정직하고 현실적이어야 한다. 그러나 우리가 신세한탄에 빠질 때 우리 삶에 나타나는 하나님의 일을 방해하게 된다. 우리가 약할 때에 하나님의 나라만을 위하여 대망을 품게 될 때에만 예수 그리스도의 사랑과 온유와 겸손의 정신으로 남들을 봉사할 수 있게 될 것이다. 종은 봉사의 조건을 요구해서는 안된다. 자기의 권리를 포기하고 일상의 위로와 보상을 체념해야 한다. 나이가 들어 갈수록 특권과 지위와 존경을 기대하기 쉽다. 그러나 이것은 예수가 가신 발자취가 아니다.

불행히도 오늘날은 신본주의 대신 철저한 인본주의를 권장하는 시대이다. 오늘날처럼 광고의 시대에 그리스도도 우리의 모든 욕구를 충족시켜 주는 분으로 선전하기 쉽다. 고민이 있는가? 그리스도가 평안을 주실 것이다! 방황하고 있는가? 그리스도가 새로운 방향을 주실 것이다! 실의에 빠졌는가? 그리스도가 삶의 기쁨으로 채워주실 것이다! 이것은 다 사실이다. 그러나 그리스도가 개개인의 깊은 욕구를 충족시켜 주시기를 원하신다는 것은 어디까지나 복음의 일부분이다. 이것은 복음의 절반 뿐이다. 그 자체로서는 이단종교의 사이비적인 접근 방법을 반영해 주는 것이다. 물론 우리가 예수와 남들에게 봉사하는 과정에서 우리의 많은 욕구가 충족된다. 그러나 진정한 욕구충족은 주고자 하는 자가 얻는 것이다. 우리가 희생할 때에 우리에게 충족이 있다. "주라 그리하면 너희에게 줄 것이니 곧 후히 되어 누르고 흔들어 넘치도록 하여 너희에게 안겨주리라"(눅 6 : 38). 70인이 전도하고 병 고치러 나갔기 때문에 그들이 겪은 모든 것으로 인해 기쁨이 충만해서 돌아올 수 있었다.

세상에는 할 일이 너무 많다. 하나님은 외적, 내적으로 도움을 요청하여 부르짖는 모든 자들에게 손을 펴길 원하시는 사랑의 하나님이시다. 그러나 하나님은 주로 예수의 제자들을 통해서 일하시려 하신다. 우리가 우리 자신의 욕구충족을 앞세우고 그것에 정신을 뺏긴다면, 혹은 우리가 교회에서 한 자리 해야겠다는 식으로 산다면, 우리는 하나님에게 쓸데없는 존재들이다. 우리는 봉사하도록 부르심을 받았다. 종은 주인이 보내는 곳이면 어디나 가야 하고 주인이 시키는 일이면 무엇이나 해야 한다.

검소하게 살도록 부르심을 받음

랍비의 제자는 토라를 연구하기 위해 물질적인 편의를 포기해야만 한다. 그러나 그런 희생은 기한부의 희생이란 것을 제자 스스로가 알고 있다. 후에 자신이 스승이 되면 근면한 연구의 댓가를 재정적으로 톡톡히 받을 수 있다. 예수의 경우 이와는 전혀 다르다. 예수는 세상의 모든 안전과 물질적인 위로를 아예 제쳐두셨다. 그는 종종 머리두실 곳도 없었다. 그는 하나님 아버지의 사랑과 신실하심에 절대의존하고 사셨다.

예수는 제자들을 겸손과 가난의 생활에로 부르셨다. 하나님께서 그들에게 천국을 주시기를 기뻐하셨지만, 그들은 재산을 팔아 구제해야 했다. 그들은 "금이나 은이나 동이나 가지지 말고 여행을 위하여 주머니나 두벌 옷이나 신이나 지팡이를 가지지 말라 이는 일군이 저 먹을 것을 받는 것이 마땅함이니라"는 말씀대로 살아야 했다(마 10 : 9~10).

그들은 하나님 아버지를 절대신뢰하여 거저 받았으니 거저 주어야 했다. 그들은 스승 예수처럼 기꺼이 집과 가정과 직업과 안전의 터전을 떠나야 했다. 하나님의 나라를 위해 모든 것을 버려야 했다. 그러나 그들이 먼저 그의 나라를 구하면 이 모든 것을 제공받게 되어 있었다. 이 문제에 있어서 그들은 하나님 아버지를 신뢰해야 하고, 불신 이방인들처럼 염려해서는 안되었다.

물론 이런 철저한 제자훈련은 주로 예수와 완전 공동생활을 하도록 부르심을 받은 자들에게 적용되는 것이 사실이다. 인생과 재산을 완전 공유하면서 그들의 필요를 채우시는 하나님만 바라보는 것이 그들이 해야 할 일이었다. 이처럼 친밀한 교제를 누리지 못했던 다른 제자들은 최소한 재산의 얼마를 가지고 있으면서 예수와 열 두 제자를 대접했던 것이 분명하다. 그러나 모든 제자들은 다같이 검소한 생활을 하면서 재산을 '공유'하도록 권유를 받았고, 이것이 초대교회의 생활습관이었던 것이 확실하다.

오늘날 많은 신자들이 비교적 부유하게 살고 있다. 특히 서구의 신자들이 그렇다. 이런 부유한 생활이 효율적이고 철저한 제자훈련에 장애물이 되고 있음이 거의 확실하다. 이 문제는 후에 더 자세히 다루어야 하겠다. 우리가 재물을 섬기지 않고 진정으로 하나님을 섬길 때에야 비로소 하나님이 우리에게 참된 영적 생활과 영력의 진정한 부를 맡기실 것이기 때문이다. 우리가 물질생활에 있어서 신약의 원리인 '자족하는 생활'을 배우고 살 때에 하나님께서 우리에게 성령의 은사들을 맡기셔서 우리가 섬기는 자들의 삶과 우리의 삶을 측량할 수 없이 부유하게 하실 것이다.

고통당하도록 부르심을 받음

예수께서 제자들에게 자기를 따르라고 부르셨을 때 제자들은 기꺼이 예수의 발자취를 따라가야 했다. 그런데 예수의 발자취는 십자가의 발자취였다. 삶을 공유하기 위해서는 제자들도 기쁨 뿐 아니라 고통도 나누어야 했다. "그리스도를 위하여 너희에게 은혜를 주신 것은 다만 그를 믿을 뿐 아니라 또한 그를 위하여 고난도 받게 하심이라"(빌 1:29).

1. 제자로 부르심을 받아

예수께서는 흔히 제자들에게 자기 자신의 고통과 제자들이 겪어야 할 고통을 명백히 말씀하심으로써 고난에 대비시키셨다. 그러자 제자들은 때로 예수의 이런 경고를 이해할 수 없었고 이해하기를 원치 않았다. 마태복음 16:21 이하에 보면 "이때로부터 예수 그리스도께서 자기가 예루살렘에 올라가 장로들과 대제사장들과 서기관들에게 많은 고난을 받고 죽임을 당하고… 비로소 가르치시니" 베드로가 당장 항의하기를 "주여 그리 마옵소서 이 일이 결코 주에게 미치지 아니하리이다"고 했다. 이런 항의 때문에 베드로는 따끔한 책망을 받았다. "사단아 내 뒤로 물러가라 너는 나를 넘어지게 하는 자로다 네가 하나님의 일을 생각지 아니하고 도리어 사람의 일을 생각하는도다." 예수는 그들이 더 이상 환상에 빠지지 않도록 명백하게 그들이 겪을 고난에 대해 말씀하셨다. "누구든지 나를 따라 오려거든 자기를 부인하고 자기 십자가를 지고 나를 좇을 것이니라 누구든지 제 목숨을 구원코자 하면 잃을 것이요 누구든지 나를 위하여 제 목숨을 잃으면 찾으리라." 스승 예수의 삶은 버림받음과 고통과 처절한 죽음의 삶이었다. 예수를 따르는 제자의 삶이 바로 이런 삶이라도 결코 놀라지 말아야 한다.

많은 제자들이 육체적으로 핍박을 받았다. 베드로와 요한은 담대하게 복음을 전했다 해서 감옥에 갇혔고 후에 매를 맞았다. 스데반은 돌에 맞아 죽었고 야고보는 칼에 찔려 죽었다. 오래지 않아 예루살렘 교회에 대해 대박해가 일어났다. 그들은 모두 흩어졌다(행 8:1). 바울은 후에 유대인의 태장법대로 39대씩 다섯 번이나 가죽끈으로 맞았고 세 번 몽둥이로 맞았고 한 번 돌에 맞았다. 기독교 전설에 의하면 대부분의 사도들이 이런 저런 형태로 순교를 당했다고 한다. 초대교회는 로마 황제들로부터 대대로 잔인하고 가공스런 핍박의 물결에 휘몰렸다. 네로(Nero), 도미티안(Domitian), 트라얀(Trajan), 플리니(Pliny), 아우렐리우스(Marcus Aurelius), 데키우스(Decius), 그리고 디오쿠레티안(Diocletian) 등 잔인의 정도를 달리해서 이런 박해가 주후 305년까지 계속되었다. 그리고 박해는 기독교 역사의 모든 시대에 계속되어 왔다. 최근에 수많은 신자들이 신앙을 사수하려다 투옥과 고문을 당했고, 지금도 세계 각처에서 당하고 있음을 생각할 때 숙연해질 수밖에 없다. 교회 역사상 이런 모든 시대를 다 합친 것보다 더 많은 신자들이 20세기에 순교당했다는 통계가 나와 있다. "20세기는 나약한 신자를 용납하지 않는다"고 쉐퍼(Francis Schaeffer)가 말했다.

이 모든 소식은 결코 놀라운 것이 아니어야 한다. 예수는 계속 제자들이 신체적으로 위험에 처한 것을 경고하셨다. "사람들을 삼가라 저희가 너희를 공회에 넘겨주겠고 저희 회당에서 채찍질하리라 또 너희가 나를 인하여 총독들과 임금들 앞에 끌려가리니… 장차 형제가 형제를, 아비가 자식을 죽는데 내어주며 자식들이 부모를 대적하여 죽게 하리라 또 너희가 내 이름을 인하여 모든 사람에게 미움을 받을 것이나…"(마 10 : 17, 21~22).

거의 모든 제자들이 정신적, 정서적 고통을 겪었다. 바울이 얼마나 슬펐는지는 다음 기록을 보아 가히 짐작할 수 있다. "데마는 이 세상을 사랑하여 나를 버리고…그레스게는 갈라디아로, 디도는 달마디아로 갔고…구리장색 알렉산더가 내게 해를 많이 보였으매…"(딤후 4 : 10, 14). 그리스도의 몸된 교회 안에도 흔히 큰 고통이 있을 수 있다. 어떤 이들은 그리스도를 버리고 타락하고 어떤 이들은 사소한 문제로 분열할 수가 있다. 또 어떤 이들은 그리스도를 섬기러 다른 곳으로 떠날 수도 있다. 우리는 아무래도 죄인들이기 때문에 서로 상처와 실망을 줄 수도 있다. 우리가 그리스도에게와 서로에게 철저하게 헌신하게 될 때 일흔번씩 일곱 번이라도 용서해야 할 필요성을 절실히 느낄 때가 있을 것이다. 용서한다는 것은 항상 고통스럽다. 예수는 죄인들을 용서하시기 위해서 십자가에서 죽음을 당하셨다. 우리도 우리에게 상처를 주는 자를 용서하거나 혹은 우리가 잘못했음을 알고 용서받기가 십자가에 달리는 것같이 괴로운 체험임을 알게 된다.

제자훈련은 또한 영적 슬픔도 내포한다. 바울은 예수를 메시야로 믿지 않는 동족 유대인들을 인해 가슴에 무거운 짐을 지고 있음을 토로한 적이 있다. "내게 큰 근심이 있는 것과 마음에 그치지 않는 고통이 있는 것을 내 양심이 성령 안에서 나로 더불어 증거하노니 나의 형제 곧 골육의 친척을 위하여 내 자신이 저주를 받아 그리스도에게서 끊어질지라도 원하는 바로다"(롬 9 : 2~3). 바울은 에베소에서 목회하는 동안 "삼년이나 밤낮 쉬지 않고 눈물로 각 사람을 훈계"하였다고 하였다(행 20 : 31). 하나님은 그 크신 긍휼로서 "반역하는 백성에게 종일 손을 펴신다." 하나님은 우리를 그의 형상대로 만드시고 우리가 그의 사랑에 참여하기를 원하신다. 그러나 우리는 대개 그에게 등을 돌려대고 배은망덕하였다. 그의 사랑을 무시하거나 거절한다. 그 결과로 인간 서로를 무시하거나 거절한다. 사랑은 결코 강요하는 법이 아니기 때문에 하나님은 우리가 하나님으로부터 떨어져나가고 서로간에 사이가 벌어지는 것을 보고 계신다. 하나님은 '땅에 평화'가 있도록 아들을 보내셨다. 그러나 우리는 그 아들이 우리를 다스리도록 하질 않는다. 그래서 이 땅이 불신과 혼란과 악독과 전쟁으로 오염되고 있다.

사랑의 하나님이 슬픔을 당하실 때 우리도 그의 슬픔에 동참하기를 원하신다. 예수께서 그의 몸된 교회가 찢기고 상처나고 깨어지는 것을 보고 우실 때 그의 제자들인 우리가 무감각하게 있을 수 있겠는가? 예수가 예루살렘을 두고 우신 것처럼 '평화의 일들'을 알지 못하는 사람들 때문에 우실 때에 우리는 무관심할 수 있겠는가? 예수께서 나사로의 무덤에서 우신 것처럼 지금도 인간의 죄 때문에 생긴 인간의 불행을 보고 우실 때에 우리는 무감각할 수 있겠는가? 우리가 예수를 사랑하면 할수록, 그의 사랑의 위대한 가슴에 가까이 가면 갈수록 경건한 근심의 고통을 맛볼 수밖에 없는 것이다.

고통은 제자훈련에 불가피하게 따라오는 것이다. 블레이크(William Blake)의 말을 빌리면 "기쁨과 슬픔이 씨줄과 날줄처럼 섞여 짜 있다." 그러나 고통을 당할 때에 하나님께서 우리의 삶 속에 가장 깊숙이 들어오셔서 일하시는 것을 흔히 깨닫게 된다. 영적으로 가장 민감하고 깊이 있는 사람들은 흔히 심한 고통을 겪는 자들이다. 체코슬로바키아 공산주의 감옥에서 신앙 때문에 10년을 고생한 어느 신자가 그를 고문한 자들이 그의 뼈는 꺾었으나 그의 정신은 꺾지 못했다고 고백했다. 그는 감옥에서의 생활이 그의 생활에 가장 기름진 기간이었다고 말했다. 그는 이렇게 덧붙였다. "우리는 핍박이 없도록 기도할 것이 아니라 핍박당하기에 합당한 자가 되도록, 핍박을 통해 주시는 하나님의 축복을 받을 수 있도록 기도해야 한다."

자격에 관계없이 부르심을 받음

랍비들은 의식 예법상 '깨끗한' 자들에 한해서만 제자들로 받아 들였다. 율법상 의로운 자들과 또 앞으로 랍비가 될 목적으로 토라를 연구하기에 부족함이 없이 명석한 자들을 제자로 삼았다. 그러나 예수께서는 당시 사회의 여러 계층에서 제자들을 부르셨다. 어떤 이들은 비늘 냄새나는 어부들이었고, 야고보와 요한은 열심당원(Zealot, 독립투사)의 아들들이었고, 또다른 시몬은 열심당원이었고, 레위는 동족에게 매국노로 천대받는 세리였다. 12제자 가운데 그리이스 이름도 있고, 히브리 이름도 있고, 아마도 유대 출신도 있었고, 갈릴리 출신들도 있었다. "제자들의 구성멤버를 보면 당시 유대사회의 축소판을 볼 수 있다. 각계각층의 다양한 구성원들이었다."[5]

가장 특이한 것은 12제자 중에 예수를 배신한 유다가 있었다는 점이다. 예수는 유다가 배신할 것을 미리 아셨다(요한복음 17장에서 예수는 유다를 '멸망의 자식'이라 지칭하셨다). 그러기에 그것은 이상한 선택이었다. 그러나 다음 두 가지 사실은 부인할 수 없다. 첫째, 예수는 유다를 끝까지 사랑하셨다. 둘째, 예수는 구약의 메시야 예언을 성취하려 오셨다. 따라서 '고난당하는 종'으로서의 자기의 역할을 아셨고, 유다가 배신자 역을 맡아 은 30에 팔아넘길 것까지 세밀하게 아셨다. 유다의 배신을 미리 아셨다 해서 유다에게 책임과 죄책이 없어지는 것은 결코 아니다. 그런데도 예수는 철야기도 하신 후에 천부께서 주신 자들을 제자들로 선택하셨고, 그 속에는 '멸망의 자식'도 포함되어 있었다. 인간적으로 말하면 우리 같으면 이 12제자 보다 훨씬 나은 자격자들을 사도로 특별히 불렀을 것 같다. 그러나 하나님의 길은 우리 길과 다르고, 하나님의 생각은 우리 생각과 다르다. 예수는 천부에게 절대복종하시면서, 후에 자기에게 거듭 낭패와 실망을 안겨줄 자들을 부르셨다. 그러나 그는 한번도 그들에게서 사랑을 철회하시지 않으셨고 그들을 끝까지 사랑하셨다.

이렇게 철저하게 혼합되고 실수많은 12제자를 선택하심으로써 예수는 후대 교회의 패턴을 세우셨다. "형제들아 너희를 부르심을 보라 육체를 따라 지혜있는 자가 많지 아니하며 능한 자가 많지 아니하며 문벌좋은

---

5) 『신약신학 사전』, 4장 p.452.

자가 많지 아니하도다 그러나 하나님께서 세상의 미련한 것들을 택하사 지혜있는 자들을 부끄럽게 하려 하시고 세상의 약한 것들을 택하사 강한 것들을 부끄럽게 하려 하시며 하나님께서 세상의 천한 것들과 멸시받는 것들과 없는 것들을 택하사 있는 것들을 폐하려 하시나니 이는 아무 육체라도 하나님 앞에서 자랑하지 못하게 하심이라"(고전 1 : 26~29).

이상에서 12제자의 독특한 모습을 살펴보았거니와 이것은 비단 12제자에게만 해당되는 것은 아니다. 이것은 예수의 부르심을 받고 예수를 구주와 주님으로 삼고 따르려는 모든 자들에게 해당된다. 물론 예수와 12제자 간에는 독특한 관계가 있었으나, 12제자들에게 주신 강력한 요구를 사도들에게나 적용되는 것이라고 제쳐두고 피할 수는 없다. 복종에로의 부르심, 봉사에로의 부르심, 검소한 생활에로의 부르심, 고난에로의 부르심, 또 필요에 따라 죽음에로의 부르심은 예수를 따르려는 모든 자들에게 다 적용된다. 무엇보다도 우리는 예수에게 우리의 삶을 절대 일임하고 땅 위에 있는 그의 몸된 교회의 지체로서 서로 간에 절대 우의가 있어야 한다. 기독교회는 서로간의 욕구충족을 위해 모인 사교단체가 아니다. 교회는 하나의 몸, 하나의 건물, 하나의 가족, 하나의 군대이다. 이런 표현들은 그리스도의 부르심을 받은 우리가 그의 제자가 되기 위해서는 피할 수 없는 책임들이 있음을 보여주는 비유적인 표현이다. 우리의 감정과 개인적인 선택의 문제가 아니다. 예수께서 우리에게 부여하시는 제자훈련의 조건과 요구를 최대한으로 심각하게 취급해야 할 문제이다. 우리는 더 이상 우리 것이 아니다. 우리는 예수에 의해 선택을 받았고, 예수에 의해 부르심을 받았고, 예수에게 팔렸다. 그러므로 우리는 이제 예수에게 속해 있다. 예수에게 속해 있음으로 인해 또한 서로서로에게 속해 있다. 어렵든 쉽든, 기쁘든 괴롭든, 우리는 예수 안에 묶여진 사랑의 공동체이다.

희생이 크다면 목적과 특권과 보상은 무한히 더 크다. "네게 주신 영광을 내가 저희에게 주었사오니 이는 우리가 하나가 된 것같이 저희도 하나가 되게 하려 함이니이다 곧 내가 저희 안에, 아버지께서 내 안에 계셔 저희로 온전함을 이루어 하나가 되게 하려 함은 아버지께서 나를 보내신 것과 또 나를 사랑하심같이 저희로 사랑하신 것을 세상으로 알게 하려 함이로소이다 아버지여 내게 주신 자도 나 있는 곳에 나와 함께 있어 아버지께서 창세 전부터 나를 사랑하심으로 내게 주신 나의 영광을 저희로 보게 하시기를 원하옵나이다"(요 17 : 22~24). 이처럼 심오하고 웅장한 기도가 우리를 위한 기도로 성취될 것을 내다 볼 때 우리 삶 전체를 다 희생할 가치가 충분히 있는 것이다.

2

하나님의 가족으로 부르심을 받아

　복음서를 읽어보면 하나님께서 한 사람 한 사람에게 지대한 관심을 기울이고 계심을 분명히 볼 수 있다. 개인을 점점 무시하고 도외시 하는 시대에 한 사람 한 사람이 하나님에게 주요한 인물이란 것은 실로 복음이 아닐 수 없다. 하나님은 우리를 아시고 우리 이름을 부르신다. 하나님은 우리 각자를 일일이 사랑하신다. 예수님은 뽕나무에 숨어 있는 세리를 "삭개오야!" 하고 부르셨다. 길잃고 외로와하는 많은 이들의 가슴을 그토록 빨리 사로잡은 것은 바로 예수의 이런 개인적 접근방법이다. 예수야말로 개개인을 정말로 사랑하시는 분이시다.
　이렇게 개개인을 일일이 부르시고 사랑하시는 것이 영광스런 복음이지만 예수께서 개개인을 부르실 때 따로 떨어져 외톨이로 지내도록 부르시지 않고 하나님의 백성이란 새로운 공동체에 참여하도록 부르시는 것이 명백하다. 그는 열 두 사람을 불러 그와, 또 서로서로와 삶을 나누도록 하셨다. 그들은 날마다 서로 교제하면서 나 자신이란 것을 잃고 서로서로란 공동체 의식을 배우며 하나님의 새로운 사회 구성원으로서 풍요롭고 향기있는 새 생활을 익혀갔다. 그들은 모든 것을 같이 나누었다. 기쁨과 슬픔과 고통과 소유물까지 공유하면서 왕되신 그리스도의 구속받은 메시야 공동체가 되었다. 이 공동체의 구성원으로 12명의 남자만 있는 것이 아니었다. 여러 여인들도 있어서 이 소수의 그룹에 가담하여 재정지원을 했다. 실로 모든 제자들이 전에 미처 몰랐던 깊이있는 공동생활을 하도록 부르심을 받았다. 요한이 감명을 받았던 것이 바로 이 점이었다. 요한은 예수와 함께 사도들이 누렸던 공동생활의 현실을 다음과 같이 기록했다. "우리가 보고 들은 바를 너희에게 전함은 너희로 우리와 사귐이 있게 하려 함이니 우리의 사귐은 아버지와 그 아들 예수 그리스도와 함께 함이라"(요일 1:3). 사도들이 예수와 함께 누렸던 이 공동생활을 지금은 모든 신자들이 누릴 수 있게 된 것이다.

공동체의 우선권

오늘날 우리는 개인이 무시되는 군중의 시대에 살고 있다. 그러면서도 군중 속에서 무서운 고독에 시달리고 있다. 교회가 과거 어느 때보다도 기독교 제자훈련에 있어서 공동체의 우선권을 재확립해야 할 때가 되었다. 예수는 3년 간 제자들과 친밀한 관계를 맺고 사시면서 우리에게 교회가 어떠해야 하는가 하는, 교회의 모델을 보여주셨다. 그는 제자들을 사랑하셨고, 그들을 필요로 채워주셨고, 그들을 가르치셨고, 교정하셨고, 그들의 신앙을 자극하셨고, 그들에게 하나님 나라를 교육하셨고, 그의 이름으로 그들을 파송하셨고, 격려하셨고, 귀를 기울이셨고, 살피셨고, 그들을 지도하셨다. 그러면서 그들도 서로 간에 그렇게 하도록 말씀하셨다. 교회가 하나님이 주신 농도짙은 공동생활의 모습을 재발견한다면, 그런 교회는 오늘날 세계에 아주 현실성있고, 신빙성있고, 위력있는 메시지를 전할 수 있을 것이다. 바울이 말하기를 교회는 "사도들과 선지자들의 터 위에 세우심을 입었고," "그리스도 예수께서 친히 그 모퉁이 돌"이 되셨다고 했다(엡 2:20). 바울은 사도들의 교훈이나 제도나 종교활동이 교회의 토대라고 하지 않았다. 물론 성경에 계시된 하나님의 진리가 독특한 중요성을 지니고 있다. 그러나 실제로(신학적으로가 아니라) 기독교회의 기초는 사도들(그 인물) 자신들이었고, 그들의 삶을 공유한 공동생활이었다.

예수께서 제자들에게 하나님 나라에 관한 많은 진리를 가르치셨지만 그는 그들이 무엇보다 예수란 인물을 알기 원하셨다. 이것이 영생의 의미다(요 17:3). 그들은 집단생활 속에서 생명 자체이신 예수를 알게 되었다. 그리하여 그들은 그 생명—예수의 생활—을 남들과 나눌 수 있었다. '하나님을 안다' 혹은 '예수를 안다'고 할 때에 '안다'는 말은 한 남자가 자기 아내를 안다고 할 때에 쓰인 말과 똑같은 말이다. 그것은 깊이있고 친근하고 인격적인 연합을 의미한다. 이것을 알도록 하시기 위해서 예수는 제자들로 하여금 사랑의 공동체로 살도록 부르셨다. 예수는 이것이야말로 교회를 세우는 과업을 시작하실 때 최우선적인 것으로 내세우셨다.

예수께서 친히 제자들과 함께 사셨던 이런 공동생활의 패턴이 초대교회에도 계속되었던 것이 분명하다. 그것은 초대교회의 두드러진 특성이었다. "믿는 사람이 다 함께 있어 모든 물건을 서로 통용했다"(행 2:44;4:32). 그들은 함께 경배했고, 기도했고, 일했고, 전도했고, 필요에 따라 재산을 통용했다. 그들이 이렇게 서로 사랑하여 삶을 공유한 것은 그들 개개인의 맛본 회심의 기쁨이 풍요하게 표현된 것이다. 이런 공동체의 사랑의 표현을 통해 주변세계에 지대한 영향을 준 것이 확실하다. 예수는 '사랑'이 제자들의 표지라고 하셨다. 그들이 서로 사랑으로 삶을 공유함으로써 남들이 예수에 관한 진리를 믿고 알도록 기도하셨다. 이것이 실제로 현실화된 것이다. 이렇게 제자들이 사랑으로 묶인 공동생활을 할 때 하나님께서 날마다 구원받은 사람들을 더하여 주셨다. 그들은 그리스도에게 삶 전체를 위탁할 뿐 아니라 서로서로에게 위탁함으로써 땅 위에서 그리스도의 몸을 선명하게 나타내 보였고, 그의 부활의 능력을 체험했다. 하나님은 개개 신자에게만이 아니라 항상 하나님의 백성(공동체)에게 능력을 베푸신다. 시편 기자가 고백했듯이 "형제가 연합하여 동거할 때" 주님께서 축복을 명하신다(시 133편).

이와 같이 교회를 새로운 신민공동체(神民共同體)로 형성시키는 것은 보다 넓은 하나님의 창조물 전체에 대한 계획을 이루시는 수단에 불과하다. 에베소서 1:9~10에 창조물 전체에 대한 하나님의 마스터 플랜이 바울에 의해 잘 요약되어 있다. "그 뜻의 비밀을 우리에게 알리셨으니 곧 그 기쁘심을 따라 그리스도 안에서 때가 찬 경륜을 위하여 예정하신 것이니 하늘에 있는 것이나 땅에 있는 것이 다 그리스도 안에서 통일되게 하려 하심이라." 오늘날 우리는 확실히 하나님없이 몰락되어 가고 있는 병든 사회에 살고 있다. 이 세계의 구석구석이 인간의 죄로 오염되었고 악한 자의 세력에 사로잡혀 있다. 창조물 자체가 "썩어짐에 종노릇"하고 있다(롬 8:19~22). 이 때문에 그리스도께서 하나님 나라를 도래케 하러 오셨다. "하나님의 나라"는 큉(Hans Küng)의 기억할 만한 일언을 빌리면 "치유받은 창조물"이다. 그러므로 하나님은 만물을 그리스도의 권위 아래 둠으로써 그리스도 안에서 만유가 통일되고 연합되기를 원하신다.

이 위대한 계획을 성취하시기 위해서, 하나님은 교회를 그의 일군(agent)으로 선택하셨다. 그러나 교회가 이 치유와 화해의 사역을 효과적으로 성취하기 위해서는 먼저 그 자체 내에서 그것을 현실적으로 체험해야 한다. 오늘날 전세계에 기독교 교파가 9,000개 이상이란 것은 그리스도에게 모독이고 복음에 대한 거부이며, 하나님 나라 확장에 최대의 방해물이다. 기독교인들이 그리스도의 몸을 수 천 조각으로 찢어버린 죄악을 깊이 회개하고 성령의 치유와 갱생의 능력을 받도록 간절히 기도할 때에야 비로소 교회가 만유를 그리스도 안에 화해시키는 과업을 수행하는 하나님의 일군이 될 수 있는 것이다. 그때가 오기까지 창조물 자체는 "하나님의 아들들의 나타나는 것을 고대하면서 탄식과 고통"(해산의 고통) 중에 깨어지고 구부러진 상태로 남아 있을 것이다(롬 8:19~22).

성경과 현실에 동시에 민감하기 위해서, 하나님의 나라는 항상 '지금'(now)이나 '아직도'(not yet)가 겹치고 있음을 인식해야 한다. 그리스도가 오셨고, 또 그가 자기를 주인으로 모시고 복종하는 사람들과 구조를 다스리고 계신다는 한도 내에서 하나님 나라가 이미 나타나 있다고 할 수 있다. 그러나 "지금 우리가 만물이 아직 저에게 복종한 것을 보지 못하고" 있다(히 2:8). 기독교인들도 아직 타락한 세상에 살고 있는 '구원받은 죄인들'이기 때문에 그리스도께서 "만물을 그 발 아래 복종케" 하여 승리하시기 위해 다시 오시기까지 우리는 하나님 나라가 그 모든 권세와 영광으로 임하는 것을 보지 못할 것이다.

그러므로 성경적인 균형이 중요하다. 교회가 하나님의 백성의 공동체로서 구성원끼리 연합되고 사랑으로 돌본다고 하면, 완전한 회복은 그리스도의 재림 때까지 기다려야 하겠지만, 하나님의 창조물 안에서 '상당한 치유'가 있을 것이다. 하나님께서 그리스도 안에서 세상을 자기에게 화목시키기 시작하셨고 우리에게 이 화해의 메시지와 직분을 맡기셨다. 그러나 만일 병든 교회가 병든 세상을 치유하겠다고 나서면 분명 "의사야, 네 병이나 고쳐라!"는 야유를 받게 될 것이다. 그러므로 예수의 모든 참된 제자들이 서로를 분리시키는 일체의 부정적이고 사랑이 없는 태도를 회개하고 사랑의 성령이 주시는 힘으로써 서로 간에 완전신뢰와 완전의탁의 분위기를 조성하도록 결단을 내려야 한다. 이렇게 함으로써만 세상에 대한 하나님의 목적들이 실현되기 시작할 것이다. 하나님은 결코 교회에 대한 자신의 계획을 철회하지 않으셨다. "하늘에서 정사와 권세들에게 하나님의 각종 지혜를 알게 하시는" 것은 "교회를 통해서" 하시는 일이다(엡 3:10). 그러나 교회가 하나님의 지혜와 능력과 사랑을 일심으로 나타낼 수 있을 때까지 세상은 어두움의 세력들에게 포로가 되어 있을 것이고 마귀와 그 종자들은 "너의 하나님이 어디 있느냐?"고 조롱할 것이다.

교회가 세계 구속을 위한 하나님의 일군이란 것을 깨닫게 될 때 우리는 신약성경 기자들이 그토록 끊임없이 신자 상호간의 화해를 강조했는지를 이해할 수 있다. 그들은 신자들이 서로 온갖 쓴 마음과 비방을 내어버리고 서로 용서하고 "그리스도께서 우리를 사랑하신 것같이" 우리도 서로 사랑 안에서 살아가도록 거듭 권면했다. 신약성경의 서신서를 읽어보면 신자 간의 진정한 공동체 회복과 유지를 시급하게 역설하고 있음을 본다. 우리 서로가 하나님 나라를 사랑의 관계로 나타내 보일 때까지 깨어진 불신 세상에 믿음직한 메시지를 전할 수 없다.

하나님 백성의 연합

예수께서 요한복음 17장에 나타난 대제사장 기도를 드리실 때 "하나 되게 하소서!"란 것이 가슴깊이 사무친 기도제목이었다. 아버지 하나님께 "하나되게 하소서!"라고 거듭 간청하셨다. 아마도 제자들과의 관계에서 쓰라린 체험을 여러 번 하셨기 때문에 이 기도가 더욱 절실했을 것이다. "아버지의 이름으로 저희를 보전하사 우리와 같이 저희도 하나가 되게 하옵소서…아버지께서 내 안에, 내가 아버지 안에 있는 것같이 저희도 다 하나가 되어 우리 안에 있게 하사 세상으로 아버지께서 나를 보내신 것을 믿게 하옵소서 내게 주신 영광을 내가 저희에게 주었사오니 이는 우리가 하나된 것같이 저희도 하나가 되게 하려 함이니이다 곧 내가 저희 안에, 아버지께서 내 안에 계셔 저희로 온전함을 이루어 하나가 되게 하려 함은 아버지께서 나를 보내신 것을…세상으로 알게 하려 함이로소이다"(요 17:11, 21~23). 삼위일체의 본질을 완전한 사랑의 공동체로 묘사할 수도 있다. 따라서 우리 가운데 하나님이 계시다는 현실은 주로 바른 교리(이것도 중요)로 보여줄 수 있는 것이 아니라 교회가 사랑의 공동체가 됨으로써 보여줄 수 있다. 교회가 죄 때문에 분열하도록 내버려둘 것이 아니라 아무리 괴로운 일이라 해도 평화의 끈으로 성령의 하나되게 하심을 유지하도록 애를 써야 한다. 하나님이 교회 안에 계셔서 다스리시는 것을 달리 보여줄 길이 없다. 우리가 꾸준히 사랑함으로써 우리 주변의 악을 극복할 때만 하나님 나라가 세상나라 보다 위대하다는 것을 드러낼 것이다.

　그리스도 안에서 우리가 하나되는 것은 하나님의 살아계심의 표현이며, 또 그 표현이 되어야 한다. 그리함으로써 보이지 아니하시는 하나님이 지상에 자신의 성품을 나타내 보이신다. 교회는 오늘의 세계를 위해 '육신이 된 말씀'이고, 또 그것이 되어져야 한다. 남들이 우리가 사랑으로 교제하는 것을 보고 "하나님이 바로 저렇구나!"라고 말할 수 있어야 한다. 물론 무한하신 하나님을 이것으로 다 보여줄 수는 없다. 그러나 이것이야말로 종족과 배경과 문화와 언어가 다른 모든 사람들의 머리와 마음을 움직일 수 있는 가장 의미깊고 현실감이 넘치는 진리가 될 것이다. 사랑은 만인 공통어(a universal language)이다. 백성 가운데 나타나는 하나님의 사랑이야말로 항상 복음의 진리를 확신시키는 최고의 논증이다. 내가 교회 중심으로 전개한 선교가 풍성한 열매를 맺는 것을 체험한 일이 있는데 열매가 풍성한 이유가 바로 이 때문이었다. 교회 안에 하나님의 사랑이 이렇게 선명하게 나타나 지역사회에까지 흘러나가는 것을 보고 내가 불신자들에게 할 수 있는 말은 단지 "이것이 바로 여러분이 본 바요 들은 바입니다!"는 것 뿐이었다. 그때에 불신자들이 하나님 나라로 양떼처럼 몰려 들어왔다. 그것은 하나님 나라가

2. 하나님의 가족으로 부르심을 받아

바로 그들 중에 있었기 때문이었다. 그것도 누구나 볼 수 있는 현실이었다. 그래서 많은 사람들이 하나님 나라의 왕을 믿었다.

초대교회가 그리스도의 십자가로 종족과 사회의 일체의 장벽이 무너지는 것을 나타내 보였고, 또 성령의 능력으로 그리스도 안에 이제 하나로 뭉쳤기 때문에, 당시 고대세계에 복음의 진리가 강력하게 확증되었던 것이다. 오늘날도 그리스도의 화해의 위력이 전에 치열하게 서로 적대시 하던 정치적 과격주의자들과 테러분자들과 마르크스주의자들과, 흑인들과 백인들, 압제자들과 피압제자들이 농도 짙은 교제의 자리로 나오는 것을 내가 보았을 때 불신자들에게 그리스도의 살아계신 실존을 보여줄 수 있는 이보다 더 강력한 증거가 어디 있겠는가고 생각했다. 적대의 관계가 치유되면 창조물 자체가 치유될 것이다. 우리가 그리스도의 새 계명에 따라 그가 우리를 사랑하심과 같이 우리가 서로 사랑할 때 하나님 나라가 임할 것이다.

공동체에 근거한 제자훈련이 효율적 증거에 필수적인 이유가 바로 여기 있다. 제자훈련은 개개신자로 개인전도 하도록(개인전도가 중요하지만) 훈련시키는 것 이상의 훈련이다. 철두철미 개별적인 접근방법은 성경적이 아니다. 물론 개개 기독교인이 불가불 그리스도의 ·증인이지만, 모든 기독교인이 다 전도자로 부름받은 것만은 아니다. 이것이 신약성경에 명시되어 있다. 교회는 확실히 전도에 힘써야 한다. 그러나 교회는 그리스도의 몸으로서 그 안에 다양한 은사들을 가진 많은 지체(구성원)들이 있다. 성경이 원하시는 대로 성령의 다양한 은사들이 개발되고 사용되도록 허용될 때 그리스도의 몸이 제대로 기능을 발휘할 수 있다. 바로 이때 교회가 전도명령을 준수할 수 있다. 복음의 현실성이 교회생활 안에서 먼저 선명히 보여져야 한다. 이것이 분명해질 때에 교회 안에 있는 전도자들이 이 현실 뒤에 있는 진리를 설명해야 한다. 전도자들이 전도에 헌신하나 전도자들의 은사가 없는 다른 구성원들의 지원을 받아 이 일을 바로 해낼 수 있다.

와그너(Peter Wagner)와 같은 선교학자들이 전도의 3P를 역설했다. 무엇보다 먼저 **임재전도**(presence evangelism)가 있어야 한다. 이것은 교회가 그 예배와 생활과 증거를 통해 세상에 하나님이 교회 안에 살아계신 분으로 임재하심을 보여주는 것이다. 오늘날 교회가 도덕적 영적으로 병이 들어 이것이 없기 때문에 여러 곳에서 전도하기가 그토록 어려워져 버렸다. 둘째, **선포전도**(proclamation evangelism)가 있다. 이것은 하나님의 백성 중에 하나님의 임재를 이미 느끼고 있는 자들에게 각 분야에서 복음의 진리를 선포하는 것이다. 세째, **설득전도**(persuasion evangelism)가 있다. 이것은 전도자가 하나님의 임재를 느끼고 선포된 메시지를 이해한 기초 위에서 회개하고 예수를 믿도록 설득시키는 것이다. 이제는 반응을 보이도록 설득시킨다는 말이다. 스나이더(Snyder)는 제 4P를 덧붙였다. 그것은 **파급전도**(propagation evangelism)이다. 전도의 궁극적 목표는 사람들이 그리스도에게 돌아오거나 제자가 되는 것을 보는데 그치지 않는다. "성경적 교회관을 바로 파악하기 위해서는 한 걸음 더 나아가 **전도의 목표가 기독교 공동체 형성**에 있음을 말해야 한다…."[1] 제자들이 하나님 백성의 공동체를 형성하지 않는 한 창조물 치유를 위한 하나님의 계획이 성취될 수 없다.

스나이더는 또다른 곳에서 다음과 같이 중요한 말을 했다. "많은 교회들이 복음을 효과적으로 전파하지 못하는 것은 자체의 공동생활에서 복음을 너무 나약하고 무미건조한 것으로 체험한 나머지 그것을 구태어 남에게 나누어 줄 가치를 느끼지 못하기 때문이다. 자체 내의 공동생활에서 복음을 감격스럽게 체험하지 못하고 있기 때문에 증거하고 싶은 지점까지 가질 못하여(신자 자신이 이렇게 감격이 없고 긴가 민가 하니까) 불신자에게 그다지 매력적인 것이 될 수 없는 것이다. 그러나 신자 간의 교제를 통해 복음을 나타내 보이는 곳에서는 신자들이 살아 움직이게 되며, 죄인들은 그 비결이 무엇인지 궁금해서 알아보고 싶어하게 된다. 따라서 진정한 기독교 공동생활(Koinonia)은 전도의 기초요 또한 목표이다."[2]

대부분의 전도자들과 교회 지도자들은 전도훈련이 중요하기는 하지만 제일 중요한 요소는 전도의 동기유발이라고 이구동성으로 말할 것이다. 기독교인들이 말해야 할 내용을 알면서도 말하고 싶은 욕망이 없는 경우가 많을 것이다. 이것은 대개 교회 자체 안에서 공동생활의 맛

---

1) *The Community of the King*, IVP, pp. 104f.
2) 같은 책, p. 125.

을 깊이 체험하지 못하고 있기 때문이다. 그러나 교회가 성령 안에서 새로와지면 예수의 삶이 남들에게 '흘러 넘치게' 되어 있다. 지각있는 자라면 누구나 우리가 말하는 내용이 사실인지 아닌지 당장 깨닫게 될 것이다. 그리스도께서 우리 속에 살아계셔서 복음에 대해 참으로 감격하고 있다면, 또 교회가 그리스도의 생명을 나타내 보이고 있으니 "와 보라"고 말할 수 있다면, 전도는 자연적으로 흘러나올 것이다.

하나님의 새로운 사회

교회가 철저한 성경의 원리에 기초해서 공동생활을 제대로 해나간다면, 교회는 당장 주변세상의 윤리와 정치, 경제, 사회구조에 도전하는 것으로 나타난다. 이리하여 교회의 존재 자체가 예언과 전도의 기능을 동시에 발휘하게 된다. 또 이리하여 복음의 선포가 그때까지만 해도 교회제도에 대해 철두철미 환멸을 느끼던 대다수의 사람들에게 강한 영향을 주게 될 것이다. 이런 이유에서 제자 소명과 공동생활 소명과 선교 소명은 분리시킬래야 시킬 수 없도록 불가분의 관계에 놓여 있다. 삶을 건 강력한 제자의식없이 참된 의미의 기독교 공동체가 있을 수 없고, 이런 기독교 공동체없이 효과적인 선교가 있을 수 없다.

그러나 많은 교회의 많은 기독교인들이 교제라면 그저 대강 알고 지내는 사이 정도로 이해하거나 고작 어떤 특수목적을 위해 존재하는 동일그룹에 어쩌다 가입하게 됨으로써 맺은 가벼운 관계 정도로 이해하고 있다. 예수께서 사람들을 제자로 부르셨을 때는 훨씬 더 많은 것이 요구되고 그 결과로 훨씬 더 풍요롭고 활기찬 깊이있는 관계를 요구하셨다. 제자들도 하나님의 참아들과 딸로서의 신분의식을 가지고 예수 자신에게와 제자 상호 간에 하나님의 일가로서의 절대의탁의 관계를 맺기 원하셨다. 이것이 제자들의 삶이며 안정보장이다. 따라서 부자가 하나님 나라에 들어가기가 그렇게 어렵다. 왜냐하면 부자의 신분과 안전은 대개 부에 있고, 또 그 부가 가져다 주는 지위와 세력에 있기 때문이다. 그러나 제자들이 모든 것을 버리고 예수를 따랐다고 신경질적으로 항의했을 때 예수가 제자들에게 약속하신 것은 다음과 같았다. "나와 및 복음을 위하여 집이나 형제나 자매나 어머니나 아버지나 자식이나 전토를 버린 자는 금세에 있어 집과 형제와 자매와 모친과 자식과 전토를 백 배나 받되 핍박을 겸하여 받고 내세에 영생을 받지 못할 자가 없느니라"(막 10 : 28~30).

여기서 "핍박을 겸하여" 받는다는 말씀이 중요하다. 그리스도의 부르심은 철저한 새로운 사회에 들어오도록 부르시는 것인데, 이 새로운 사회는 그 존재와 가치관 자체 때문에 기존 사회에 심각한 도전이 된다. "교회는 진정 사랑으로 도전하는 공동체여야 한다. 그러나 실상 교회는 대개 안일하게 타협하는 클럽으로 전락되어 있다."[3] 이렇게 안일하게 타협하는 단체를 핍박하러 드는 자는 없을 것이다. 그러나 우리가 '사랑으로 도전하는' 생활 스타일을 채택하여 탐심이나 압박이나 이기주의로 뭉쳐 있는 기존질서에 도전하게 될 때 강력하고 심각한 반발이 있게 될 것이다. 초대교회 신자들에게 있어서 교제라는 것은 "다른 형제 자매들에게 정서적으로나 재정적으로나 영적으로 무조건적으로 자신들을 제공하고 무제한적으로 자신들을 내맡기는 것을 의미했다."[4] 이렇게 볼 때 오늘날 교회의 교제가 얼마나 피상적인 것인가 하는 것이 금방 드러난다. 신약에서 '교제'(Koinonia)란 단어는 주로 돈이나 소유물을 나누어 갖는 문맥에서 사용되고 있다는 사실이 흥미롭다. 교회가 참으로 그리스도께서 자기 제자들에게 보이셨던 방식대로 하나님의 백성의 공동체가 되려고 한다면 같은 찬송을 부르고, 기도를 드리고, 성찬식을 행하고, 예배에 참여하는 것 이상의 무엇이 있어야 한다. 우리의 삶을 전폭적으로 내어놓고 우리의 소유를 서로 서로에게 내맡기는 것을 의미한다. 그러나 우리가 죽고자 할 때 살게 되며 예수의 생명을 남들에게도 전해주게 된다. 사실 이런 실제적인 사랑의 표현이 그 무엇보다 더 강력하게 살아계신 하나님을 소개하게 될 것이다.

세상의 가치관과 근본적으로 다른 가치관을 유지한다는 것은 결코 쉽지 않다. 그러나 교회가 하나님의 화해의 사자로 효력을 발생하려면 교회는 세상 속에 있으면서도 세상에 속해 있지는 말아야 한다. 이 문제에 있어서 오늘날 많은 복음주의자들과 에큐메니칼 지지자들이 양극의 입

---

3) Ronald J. Sider, *Rich Christians in an Age of Hunger*, Hodder & Stonghton, p. 163.
4) 같은 책, p. 164.

장을 취하고 있다. 이 양극은 둘 다 성경적이 아니다. 복음주의자들은 교회를 흔히 세상과 동떨어진 종교적인 게토(ghetto)로 보아왔고, 교리와 윤리의 순수성 유지에 전념해 왔고, 교회를 하나님의 은총과 축복의 특별한 대상으로 여겨왔다. 이런 상태에서 기독교인들은 영적인 특공대로 세상에 나가서 세상의 진리들을 때려 부수고 그 방어벽을 약화시키고, 그리하여 복음의 길을 예비하는 식으로 처신해 왔다. 그러면서 본질적으로 세상과 떨어져 살아왔다. 세상의 정치·사회참여는 이상한 것으로 간주하고, '자유주의자'나 하는 것으로 낙인찍어 왔다.

에큐메니칼 지지자들은 여기에 강력히 반발하면서 하나님이 온 세상을 사랑하시지 교회만을 특별히 사랑하시는 것은 아니라는 의식을 가지고 흔히 복음을 세속화시켰고, 세상이 의제를 제시하도록 허용했고, 이리하여 세상 속에 있는 교회의 독특한 프로필을 포기해 버렸다.

그러나 교회는 "세상 속에 있는 하나님의 실험실습용 정원"이며, "다가오는 시대의 징표"이다.[5] 복음선포와 사회활동이 똑같이 중요하다. 마치 가위의 두 날과 같다. 한 날이 없으면 자를 수 없다.

썩고 어두운 사회에서 소금과 빛의 독특성을 유지하기가 결코 쉽지 않다. 그러므로 세상의 압력을 물리치면서 동시에 예수의 사랑과 생명을 세상에 제공하기 위해서는 철저하게 헌신한 다른 제자들의 지원하는 힘이 절실히 요청된다. 바울이 남긴 명언처럼 "너희 주변의 세상으로 너희를 쥐어짜서 그 자체의 틀 속으로 집어넣지 못하게 하라."[6] 그러나 혼자의 힘으로는 사방에서 공격해 오는 사회의 물질주의와 탐욕의 압력을 도무지 막을 길이 없다. 사이더(Ronald Sider)는 이렇게 말했다. "풍요로운 사회의 가치관이 우리의 가슴과 머리 속 구석구석으로 서서히 교활하게 스며들어와 있다. 이것을 막아낼 수 있는 유일한 길은 기독교인의 교제 속으로 깊숙히 몸을 담구어서 우리가 성경의 가치관을 무조건 사수하는 형제자매들과 공동체의식 속에서 자신을 발견하는 동안 하나님께서 우리의 사고방식을 근본적으로 재조정하시도록 하는 것밖에 없다."[7] 혼자 힘으로써는 우리를 거스려 대적하는 정사들과 권세

---

5) David J. Bosch, *Witness to the World*, Marshall, Morgan & Scott, 1980, p. 225.
6) 롬 12 : 2(J. B. Plillips역).
7) 같은 책, p. 164.

들을 물리칠 길이 없다. 만일 어쩔 수 없는 환경 때문에 가정이나 직장이나 감옥에 혼자 있게 된다면 하나님이 약속하신 대로 '때를 따라 돕는 은혜'를 주신다(히 4 : 16). 그러나 정상환경에서는 우리가 그리스도 안에서 강하게 연합할 때만 영적인 전쟁에서 승리할 수 있다.

행동의 때

예수의 제자훈련은 '속성과정'에 불과했다. 3년 이내에 제자들의 가슴을 사로잡고, 그들의 머리를 교육시키고, 그들의 의지를 형성시키고, 그들을 그의 새로운 사회 속으로 묶어들이고, 그들을 성령의 능력과 은사로 무장하는 일을 해내셔야 했다. 그는 시간이 촉박함을 아셨다. 그는 또한 제자들을 대적하고 핍박하고 멸망시키려는 적개심으로 불타는 세상 속으로 그들을 파송해야 할 것도 아셨다. 허비할 시간이 없었다. 그들에게 '충만한 삶'을 주시고, 그들의 가슴을 그의 사랑과 기쁨으로 가득 채워주시러 오셨지만 그는 그들에게 곧 고난의 때가 임할 것을 예고하셨다. "보라 너희가 다 각각 제 곳으로 흩어지고…때가 오나니…세상에서는 너희가 환난을 당하나…내 이름으로 인하여 너희에게 손을 대어 핍박하여 회당과 옥에 넘겨주며…너희가 내 이름을 인하여 모든 사람에게 미움을 받을 것이나…많은 사람이 시험에 빠져 서로 잡아주고 서로 미워하겠으며…불법이 성하므로 많은 사람의 사랑이 식어지리라" (요 16 : 32 이하, 눅 21 : 12,17, 마 24 : 10,12). 이런 말씀은 공연한 위협이 아니었다. 초대교회의 핍박은 그 강도와 잔인성에 있어서 가공할 지경이었다. 그들이 그의 이름으로 승리할 수 있었던 것은 그들을 지배하는 그리스도의 사랑 뿐이었다. 그들 가슴 속으로부터 하나님의 은혜가 샘솟듯 솟구쳐 무시무시한 시련 속에서 형언할 수 없는 기쁨으로 그를 찬양할 수 있었다.

지금까지 이런 사례가 한 두번 있었던 것이 아니다. 금세기만 하더라도 수백만의 무수한 기독교인들이 그리스도 때문에 투옥되고 고문당하고 두들겨맞고 살해당했다. 수많은 신자들이 지금도 고통을 당하고 있다. 많은 공산주의 국가에서 잔인한 박해가 있었지만 하나님의 확실한 은혜로 예수의 제자들이 대단한 신앙과 사랑으로 이런 시련들을 인

2. 하나님의 가족으로 부르심을 받아

내로써 극복하고 있다. 이들의 신앙이 서구교회의 냉담과 무감각과 자만에 강한 질책이 되고 있다. 그러나 비교적 안전한 환경에 사는 기독교인들도 이젠 거의 우리 모두 앞에 놓여 있는 고난에 대비하여 정신을 차려야 할 때가 되었다. 오늘날 도처에서 테러가 자행되고 불안한 소요가 일어나고 있음을 감안할 때(무기고에 저장된 막대한 핵무기나 인구폭발이나 지구자원의 고갈이나 계속되는 경제불황이나 마르크스주의와 이슬람교의 팽창정책은 그만두고라도), "사람들이 세상에 임할 일을 생각하고 무서워하므로 기절할" 때가 가까이 왔음을 깨달아야 한다(눅 21 : 26).

"평안할 때 힘을 길러라." 이것은 교회에서 흔히 부르는 찬송가의 한 소절이다. 후에 싸울 싸움에 대비해서 지금 각 방면으로 준비해야 한다. 하나님 아버지를 믿는 믿음을 키워야 한다. 계속 성령충만한 법을 배워야 한다. 무엇보다 서로 간에 다른 점들을 문제삼지 말고 용서하고 용서받아야 하고 서로 간의 신뢰를 그리스도에 대한 사랑으로 항상 새롭게 해야 한다. 초대교회가 박해를 이길 수 있었던 것은 기독교 **공동체**의 힘이었다. 오늘날 세계 도처에서 외부의 압력을 극복하는 것은 기독교 공동체들이다. 신자들이 예수의 이름으로 함께 모일 때에 예수께서 그들 중에 계셔서 특별한 힘을 주시겠다고 약속하신 것이다. 우리가 악한 자의 모든 불화살을 막아내려면 믿음의 방패를 함께 들어 올려야 한다. 지금이 바로 행동할 때이다. 니카라과(Nicaragua)의 마나구아(Managua)에 있는 신성기독교공동체(City of God Christian community)의 지도자 만티카(Carlos Mantica)가 1978년에 이런 글을 썼다. "1973년 이래로 시련의 때가 임박했다는 것을 예언을 통해 경고 받고 이것을 심각하게 받아들이기 시작했다. 드디어 시련의 때가 왔을 때 우리는 100퍼센트 준비되지는 못했으나 그 첫 공격을 물리칠 만한 힘은 있었다." 니카라과의 기독교인들은 1977년에 불이 붙은 동족살해, 고문, 테러행위 등으로 심각한 시련을 겪었다. 그러나 참된 기독교 공동체 안에 서로 깊이 몸을 담고 있던 자들은 대개 고통 중에 든든히 서 있을 수 있었다. 이것은 교회역사 2000년 동안 하나님의 백성이 언제나 겪어왔던 체험이다. 만티카(Mantica)는 자기들이 배운 막중한 교훈 일부를 이렇게 술회했다.

1. 전쟁에 있어서 가장 중요한 시기는 준비기간이다. 우리 모두에게 가장 중요한 시기는 지금이다. 실제 시련의 때가 다가오면 준비는 끝이다. 그때는 준비태세에 있거나 아니면 무방비상태에 있거나 둘 중의 하나이다. 준비태세에 있지 않으면 준비하지 못한 만큼의 댓가를 치루어야 한다.

2. 시련의 때에 영적인 전쟁은 육적 전쟁보다 두 배나 치열하다. 세상과 육체와 사단이 강력하게 밀고 나온다. 평소의 힘으로써는 버틸 수 없다… 따라서 일종의 요새나 보루를 가지는 것이 중요하다.

3. 이런 요새는 깊은 확신과 확고부동한 결단과 강인한 관계로써 세워진다…우리의 확고한 결단은 하나님 나라를 선택하고 그 외의 것은 거절하는 것이어야 한다. 예수를 우리의 절대유일의 주인으로 모셔야 한다. 그는 우리 시간의 주인이시다. 우리의 돈과 재산의 소유주이시다. 우리 생각과 감정과 행동의 주인이시다. 예수께서는 고통당하기 전에 필요에 따라 서로 도울 수 있는 공동체가 먼저 와야 함을 분명히 해두셨다. 이제 우리는 공동체의 중요성을 이해하고 우리의 관계를 강화시켜야 할 필요성을 느낀다. 하나님과 맺은 언약에 덧붙여 우리 형제자매들이 맺은 언약이 시련의 때를 이기는 최선의 안전보장이다.[8]

여러 교회에서 볼 수 있는 피상적인 교제로써는 충분하지 못하다. 예수를 믿는 개인적인 신앙, 규칙적인 경건생활, 착실한 교회출석 —— 이 모든 것만으로는 불충분하다. 우리 각자를 한 가정의 가족으로, 한 몸의 지체로 보아야 한다. 우리는 서로 간에 강한 사랑의 신뢰관계를 맺음으로써 그리스도와의 연합을 생활 속에 실현시켜야 한다.

> 손과 손을 마주잡고
> 형제유대를 지켜라
> 형제우의의 끈을
> 사단이 끊지 못하리
>
> 기쁨의 음식을 함께 나누며
> 사랑의 보금자리 함께 만들어
> 한 몸됨을 인하여 하나님을 찬양하자
> 평화 평화로다.[9]

---

8) *New Covenant Magazine*, 1978년 11월.
9) Ann Ortlund (ⓒ Copyright 1970 by Singspiration Inc.).

3

공동체를 창조하며

　제자훈련이란 현실적인 삶을 공유하는 것이다. 우리는 우리의 삶을 또다른 제자들과 함께 나누도록 부르심을 받았다. 그러나 우리는 우리가 실제로 알지도 못하는 것을 나눌 수가 없다. "너 자신을 알라"는 말은 고대 현인의 금언이다. 그러나 오늘날 많은 사람들이 자기 자신이 누구인지를 몰라 "자아위기"(identity crisis)에 부딪혀 있다. 이만큼 문제는 심각하다. 이것은 부분적으로 **존재**(being)보다 **행동**(doing)을 지나치게 강조한 결과이기도 하다. 서구 사회에서는 무엇을 하고, 얼마나 달성하고, 무엇을 성취하는가가 중요시 되는 것 같다. 이런 것에 집중하다 보면 내가 정말 무엇인지 어리벙벙해질 때가 있다. 우리 자신이 무엇인지 어느 정도 확실히 알기 전에는 우리 자신을 남들과 나눌 수가 없을 것이다.

　'자아위기'를 몰고 온 또하나의 이유는 많은 사람들이 대부분의 시간을 환상의 세계에서 살고 있다는데 있다. 텔레비젼과 광고와 신문에서 이 환상의 세계를 강조하고 있다. 우리 주변의 '현실세계'가 너무도 비참하고 절망적이기 때문에 환상의 세계로 더욱 관심이 끌리기도 한다. 대부분의 사람들이 현대의 복잡하고 거대한 위기들을 감당할 수 없기 때문에 자연적으로 피하여가는 방법으로 멍하게 무감각해져서 문제 자체를 없는 것으로 아예 거부해 버리거나 혹은 위험한 환상의 세계로 도피해 버린다.

　기독교라 해서 이런 위기로부터 면제받을 수는 없다. 그러나 예수의 제자가 되면 일부에서 비판하듯 현실로부터 도피하는 것이 아니라 오히려 정반대이다.

　예수는 절대 현실주의자였다. 죄와 고통의 현실세계로부터 도피하기는 커녕 예수는 그런 현실세계 속으로 태어나셨고, 인간의 투쟁, 유혹, 기쁨, 고통에 완전 동참하셨다. 그는 죄로 인해 구부러지고 비뚤어진 인간본성의 현실을 직시하셨고, 인간을 하나님의 형상으로 회복시키시려 자기 목숨을 버리셨다. 그는 인간의 최대의 적, 사망을 정면으로 공격하셨다. 그리고 죽었다가 부활하심으로써 이 세상 죽음의 현실 앞에 서 있는 인간에게 확고하고 현실적인 희망을 제공하셨다. 거짓 선지자들처럼 그는 평안이 없는 때에 '평안하다, 평안하다'고 허튼 소리를 하지 않으셨다. 그는 당시 사람들에게 예루살렘에 임할 하나님의 심판이 임박했음을 경고했고, 우리에게 그가 다시 오시기 전에 전쟁과 기근과 지진과 많은 환난이 있을 것을 말씀하셨다. 그는 또한 사람들을 대할 때 정직하고 곧게 처신하셨다. 그는 그들의 가슴 속에 있는 것을 아셨다. 당사자가 알든 모르든 간에 그는 그들의 깊은 필요를 바로 지적하시고 채우셨다. 때로는 부드럽게 때로는 매섭게 그리하셨다.

　예수는 지금도 동일하게 제자들을 현실성있고 솔직하고 정직한 삶을 살도록 부르신다. 우리는 우리의 가면을 벗어야 한다. 서로서로에게 있는 그대로 대해야 한다. 그가 빛 가운데 계신 것처럼 우리도 빛 가운데 걸어가야 한다. 이렇게 함으로써만 우리는 그와, 또 서로간에 교제를 나눌 수 있다. 만일 그리스도의 그 빛이 죄를 폭로한다면 예수의 피는 우리를 모든 죄로부터 씻어주신다. 사실 우리가 서로의 죄와 짐을 지고 서로 용서하고 용납하는 것을 배울 때에 그리스도의 사랑이 우리 속에서 점점 더 자라날 것이다.

　이런 환상과 꿈의 세계를 부서뜨리고 우리 자아를 정확하게 파악하고 우리도 서로서로에게 자기의 진짜 모습을 열어 보이며, 살게 하는 것은 참된 기독교 공동체 생활밖에 없을 것이다. 물론 한 지붕 밑에 살면서

한 솥밥을 먹고 산다면 우리 자신과 남들을 발견하여 공유하는 과정이 가속도로 진행되겠지만 꼭 이런 식의 특수한 생활방식을 채택해야 한다는 말은 아니다. 기독교 공동체의 표현으로서 특별히 개별 교회를 두고 하는 말이다. 혹시 기독교 공동체에 대해 환상과 꿈을 꾸며 교회에 참여하는 자가 있을 수도 있을 것이다.

즉, 교회는 '땅 위의 천국'이며, 거기에는 완전한 사랑과 기쁨과 찬송이 있는 것으로 꿈꾸는 자들이 있을 수도 있다. 만일 이런 꿈을 꾸는 자들이 있다면 이런 꿈은 부서져야 한다. 기독교인들과 교제하는 동안 이런 꿈은 어차피 깨어지고 환멸을 느끼게 될 것이기 때문이다. 본회퍼는 이렇게 말했다.

"하나님의 은혜가 이런 꿈을 곧 깨뜨리신다. 하나님은 우리로 하여금 진정한 기독교인의 교제를 알게 하시기를 원하신다. 그러기 위해서는 우리가 타인들, 특히 기독교인들 전체에게 엄청난 환멸을 느껴야 하고 가급적 자기 자신에 대해서도 환멸을 느껴야 한다… 하나님은 감정의 하나님이 아니라 진리의 하나님이시다. 부조리하고 추한 모습들을 발견하고 이렇게 환멸을 느낄 때에 비로소 하나님이 보시기에 올바른 교제가 무엇인지를 보게 된다… 몽상의 아침이슬이 사라질 때에 기독교 교제의 여명이 밝아 오는 것이다."[1]

다른 신자들과 활짝 열린 마음으로 교제를 나누면서 예수를 따르는 것이 무엇인지 현실성있게 깨달을 수 있다. 기독교 신학이 아무리 정확해도 종교게임으로 끝나서는 안된다. 기독교는 게임이 아니라 기독교인 서로서로의 삶이 투자되고 맺어진 삶의 관계이다. 하나님과의 관계와 다른 사람들과의 관계가 기독교의 핵심이다. 그러나 죄가 너무도 깊고 어둠의 세력이 너무도 강해서 우리의 대신관계와 대인관계가 쉽사리 무너진다. 속임수에 빠질 수 있다. 예수는 당시의 위선자들을 신랄하게 비판하셨다. 당시 종교지도자들이 위선자들이란 비판을 받았을 때 경악했을 것이 분명하다. 자기들은 하나님을 믿고 철저하게 율법을 지키는 돈독한 신앙인들이라고 생각하고 있었기 때문이다. 사실 그들은 윤리와 도덕이 철저한 자들로서 당시 종교계에서 대단히 존경을 받는 자들이

---

1) *Life Together*. SCM, pp. 15~17.

었다. 그러나 그들은 줄곧 하나님과의 관계에서 연극을 하고 있었다. 그들의 대신관계는 현실이 아니라 연극이었다. "이 백성이 입술로는 나를 존경하되 마음은 내게서 멀도다"(막 7:6). 우리의 제자도를 측정하는 최선의 방법 중의 하나는 남들과 마음을 활짝 열고 진실되게 교제하는 것이다. 이것이 고통스럽겠지만 동시에 항상 열매가 맺히게 되어 있다.

초대교회 당시 모든 제자들이 이처럼 강하고 근본적인 기독교 공동체 의식으로 살았기 때문에 당시에 교회 밖의 구원은 불가능한 것으로 간주되었다. 개개인들이 주님에게 돌아오면, 그들은 즉시 교회로 연결되었다. 그들이 그리스도에게 속한 것은 곧 그의 몸에 속한 것이었고, 이것은 다시 교회에 소속되는 것이었다. 무서운 죄에 대한 최고의 형벌은 교회의 문제로부터 파면하는 것이었다. 하나님의 은혜를 특별히 교회 안에서 체험할 수 있었기 때문에, 출교는 곧 범죄자를 사단에게 내어주는 것과 같았다. 신약성경의 교회관에 의하면 교회는 건물도 아니요 제도도 아니요 기관도 아니요 하나님의 백성이다. 따라서 예수의 제자들은 그리스도 안에서 서로서로에게 소속됨으로써 큰 힘을 얻어야 한다. 본회퍼는 일찌기 이렇게 간파했다. "형제를 볼 때 그가 예수 그리스도 안에서 나와 영원히 연합된 자로 보아야 한다."[2]

공동체와 십자가

모든 교제의 참된 터전은 예수 그리스도의 십자가 밑에 무릎을 꿇고 그의 긍휼과 사랑 안에서 서로 절대 신뢰하는 것이다. 다른 신자들과 교제하노라면 내가 의롭다고 하는 자기의(self-righteousness)가 깨뜨려지고 나의 죄성이 노출된다. 이렇게 나의 참모습이 현실적으로 드러나게 될 때 정말 내 죄가 그리스도를 십자가에 못박았구나 하는 것을 느끼게 되고, 오늘도 내 죄가 그의 몸된 교회에 이토록 상처를 입히는구나 하는 것을 절감하게 된다. 일단 이 현실에 부딪히게 되면 내가 내 자신에 대해 가지고 있는 자아상이 무너지며, 또 그것을 받아들이게

---

[2] 같은 책 p.13.

된다. 따라서 내 체면이 깎일까봐 말 못하거나 행동 못하는 것이 없어진다. 또한 내 형제와의 관계에 있어서도 저 사람이 어떻게 저런 말과 행동을 하는가 하는 생각을 걷어치울 수가 있는 것이다. 내가 저기 십자가 밑에서 내 자신의 죄악된 상태를 발견했기 때문에 더 이상 남들을 흉보지 않게 될 것이다. 죄인인 내가 누구에게 돌을 던지겠는가?

이처럼 십자가가 모든 교제의 핵심이기 때문에 오로지 십자가의 길을 통해서만 교제가 깊어지고 성숙한다. 십자가의 길을 간다는 것은 온갖 형태의 자아, 즉 자기추구, 자기중심, 자기의 등을 고통스럽지만 끊임없이 십자가에 못박으면서 동시에 다른 신자들과 열린 마음으로 교제할 때 나의 약점 때문에 오는 상처를 달게 받겠다는 것을 의미한다. 우리는 흔히 내노라 할 수 있는 위치에서 서로를 만나려고 한다. 그래서 그리스도의 이름 아래 우리의 재질과 우리의 축복과 우리의 업적을 얘기한다. 이런 식으로 서로 격려하는 것도 때로 필요하고 유익할 것이다. 그러나 우리의 가슴과 가슴을 사랑으로 묶어주는 참된 교제는 우리가 약한 자리에서 서로 만나는 것이다. 내가 내 자신을 열고 나 자신의 개인적인 문제를 기꺼이 너에게 얘기하고, 또 네가 그 얘기를 듣고 충격이나 거부감을 느낄 것까지 각오하고, 또 너도 내게 대해 똑같이 열고 얘기 하기를 원하면서 너를 흉없는 우정으로 사랑하고 용납할 때에, 나와 너가 다같이 십자가 밑에 있는 것을 발견하게 된다. 십자가는 가장 낮은 자리요 하나님이 치료하시고 은혜 베푸시는 자리인 것이다.

존 포웰(John Powell)은 일찌기 우리가 서로에게 마음을 열기 싫어하는 심리를 이렇게 표현했다. "나는 네게 내가 누구라는 것을 말하기 싫다. 왜냐하면 내가 누구라는 것을 네게 말하면 너는 아마 나를 싫어할 것이고, 아직 그 모양 그 꼴밖에 안되었는가고 생각할 것이기 때문이다."[3] 따라서 우리는 우리의 이미지를 유지하고, 가면을 쓰고, 우리의 속모습을 숨기는 것이 더 안전하다고 느낀다. 그러나 이것은 제자의 길, 교제의 길이 아니다. 오늘날 많은 교회가 예수가 원하시는 공동생활의 질을 나타내 보이지 못하는 이유가 여기 있다. 이 때문에 교회 안에 예수의 참제자가 그토록 적은 것이다. 밀러(Keith Miller)는 이 딜레

---

3) *Why am I afraid to tell you who I am?*. Fontana, p. 12.

마를 이렇게 표현했다. "교회 안에는 겉으로 만족하고 평안한 것처럼 보이지만 속으로 자기를 사랑할 누군가를 찾아 울부짖는 사람들로 가득 차 있다… 그들을 사랑하되 그들의 모습 그대로, 즉 무엇인지 모르겠고 좌절하고 가끔 공포에 사로잡히고 죄책감이 있고 흔히 가족들과도 말을 할 수 없는 그 모습 그대로 사랑해 주는 자를 찾고 있다. 그러나 교회 안에 **남들**은 다 행복하고 만족스러워 **보이기** 때문에 감히 스스로 만족해 하는 그룹 앞에(보통 교회집회가 이렇다) 자기 자신의 깊은 문제를 털어놓을 용기가 나지 않는 것이다."[4]

신자들이 서로 의로운 성자들로 모습을 드러내는 것을 중지하고 불의한 죄인들이 서로를 받아들이기 시작할 때 진정한 교제에로의 돌파구가 열린다. 경건한 교제 속에 죄인이 설 자리가 없다. 이런 비현실적이고 초영적인 분위기 속에서 모든 사람은 가면을 쓸 수밖에 없다. 나라고 별난 존재가 되고 싶지 않다. 이런 분위기에서 그 누구의 참모습이 노출되면 그 충격으로 인해 가면의 기존질서가 무너질 것이다. 따라서 아무도 고양이 목에 방울을 못달게 되고 죄는 외식의 덫 속에 그 모습을 숨기고 있는 것이다. 우리가 나는 누구라는 것을 정직하게 말할 수 있는 자유인이 될 때에 하나님의 자녀로서의 참 자유를 얻게 될 것이다. 우리가 하나님 앞에서는 스스럼없이 우리 죄를 인정한다. 우리 모습이 추함에도 불구하고 우리를 사랑하시고 받아주신다는 것을 말씀을 통해 알기 때문이다. 우리의 최악의 모습을 아시더라도 하나님은 결코 우리에 대한 사랑을 중단하시지 않으신다. 그러나 우리가 서로서로 정직하게 마음을 여는 단계에 이를 때까지 우리는 우리의 삶 속에 나타나는 하나님의 사랑의 깊이를 체험하지 못하고, 서로서로를 받아들이고 용서하고 돌보는 사랑이 구체적으로 표현되는 현실을 맛 볼 수 없는 것이다.

우리가 서로서로 간에 마음을 닫으면 하나님에게도 마음을 닫는 것이다. 우리는 마음을 열고 서로 속에 있는 그리스도의 영을 인식해야 한다. 우리가 서로 사랑하고 봉사할 때 그리스도를 사랑하고 봉사하게 된다. 바울은 이렇게 말했다. "우리가 이제부터는 아무 사람도 육체대

---

4) The Taste of New Wine, Word, p. 22.

로 알지 아니하노라…누구든지 그리스도 안에 있으면 새로운 피조물이라 이전 것은 지나갔으니 보라 새 것이 되었도다"(고후 5:16~17). 우리는 우리의 자연적인 모습 그대로가 아니라 그리스도 안에서의 현재의 모습과 미래의 될 수 있는 모습을 보도록 노력해야 한다. 우리가 그리스도 안에서 가지고 있는 무한한 잠재력을 인정한다면 서로서로 하나님 보시기에 그리스도 안에서 완전한 자가 되도록 격려해야 한다.

공동체와 고백

우리는 오늘날 하나님의 치료가 절실히 필요한 병든 교회 속에서 살고 있다. 야고보는 그의 서신에서 하나의 중요한 처방을 제시해 준다. "너희 죄를 서로 고하며 병낫기를 위하여 서로 기도하라"(약 5:16). 고백하지 않는 죄는 우리를 어둠 속에 가두며, 우리의 대신관계와 대인관계에 금이 가게 한다. 그것은 그리스도의 몸에 상처를 입히고 그것을 찢어놓는다. 그것은 신자와 공동체로부터 하나님의 샬롬(평안)을 도적질해 간다. 다윗은 시편에서 이렇게 탄식했다. "내가 토설치 아니할 때에 종일 신음하므로 내 뼈가 쇠하였도다 주의 손이 주야로 나를 누르시오니 내 진액이 화하여 여름가뭄에 마름같이 되었나이다"(시 32:3~4). 그리스도인의 교제도 그 구성원 중 누가 범죄하면 병이 든다. 온 몸이 감염된다. 우리가 서로 서로에게 소속되어 있기 때문에 한 구성원의 죄가 전체에 영향을 미친다. 죄를 공적으로 고백하고 빛 앞에 노출시킬 때에 교제가 회복되고 온 몸이 치료를 받는다.

다른 형제 앞에서 죄를 인정하는 것이 자기 기만에 빠지지 않도록 하는 방파제가 된다. 이상한 것은 거룩하지 못하고 죄악된 형제에게 공개적으로 죄를 고백하는 것보다 거룩하시고 무죄하신 하나님 앞에 은밀하게 죄를 고백하는 것이 항상 더 쉽다. 만일 그렇다면, 우리는 다음과 같이 질문해 보아야 한다. "우리가 진정 하나님에게 죄를 고백했는가? 아니면 자기 자신에게 죄를 고백하고 자기가 자기 자신을 용서하고 있지 않는가? 이런 식으로 스스로 속고 있지 않는가? 우리가 하나님께 순종하는 삶에 있어서 수없이 넘어지고 나약해지는 것은 우리가 자기 스스로는 용서하면서 진정한 용서를 받지 못하고 살고 있기 때문이 아니겠는가?"⁵⁾ 아마도 야고보가 무슨 죄든지 형제에게 털어놓고 고백하면 분명히 용서함 받는다고 확언한 것이 바로 이 때문일 것이다. 죄는 일단 빛 앞으로 노출시키면 용서받고 망각되어진다. 그러면 죄의 힘이 부서진다. 그러면 죄가 더 이상 신자를 옭아매지 못하며 더 이상 교제를 끊어지게 못한다. 죄인이 정직하게 죄인이 되면 하나님의 은총과 형제의 사랑을 누릴 수 있다. 그리스도 안에서의 교제가 심오한 현실로 체험되는 것은 바로 이 순간이다. "고백하면 신자가 모든 것을 버리고 주를 따른 것이 된다. 고백이 제자가 되는 길이다. 예수 그리스도와, 또 그의 공동체와의 삶이 고백에서 시작된다."⁶⁾

물론 어느 그룹에서는 너무 많이 고백하지 않는 지혜가 필요하다. 언제 어느 그리스도인의 그룹에서나 고백할 자유가 있어야 하지만 어떤 경우 그 그룹의 성격상 유익하거나 건전하지 못한 때도 있다. 가령 어떤 지도자가 성숙하지 못한 어린 신자들에게 자기의 실패를 다 털어놓는다면 어린 신자들이 그 상황을 감당하지 못할 것이다. 이런 경우 털어놓는 것이 오히려 방해물이 될 것이다. 그러나 신자마다 허물없이 고백할 수 있는 그룹이 있어야 한다. 가톨릭 교회의 참회제도는 남용되는 면이 있어서 많은 복음주의 계열에서는 아예 상호 간의 참회를 무시하고 산다. 그러나 서로 죄를 고백하는 것은 성경적이고 건전하다. 교회 역사상 위대한 부흥운동이 대개 서로서로 죄를 털어놓고 고백하는 것으로 나타났다는 것이 의미심장하다. 숨겨진 죄가 어둠 속에서 끌려나올 때 그리스도의 빛이 전보다 밝게 비추일 것이다. 그리하여 교제와 연합이 회복된다. 성령이 마음껏 강력하게 역사하실 수 있다.

서로 용납함

참된 기독교 공동체라면 조만간 모든 어둠이 철저하게 빛 앞으로 노출될 것이다. 인간에게 강한 인정이 있음에도 불구하고 인간적인 사랑이란 근본적으로 자기 중심적이고 자기 추구적이다. 그것은 가지고 소

---

5) Bonhoeffer, 전게서, pp. 90 이하.
6) 같은 책 p. 90.

유하고 사로잡고자 한다. 그것은 봉사하지 않는다. 인간적인 사랑은 그 사랑의 대상을 전체의 유익을 위해 내어놓지 않는다. 그것은 그 사랑의 대상을 숭배의 대상, 즉 우상으로 만들고, 그리하여 그 우상이 모든 다른 생각과 행동을 지배하게 된다. 인간적인 사랑은 그 목적을 이루기 위해 사람들도 조정하고 환경도 조정한다. 그것은 안식이 없고 만족이 없다. 때로는 영적 교제로 가장하고 나와 참된 교제를 파괴시키고 만다. "만일 우리가 하나님과 사귐이 있다 하고 어두운 가운데 행하면 거짓말을 하고 진리를 행치 아니함이거니와"(요일 1:6).

우리가 인간적인 사랑으로써는 결코 공동체를 세울 수 없음을 인식하고 우리 속의 죄성을 고백하게 되면, 하나님의 완전한 용서의 기쁨을 알 수 있고 우리의 사랑이 아니라 그의 사랑이 성령으로 매일 우리 가슴 속에 쏟아 부어지기를 기도하게 된다. 하나님의 사랑은 사람을 사람으로 사랑한다. 우리가 그리스도의 사랑에 지배를 받을 때 일흔 번씩 일곱 번이라도 용서할 수 있게 될 것이다. 남들의 필요를 돌아보게 되고 그들을 위해 목숨이라도 내어놓게 될 것이다. 형제의 필요를 채워줄 것이다. 그를 위해 시간과 돈을 희생할 것이다. 그에게 귀를 기울이고 하나님이 그를 통해 우리에게 하시는 말씀을 들을 것이다. 하나님의 사랑은 교제를 깨뜨리지 않고 유지하는데 초점을 두고 빛 가운데서만 행하고 하나님과 사람들에게 마음을 활짝 열고 살게 할 것이다.

서로 사랑함

바클레이(William Barclay)는 기독교적 사랑을 이렇게 묘사했다. "아가페의 정신은 이렇게 말한다. '누가 내게 어떻게 하든 결코 그를 해치지 않고 결코 복수하지 않고 항상 그에게 가장 유익한 것을 추구하겠다.' 즉, 기독교적인 사랑인 아가페는 **불굴의 인정, 불멸의 선의**이다. 그것은 단지 감정의 물결이 아니다. 그것은 마음의 확신에서 우러나오는 생활자체이다…."[7] 이러한 사랑이 삼위일체 속에 완전히 계시되어 있다. 온 세상에 대한 하나님의 사랑에는 그런 사랑이 나타난다. 예수

---

7) *More New Testament Words*, SCM, p.16.

의 삶과 일이 바로 이 사랑의 표현이었다. 십자가상의 절대 자기희생이 바로 그 사랑의 척도였다. 죄인인 인간에게 먼저 손을 내미시는 사랑이다. 이 사랑이 위대한 사랑에 대한 반응을 요구한다. 이 사랑이야말로 세상 속에 살고 있는 기독교인의 최상의 뺏지이며 교회의 뺏지이다. 이 사랑이 없으면 우리는 아무것도 가진 것이 없고, 아무것도 아니다.

사랑이 이토록 귀한 것이기에 사랑을 더 자세히 살펴보는 것이 유익할 것이다. 첫째 인간에 대한 하나님의 사랑을 살피고, 둘째 하나님에 대한 인간의 사랑을 살피고 세째 인간에 대한 인간의 사랑을 살피고, 마지막으로 사랑의 특징을 살펴보도록 하자.

하나님의 속성은 사랑이다(요일 4:7,8). 하나님은 모든 사람들이 구원받기를 원하신다(딤전 2:4). 따라서 하나님의 사랑은 **전포괄적인 사랑**이다. 우리가 아직 죄인되었을 때에 그리스도께서 우리를 위해 죽으셨으므로(롬 5:8,10), 이 사랑은 **값없는**(인간편의 공로가 없는) 사랑이다. 하나님께서 우리의 죄를 씻어버리시기를 원하시고 진노를 영원히 품지는 아니하시므로(엡 2:4, 시 103:8~10), 그것은 **긍휼**의 사랑이다. 하나님께서 그 지혜대로 우리로 완숙하게 성장시키시기 위해서 체험하게 하시는 시련과 유혹을 극복하게 하는 힘을 주시므로(롬 8:37), 그것은 **승리케 하는** 사랑이다. 실망이나 질병이나 사단의 힘이나 죽음까지도 깨뜨릴 수 없는 것이므로(롬 8:38 이하), 그것은 하나님으로부터 우리를 **분리시킬 수 없는** 사랑이다. 최선을 위해서는 징계도 필요하므로(히 12:6), 이것은 **징계**의 사랑이다. 성경에서 약 180번이 강조한 대로, 그것은 **영원한** 사랑이다. 하나님께서 우리에게 자기 자신을 아낌없이 주셨으므로 또한 우리의 절대헌신을 요구하시므로(출 20:5), 그것은 **질투**의 사랑이다.

이런 하나님의 사랑에 대한 반응으로, 우리도 하나님을 **일편단심**으로 사랑해야 한다. 우리의 가슴은 어느 하나에만 모든 것을 헌신하게 되어있다(마 6:24). 하나님에 대한 우리의 사랑의 궁극적 증거는 순종이므로, **순종**의 사랑을 가져야 한다(요 14:15, 21~24 등). 그것은 항상 하나님의 주도권에 반응하는 사랑이어야 한다(요일 4:19). 그것은 또한 성령열매의 (최고의 표징)이다(갈 5:22).

성경은 우리의 하나님에 대한 사랑이 철두철미하게 개인적인

(personal) 사랑이여야 함을 강조하고 있다. 우리는 서로서로 사랑해야 한다. 기독교인들은 우선 자기 가족들을 사랑해야 한다(엡 5 : 25 이하, 딤전 5 : 8). 자기 가족들을 진정으로 사랑하지 못하고서야 어찌 하나님의 가정의 지도자가 되겠는가?(딤전 3 : 1~5, 12, 딛 1 : 5~8).

가정생활이 여지없이 파괴되고 따라서 내일의 세계에 엄청난 문제를 야기시키고 있는 현시대에 기독교인의 가정, 심지어 기독교 지도자의 가정도 특별한 공격을 받고 있는 듯하다. 무엇보다 서로를 도와서 결혼생활이 이루어지도록 하고, 사랑하고 회개하고 용서하여 결혼서약을 강화시켜야 한다. 자녀들에게도 농도짙은 시간을 할애해야 한다. 특히 열심히 뛰어다니는 기독교 지도자일수록 이 일을 힘써야 한다. 결혼이 실패하는데 대한 반작용으로, 이런 특별한 가족관계가 **우상시** 될 수도 있으나, 흔히 부부 간의 사랑과 부자 간의 사랑에 있어서 성령의 특별한 도우심이 절실히 요청된다(엡 5 : 18에 "성령충만하라"는 말씀이 바로 가족관계에 대한 교훈으로 연결됨).

핵가족이 하나님 보시기에 특별하고 성스러운 가정단위이지만 핵가족만을 내세워서는 안된다. 기독교인의 사랑은 보다 넓은 하나님의 가정 안에서 강력한 형제 자매 관계를 형성할 수 있어야 한다(벧전 2 : 17, 갈 6 : 10). 여기서 실패하면 교회 안에 외로운 자들과 독신들과 이혼한 자들과 과부된 자들에게 무엇을 줄 수 있겠는가? 이 외에도 교회 안에는 편부 혹은 편모가 있고 하나님의 사랑이 참으로 구체적으로 나타나는 것을 필요로 하는 자들이 많다. "저들의 사랑을 보라!" 타인들이 교회를 볼 때 이런 인상을 뚜렷이 받을 수 있어야 한다. 아가페 사랑은 또한 우리 **이웃**들에게도 미치는 사랑이다(눅 10 : 27 등). 예수님께서는 인종이나 피부색이나 신조나 계급에 관계없이 누구나 필요한 자면 우리의 이웃이라는 것을 명백히 가르치셨다. 바클레이는 이렇게 주석했다. "세상의 모든 신학 논쟁들보다도 참된 기독교적 사랑과 자비를 통해 교회로 인도받는 자들이 더 많다. 세상의 모든 의심보다도 소위 기독교라고 하는 것의 완고하고 추악한 모습 때문에 교회를 버린 자들이 더 많다."[8]

---

8) 같은 책, p. 21.

기독교적 사랑은 원수까지도 사랑한다(마 5 : 44, 눅 6 : 2). 원수사랑은 예수 그리스도 안에서 하나님께서 우리에게 보여주신 하나님의 사랑에서 극적으로 나타났다. "아버지여 저들을 용서하소서. 자기들이 하는 일을 알지 못하나이다"라고 기도하셨던 예수 그리스도의 사랑이 원수사랑의 절정이다. 예수 그리스도는 지금도 성령으로 우리를 도우사 누구나, 무엇이나, 언제나 용서할 수 있게 하신다. 세상에 사랑이 가장 위대하고, 가장 강력한 힘이 되는 까닭이 바로 여기에 있다. 사랑은 악을 선으로 갚는다. 사랑은 제 아무리 완악하고 잔인한 마음까지도 녹인다. 사랑은 최악의 폭풍우도 견뎌낸다. 사랑은 부정을 긍정으로 바꾸고 고통을 기쁨으로 바꾸며 어둠을 빛으로 바꾼다. "원수를 이기는 유일한 방법은 원수를 친구로 사랑하는 것이다."[9]

이토록 비상하고, '이토록 놀라운 하나님의 사랑'의 본질을 어떻게 요약할 수 있을까? 사랑은 **진실하다**(롬 12 : 9, 고후 6 : 6 ; 8 : 8, 벧전 1 : 22). 사랑은 열린 가슴과 편 손이다. 사랑은 부패와 가식이 없다. 사랑은 **통이 크다**(고후 8 : 24, 요일 4 : 11). 어떤 형태로건 도움이 필요한 자에게 시간과 돈과 힘과 재능을 희생적으로 베푼다. 사랑은 **실천적이다**(히 6 : 10, 요일 3 : 18). 봉사의 행동으로 표현된다. 사랑은 **오래참고 용서한다**(엡 4 : 2, 골 3 : 12- 14). 남의 결점과 실패에 눈을 감고, 귀를 막으며, 죄의 상처로부터 남들을 속히 풀어준다. 사랑은 **연합한다**(엡 4 : 3, 빌 2 : 2, 골 2 : 2). 가정이나 교회에서 항상 화평을 이루고 분열을 치료한다. 사랑은 **긍정적이다**(고전 13 : 4~7). 남들에 대해 최악의 것을 두려워하지 않고 최선의 것을 믿는다. 사랑은 **민감하다**(롬 14 : 15, 갈 5 : 13). 형제로 넘어지게 할 말을 안하며 행동을 안하려고 애쓴다. 사랑은 **세워준다**(엡 4 : 15, 딤후 2 : 22~26). 진리를 말함으로 때로 상처가 간다해도 항상 형제를 그리스도에게로 세워주는데 목적을 둔다. 사랑은 기독교 신앙전체의 **요약**이다. 율법의 완성이며, 기독교인의 최우선적 목표이여야 한다.

이와 같이 사랑을 사진찍어 본다면 너무도 그 인물이 휜해서 그 앞에 서 가히 입을 벌리고 감탄하지 않을 수 없다. 하나님은 우리 혼자의 힘

---

9) William Barclay 전게서, p. 21.

으로 이런 성품을 위해 애쓰도록 요구하시지 않으신다. 인간적으로 말해서, 사실 이것은 불가능하다. 그러나 우리가 대인관계에서 성령에 의존해야 할 단계에 이르게 될 때, 하나님의 은혜가 충만히 임할 것이다. 십자가의 고통은 피할 길이 없다. 공동체 속에서 제자훈련을 받고자 한다면 누구나 때때로 눈물을 흘리고 실망하고 심지어 절망에 빠질 수도 있음을 각오해야 한다. 그러나 실패의 잿더미 속에서 참사랑의 불사조가 태어난다. 그때에야 하나님의 사랑이 우리에게 하나님의 끊임없는 용서를 확인시키고 우리를 어둠으로부터 그의 놀라운 빛으로 이끌어 올리신다.

본회퍼는 인간의 사랑으로는 될 수 없다는 것을 발견하고 인간사랑의 극한 점에서 공동체가 깨어지는 과정을 겪고나서 아가페, 즉 하나님의 사랑이 지배할 때만 기독교 공동체가 가능하다고 역설했다. "기독교 공동체 생활의 성패는 인간의 이상과 하나님의 현실, 인간 공동체와 영적 공동체 간을 적당한 때에 구분할 능력이 있느냐 없느냐에 달려 있다."[10] 이 둘 사이를 분명히 구분하지 못하기 때문에 기독교 공동생활이 흔히 난관에 부딪혀 있다. 기독교인들이 서로 간에 마음을 열고 인간 자체의 힘으로 사랑하고 봉사하려고 할 때 그 결과는 자연인의 욕망이 눈을 뜨고 감정이 대립되고 의심과 질투와 분개가 속에 불이 붙는다. 성령 안에서 진지하게 시작한 것이 육체로 끝을 맺어 혼란과 재앙을 초래한다. 그렇게 되면 유감스럽게도 상처를 입은 자들이나, 혹은 그런 육체적인 혼란을 목격한 외부인들이 자연히 안전지대로 철수하게 되고, 작은 장벽과 방호벽을 세우게 되고, 그리함으로 더 이상 상처를 받지 않으려 하게 된다. 이것은 흔히 육체적인 반발인데 이렇게 되면 그리스도께서 원하시는 교회상인 사랑의 공동체가 깨어지게 된다.

언약의 사랑

우리가 기억해야 할 것은 예수께서 우리 각자 속에 있는 이런 인간적인 욕망과 인간적인 반발을 다 아신다는 사실이다. 그는 자기 제자들

---

10) 같은 책, p. 24.

속에서 그런 것들이 표현되는 것을 여러 차례 목격하셨다. 제자들이 천국에서 벼슬자리를 차지하려는 야심으로 불타는 것을 보셨고, 누가 제일 크냐고 말다툼할 때 보셨고, 서로 질투하고 비판하고 분노할 때 보셨다. 후에 부활하신 그리스도께서 인간의 욕망이 여러 형태로 모든 교회에 나타나는 것을 보셨다. 흔히 고린도 교회만을 육욕적인 교회라고 생각한다. 그러나 신약성경의 서신들을 보면 교회 안에서 일어나는 본능적, 인간적 문제들을 떠나서는 이해할 수가 없다. 문제가 있기 때문에 서신들을 보낸 것이다. 그러나 제자들의 삶이 성령의 절대지배 하에 들어가지 않았다 해서 예수께서 그들로부터 사랑을 철회하신 적은 한 번도 없었다. 만일 그러셨다면, 우리 중 그 누구도 예수와의 관계를 신뢰할 수 없을 것이다. 예수는 언약의 사랑으로써 자신을 우리에게 동여매시고 우리도 서로 간에 그렇게 하기를 요구하신다. 이렇게 해야만 서로서로가 그리스도 안에서 자라도록 도와줄 수 있고, 그의 사랑이 우리 가슴에 가득 차고, 우리의 교제 구석구석에 스며들게 될 것이다.

언약적 사랑의 기초는 상호위탁이다. 자연적인 감정이나 욕망과는 상관이 없다. 우리가 형제자매 속에서 그리스도를 보기 때문에 우리 자신을 그들에게 위탁한다. 그러기에 사랑의 봉사로 우리 자신을 그들에게 내어주며, 그들을 위해 우리의 삶을 내어주며, 우리 자신의 필요나 이권보다 그들의 필요나 이권을 앞세우게 된다. "공동체는 개인의 큰 희생을 요구한다. 참된 공동체는 언약의 사랑없이 그 기능을 발휘할 수 없다. 언약적 사랑의 본질은 나보다 남을 더 사랑하고 남을 위해 나 자신을 주는 것이다. 추호도 의심할 여지없이 공동체의 삶을 살아보면 그렇게 하고자 하는 자가 심각한 시련을 받게 되고, 따라서 자기 사랑을 한껏 넓혀야 함을 알게 될 것이다."[11] 공동체를 가능케 하는 것은 성령으로 우리에게 주신 하나님의 사랑 뿐이다. 따라서 사랑이야말로 그리스도의 제자들 사이에 유일한 특징이고, 특징이 되어야 한다.

공동체는 성장의 수단

---

11) *New Covenant Magazine*, 1977년 8월호.

3. 공동체를 창조하며

　공동생활이 제자훈련에서 본질적으로 중요하다는 것을 위에서 살폈거니와 공동체라는 환경이 영적 성장의 주요요소임을 이제 알게 될 것이다. 바울은 에베소서 4장에서 하나님께서 그의 교회에 다양한 은사들을 주사 "성도를 온전케 하며 봉사의 일을 하게 하며 그리스도의 몸을 세우려" 하신다고 했다. 사실 신약에 나타난 성령은사의 목적이 바로 여기에 있다. 즉, 개인을 세우는 것이 아니라 공동체 전체를 세우는 것이다. 방언의 은사가 유일한 예외인데, 이 은사는 신자가 홀로 하나님과 교제할 때 사용하는 은사이다. 그러나 방언도 신자가 하나님과 교제함으로써 간접적으로 그리스도의 몸을 강화시키게 되어 있다. 한 개인이 스스로 세워져야 남들도 세울 수 있기 때문이다.

　여기서 하나님의 목적은 "우리가 다 하나님의 아들을 믿는 것과 아는 일에 하나가 되어 온전한 사람을 이루어 그리스도의 장성한 분량의 충만한 데까지 이르는 것"이다. 바울은 또다시 그리스도 안에서 공동체에 역점을 둔다. 우리가 하나님의 아들을 더욱 깊이 알아갈 때에 영적으로 하나되어 성숙하게 되며, 그리하여 그리스도의 충만한 영광을 부분적으로나 나타낼 수 있게 된다. 어느 신자도 혼자 힘으로 이 모든 것을 해낼 수가 없다. 바울은 여기서와 다른 구절에서 주로 온 몸의 성장을 얘기하고 있다. 개인적으로 성장이 아니라 공동체의 성장이다. 온 몸이 성장하면 개체 지체도 자연히 성장하게 된다. 그러나 참된 발전을 위해서는 지체마다 그 지체 외의 몸의 나머지 부분의 생명과 은사가 필요하다. 그 일을 위해서 우리가 항상 기꺼이 서로서로에게 복종하며, 서로에게 배우고 하나님이 서로를 통해 하시는 말씀을 듣고 나 자신보다 남을 귀중히 여겨야 한다(엡 5:21, 고전 14:31, 빌 2:3). 우리가 연령과 성숙도와 전통에 관계없이 '모든 성도와 함께' 협조할 때 하나님의 사랑의 너비와 길이가 높이와 깊이를 알수 있게 되는 것이다(엡 3:18).

　물론 고독도 필요하고, 개인기도와 명상도 필요하고 중요하다. 그러나 서구 교회는 지나치게 불건전하게 개인을 강조해 왔다. 이것은 신약의 강조점이 아니다. 신약 서신부의 여러 교훈을 보면 거의 개인이 아니라 교회에 관한 것이다. 기독교인을 가리켜 '성도'라고 했는데, 이 말이 62회 나오는 중 61회가 복수로 나오고, 단수로 나오는 경우는 "모든 성도에게 일일이 문안하라!"는 구절 뿐이다. 이처럼 그리스도 안에서의 공동체 생활을 압도덕으로 강조하고 있다. 우리는 서로서로에게 소속되어 있다. 서로서로 섬겨야 하고, 강하게 하고, 격려해야 한다.

우리가 그리스도의 몸의 지체들로서 살면 살수록 그 몸을 세우는 성령의 은사들을 구체적으로 체험할 것이다. 성령은 '공동의 유익을 위해서'만 나타나신다. 우리가 사랑 안에 함께 살 때만 그의 몸된 교회 안에 그의 사랑의 표현으로서 그의 은사들을 주실 것이다. 우리 모두는 서로를 필요로 한다. 어느 한 지체도 다른 지체에게, "나는 네가 필요없다"라고 말할 수 없다. 그러므로 우리는 겸손과 사랑 안에서 형제가 어떤 사람이건 상관없이 하나님의 말씀이나 성령의 은사를 그 형제에게 주기를 기뻐해야 한다. 나이가 더 많고 더 성숙한 신앙인도 나이가 어린 자로부터 도움과 격려와 용서와 심지어 책망까지도 필요하다는 점을 겸손하게 인식해야 한다. 왜냐하면 우리가 성숙했다고 생각하는 상태와 무관하게, 우리는 누구나 죄인들로서 하나님의 긍휼과 은혜가 끊임없이 절실히 필요한 자들이기 때문이다. 하나님의 은혜가 몸된 교회의 어떤 구성원을 통해서도 올 수 있다. 하나님은 영적 성숙도에 상관없이 어떤 사람을 통해 은총을 베푸신다. 어느 구성원이 특별한 직분을 받았다고 강력하게 주장한다면, 그것은 또다른 문제이다. 그 공동체의 지도자들이 그의 은사와 직분을 조심스럽게 살펴보고 시험해 보아야 한다. 그러나 하나님께서 우리를 겸손하게 하시고 우리의 끝없는 연약함을 기억시키려고 '약한' 형제를 세워 '강한' 형제에게 분명하게 말하도록 하시기도 하신다. 이런 식으로 우리는 불가피한 상호의존성을 계속 인식하게 되고 그리스도에게로 함께 성장하여 가는 것이다.

나는 비록 상처받는 한이 있어도 내게 사랑으로 진실을 말해 주기를 기뻐하는 자가 있으면 그에게 감사한다. 내 아들 뻘 되는 젊은이가 그렇게 해줄 때 더욱 감사를 느낀다. 이렇게 하여 각 지체가 서로를 섬김으로 그리스도의 몸이 되어간다. 제4장에서 더 자세히 다루겠지만 어떤 한 사람(공인된 지도자나 스승)이 '구루'(힌두교의 사제)로 간주되고 모든 이들은 그의 제자들이 될 때 많은 문제가 일어난다. 물론 지식이나 경험이 더 많은 자가 더 많은 기여를 할 것이다. 그러나 본질적으로 그리스도만이 제자 훈련자(The Discipler)이시다. 그리스도만이 양떼의 목자(the Shepherd)이시다. 그리스도만이 우리 가운데 계신 스승(the Teacher)이시다. 그러므로 기독교 공동체의 과제는 서로서로를 격려하여 성숙한 제자도에 이르도록 하는 것이다.

성찬식

　기독교 공동생활의 가장 선명한 표현은 성찬식(Holy Communion, the Lord's Supper, 혹은 Eucharist라 함)에서 찾을 수 있다. 무엇보다 여기서 우리 교제의 토대가 되는 예수 그리스도의 십자가에 대해 하나님께 감사를 드릴 수 있다. 전에는 우리가 "그리스도 밖에 있었고 이스라엘 나라 밖의 사람이라 약속의 언약들에 대하여 외인이요 세상에서 소망이 없고 하나님도 없는 자들"이었으나 이제는 "전에 멀리 있던 우리가 그리스도 예수 안에서 그리스도의 피로 가까와진"사실을 축하한다. 우리는 또한 모든 인간의 장벽들이 십자가를 통해 허물어진 것을 기뻐한다. 이것은 그리스도가 "우리의 화평"으로서 "둘로 하나를 만드사 중간에 막힌 담을 허셨기" 때문이다(엡 2 : 12~14). 우리는 모두 죄인들로서 십자가 앞에 나간다. 하나님이 우리를 자기 아들들로 받아주신다. 우리는 그를 바라보고 담대히 '아바 아버지!' 하고 부른다. 우리는 서로를 보고 '내 형제여! 내 자매여!' 하고 부른다. 여기 이 영광스런 교제의 식탁에서 우리가 이제는 '외인들'이 아니라 '하나님의 권속'이 된 것을 새삼 인식한다. 여기에 우리의 영원한 대신관계와 대인관계의 엄숙한 보장이 있다. 한몸의 지체들로서 한 떡을 먹고 한 잔을 마신다. 자기 외아들의 죽음을 통해 우리를 하나로 묶어주신 하나님을 찬양하고 경배한다. 이젠 그 누구도 우리를 떼어놓을 수 없게 되었다.
　이런 성찬식을 통해 하나님의 유례없고 측량할 수 없는 은혜를 기억하게 된다. 우리는 여기서 '무지로, 약해서, 고의적인 과오'로 하나님에 대해서 서로서로에 대해서 죄를 지었다는 것을 공개적으로 인정한다. 우리는 우리 죄를 숨기려 하지 않는다. 성찬은 죄인들만을 위한 식사이다. 우리가 죄를 지어 그의 용서가 필요하기 때문에 주님의 식탁에 참여한다. 떡과 포도주의 상징 속에서 우리가 죄를 고백하니 하나님이 더 이상 그것을 기억지 아니하신다는 엄숙한 약속을 본다. 이런 성찬식에서 우리의 하나님과의 관계와 서로 간의 관계가 회복됨을 인하여 하나님께 감사드린다. 그리스도의 몸이 십자가에서 단번에 찢기셨기 때문에 오늘날 땅 위에 있는 그리스도의 몸이 치료될 수 있게 되었다. 그러므로 우리는 부활하신 그리스도께서 우리와 함께 계셔서 우리를 자기에게로 이끄시고, 우리의 마음을 사랑으로 함께 묶으시고, 그의 측량할 수 없이 풍성한 은혜대로 우리를 먹이시고 격려하시고 치료하신다는 기대와 신앙을 가지고 나온다. 우리가 그에게로 우리의 마음을 향할 때에 또한 그리스도의 몸을 세우기 위해 영적인 은사들도 주시리라 기대할 수 있다. 예언의 은사, 신유의 은사, 믿음의 은사, 사랑의 은사 등을 주시리라. 기대해야 한다. 서로서로를 향해서는 그리스도의 평안과 사랑을 전해줄 수 있다.

바로 이 성찬식에서 우리는 서로 간의 관계를 점검해 보아야 한다. 만일 그렇게 하지 않으면 '주의 살과 피를 더럽히는 죄'를 범하여 우리 자신에게 심판을 자초하게 된다(고전 11 : 27~29). 바울이 고린도전서 11 : 27~29에서 특별히 염두에 두고 있는 것은 고린도 교회 안에 있는 분열문제였다. 그것은 부분적으로 교인들 간에 빈부의 차 때문이었다. "먹을 때에 각각 자기의 만찬을 먼저 갖다 먹이므로 어떤 이는 시장하고 어떤 이는 취함이라"(고전 11 : 21). 진정 서로 사랑했다면 음식을 서로 나누어 먹었을 것이고, 서로 간에 분열된 것을 회개했을 것이다. 그런데 실상 그리스도 안에서의 하나됨을 강력하게 의미하는 공동식사(성찬식)에 분열된 상태로 회개치도 않고 참석했으니, 육체적 질병과 심지어 죽음의 형태로 하나님의 징계를 받게 된 것이다. 예수께서 제자들과 최후만찬을 나누심으로써 제도화하신 이 교제의 식사는 오늘날 그를 따르는 모든 자들에게 은혜받는 수단이며, 동시에 징계의 한 형태이다. 성찬식은 공동체 안에 우리의 관계가 건전하고 올바른지를 점검하는 방편이 될 수도 있다.

성찬식에서 우리는 세상에서 하나님을 섬기기 위한 영적인 힘을 얻을 수 있다. 그리스도의 죽음에 성찬식의 초점을 두는 것은 주님의 제자 역시도 자기 십자가를 지고 그를 따라야 한다는 것을 회상시키는 것이다. 우리는 그리스도와 함께 이 죄악 세상으로 걸어들어가서 그리스도를 통해 세상을 화해시키기 위해 그리스도의 이름으로 기꺼이 고난을 받을 각오가 되어 있어야 한다. 특히 가난한 자들과 궁핍한 자들에게 우리의 삶을 제공하고 봉사해야 한다. 그리스도께서 우리를 위해 하신 모든 것에 대한 감사로서 우리도 우리 몸을 산 제물로 바치며, 성령의 충만을 구해서 그에게 영광과 찬양이 돌아가도록 살펴 일해야 한다.

이 교제의 식사는 또한 천국을 미리 맛보는 것이어야 한다. 미래 어린 양의 혼인잔치의 그림자가 바로 성찬식이다. 우리가 기다리고 있는 영광을 소망으로 바라보며, 현시대의 '가볍고 지나가는 고통' 때문에 실망하지 않는다. 지금은 기쁨과 눈물이 뒤섞인 생활을 하고 있지만 이 교제의 식사를 통해 어느 날 하나님께서 우리의 눈에서 모든 눈물을 닦아주실 것을 바라보고 용기를 얻는다. 그 영광스러운 날이 오기까지 우리는 항상 하나님 백성의 공동체로서, 하나님의 권속으로서 하나님의 사랑으로 날마다 새롭게 되어 서로 격려하고 봉사하여 하나님 나라를 위해 함께 일하는 것이다.

4

제자를 삼아

 기독교 복음은 온 세계를 위한 하나님의 복된 소식이다. 이 복음은 초대 유대인 기독교인들의 가슴을 뒤흔들어 놓은 놀라운 진리였다. "하나님은 사람의 외모를 취하지 아니하시고 각 나라 중…저를 믿는 사람들이 다 그 이름을 힘입어 죄사함을 받는다"(행 10:34~43). 사도들이 이 사실의 중요성을 이해하는 데는 어느 정도 시간이 걸렸다. 그러나 예수께서는 하늘로 올라가시기 전에 기록된 말씀으로는 마지막으로 이런 말씀을 남겼다. "그러므로 너희는 가서 모든 족속으로 제자를 삼으라"(마 28:19). 이것은 세계구원에 대한 그의 마스터플랜이었다. 간단명료하면서도 위대한 계획이었지만 이상하게도 교회 역사상 대부분의 시대에 아주 무시되어 버린 것이 사실이다. 예수의 제자들이 제자들을 삼고 또 그들이 다른 제자들을 삼도록 한 것이다. 이렇게 무한히 계속하도록 계획하셨다.
 제자란 예수를 따르는 자이다. 제자는 자기 자신을 그리스도에게 의탁하고 그리스도의 길을 가며 그리스도의 삶을 살고 그리스도의 사랑과 진리를 남들과 나누는 자이다. "제자를 만들다"는 동사는 다른 사람을 격려하여 예수의 이런 제자가 되도록 하는 과정을 묘사하는 말이다. 그것은 또한 그 사람이 그리스도 안에서 성숙하여 또다른 사람을 제자로 만들 수 있는 단계에까지 나가도록 하기 위해 사용하는 방법들을 의미한다. 모든 신자는 그리스도의 제자이기 때문에 너무 특수화되고 틀에 박힌 "제자화 프로그램"을 만들어서 마치 또 하나의 교파나, 적어도 교회 내의 한 특수그룹을 만드는 방향으로 나가지 않도록 조심해야 한다.

최근에 여러 나라의 기독교 지도자들이 소위 "목양과 제자화와 복종"이란 상대노선을 강력하게 역설해 왔다. 이것이 일부 혼란과 분열을 초래했는데, 그 이유는 후에 살피겠다. 이런 운동을 보며 우리가 생각할 바가 있다. 교회 안에서 유감스럽게도 극단으로 치닫는 운동들은 항상 기성교회의 어떤 약점들에 대한 불가피한 반발로 나타난다는 점이다. 크게 무시된 강조들을 회복하는 과정에서, 그것들을 지나치게 강조한 나머지 균형을 잃고 분쟁을 일으키고 이단으로까지 가기가 아주 쉽다. 신약성경의 "이단"이란 본래 주요한 교리적 오류와 반드시 관계되어 있지만은 않은, 교회를 분열시키는 파벌을 가리키는 말이다. 이런 그룹이 단지 그 지도자의 강한 개성이나 근본적으로 성경적인 어느 한 진리에 대한 지나친 강조 때문에 이단이나 분파가 되어버렸다(고전 11 : 19). 그러나 우리는 목욕물과 함께 어린 아기를 쏟아 버려서는 안된다. 제자도의 어떤 면을 지나치게 강조하는 것도 삼가야 하겠지만 교회가 무시함으로써 자체 위기를 몰고 온 중요한 성경적 원리에 대한 역반응을 일으키는 것도 삼가야 한다.

제자훈련의 필요성

교회의 다음분야에서의 실패 때문에 목양운동(제자화)이 불가피하게 되었다(목양운동도 극단적인 면이 많지만).

첫째, 많은 기독교인들 특히 일부 주류측 기성교회들의 교인들이 교회 안에 교리와 윤리에 있어서 권징이 무너진 것 때문에 깊은 상처를 받아왔다. "타임즈"(The Times) 신문에 영국교회 교리위원회 보고서(The Church of England's Doctrine Commission Report)에 대한 다음과 같은 기사가 실렸다.[1] "18명의 신학자들이 일치한 것은 하나님의 존재

---

1) 1976년 2월 16일.

가능성에 대한 신앙과 예수에 대한 경외심 뿐이었다. 그 외에 모든 것에 대해서는 모두 견해를 달리 했다." 안수받은 성직자가 그리스도의 신성을 공개적으로 부인하거나 그리스도의 육체적 부활을 거부한 경우 권징이 명백히 시행되어져야 한다. 물론 지도자를 포함하여 어느 기독교인이 심지어 기본교리들에 대해서도 정직한 의심을 가지고 고민하고 있을 경우 동정의 여지가 있지만 이런 문제를 안고 있는 사람이 신학자나 교사가 되어 공직을 수행할 경우 그것을 막아야 할 용기도 또한 있어야 한다. 천주교가 이런 권징을 용기있게 시행한 경우가 더러 있다. 이와 같은 교리문제에 권징이 없는 것이 사실이고, 또한 많은 교회가 불법적인 성생활에 대해 미온적인 태도를 취해온 것도 오늘날 기독교적 제자도가 약화된 또하나의 유감스런 사례이다.

둘째, 기독교인이라고 자처하는 많은 사람들이 헌신이 철저하게 결여되어 있고, 그 때문에 예수를 따르는 것에 희생이 따른다는 것을 설교에서 언급하기를 싫어하고 있다. 오늘날 자기를 부인하고 십자가를 지라는 메시지는 듣기 어렵다. 물론 예수께서 우리 위해 십자가에서 죽으신 것은 기뻐한다. 그러나 예수를 따르기 위해 날마다 십자가 지는 것은 다 어디 갔는가? 교회가 교인을 등록시키는 '클럽' 사고방식에 너무 오랫 동안 젖어 있었다. 오티즈(Juan Carlos Ortiz)는 이렇게 말했다. '좋은' 교회 회원은 '좋은 클럽회원과 같다.' '그는 클럽에 출석하고, 낼 것을 내고, 클럽에 곤란을 주는 일은 안한다.' 그러나 신약성경 어디에 교회클럽 회원제도란 것이 있는가? 아무데도 없지 않은가! 우리는 그리스도의 몸의 지체들이며, 서로가 서로에게 소속되어 있는 지체들로서 그리스도에게와 서로서로에게 절대의 덕을 강조하고 있다. 이런 것이 없을 때 교제가 얕고, 전도가 형식적이고, 몸으로 하는 봉사가 없고, 영적 은사가 무시되고, 예배가 무의미하고, 기도에 힘이 없고, 사랑이 대체적으로 식어버린다.

이렇게 병들어 노화되어 가는 몸에 속하고 싶은 자가 누구겠는가? 그러나 무의미한 세상에서 수많은 사람들이 그것을 위해서 살아볼 가치가 있는 그 무엇, 심지어 그것을 위해서라면 죽을 가치가 있는 그 무엇을 찾고 있다. 기성교회가 몰락하는데 이단들이 수적으로 불어나는 한 이유가 여기에 있다. 이단은 강한 제자도를 요구한다. 모든 혁명단체와 테러단체가 오늘날 세계의 많은 지역을 점령하고 있는 것은 바로 이 때문이다. 기성교회가 예수의 철저한 요구를 심각하게 받아들이지 못한데 대해서 '목양운동'(Shepherding Movemennt)이 반발하는 이유를 이해할 만하다.

 세째, 수많은 교회가 방향감각이 없다. 교회의 많은 논쟁들과 활동들이 마치 배가 빙산을 들어박은 후에 흔들리고 가라앉아 가는 그 배 위에서 장기를 두고 있는 것과 같다. 대부분의 사람들이 현시대가 불확실성의 시대임을 깊이 느끼고 있다. 무수한 기독교인들이 상부로부터의 선명한 지도력이 없어서 좌절하고 있다. 언젠가 어느 누구가 한 말을 빌리면 어느 제도가 지금 무엇을 하고 있는지를 모르게 되면, 모든 것을 하려고 덤빈다고 했다. 사업을 하듯 제자를 만들어서 오늘날의 절실하고 촉박한 문제에 대처하는 것이 어느 때보다 중요한 것처럼 보인다. 많은 기독교인들이 교회에 대해 선명한 예언적 메시지를 용기있게 던지는 지도자를 따르고 싶어한다. 교회에 오늘날 실정에 맞는 과제를 주어 훈련시키고 동원시키는 지도자를 찾고 있다. 달리 말해서 많은 기독교인들이 제자훈련 받기를 기뻐하여 권하고 있다.

 네째, 모든 신자가 교회 목회에 참여해야 한다고 성경에 따라 새롭게 강조되고 성령의 은사에 대해 점차 마음이 열림에 따라, 견고한 지도력과 지혜로운 목회통제가 없는 곳에서는 혼란과 극단적인 상황이 불가피하게 뒤따른다. 유감스러운 것은 많은 성직자들과 목회자들이 이런 영적 재생현상에 대해 지나치게 조심스럽고 회의적이라는 점이다. 평신도들이 흔히 앞장서서 무엇을 하려고 하면 성직자들은 뒤로 발을 빼고 있다. 그 결과로 성령 안에서 모처럼 자유를 얻은 자들이 개인집을 중심으로 '재생교제'(renewal fellowships)란 이름으로 모이는데, 문제는 경험있는 지도자가 없다는 점이다. 성령의 은사들을 조심스럽게 재어보고 시험해 보지 않으면 육욕적인 자기과시가 불가피하게 나타난다. 개교회 지도자들이 격려하고 가르쳐주지 않으면 성령의 축복을 참으로 맛본 자들이 영적 지도력을 다른 곳에서 찾게 된다.

 다섯째, 교회전통에 따라서 전도분야가 아주 무시되어 왔거나, 혹은 교회가 하는 일을 대전도자가 혼자서 하도록 그에게 지나치게 의존해 온 것이 사실이다. 이것은 둘 다 성경적이 아니다. 물론 교회 전체의 유익을 위해서 전도자 소명을 받은 자들이 있는 것이 사실이지만, 신약 성경은 신자 각자가 증인이 되어야 함을 명시하고 있다. 케네디(James Kennedey)박사는 이 점을 다음과 같이 그림을 그리듯 선명하게 예증했다. 만일 어느 한 사람이 국제적 명성을 가진 뛰어난 전도자로서 매일 저녁마다 하나님의 도우심으로 1,000명씩 전도한다면 전세계를 복음화하는데 시간이 얼마나 걸리겠는가? 인구폭발을 무시해 놓고 계산해도 10,000년 이상 걸린다. 그러나 그리스도의 참된 제자 한 사람이 하나님의 도우심으로 매해 1명씩 전도하고, 그 전도된 사람을 또다시 매해 1명씩 하도록 훈련시킨다면 전세계를 복음화 하는데 시간이 얼마나 걸리겠는가? 32년 밖에 안걸린다! 제자훈련이 제대로 되는 교회에서는 유명한 전도자를 불러 전도집회하는 예가 별로 없다. 전도집회를 안해도 개개 신자들이 전도해서 많은 사람들을 그리스도에게로 인도하고 있다.

이상의 다섯 가지 이유를 읽었으니 이제 제자훈련이니 목양프로그램이 왜 필요한지 알게 되었을 것이다. "제자훈련이 제대로 안되는 이상 교회의 일을 혼자서 끌고 갈 만큼 충분히 유능한 지도자가 있지 못할 것이다."[2] 교회 전체가 이 점을 심각하게 감안하지 않으면 불건전한 발전을 하거나 분열하는 결과 밖에 초래되지 않을 것이다.

목회의 위험

성경에 보면 교회 지도자를 목자로 비유한 곳이 많다. 바울은 에베소 교회 장로들에게 "너희는 자기를 위하여 또는 온 양떼를 위하여 삼가라"고 했다(행 20:28). 베드로는 "너희 중에 있는 하나님의 양무리를 치라"고 했다(벧전 5:2). 예수는 시몬 베드로를 교회의 지도자로 다시 세우시면서 "내 양을 먹이라… 내 양을 치라…내 양을 먹이라"고 하셨다. 그러나 많은 교회들이 목양의 개념에 대해 의심과 실망을 보이고 있다. 왜 그런가? 그곳에는 몇 가지 함정이 있기 때문이다.

첫째, 심각한 제자훈련이 흔히 율법주의적이나 권위주의적인 방향으

---

2) Carl Wilson저, *With Christ in the School of Disciple Building* p. 25. (Zondervan 출판사, 1976).

로 흘러 왔다. 성경에 명시되지 않은 여러 분야에서 이렇게 해라, 저렇게 해라는 식의 규칙과 규정을 절대규범으로 세워둠으로써 편협한 경건주의나 세상으로부터의 불건전한 분리나 신약교회의 특징인 자발적 사랑과 기쁨이 거의 없는 지나친 영적 생활로 전락해 버린다. 여기서 굽힐 줄 모르는 딱딱한 기독교상이 형성되며, 이것은 예수 그리스도의 온유하고 겸손한 모습과는 거리가 멀다. 나는 과거에 활기차고 평안한 생활을 하던 많은 신자들이 엄한 인간적 목양의 굴레 속으로 속박되어 들어감으로 인해서 불안과 공포의 얼굴로 바꾸어지는 것을 많이 보았다. 흔히 이런 경우 그들이 받는 압력은 조직체의 압력이 아니라 인정의 압력이다. 성숙한 기독교인 부부가 진실되고도 자상하게 돌아보게 되면 대개 그들의 목양을 받는 자들, 특히 자매들이 끊기 힘든 인정의 끈을 느끼게 된다. 남자면 남자끼리, 여자면 여자끼리의 제자훈련을 받아도 이런 압력이 있을 수 있다. 일편단심의 충성관계가 수립되고 거기서 벗어나는 것은 반역으로 보이게 된다. 지도자와 잘 어울려 지내면 다행이겠거니와, 만일 조금이라도 다른 길을 선택하게 되면 크게 충돌하여 보다가 다시 타협하거나, 아니면 혼자 절름발이처럼 잘려나는 것이다.

 신약 시대에도 이와 비슷한 위험들이 있었다. 바울은 골로새 교회 신자들에게 "'붙잡지 말라, 맛보지 말라, 만지지 말라'는 규율에" 굴하지 말라고 했다. 즉, 인간이 만들어낸 명령과 교훈을 따르지 말라는 것이었다. 이런 자기 단련이 헌신적인 기독교인들에게 흔히 솔깃하게 여겨진다. 그러나 그것이 사로잡히면 반드시 자기의에 빠지거나 쓸데없는 죄책감에 빠진다. 바울은 이런 '엄격한 헌신'이 경건하고 지혜로와 보이지만 사실상 "하나님에게 영광을 돌리지 못하고 인간 자신의 교만을 자극시킬 뿐이다"고 평했다(골 2:20~23). 갈라디아 교회 신자들도 역시 비슷한 함정에 빠져 있었다. 바울은 이렇게 기록했다. "어리석도다 갈라디아 사람들아…누가 너희를 꾀더냐?" 신자들 중에 일부는 "이방인들과 함께 먹다가 저희가 오매 그가 할례자들을 두려워하여 떠나 물러간" 베드로의 모범을 따랐다. 유대주의자들의 압력 때문에 베드로와 그와 함께한 자들이 그리스도인의 자유에서 종교적 율법주의로 미끌어져 버린 것이다. "그리스도께서 우리로 자유케 하려고 자유를 주셨으니 그러므로 굳세게 서서 다시는 종의 멍에를 메지 말라"(갈 3:1;2:12

;5：1). 율법주의와 자유방종─이 두 가지는 그리스도 안에 있는 참자유를 도적질하는 양대 위험이다. 그렇다. 모든 교회안에는 지도력과 권징이 있어야 한다. 그러나 이것이 사람들의 생활 속에 있는 성령의 불로 끄고 기독교인들로 하여금 지나치게 조심하고 비판하거나 두려워하여 서로서로에게서 물러가게 한다면, 바울의 교훈대로 그런 인위적인 규율에 종노릇하지 말아야 한다.

둘째, 강력한 목회는 새로운 사제제도로 발전될 수 있다. 개개 제자마다 사실상 삶의 모든 영역에서 목자에게 복종하고, 또 개개 목자마다 (자기 밑에 12명 이하의 제자를 두고) 자기 삶을 또 다른 목자에게 복종하여 하나의 피라밋 구조를 형성하는 경우가 있다. 이런 복종관계가 흔히 개교회의 영역보다 더 넓게 시행되기도 한다. 가령, 어느 교회의 지도자들이 수 십리 떨어진 다른 교회의 지도자들에게 모든 문제에 있어서 복종하고, 단 그들은 다른 나라의 외국인 지도자들에게 함께 복종하는 경우가 있다. 이런 복종이 때로는 목자에게 십일조하고 목자에게 자세한 면까지 감독을 받고, 결혼문제, 가정문제, 주택문제, 직장문제, 생활방식 등등에 있어서 그 목자의 지도를 받아들일 수 있다.

이런 제도는 '새로운 사제제도'(new priesthood)라 규정할 수밖에 없다. 내가 어떻게 하나님의 음성을 듣는가? 나의 목자의 음성을 들음으로써 하나님의 음성을 듣는다. 내가 어떻게 내 생애에 관한 하나님의 뜻을 아는가? 내 목자에게 물어보아야 한다. 이 성경구절의 바른 해석이 무엇인가? 내 목자가 내게 가르쳐줄 것이다. 어느 여인이 내게 이 제도의 모든 축복을 이렇게 설명해 주었다. "결정의 책임을 내가 지지 않으니 얼마나 편한지 모른다." 그러나 바로 여기에 위험이 있다. 목자가 남들의 생활을 통제하게 될 때 개개인의 책임과 성숙과 심지어 자기 자신의 의미까지도 상실하게 될 심각한 위험이 있다. 대개 신자들은 어떤 일을 결정하는 것에 대한 어려움을 아니까 남의 결정을 따르는 것이 우선 편할지는 모르겠다. 그러나 이렇게 되면 결국 제자가 '위대하신 목자'에게 건전하게 의논하기 보다 인간 목자에게 불건전하게 의존하게 되버린다. 목사와 교사는 하나님의 교육은사를 받은 자들로서 결정문제에 관한 성경의 원리를 성실하게 가르쳐서 복잡한 문제들을 보다 객관적으로 생각하도록 도와줄 수 있다. 그러나 우리 각자가 하나님 앞에 자기책임을 져야 한다. 우리 개개인이 하나님께 책임을 지고 있고, 우리 삶 속에서 우리가 범한 실수에 대해서 남에게 책임을 전가하는 상황에 있어서는 안된다. 책임과 성숙은 밀접한 관계에 놓여 있다. 바울과 히브리서 저자는 이제는 교사들과 지도자들이 되어야 할 단계에 있어야 하는 자들이 아직도 성숙하지 못한 것을 개탄했다. 아직도 젖을 먹이고 책임을 감당해 주는 자들이 필요한 것을 개탄한 것이다(고전 3 : 1~4, 히 5 : 11~14). 윌슨(Carl Wilson)은 어떤 그룹에서는 지도자들이 "명백한 성경적 근거도 없이 사람들에게 이래라 저래라 그리스도의 대변인으로 말할 권리가 있는 것처럼 주장하기 시작했다"고 말했다. 그는 계속 덧붙여 이렇게 말했다. "어떤 이들은…정말 자기들이 그리스도와 사람들 사이에 중재자로서의 권위가 있다고 주장하고 있다. 그들은 사람들에게 결혼할 날짜, 이혼할 날짜, 학교갈 날짜 등등을 말해 준다…만일 교인들이 목사에게 성경의 명백한 교훈의 뒷받침없이 생활과 교리의 결정을 내리도록 권위를 허락한다면 초대교리가 그러했듯 교회 안에서 제자를 키우는데 치명타를 입힐 것이다."[3] 사도 베드로는 이런 이유 때문에 장로들에게 양떼들을 지배하지 말도록 강력히 권면했다(벧전 5 : 3).

이런 원리에서 볼 때 예언하는 것도 아주 조심해야 한다. 예언이 교회에 주시는 하나님의 말씀일 수도 있으나 예언을 성경 자체보다 더 권위있는 것으로 내세울 때 심각한 문제가 일어난다. 신약성경은 성령께서 교인 중에 어느 누구에게 예언의 은사를 주셔서 "사람에게…덕을 세우며 권면하며 안위하게" 하신다고 가르치고 있다. "너희는 다 모든 사람으로 배우게 하고 모든 사람으로 권면을 받게 하기 위하여 하나씩 하나씩 예언할 수 있느니라"(고전 14 : 3, 31). 이 말씀 속에 예언이 교회가 해야 할 일을 하나님이 보여주시는 어떤 강력하고 '무게있는' 말씀이라는 암시가 거의 없다. 하나님께서 교회에게 강력하고 분명하게 말씀하시고 싶어하실 때도 있을 것이다. 그럴 경우 여러 방면에서 그 예언의 말씀이 확인되어야 함도 명심해야 한다.

세째, 한 사람이 혹은 소수가 전체를 지배하는 소위 지배적 목양은

---

3) 같은 책, p. 24.

불가불 분열을 초래한다. 한 그룹의 제자들이 어떤 한 지도자에게 너무 많이 기울어질 때 그 결과는 육욕적 정신으로 경쟁할 수밖에 없다. "나는 바울에게, 나는 아볼로에게, 나는 게바에게 속한다"는 식의 결과가 생긴다. 고린도에서 성령의 전을 파괴시키려던 것이 바로 이런 당파싸움이었다. 그래서 바울은 분명하게 하나님의 집인 하나님의 교회에서 그들이 하는 짓이 잘못된 것임을 지적했다. 바울의 말은 주로 지도자들에게 하는 책망이 아니었다. 그것은 지도자들을 하나님이 주신 역할 이상으로 높이는 자들에 대한 경고였다. 그래서 바울은 핵심적인 질문을 던졌다. "그러면 아볼로는 무엇이냐?" 여기서 아볼로는 "누구냐?"고 하지 않고 "무엇이냐?"고 한 점을 보라. "바울은 무엇이냐? 종이며 …" 바울은 계속 지도자들 자신들은 아무것도 아님을 강조했다. 생명을 주사 자라게 하시는 분은 하나님 뿐이신 것이다. 고린도 교회의 당파가 결국 분열을 초래하는 방향으로 나감으로써 지도자들(목자들)을 중심으로 도당을 지으면 하나님의 성전을 파괴시키게 될 것이었다. "누구든지 하나님의 성전을 더럽히면 하나님이 그 사람을 멸하시리라"(고전 3:17). 하나님의 일에 피해를 끼치고 무사할 자가 없다.

세계 여러 곳에서 특별히 성령은사 운동 안에서 목양과 제자훈련과 복종을 잘못되게 강조함으로써 분쟁을 야기시키고 있는 것은 비극이다(그러나 잘못 강조하면 그럴 수밖에 없다). 여러 경우에 크고 작은 그룹들이 교회들로부터 떨어져 나왔다. 그 교회들은 그 모든 결점에도 불구하고 하나님이 축복하시는 교회들이었다. 독립적인 가정교회들이 일어나 번성하고 있으나, 그 때문에 그리스도의 몸에 깊은 상처를 더욱 악화시키고 있다.

1976년 북미에서 이 문제에 대해 주요 지도자들 간에 화해조처가 강구되었다. 플로리다의 로러대일(Ft. Lauderdale)에 있는 '기독교성장사역'(Christian Growth Ministries)의 지도자들(이 단체는 '목양운동'과 밀접한 관계 있음)이 다음과 같이 시작되는 성명서를 발표했다. "우리는 복종, 권위, 제자훈련, 목양 등과 관련된 우리의 교육의 결과는 신자들 간에 분쟁과 문제가 일어났음을 인정한다. 우리는 어떤 문제들에 대해 깊은 유감을 표시하며 우리의 잘못 때문에 생긴 까닭에 우리가 상처를 입힌 다른 신자들에게 용서를 구한다." 여기에 서명한 사람들은 바삼(Don Basham), 백스터(Ern Baxter), 멈포드(Bob Mumford), 풀 (John Poole), 프린스(Derek Prince), 그리고 심슨(Charles Simpson)이 었다.[4]

멈포드(Bob Mumford)는 후에 그 상황을 이렇게 표현했다. "과거에는 사람들로 '인도함을 느끼는'대로 행동하도록 가르쳤다. 그 결과로 여러 곳에서 혼란이 일어났다. 그래서 사람들로 성령의 인도하심을 더 정확하게 해석하도록 하기 위해서 목사님이나 목자와 함께 확인하고 '검사'하도록 했다. 그랬더니 관료제도가 생겨났고 자발성이 죽고 하나님이 일하시는 것을 보고 기쁨이 사라졌다…때로 지도자들이 자기들이 돌보는 신자들에게 '성령노릇'을 하며 주님만이 받으실 수있는 충성을 요구하게 되었다…우리는 지도자들로서 사람들이 성령의 음성을 듣는 법을 배움에 있어서 실수하면서도 배우도록, 또 그것을 허락할 만큼 대범해야 한다…."[5]

이상에서 본 바와 같이 교회에서 제자훈련의 필요성을 우선적으로 강조하면서도 극단의 위험을 완전히 인식하며 항상 평화의 띠로 성령의 하나되게 하심을 유지해야 한다.

제자들과 지도자들

예수의 제자들을 생각할 때 우리에게 큰 격려가 되는 것은 제자들이 아주 평범한 사람들이라는 점이다. 그들도 우리처럼 인간의 모든 결점을 가지고 있었고, 또 자주 실패하는 자들이었다. 복음서가 거리낌 없이 폭로한 대로 제자들은 야심과 이기주의가 있어서 누가 크냐고 다투었다. 그들은 믿음도 약해 걱정하고 두려워 해서 예수님으로부터 하나님을 의지하지 않는다고 부드러운 책망을 받곤 했다. 그들은 말과 행동에 있어서 충동적이었고 미숙했다. 유혹을 조심하라고 경고하면 괜찮다고 자신만만해 했다. 기도하라고 촉구하면 게으름을 피웠다. 어린 아이

---

[4] Michael Harper 저 *This is the Day*, p.156 인용(Hodder & Stoughton 출판사, 1979).

[5] 영국 Snney, Cobbam, Copse Road 47의 "완전"(Fulness)지 제24권에 인용되었음.

들에게 신경질을 부렸고 군중들에 대해 피곤해 했다. 예수께서는 십자가를 반드시 져야 한다고 누차 교육시켰으나 십자가를 지시기까지 일련의 사건들에 그들은 당황하고 실망했다. 그들은 배우기에 얼마나 더디고 잊어버리기에는 얼마나 빨랐는가? 다시 말해서 그들이나 우리들이나 별로 다를게 없었다. 그럼에도 불구하고 예수님은 그들을 택해서 제자들을 삼으시고 지도자로 훈련시키셨다.

목사님들 가운데 교인 중에는 평신도 지도자가 없어서 목회가 심각한 지경이 되고 있다고 하는 자들이 많았다. 아마 평신도 지도자들이 터져 나갈 듯 많아 보이는 어떤 대형교회(번창하는)를 부러워하는 듯하다. 그런 대형교회는 평신도 지도자가 없는 불행한 교회보다 성장의 잠재력이 더 있어 보이는 것은 사실이다. 그렇지만 대개의 경우 정말 그런지 의심하지 않을 수 없다. 여기서 우리가 놓치고 지나가는 것이 있다. 그것은 예수님께서 아주 거친 인재들을 제자로 삼고 훈련시켜 지도자들을 만드셨다는 점이다. 예수님이 어떻게 그 일을 하셨는지, 우리가 배울 점은 무엇인지 뒷부분에서 밝히겠다. 그러나 우선 주목할 것은 제자의 특성과 지도자의 특성이 거의 동일하다는 점이다. 물론 영적 지도자는 하나님이 주신 지도의 은사(charisma)를 가지고 있을 것이다. 그러나 그 외는 대부분의 다른 특성들은 제자와 똑같은 것이다. 왜냐하면 진정한 지도자라면 누구나 우선 지도받는 법을 배워야 하기 때문이다. 배우는 자가 되기 전에는 결코 지도하는 자가 될 수 없다. 따라서 제자훈련을 충실하게 하면 결국 시급한 지도자 양성문제도 역시 해결되는 것이다.

제자의 특징

제자를 삼는다고 할때 도대체 그 목표는 무엇인가? 수 년 간 필자가 관찰한 여러 가지 특성을 살펴보기로 하겠다. 필자는 아래의 목록이 전부라고 하거나 제자마다 아래의 특성을 다 나타낸다는 주장을 하려는 것이 아니다. 적어도 우리가 얻기를 바라고 기도해야 할 것이 무엇인지 알아야 되겠다는 의미에서 아래 특성들을 열거한다. 우선 우리가 구해야 할 것을 질문의 형식으로 던져보기로 한다.

4. 제자를 삼아

1. 봉사하고 싶어하는가? 이것은 예수님이 벼슬을 하려는 제자들에게 거듭 가르치신 교훈이었다. 특히 그들의 발을 씻기심으로써 자신을 극적으로 낮추신 후에 주신 교훈이었다(요 13장, 참고, 막 10:35~45).

2. 들을 줄 아는 법을 배우고 있는가? 시몬 베드로가 변화산에서 번쩍번쩍하는 아이디어로 꽉 찼을 때 하나님께서는 그에게 하나님 아들의 말씀을 '들으라'고 말씀하셨다(눅 9:35). 예수님이 말씀하시는 동안 마르다는 음식 준비로 분주하고 애를 태웠다. 그때 예수님은 마르다가 마리아처럼 조용히 앉아 주님의 음성을 듣지 않는다고 부드러운 책망을 하셨다(눅 10:41 이하).

3. 배우기를 좋아하는가? 예수님께서 임박한 자신의 고난과 죽음에 대해 말씀하셨을 때 베드로가 불쑥 튀어나와 이렇게 말했다. "주여 그리 마옵소서 이 일이 결코 주에게 미치지 아니하리이다." 그때 예수님은 베드로가 평생 잊지 못하도록 따끔하게 책망하셨다(마 16:22 이하).

4. 고침받기를 기뻐하는가? 사람들이 사랑으로 솔직하게 말할 때 그런 정직한 비판을 어느 정도로 잘 받는가?(마 18:15).

5. 자기 위에 있는 자들에게 어느 정도로 잘 복종하는가?(살전 5:21 이하, 히 13:17). 어떤 일을 시킬 때에 그 이유를 다 몰라도, 혹은 하기 싫을 때에라도 복종하기를 좋아하는가?

6. 다른 사람들과 탁 터놓고 정직하게 교제하면서 삶을 나눌줄 아는가?(요일 1장).

7. 겸손을 배우는가? 기뻐하는 자들과 함께 기뻐하며 남들이 이런 저런 축복을 받을 때 진정으로 즐거워할 줄 아는가?(빌 2:3 이하).

8. 남을 비판하기 전에 먼저 자기 자신의 생활을 돌아보는 것을 배우고 있는가?(마 7:1~5).

9. 자기의 약점들을 알고 있는가? 하나님의 은혜로 극복하는 법을 배우고 있는가?(고후 12:9).

10. 완벽주의자인가? 그러면 자기 의(義), 자기 정죄, 자기 연민, 혹은 남을 판단하는 태도가 뒤따르게 될 것이다. 우리는 모두 실수한다(약 3:2, 참고, 요일 1:8~10). 하나님께서 있는 모습 그대로의 그를

받아주신 대로 자기 스스로를 받아들이는 법을 배우고 있는가?

11. 용서할 줄 아는가?(마 18:21 이하).

12. 끈기가 있는가? 혹은 쉽게 포기하는가? 실망을 어떻게 처리하는가?(엡 6:10 이하, 고후 4:7 이하).

13. 믿음직한가?(고후 4:2). 계속 투덜거리지 않고 일을 처리해내는가? 남들이 자기에게 실망과 좌절을 안겨주어도 남들을 믿어주길 좋아하는가?

14. 자기일을 성실히 처리하는가? 아니면 항상 남의 생활을 꿰뚫어 보면서 간섭하고 한담하기를 원하는가?(요 21:21 이하, 딤전 5:13).

15. 작은 일을 잘 처리하는가?(골 3:17).

16. 부스러기 시간을 어떻게 사용하는가? 모든 시간은 하나님의 선물로서 지혜롭게 사용해야 한다는 것을 알고 있는가?(엡 5:15~17).

17. 하나님의 영광을 최우선에 두는가? 아니면 남들의 칭찬을 구하거나, 자신의 욕망을 충족시키려고 하는가?(요 12:43, 고후 5:9).

18. 하나님이 말씀하실 때는 속히 순종하는가? 갈릴리 호수에서 베드로가 예수님의 지시가 어리석어 보였어도 즉각 순종하였을 때 놀라운 결과가 있었다(눅 5:4~9). 앞으로 이것은 두고두고 배워야 할 교훈이다.

19. 믿음을 꺾을 만한 외적 요소들이 있을지라도 묵묵히 하나님을 신뢰하는가?(눅 18:8, 막 11:12 이하).

20. 어디에서 안전보장을 찾는가? 하나님의 사랑과 신실성에 궁극적으로 의존하는가? 아니면 우선 일시적이고 물질적인 안정을 추구하는가?(마 6:19~34). 성령께서 인도하시는 대로 적응하고 따르기를 좋아하는가? 아니면 변화를 거부하는가?

21. 생활에서 하나님께 우선권을 두어야 할 것들을 분명하게 파악하고 있는가?(행 6:2~4).

제자삼기

적게 시작하라는 것이 황금율이다. 예수님께서 군중과 시간을 보내기도 하셨고, 특수임무를 맡기시기 위해서 70인을 한꺼번에 파송하신 일도 있었지만 예수님의 공생애 사역 태반이 작은 그룹과 함께 이루어진 것이 분명하다. 제자들 12명 중에서도 특별히 베드로, 야고보, 요한 등 이 3명에게 관심을 집중하셨다. 이 3명은 야이로의 딸 병상이나 변화산이나 겟세마네 동산에서 예수님과 함께 있었다. 이 3명에게 특권을 베푸심으로써 나머지 9명의 제자들의 질투를 살 것도 감내하셨다. 12제자와 많은 시간을 보내셨기 때문에 다른 추종자들이 시기에 찬 질문을 던지기도 하였을 것이 분명하다. 그러나 제자들이 진정으로 영적 성숙의 단계로 성장하려면 주어진 시간에 하나의 소그룹 이상을 제자화하는 것은 불가능하다. 12명에게 기독교의 미래가 전부 걸려 있었다. 1명은 완전히 실패하였고, 다른 11명은 때때로 실망을 끼쳤다. 그러나 예수님은 꾸준히 그들을 지도하셨고 끝까지 사랑하셨다. 그리하여 하나님의 교회 전체를 위해 든든한 토대를 마련하신 것이다.

현명한 지도자라면 누구나 헌신적인 신자 몇명(효과적인 제자훈련으로 12명이 아마 최고일 것임)의 소그룹에 시간을 집중투자 할 것이다. 사실 숫자가 적으면 적을수록 더 좋다. 바울은 디모데, 누가, 디도, 실루아노 등 소수와 많은 시간을 보낸 것이 확실하다. 바울은 디모데에게 자기에게서 배운 것을 "다른 사람들을 역시 가르칠 수 있는 충성된 자들에게" 맡기라고 권고했다(딤후 2 : 2). 소수에게 집중하여 그 소수가 또 그렇게 하도록 하는 것이 결과적으로 대그룹을 피상적으로 가르치는 것보다 훨씬 더 효과적이다. 여기서 특별히 "적은 것이 아름답다"는 말이 맞다. 결국 소그룹이 열매맺는다.

하나의 중요한 점은 어느 그룹에서나 제자훈련 시키는 자가 누구인지를 정확하게 이해해야 한다는 점이다. 흔히 생각할 수 있는 것은 가장 성숙하고 경험있는 지도자가 있으면 좋다는 것이다. 그러나 더 건전한 모델은 그리스도를 주훈련자로 삼고 우리는 서로 격려하고, 시정하고, 사랑으로 세워주는 것이다. 물론 지식과 경험의 많은 자들이 그렇지 못한 자들보다 영향을 크게 미치는 것은 사실이다. 그러나 우리들 모두가 모든 분야에서 그리스도에게로 성장하기 위하여 서로를 필요로 한다. 그리스도는 우리가 듣고 배우고 복종해야 할 분이시다. 그런데 그리스도는 어떤 그룹의 어떤 회원을 통해서도 우리에게 말씀하실 수 있다. 성령께서 원하시는 대로 은사를 나누어 주신다. 그리고 모든 은사는 전체의 유익을 위한 것이다.

어떤 신자이든 자기들 스스로 그 그룹의 '구루'(힌두교의 스승)라고 생각하거나 남들이 그렇게 생각하면 곧바로 문제가 뒤따르기 시작한다. 일인체제적 지도력은 영적 성장과 발전에 도움이 되기보다 오히려 그것을 방해한다. 모든 지도자는 끈임없는 격려와 시정이 필요하다. 성령께서는 그 그룹의 훨씬 젊고 경험 적은 회원을 사용해서 그 지도자에게 말씀하실 수 있다. 완전한 찬양이 어린 아이들 입에서 나온다는 사실을 기억하라! 히브리서 기자는 신자들이 그들의 지도자들을 기억하고 그들에게 복종하도록 권면하면서도(히 13:7~17), 서로가 서로를 붙잡아 주는 상호목회의 중요성을 지적하였다. "매일 피차 권면하여… 서로 돌아보아 사랑과 선행을 격려하며…"(히 3:13 ; 10:24).

현재 나는 어디든지 나와 함께 여행하는 소그룹과 함께 일한다. 그들은 세계 각지에 선교대회나 축제를 인도할 때 나와 같이 동역한다. 거의 항상 같은 팀이다. 따라서 함께 보내는 시간이 많다. 한 팀으로써 긴밀하게 협조하면서 일하고 기도도 같이 한다. 그러나 집에 있을 때, 즉 대회와 대회 사이 기간에도 적어도 일주일에 네번씩 함께 모인다. 보통 경배와 찬양 순서로부터 집회를 시작한다. 그리고나서 하나님께서 우리에게 말씀하신 것이나 우리 생활 속에서 하시고 계신 일을 나눈다. 이럴 때 거의 항상 전날 읽은 성경구절과 관련시켜 간증한다.

이런 '공유시간'(sharing times)는 문제를 털어놓고 모은다거나 성경에서 은혜받은 구절을 뽑아내는 시간이 아니다. 그 시간은 우리가 마스크를 벗고 우리 생각 속에나 생활 속에서 이루어지고 있는 일을 말하고, 이것을 오늘의 상황에서 하나님께서 우리에게 교훈하시는 것과 관련시키는 현실적인 시간이다. 가령 나는 최근 이 책을 쓰느라고 마음이 눌렸다는 것을 이야기한다. 그러나 오늘 아침 시편 37편을 읽으면서 하나님께서 "여호와를 즐거워 하라"는 말씀을 생각나게 하사 나와 함께 하시는 하나님의 사랑의 냄새를 더욱 느끼게 되었다고 간증한다. 우리 팀의 다른 회원이 뒤이어 마음이 무거울 때 최근에 주님으로부터 무엇을 배웠는지를 말한다. 혹은 나에게 부드럽게 "사랑 안에서 진리를 말함"으로써 나의 간증의 뒤를 이어준다. 말하자면 내가 지난 며칠 간 일 때문에 긴장함으로써 우리 팀의 신경을 건드렸다고 부드럽게 시정하여 주는 것이다. 우리의 유일한 소원은 서로 격려하여 모든 방면에서 그리스도에게로 자라게 하는 것이다. 이런 성장이 하나님의 불변적 사랑의 분위기에서 이루어지게 하는 것이다. 때로는 이런 시간이 고통스러운 시간이 될 수도 있다. 왜냐하면 우리가 주님과의 관계에서 어디에 와 있고 서로와의 관계에서 어디에 와 있는지 직면해야 하기 때문이다. 결과적으로 깊은 회개, 심지어 눈물 흘리며 회개하는 데까지 나아가게도 된다. 그러나 재미를 서로 맛보는 때가 더 많다. 거의 매번 모이면 서로 엄청난 격려를 주고 받는다. 우리는 모두 대중목회, 또는 '강단'목회의 위험을 알고 있다. 우리는 또한 우리가 무대에서나 강단에서 하는 것은 그 신임성이 매일매일 하나님과, 또 사람들과 어떤 관계를 맺고 지내느냐 하는 데에 전적으로 달려 있음도 알고 있다. 우리가 삶을 서로 나눔으로써 예수님의 생명이 우리 중에 더욱 분명하게 나타나게 된다. 예수님을 떠나서는 남들에게 지속적인 가치가 있는 그 무엇을 제공할 수 없다.

우리 팀의 모임의 패턴이 물론 바뀔 때도 있다. 어떤 날은 앞으로 닥아올 축제나 여행을 위해 기도하기도 한다. 또 어떤 날은 성경을 함께 자세히 연구하기도 한다. 이를테면 상담이나 개인전도나 당장 현실과 관련된 어떤 주제를 다루기도 한다. 항상 그때마다 배우게 된다. 단지 머리로만 배우는 것이 아니라 대신관계나 대인관계에 관해 배우거나 경건에 대한 것을 배우게 되는 것이다.

이렇게 소그룹에 시간을 집중적으로 투자하는 것이 영적인 낭비는 아닐까? 어려운 다수의 사람들에게 더 폭넓게 봉사하는 것이 더 낫지 않을까? 나는 그렇게 생각하지 않는다. 왜냐하면 우리의 사역이 여러 가지 문제를 안고 있는 수많은 사람들과 관계되면 관계되는 만큼 상호 제자훈련의 시간이 그만큼 더 중요하기 때문이다. 그 영적 열매는 곧 나타나게 된다. 더우기 전문화된 그룹이 있을 수 있지만 소그룹으로 삶을 나누고, 돌보고, 기도하고, 일하는 원리는 어느 교회에나 중요한 것이다. 어느 교회의 현재의 프로그램 때문에 이런 제자훈련이 불가능하다면 속히 조정하면 조정할수록 좋다. 전교인의 요구에 따라 돌아보다 보면 지쳐버릴 수가 있다. 그러나 소그룹의 제자들에게 집중하면 그들이 후에 지도자들이 될 것이고, 그렇게 되면 지도자가 과거에 모든 사람을 즉각적으로 돌아볼 수 없었던 일에 대해서 교인들이 왜 그랬었는지 이해하고 결국 감사하게 될 것이다.

오늘날은 여러 분야에 훈련받은 사역자들이 점점 모자란다. 마틴(George Martin)은 『오늘의 교구』(Today's Parish)에서 로마 가톨릭교의 신부 부족현상이 심각한 것을 지적하며, 대책을 다음과 같이 제의했다. "아마 목자들은 교구의 목자로 3년만 더 있으면 떠나야 되는데 떠날 때 후임이 없을 때를 상상해 봐야 할 것이다. 만일 그렇다고 하면 평신도 지도자들을 뽑고 동기를 부여하고 훈련시켜 그들이 떠난 후에도 교구의 일을 가급적 계속 해나가게 하는 일에 최우선순위를 둘 것이다. 이런 식으로 3년을 보내면 그 결과는 엄청날 것이다. 심지어 혁명적 결과가 있을 것이다."[6]

생활공유

옛 격언에 이런 말이 있다.

> 들으면 잊어버리고,
> 보면 기억하고,
> 행하면 깨닫는다.

바로 이 방법이 예수님께서 그의 제자들을 훈련시키시던 그 방법이다. 누가는 데오빌로에게 보낸 누가복음 서두에서 이렇게 말하고 있다. "내가 먼저 쓴 글에는 무릇 예수의 행하시며 **가르치시기를** 시작하심부터…"(행 1:1). 행함이 가르침보다 먼저였다. 예수님에게는 정규 교과 과정이나 계획된 교육과목이나 요약된 교안이 없었다. 그 대신에 **그와 함께 있도록** 제자들을 부르셨다. "너희도 처음부터 나와 함께 있었으므로 증거하느니라"(요 15:27). "너희는 나의 모든 시험 중에 항상

---

6) Pastoral Renewal 지 1978년 7월호 인용.

나와 함께 한 자들인즉"(눅 22:28). "내가 너희에게 행한 것같이 너희도 행하게 하려 하여 본을 보였노라"(요 13:15). 제자들은 예수님이 일하시는 것을 보았으며, 또한 함께 일하였다. 그들은 실패하거나 깨닫지 못했을 때 예수님께 질문했다. 그리고 짝을 지어 나아가서 그들이 이제까지 배운 것들을 실천에 옮겨보기도 했다. 돌아와서 보고도 했고, 그간 깨닫지 못했던 문제들을 질문도 했으며, 더 교훈을 받기도 했다. 이런 식으로 천천히, 그러나 확실하게 그들은 하나님 나라에 관하여 배웠다. "사도들이 예수께 모여 자기들의 행한 것과 가르친 것을 낱낱이 고하니"(막 6:30).

이것이 최고의 훈련이다. 즉, 함께 살고 함께 일하며, 함께 나누는 신자들의 작은 모임 속에서 깊은 인격적인 관계가 형성될 때 최고의 훈련이 가능하다. 모제스 아벨바하(Moses Aberbach)에 따르면, 이것이 또한 예수님 당시 이상적인 랍비 제자(Rabbi-Disciple) 교육형태였다. 제자는 가급적 선생님과 함께 많은 시간을 지내려고 했으며 종종 한 집에서 살기도 했다. "제자들은 율법을 조목조목 연구할 뿐만 아니라 독특한 생활방식을 익히지 않으면 안되었다. 이러한 것은 오로지 선생님을 계속 모시는 일을 통해서만이 되어질 수 있었다…랍비들은 교훈과 아울러 모범을 보임으로 많은 것을 제자들에게 가르쳤다. 이런 까닭에 제자들은 선생님의 가르침 뿐만 아니라 그의 일상대화와 습관까지도 주목해야만 했다. '선생님을 따른다'는 말은 단순히 그의 가르침만을 따른다는 의미가 아니라, 문자 그대로 '선생님을 따라 걷는다'는 것을 의미했다. 제자도 하면 선뜻 욕실에서 선생님을 돕는다는 것을 연상하게 되었다. 그래서 '나는 욕실로 선생님의 옷을 가지고 갈 것이다'는 말은 '나는 그의 제자가 될 것이다'라는 의미의 속담이 되었다. 하지만 이런 관계는 거리감이 있는 관계가 아니었다. 랍비는 자기 제자가 스승이 될 때까지 그를 마치 아들처럼 키우고 그를 돌보며, 필요한 것을 공급해주고, 때론 격려하기도 하고 때론 꾸짖어 바로잡아 주기도 했다."[7]

이 모든 것은 신약의 제자도와 너무나 유사하다. 비록 예수님은 제자들에게 다른 랍비들보다 더 많은 것을 요구하시면서 또한 그들을 위해

---
7) 같은 책.

자기 목숨까지도 내어 주심으로 더 많은 것을 주셨지만 모범을 보여 가르치고 이것을 보고 행함으로 배우는 이 원칙은 랍비들의 교육법과 거의 다를 바 없었다. 예수님이야말로 선한 목자로서 그의 양들을 돌보시며, 먹이시고, 하나하나 이름을 불러 아시고, 지키시며, 사랑하셨다. 양들은 양들대로 목자의 음성을 알아 듣고 그를 따랐다.

특히 사도 바울과 디모데 사이에서 이루어진 다정다감함의 관계가 우리의 주목을 끈다. 바울은 디모데를 가리켜 "믿음 안에서 참아들," "내 아들," "내 사랑하는 아들"(딤전 1:2, 18)이라고 불렀다. 바울은 여러 전도여행에 얼마 동안 디모데를 데리고 다녔다. 그 사이 디모데는 이렇게 경험이 풍부한 지도자와 함께 있는 것만으로도 여러 가지를 배울 수 있었다. 후에 바울은 그를 자기 선교지로 보냈으며, 한창 번창하는 대교회인 에베소 교회를 돌보도록 임명하였다. 바울은 디모데에게 두 통의 긴 목회서신을 써보냈다. 거기서 그는 그 핵심교회에서 발생한 다양한 문제들을 어떻게 다루어야 할지에 대해 많은 교훈을 주고 있다. 어른들과 젊은 남녀 교인들을 어떻게 목양할 것인지 말해 주고 있다. 이런 경우에는 이렇게 하라는 식의 교훈도 하고 있다. 건강관리에 대해서도 지침을 주었다. 한편, 그의 소심함을 부드럽게 나무라기도 하며, 그 마음 속에서 성령의 은사를 개발하도록 당부했다. 이렇게 확신과 사랑과 배려로 바울은 디모데를 마치 사랑하는 아버지가 그 아들을 돌보듯 돌보았다. 바울은 내내 히브리 가정의 부자관계에 따라 디모데를 돌봄으로써 그가 오랫 동안 맡아 목회해 오던 에베소 교회의 지도자의 위치로 디모데를 키운 것이다. 히브리 가정에서는 아버지가 자기 아들을 훈련 시켜서 가업의 대를 **물려준다**. 이와 마찬가지로 신자훈련도 생명을 드려서까지 다른 사람들을 훈련시켜, 이제까지 맡았던 책임을 물려주는 것을 의미한다.

확실히 이것이, 바울이 가는 곳곳마다 보여준 그의 평소 모습인 것 같다. 데살로니가 교회 교인들에게 그는 다음과 같이 편지하고 있다. "오직 우리가 너희 가운데서 유순한 자 되어 유모가 자기 자녀를 기름과 같이 하였으니, 우리가 이같이 너희를 사모하여 하나님의 복음으로만 아니라 우리 목숨까지 너희에게 주기를 즐겨함은 너희가 우리의 사랑하는 자 됨이니라…너희도 아는 바와 같이 우리가 너희 각 사람에게 아비가 자기 자녀에게 하듯 권면하고 위로하고 경계하노니 이는 너희를 부르사 자기 나라와 영광에 이르게 하시는 하나님께 합당히 행하게 하려 함이니라"(살전 2:7~12). 바울은 그들이 자신들의 책임을 이어받아 감당하고 있는 것에 또한 감격하였다. "주의 말씀이 너희에게로부터 …각처에 퍼지므로 우리는 아무 말도 할 것이 없노라"(살전 1:8). 제자들이 영적으로 성숙해 감에 따라 사역의 기회도 늘어나야 한다.

　대개 사람들은 책임이 주어졌을 때에야 비로소 꽃을 피운다. 그런데 만약 지도자가 자기가 맡아왔던 과업을 물려줄 인물을 훈련시키지 않는다면, 교회 성장은 어떤 단계에서 멈추고 말 것이다. "진정한 배가는 제자들이 전도와 **제자양육 훈련**을 받을 때에 일어난다. 아무리 목회자가 열정적이며, 그 교회가 아무리 재정적으로 튼튼하고 조직이 잘 되어있다 할지라도 교인들을 봉사자로 훈련시키지 않는다면 성장은 중단될 것이다."8) 바로 예수님의 방법은 이것이다. 즉, "아버지께서 나를 보내신 것같이 나도 너희를 보내노라"(요 20:21). 제자들의 책임이 점점 더해감에 따라 그들은 더욱 성숙해져 갔다. 예수님은 제자들을 뚝 떼어 보내신 후에 그들이 혼자 힘으로 애를 쓸 때 위에 서 계셨다. 그리고는 부드럽게 그들의 잘못을 바로잡아 주시며, 더많은 것으로 그들을 교훈하셨다. 그들 모두와 작별하실 때까지 그리하셨다. 아울러 제자들 속에 그의 영이 계속하여 조력자로서, 안내자로서 계실 것을 또한 아셨다. "예수님은 그의 사람들에게 그들이 떠맡을 수 있는 만큼의 많은 책임을 부여하셨던 것 같다. 그는 그들을 보내시고는 자기없이도 사역을 감당하도록 하셨다. 이처럼 예수님은 더 이상 세상에 계시지 않을 그때를 대비하여 제자들을 준비시키고 계셨다. 제자가 할 수 있는 것은 스스로 하도록 하는 것이 최상의 훈련법이다. 제자는 독자적으로 책임있게 행할 기회를 부어받아야만 한다."9)

　이 모든 것이 의미하는 바는 이것이다. 곧 제자들을 교회가 오랫 동안 해왔던 것처럼 단지 이론교육으로만 해서는 안된다. 오히려 제자들은 만들어내는 것이고 새겨내는 것이다. "하나님이 미리 아신 자들로

---
8) Carl Wilson 저, 같은 책, p. 101.
9) 같은 책, p. 209.

또한 그 아들의 형상을 본받게 하기 위하여 미리 정하신"것처럼(롬 8 : 29), 바울 사도도 기꺼이 "너희속에 그리스도의 형상이 이루기까지 다시 너희를 위하여 해산하는 수고"를 담당했다(갈 4 : 19). 물론 지식 전달이 과정 전체의 일부로 중요하긴 하지만 단순히 지식전달 만으로는 충분치 못하다. 지식전달에서 더 나아가서, 하나님께서 그의 생활을 우리 안에, 우리를 통하여 공유하실 수 있을 정도까지 우리 생활들을 서로서로 공유해야만 한다. 다시 말하면, 하나님께서 우리에게 원하시는 형상, 곧 그 아들의 형상으로 우리를 만드실 때까지, 또한 그가 우리에게 주신 은사와 사역이 장성한 분량에 이르기까지 서로의 삶을 공유해야만 하는 것이다. 궁극적으로 하나님의 관심은 학문적이고 신학적인 지식이 아니라, 삶, 즉 우리 안에 있는 그 분의 삶에 있다. 하나님은 우리가 단순히 예수님에 관해 알게 되기를 원하시는 것이 아니라 예수를 닮고 예수의 영이 충만하며, 예수의 향기를 날리며, 마침내 예수의 사랑에 지배되기를 원하신다. 이런 생활을 이론적으로 배우는 것이 아니라 삶으로 터득하는 것이다. 따라서 사도들의 가르침에 몰두하는 것도 중요하지만, 보다 더 중요한 것은, 초대교회 성도들처럼 예수님의 생활이 우리 가운데 확연히 나타나도록 하는 바로 그것이다.

가르침

참된 영적 생활과 바른 성경의 가르침을 정반대의 위치에 두는 것은 그야말로 크나 큰 오류가 아닐 수 없다. 제자들이 분명히 깨달은 바와 같이, 예수님의 말씀은 바로 영생의 말씀(요 6 : 68) 이다. 일상생활의 맥락 속에서 예수님은 상당히 많은 시간을 제자들을 가르치는데 할애했다. 예를 들자면, 산상보훈, 최후의 만찬석상에서의 설교, 부활 후 하나님 나라에 관한 40일 간의 가르침 등이 있다. 바울과 사도들도 설교와 교육과 훈계, 권고 및 서신을 쓰는데 될 수 있으면 많은 시간을 또한 보냈다. 그래서 바울은 에베소 교회 장로님들께 이렇게 말하고 있다. "유익한 것은 무엇이든지 공중 앞에서나 각 집에서나 꺼림없이 너희에게 전하여 가르치고…이는 내가 꺼리지 않고 하나님의 뜻을 다 너희에게 전하였음이라"(행 20 : 20~27). 신약성경의 서신들은, 초대교회가 중시한 기독교 교리와 또 그 교리가 실제 여러 교회에서 어떻게 나타났는지를 잘 보여준다. 바울은 디모데에게 이렇게 당부했다. "내가 이를 때까지 읽는 것과 권하는 것과 가르치는 것에 착념하라"(딤전 4 : 13). "내게 들은 바 바른 말을 본받아 지키고"(딤후 1 : 13). "너는 말씀을 전파하라 때를 얻든지 못얻든지 항상 힘쓰라 범사에 오래 참음과 가르침으로 경책하며 경계하며 권하라"(딤후 4 : 2). "네가 진리의 말씀을 옳게 분변하며 부끄러울 것이 없는 일군으로 인정된 자로 자신을 하나님 앞에서 드리기를 힘쓰라"(딤후 2 : 15).

나는 각계 각층에 대한 훌륭하고 완벽한 성경의 가르침을 그 가치면에 있어서 손톱만큼도 손상시키기를 결코 원치 않는다. 그런데 오늘날 교회가 설교와 교육을 중시하지 않는 경향이 있다. 대개 교회들의 설교 수준이 너무나도 저급한 것도 사실이다. 이것이 오늘날 우리가 거의 모든 곳에서 보게 되는 일반화된 영적 질환의 한 원인이 된다. 동시에, 많은 교회들이 신학연구나 성경연구 과정, 회의, 연구 집회, 반별 수업 등에 강조점을 둘 때 염두에 두어야 할 중요한 것은 신약의 제자훈련이 이와는 아주 다른 방향으로 대개 이루어졌다는 사실이다. 한 예로, 바울은 디모데와 수 년에 걸쳐 맺어진 좋은 관계로 인해 그를 격려하고 고무할 수도 있었다. 디모데의 생활과 사역은 바울을 통해 역사하시는 성령님에 의해 거의 다 이루어졌다. 정말로 이것이 참되고 살아 있는 능력의 사역이었다. 바울은 다만 그를 격려하여 그의 선천적 소심증을 극복하고 내적 압박과 외적 박해에 아랑곳 없이, 예수 그리스도를 위한 선한 싸움을 계속 싸우도록 할 뿐이었다. 확실히 가르침은 과거에나 지금이나 신자들의 성숙을 위해 더할나위 없이 중요하다. 그러나 우리는 무엇보다도 신자 개개인을 통하여, 그리고 교회를 통하여 표현된 하나님의 사랑과 생명에 더 깊게 우리의 관심을 기울여야 한다.

지도자의 특징

우리가 이미 앞에서 살펴본 바와 같이, 훌륭한 제자도는 곧 훌륭한 지도자가 되기 위한 준비이다. 그러나 지도자의 은사가 모든 제자들에게 부여되는 것은 아니다. 교회에 필요한 지도자를 배출하기 위해서는 지도자의 자질을 찾아서 개발해야만 한다. 모든 타고난 능력은 하나님께로 부터 오며 하나님을 섬기는데 사용될 수 있다. 가령 사도 바울은 자신의 상당한 지적 은사도를 마음껏 사용했다. 그래서 그의 서신서들에 나타난 풍부한 신학지식은 유능한 주석가들이 심혈을 기울여 연구되어야 할 자료가 되어왔다. 오늘날 현재의 철학과 심리학, 정치학과 사회학의 주요한 동향을 파악하면, 모든 교회의 유익을 위해 이런 동향을 해석할 수 있는 인물들이 요청된다. 세상이 무엇을 말하며 무엇을 행하고 있는지 우리가 제대로 이해하지 못한다면, 적절하고도 미래를 내다보는 예언적인 말 한마디 날카롭게 할 수 없다. 학문적 기량을 갖춘 신자들이 적실히 요청된다. 말하자면 성경말씀을 주석하기 위해 씨름하는 사람, 심각한 신학적 논쟁이나 종교적 토론에 참여할 수 있는 사람, 교회 내에서 야기되는 도덕적, 교리적 혼란의 원인이 되는 문제들을 경고해 줄 사람, 모든 사용 가능한 매개체를 통하여 세상 사람에게 복음을 전파할 사람—이런 사람들이 필요하다.

　그런데, 흥미로운 사실은 성경에 나타난 제자나 지도자의 모습이 학적인 자질에 대한 특별한 언급을 전혀 수반하고 있지 않다는 사실이다. 바울이나 누가는 충분한 자질을 갖췄다고 하나, 베드로나 야고보, 요한은 그렇지 못하다. 대부분의 주된 교회들이 학문적인 훈련에 너무 크게 치중한 나머지 영적 갱신과 영적 생활을 등한시 한다. 그 결과 오늘날의 교회 지도자들은 지적인 면에서는 부족함이 없다. 어떤 상황에서는 이것이 필요하며 유익하다. 그러나 거의 모든 교회의 압도적인, 그리고 절대적인 요구는 바로 영적 갱신이다. 토저(A. W. Tozer)는 다음과 같이 말했다. "하나님께서 그의 교회에 대해 인정하시는 유일한 힘은 바로 성령의 힘이다. 반면에 대다수 복음주의자들이 인정하는 유일한 힘은 바로 인간의 힘이다. 하나님께서는 성령의 사역을 통해 그의 일을 행하신다. 한편, 기독교 지도자들은 전심을 드려 훈련한 지식의 힘으로 그들의 일을 하려고 한다. 영리한 인간이 하나님의 영감을 대신해 왔다. 그러나 오직 영원하신 성령을 통해 되어진 것만이 영원히 존재할 것이다." 사람들은 생명에 굶주려 있는 반면에 교회는 생명을 소유하고 있지 못함으로 그것을 공급해 줄 수 없게 되었다.

　교회가 저지르는 또다른 실수는 타고난 **지도자만을** 기다리는 것이다.

이들은 물론 사회 어느 분야에서도 지도자가 될 수 있는 사람들이다. 그런 사람들이 확실히 교회 지도자의 잠재력을 가지고 있을지도 모른다. **모든 좋은 은사들**은 하나님이 주시기 때문이다. 그러나 지도자가 될 천부적 재능을 가진 사람이 반드시 훌륭한 영적 지도자가 되는 것은 아니다. 그가 소유하지 못한 재원을 위해 하나님께 참으로 겸손하게 의지할 때까지, 사실상 그의 '천부적' 능력은 하나님 앞에서 마땅히 깨어져야 한다. 우리는 예수님의 말씀에서 이에 대한 암시를 깨닫는다. "예수께서 제자들을 불러다가 가라사대 이방인의 집권자들이 저희를 임의로 주관하고 그 대인들이 저희에게 권세를 부리는 줄을 너희가 알거니와 너희 중에는 그렇지 아니하니 너희 중에 누구든지 크고자 하는 자는 너희를 섬기는 자가 되고 너희 중에 누구든지 으뜸이 되고자 하는 자는 너희 종이 되어야 하리라"(마 20 : 25~27).

바울, 그 역시 지적 능력과 타고난 재능, 영적 경험을 지닌 사람이었지만, 육체의 고통스런 가시(어떤 신체적 결함?)를 통하여 오직 하나님의 권능이, 연약한 가운데 온전해짐을 배워야만 했다. 그는 계속하여 이렇게 말했다. "이러므로 도리어 크게 기뻐함으로 나의 여러 약한 것들에 대하여 자랑하리니 이는 그리스도의 능력으로 내게 머물게 하려 함이라"(고후 12 : 9). 제자들이 그렇듯이 영적 지도자들도 타고난 것이 아니라 **만들어져야만 한다**. 최고의 훈련사이신 예수님께서 지도자들을 양성하는데 만 3년이 걸리셨다면 인간적인 관점에서 볼 때 전적으로 성공한 것 같지는 않다. 예수님이 그렇게 하셨다면 우리가 그보다도 짧은 기간에 그 일을 해낼 것이라고 기대할 수는 없을 것이다. 더군다나, 기독교 지도자를 위한 강의과정 마저도 예수님이 하셨던 그 방법을 모방하는 대안이 되지 못할 것이다. 예수님이 하신 방법은 이렇다. 12제자들과 함께 생활을 하시며, 그들을 인도하시고, 사랑하시며, 그들의 잘못을 고쳐주시고, 용기를 북돋아 주시며, 그들을 용서하시고 더 나아가서 그들을 위해 기도하셨다. 우리가 제자들을 지도자로 만들기 위해 특별히 무엇을 해야 하며, 무엇을 기도해야 할 것인가? 이미 앞에서 언급한 모든 자질과 아울러 우리가 고무해야 할 몇 가지 자질이 있다.

첫째, 기독교 지도자는 **봉사정신**을 가져야만 한다. 통치자는 백성들에게 무엇 무엇을 하라고 그저 **말만 한다**. 그러나 지도자는 백성들에게 본을 보여야 한다. 예수님께서 먼저 제자들의 발을 씻기신 후 말씀하시기를 "내가 너희에게 행한 것같이 너희도 행하게 하려 하여 본을 보였노라"(요 13:15)고 하셨다. 바울 사도는 빌립보 교인들에게 편지하면서 "너희는 내게 배우고, 받고, 듣고, 본 바를 행하라"(빌 4:9)고 썼다. 한편 데살로니가 교인들이 "우리와 주를 본받는 자"(살전 1:6)가 된 것을 기뻐하고 디모데에게 이렇게 부탁했다. "누구든지 네 연소함을 업신여기지 못하게 하고 오직 말과 행실과 사랑과 믿음과 정절에 대하여 믿는 자에게 본이 되라"(딤전 4:12).

더우기 참된 지도자라면 다른 신자의 모든 잠재력을 개발시켜 주는 방식으로 다른 신자를 섬길 것이다. 제자가 자라나서 성숙하게 될 때, 진정한 지도자는 그 제자가 성숙해 감에 따라 앞으로 전진할 수 있도록 점차 뒤로 물러나줄 것이다. 미식축구 팀의 코치는 인기선수가 아니다. 고울이나 점수를 따내지도 않으며, 주목의 대상은 더 더욱 아니다. 대개 미식 축구 팀에 있어서 코치는 선수들에 비해 대중에게 거의 알려져 있지 않다. 그의 일은 오히려 무대 뒤에 있다. 즉, 그가 받드는 선수들이 제 실력을 발휘하도록 하는 것이 그의 일이다. 마찬가지로 신자 자신이 스타가 되려는 욕망을 어쨌든 갖게 되면, 그때부터 그는 지도자로서의 자격이 없다. "참으로 믿을 수 있는 그런 사람, 그러나 성령의 내적 강압과 외부상황의 압력에 의해 어쩔 수 없이 지도자가 된 바로 그런 사람이라고 여겨진다…따라서 참된 지도자는 하나님의 선민들 위에 군림하고자 하는 욕망이 없고, 도리어 겸손하고 신사다우며, 자기 희생적이다. 그러므로 자기보다 더 지혜롭고 은사가 많은 사람이 나타났다는 사실을 성령께서 분명히 보여주실 때에는 서슴없이 따를 준비가 되어 있다."[10] 장로 요한이 "으뜸되기를 좋아하는" 디오드레베(요삼 9절)와 문제가 있었음이 분명하다. 확실히 디오드레베는 희망없는 지도자였다. 지도자의 첫번째 자질로 봉사의 중요성을 배우지 못했으니 그렇다.

둘째, 지도자는 **영적 권위**를 소유해야 한다. 이 증거는 신분과는 무관하며, 하나님께 대한 순종 및 그의 성령충만과 관계있다. 사도행전 6장

---

10) A. W. Tozer 언급. 출처 미상

의 일곱 집사들은 무리가 택하고 사도들이 임명한 분들로 "성령과 지혜가 충만하여 칭찬듣는" 분들이었다. 그들의 영적 권위에 대해서는 아무 문제가 없었다. 예로서, 스데반 집사는 "믿음과 성령이 충만하며(5절) 은혜와 권능이 충만한(8절)" 분이었다. 그는 "큰 이적과 기사를 민간에 행하였으며" 목숨이 위험한 지경에서도 두려움없이 말했다. "그의 얼굴이 천사의 얼굴과 같았다"고 말씀한다. 하나님이 함께 하는 증거가 그에게 역력했다.

밥 멈포드(Bob Mumford)는 다음과 같이 기록했다. "참된 권위는 결코 자신이 취하는 것이 아니라 주어지는 것이다. 어떤 지도자도 그의 책임 하에 있는 사람 중, 어느 한 생명에 대해서도 그가 신자로부터 부여받은 권리 이상을 행사해서는 안된다."[11] 위험이 닥쳐오는 때는 신자가 지도자에게 과도한 권리를 부여할 바로 그때이다(개인적인 책임감을 회피하기 위해서, 아니면 특별한 교제를 요구하기 때문에 과도한 권리를 부여한다). 교회 내에서 건강하고 균형있는 권위를 행사하기란 쉽지 않다. 이것은 예수님과 계속 동행하며, 성령의 지배를 받고, 주의 백성들에게 민감하며, 영적 은사로 준비되어 마침내 예수 그리스도를 점점 닮아가게 될 때 가능하다.

그런 지도자는 기회포착에 빠르다. 성령이 어떤 방향으로 움직일 때 지도자는 기꺼이 돛을 올려서 성령의 바람을 타고 가야만 한다. 따라서 그는 분명하게 판단을 내릴 필요가 있다. 그는 하나님을 기다리며, 다른 신자들의 충고를 구할 시간이 필요하다. 그러나 훌륭한 지도자는, 비록 종종 그릇된 결정을 내렸다는 사실을 겸손히 인정하면서도 단호한, 그리고 대체로 신속한 결정을 내릴 것이다. 아울러 그는 꿈(vision)을 가져야만 한다. 주님에게 귀를 기울이고, 자신이 어디로 가고 있는지를 알아서 다른 사람들에게도 그 꿈을 전하여 그들도 함께 가도록 생기를 불어넣어 주어야만 한다.

비록 지도자의 영적 권위가 그가 지도하고자 애쓰는 사람에 의해 주어지지만, 궁극적으로 그 권위는 하나님께로부터 온다. 또한 "사람보다 하나님을 순종하는"(행 5:29) 것에 최고의 관심을 기울이는 자들에게

---

11) 같은 책, p.18.

온다. 물론 완전한 모델은 예수님 자신이다. 예수께서 세상에 계실 때 그는 하나님의 아들이실 뿐만 아니라 인자도 되셨다. 우리에게 완벽한 순종의 생활을 본으로 보여주셨다. 특별히 요한복음에서 이것을 분명히 보게 된다. "내가 아무것도 스스로 할 수 없노라"(5 : 30). "내가 하늘로서 내려온 것은 내 뜻을 행하려 함이 아니요 나를 보내신 이의 뜻을 행하려 함이니라"(6 : 38, 39). "내가 자의로 말하는 것이 아니요 나를 보내신 아버지께서 나의 말할 것과 이를 것을 친히 명령하여 주셨으니"(12 : 49). 완전한 복종에서 예수님은 그의 영적 권위와 권능을 찾았다. 이런 이유로 예수님은 자신의 병든 종의 문제로 그에게 찾아온 백부장의 믿음에 깊이 감화를 받으셨다. 그 백부장이 설명하기를 "저도 남의 수하에 든 사람이요 제 아래에도 군병이 있으니 이더러 가라하면 가고 저더러 오라 하면 오고 제 종더러 이것을 하라 하면 하나이다"(눅 7 : 8). 이때, 곧 기꺼이 "남의 수하에 들어갈" 때 우리는 다른 사람들에 대한 영적 권위를 갖게 된다는 사실을 알 수 있다. 하나님께서는 자기에게 순종하는 자들에게 그의 성령을 주신다. 게다가 하나님께 대한 우리의 순종을 그가 우리 수하에 둔 사람들에 대한 우리의 순종에 의해 마땅히 시험받는다. 결국 성령충만의 직접적인 결과로 우리는 "그리스도를 경외함으로 피차 복종"(엡 5 : 18, 21)해야만 한다. 특히 주님 안에서 우리를 지도하는 사람들에게 복종해야만 한다. "너희를 인도하는 자들에게 순종하고 복종하라 저희는 너희 영혼을 위하여 경성하기를 자기가 회계할 자인 것같이 하느니라"(히 13 : 17). 지도자가 어느 때고 그의 지도권을 결산해야 하는 것과 마찬가지로 그 제자도 어느 때고 지도자에 대한 그의 복종을 결산해야 한다.

삼위 하나님 간에는 완전한 사랑의 띠 때문에 복종의 불균형이란 위험이 극복되고 있다. 사랑이야말로 또한 신자 간의 교제에 있어서 지극히 중요한 조종 요소이다. "사실상, 철저한 사랑관계의 맥락을 떠나서는 권위와 복종이 생각되어질 수도 없을 뿐더러 두렵기만 할 것이다. 그러나 알다시피 우리는 혼자 하도록 부름받지 않았다. 오히려 공동체로 부름받았다. 즉, 의미있는 관계를 발전시키며 우리의 생활을 공유하도록 부름받았다."[12] 그런 맥락에서 세심하게 짜여진 관계 구조는 교회와 그 교회 내의 개개인의 건강과 조화를 위해 절대 필요하다. 오직 이

방법으로 하나님의 나라가 우리 가운데 나타나며 세상에서 하나님의 나라가 진전될 것이다.

미시간주 앤 아버(Ann Arbor) 시에 소재한 '하나님의 말씀 공동체' (The Word of God community)의 조정 담당자 스티브 클락(Steve Clark)는 "권위는 어디로부터 오는가?"라는 제목의 글에서 권위의 남용에 대한 몇 가지 성경적 보안을 제시하고 있다.[13] 그는 특별히 네 가지를 언급하고 있다. 첫째, 교회나 공동체 내에서의 권위는 언제나 단체로부터 주어져야만 하며 한 개인으로부터 주어져서는 안된다. 신약시대에 교회가 설립될 때는 항상 장로님들이 (언제나 복수로) 그 교회를 감독하기 위해 임명되었다. 둘째, 지도자의 자질이 명시되었다. 그래서 사람이 할 수 있는 한 올바른 인물이 권위자로 세워지도록 한 것이다. 그 예로 사도 바울은 디모데와 디도에게 어떤 사람들이 교회의 지도자로 선출되어야 할지에 대하여 충분히 교훈하고 있다(딤전 2:1~13, 딛 1:5~9). 세째, 권위는 반드시 겸손한 봉사를 그 특징으로 삼아야 한다고 예수께서 분명히 하셨다. 이것은 앞에서 이미 강조된 점이다. 네째, 궁극적으로 "재판장이 되사 이를 낮추시고 저를 높이시는" 분은 바로 하나님이시다(시 75:7). 그가 바로 사람들을 불러 교회의 지도자로 삼는 분이며, 교회가 할일은 하나님이 부른 그 사람들을 알아내는 것이다. 잘못이 생기거나 지도자가 넘어졌을 때 우리에게 필요한 것은 하나님께서 능히 잘못을 경책하시며 교훈하실 수 있다는 사실을 믿는 것이다. 왜냐하면 그 분이 결국 교회의 주인이 되시기 때문이다.

세째, 지도자는 훈계하기 좋아하는 심령을 소유해야 한다. 그러나 "온유한 심령"(갈 6:1)으로 훈계해야 한다. 나는 어떤 젊은이와 함께 일한 적이 있었다. 그때 그는 이런 말을 내게 했다. "안타깝게도 지난 수 주일 동안이 제겐 어려운 시기였읍니다. 누구에게나 제가 불편을 끼치는 사람이 되었음을 저는 압니다. 그러나 당신이 제게 무엇인가 말씀해 주셨으면 하고 바랬읍니다. 저는 당신의 훈계가 필요했읍니다. 하지만 결코 훈계는 없었읍니다." 내가 정말 이 젊은이를 사랑했다면, 그가 이

---

12) Bob Mumford저, *New Covenant* 1977.1.
13) 같은 책.

렇게 도와달라고 부르짖기 전에 온유한 훈계를 필히 했어야 했을 것이다. 종종 다른 사람을 훈계하기를 싫어하는 것은 우리의 삶에 있어서 우리도 실패했다는 깊은 인식 때문이다. 그러나 하나님은 우리에게 피차 권면할 책임(골 3:16)을 주셨다. 더구나 이것은 우리 자신의 의로움이나 영적 우월성에서 생겨난 것이 아니다. 이것이야말로 그리스도의 한 지체 안에서 서로를 돌아보는 생생한 표현이다. 따라서 이러한 하나님이 주신 책임을 행하기를 주저하지 말되 오직 겸손하게 그 일을 해야만 한다. "너 자신을 돌아보아 너도 시험을 받을까 두려워 하라"(갈 6:1). 예수께서 우리에게 가르치시기를 결코 남을 비판하거나 판단치 말라고 하셨다. 그렇지 않으면 우리 자신이 비판을 받게 될 것이다. 만약에 우리가 형제 눈에 있는 티를 보려면 먼저 우리 눈 속에 들보가 있는지를 살펴보아야 한다. 아마도 형제 눈 속의 티는, 바로 우리 눈 속에 있는 들보의 그림자에 지나지 않을 것이다(마 7:1~5).

 훈계할 때 언제나 중요한 것은 정말 중요한 문제에 주의를 기울여야 한다는 것이다. 화만 불러일으키는 사소한 문제에 집착하지 않는 것이 중요하다. 상투적인 훈계는 용기를 잃게 할 뿐이며, 반면에 훈계하지 않는 것은 부주의를 낳는다. 항상 우리는 긍정적이어야 한다. 바울은 서신서 뒷부분에서 따끔한 책망을 할 때에도 그 독자들의 삶에 나타난 하나님의 은총의 증거를 통해 그들을 격려하고자 거듭 애썼다. 비난은 속히 하며 용기를 주는 데는 더딘 세상에 우리는 살고 있다. 그러기에 잘한 것에 대해서 긍정적으로 말하는 것이 특히 중요하다. 훈계는 반드시 가르침을 동반해야 한다. 즉, 무엇이 왜 잘못되었는가? 어떻게 그것이 다음번에는 올바로 될 수 있을까? 비록 이런 가르침을 전에 했다고 해서 다시금 되풀이하는 것을 부끄러워 해서는 안된다. 사도들은 바로 그들의 주님이 그랬듯이 반복교훈의 귀중함을 알고 있었다.

 지도자들은 또한 분명한 경고를 해야 한다. 즉, 그릇된 가르침과 잘못된 교사들에 대해, 유혹과 시련에 대해, 그리고 악한 마귀의 소행에 대해 경고할 필요가 있다. "각 사람을 권하고 각 사람을 가르치라"(골 1:28)는 것은 바로 사도 바울의 계속된 관심사였다. 예방이 치료보다 낫다. 훌륭한 교회 지도자들은 사탄의 간계에 대해 무지한 자들이 아니다.

교회 내에서의 훈계양식이 마태복음 18：15~20에서 예수님에 의해 우리에게 분명하게 주어졌다. 지도자들 간의 훈계 또한 같은 지침을 따를 것이다. 바울은 디모데에게 한 중요한 원칙을 제시하고 있다. 오늘날 이 원칙을 따라 행동한다고 하면, 교회 안을 황폐케 하는, 지도자들에 대한 파괴적인 험담들을 줄일 수 있을 것이다. "장로에 대한 송사는 두 세 증인이 없으면 받지 말 것이요"(딤전 5：19). 내가 이 구절의 의미를 깨닫는데 도움을 준 스탠리 젭(Stanley Jebb)에게 감사한다. 어떤 신자, 특히나 기독교 지도자에 대한 부정적인 비난이 있을 경우 만약에 그 비난자가 그 장로 앞에서 쾌히 그 송사를 되풀이하거나 필요하다면 법정에서 기꺼이 증언하지 않는 한 우리는 그 비난을 결코 들어서는 안된다. 그러나 증인도 두 세 사람이 있어야만 한다. 그런 다음에야 그 송사를 일단 받아들이되 더 자세한 조사가 되기까지 그 송사를 믿거나 그 송사에 따라 일을 처리하지도 않는다. 중상모략이나 거짓송사야말로 신자들 사이를 갈라놓는 마귀의 가장 흔한 수법의 하나이다. "이러므로 우리가 화평의 일과 서로 덕을 세우는 일을 힘쓰자"(롬 14：19).

지도자 훈련

제자양육에 관해 이미 얘기된 모든 것은 지도자 훈련과도 적용될 수 있는 것이다. 그러나 교회성장을 위해 소규모 형태의 조직 육성에 대해 언급하는 것도 중요하다.

하워드 스나이더(Howard Snyder)는 다음과 같이 말했다. "사실상 교회 내의 모든 주된 영적 회복운동은 소그룹으로의 복귀 및 이런 소그룹의 확산을 동반한다. 즉, 성경공부와 기도, 신앙 토론을 위해 개인가정에서 그런 모임이 확산된다." 존 웨슬리(John Wesley)는 소그룹의 필요성을 알고 있었다. 이것이 영국을 휩쓴 신앙부흥 운동에 있어서 강력한 요인이었다. 그것이 수많은 사람들 개개인의 종교에만 영향을 끼친 것이 아니라 엄청난 사회변혁의 원인이 되었다. 웨슬리 자신은 모라비안 운동(Moravian movement)의 놀라운 효과에 영향을 받았다. 이 운동이 발전한 것은 주로 소그룹에 바탕을 둔 서로 간의 관계에 대해 부단한 관심을 두었기 때문이었다. 신자 간의 참된 친교를 깊이있게 확립하고 유지하기 위해 진젠돌프 백작 (Count Zinzendorf)은 8~12명으로 구성된 수많은 소그룹(banden)을 조직했다. 이것이 교회의 영적 건강에 크게 공헌했으며, 아울러 전도의 발판이 되었다. 금세기 남미(南美) 교회의 비상한 성장은 부분적으로 두 가지 요인에 기인한다. 첫째, 성령의 권능과 충만에 대한 강조, 둘째 소그룹의 발전, 즉 수 천의 소그룹의 생성 및 꾸준한 증가에 기인한다.

그러나 이런 모임을 지도하는 것이 건전한 성장과 확장에 극히 중요하다. 요크(York)에 있는 우리 교회에서, 주어진 지역 내에 많은 가정 모임들의 지도자들로 구성된 '지원 단체'(support group)를 육성하는 것이 바람직함을 알게 되었다. 이 지원단체의 지도자로는 장로가 있어서 전체모임에 대한 목자 같은 감독을 하는 것이다. 이 단체의 지도자들이 하나님과 서로에게 마음을 열 때 그와 같은 열림이 그들이 인도하는 모임 내에서도 일어날 것이다. 이처럼 지원단체 내의 영적 생활-예배, 기도, 교제, 연구, 배려-이 절대 필요하다. 이런 영적 생활요소가 점차로 발현되면, 다른 교제모임에서도 재현될 것이다. 이런 방법으로 세상에 관행되고 있는 '현장 훈련'(in-service training)에 비길 만한 부단한 지도자 훈련이 이루어 진다.

요약

바울은 골로새 교인들에게 편지하면서 그의 목적은 "각 사람을 그리스도 안에서 완전한 자로 세우려 함"(골 1 : 28)이라고 밝혔다. 이것이 제자훈련의 궁극적 목적이다. 하나님은 삶 전체의 하나님이시기에 그의 관심사는 우리가 단순한 신앙적인 백성이 아니라 삶 전체가 온전한 백성이 되는 것이다. 왕왕 교회는 오로지 신앙에만 관심이 있다는 인상을 준다. 일찍이 윌리암 템플(William Temple)은 교회를 종교 중 가장 유물론적 종교라고 불렀다. 왜냐하면 사실상 교회가 전 삶의 영역에 영향을 끼치기 때문이다. 즉, 만유가 그리스도를 향하여 구속을 받아야 하기 때문이다. 따라서 그리스도 안에서의 성숙은 가족 및 직장관계, 여가, 시간과 돈의 사용, 사회참여-다시 말하면 우리의 전 삶의 방식과 관련을 맺고 있다.

　우리가 제자화를 신앙적 사건, 즉 기도나 성경공부, 복음전도에 전력할 때로 제한시켜서는 결코 안된다. 제자화란 우리의 생활을 함께 공유하는 것이다. 따라서 그것은 쉽지 않다. 바울 사도도 "이를 위하여 나도 내 속에서 능력으로 역사하시는 이의 역사를 따라 힘을 다하여 수고하노라"(골 1:29)고 했다. 항상 제자화는, 성령의 은사인 영적 지혜와 분별력을 수반하는 고된 일을 말한다. 그렇기 때문에 교회 전체가 아예 제자훈련을 엄두도 못내고 있는지도 모른다. 우리 중에 제자훈련에 적격이라고 생각하는 사람은 대체로 거의 없다. 그러나 바울 사도는 그리스도 안에서 다른 사람을 성숙으로 이끌 때 주어지는 성령의 강한 능력을 말하였다. 우리가 지상명령(great commission)에 순종하고자 할 때 성령의 자원(resources)을 신뢰해야만 한다.

5

성령 안의 생활

나는 약 16년 간 천식을 앓고 있다. 천식을 앓고 있는 사람은 그 고통을 알 것이다. 숨이 차서 헐떡거릴 때는 그야말로 죽느냐 사느냐의 투쟁이다. 말도 못하고, 걷지도 못하며, 일도 못하고, 아무것도 할 수 없다.

오늘날 세계 각처의 교회들이 만성천식을 앓고 있다. 100여 년 전 에드윈 해치(Edwin Hatch)는 다음과 같은 찬송가를 지었다.

    하나님의 숨길이시여 내게 숨을 불어넣으소서
    내게 생명을 새롭게 채우소서
    그리하여 당신이 사랑하시는 것을 나도 사랑하고
    당신이 하시고자 하시는 것을 나도 하게 하소서.

오늘날 우리도 마음을 다하여 이렇게 기도해야 한다. "성령의 숨길이시여, 모든 교회 모든 신자에게 새 생명을 불어넣으소서."

알렉산더 솔제니친(Alexander Solzhenitsyn)은 말하기를, 러시아를 영적으로 치료할 수 있는 생생한 영력을 가진 것은 기독교밖에 없다고 하였다. 이 말은 어느 나라에나 적용된다고 하였다. 그는 덧붙여 말하기를, 지금 세계가 심각한 위기에 처해 있어서 죽느냐 사느냐가 영적 부흥에 달려 있는 것 같다고 하였다. 오늘의 사회는 물질적으로 풍요롭다. 그러나 냉담과 냉소, 좌절, 소외와 절망이 더해가고 있다. 우리의 세대는 영적으로 파산한 세대이다. 이런 세대에서 사람들은 종교(religion)를 찾는 것이 아니라, 정말 어디에 생명이 있느냐를 찾고 있다. 인격적 체험을 통해 살아계신 하나님을 확실히 알기를 원한다. 침울한 예배를 드리면서 의미없이 암송하는 신조로 만족할 사람은 거의 없다. 하나님께서 우리 가운데 살아계신 것이 확실히 나타나지 않는 한 세상의 교회에 눈길을 돌릴 까닭이 없다. 우리가 땅 위의 그리스도의 몸으로서 살아 있고 사랑하고 돌아보는 공동체가 되지 않는다면 누가 구주를 믿겠는가?

예수님이 제자들을 부르신 것은 절대 소명이었다. 자기를 부인하고 자기 십자가를 지고 예수님을 따르라는 것이었다. 뒤돌아보는 것은 있을 수 없었다. 예수님도 제자들에게 자신의 삶을 던지셨다. 그것은 절대 헌신이었다. 그는 십자가에서 그들을 위해 자신의 생명을 주셨다. 그리고 그는 그들의 가슴 속에 생명의 성령을 주시겠다고 약속하셨다. 십자가와 성령이 아니었다면 예수님을 따라 다닌다는 것 자체가 절망과 재앙이었을 것이다. 그러나 십자가와 성령 때문에 그들은 세계 최대의 영적 혁명의 기수들이 되었다. 오순절에 성령이 그들에게 임했을 때 그들을 막을 세력이 없었다. 대적들은 그들을 위협하고 투옥하고 매질하고 죽였다. 그러나 그 소심한 평민들이 세상을 뒤집어 엎었다. 대적들이 이것을 인정하지 않을 수 없었다. 그것은 선교의 일대 승리였다. 교회사상 그런 유래가 없었다. 인간적인 것에 의지할 데가 없는 그들은 전적으로 성령의 능력에 의존하였다. 오늘날 교회는 자원이 많다. 건물도 있고, 사업체와 보물도 있다. 신학교도 있고, 도서관도 있다. 영화도 있고, 녹음테프도 있다. 그 외에 얼마나 자원이 많은가. 그런데 성령의 능력이 그 어느 때보다 더 요청되는 이때에 성령의 능력이 별로 나타나지 않는다.

예수께서는 지상사역 말기에 성령강림에 대해 여러 차례 말씀하셨다. 성령을 **다른 보혜사**라고 하셨고, 그가 제자들과 영원토록 함께 하시리라고 하셨다. 예수님께서 짧은 삼 년 동안 제자들과 함께하였는데, 이제 그와 같으신 성령께서 영원히 어디서나 그들과 함께 하시리라는 것이었다. 성령께서 그들을 지도하시고 가르치시며, 격려하시고, 책망하시며, 힘과 능력을 공급하시리란 것이었다. 그는 **진리의 영**으로서 세상은 그를 영접하지도 이해하지도 못하겠지만 예수님을 따른 모든 자들 속에 영원히 거주하시리란 것이었다. 그들에게 모든 것을 가르치시며, 예수께서 그들에게 하신 모든 것을 기억나게 하시리란 것이었다(요 14 : 26). 이제 우리가 꼭 알고 체험해야 할 성령사역의 네 가지 주요 측면을 살펴보고자 하는데, 그것은 영적 출생과 영적 성장, 영적 은사와 영적 능력이다.

영적 출생

성공회의 어느 성직자의 사모님이 어느 날 내게 이런 편지를 보내왔다. "성령께서 제 신앙생활을 새롭게 하실 것이라고 하였지요. 성령께서 정말 그렇게 하셨어요…저는 새로운 생명과 기쁨이 충만합니다. 성경 구절구절마다 찬양과 사랑이 있읍니다. 이젠 예수님에 **대해서** 아는 것이 아니라 예수님을 압니다!"

이렇게 영적인 새 생활이 전달되는 단계가 있다. 성령께서 단계마다 열쇠를 가지고 계신다. 매단계는 성령의 주권적 사역이다. 따라서 어떤 사람도 이 일을 대신 할 수 없다. 우선 첫째로, 그가 우리에게 우리의 필요한 것을 보이신다. 예수님은 이렇게 말씀하셨다. "그가 와서 죄에 대하여, 의에 대하여, 심판에 대하여 세상을 책망하시리라"(요 16 : 8). 지난 수 년 동안 나는 여러 명의 테러분자들과 장기 복역수들이 그리스도 안의 새로운 신앙으로 돌아오는 것을 보는 특권과 기쁨을 누렸다. 그들이 내게 보낸 편지들을 보면 자기들의 체험을 묘사할 때 거의 똑같은 말을 썼다. 그것은 "생전 처음으로 **마음이 편합니다**(feel free)"라는 것이다. 범죄한 양심의 무정한 고통을 피할 자가 없다. 우리는 대개 활동을 해서 죄를 가리워 보려고 한다.

그러나 우리의 양심은 우리 속에 하나님이 주신 하나의 기능이기 때문에 항상 성령의 행동에 영향을 받기 쉽다. 생각지도 않았는데 갑자기 과거에 우리가 한 일이나 못한 일에 대해 죄책감을 느낄 수 있다. "인간에겐 죄책감이라는 것이 있다. 그 특징은 그것을 지워버릴 수 없다는 데에 있다. 시간이 아무리 흘러가고 자신과 환경이 아무리 바뀌어도 죄책감은 수그러지지 않고 독살스럽게 '내가 여기 있다'고 주장한다…과거는 죽지 않는다. 인생살이에서 과거란 묻을래야 묻을 수 없고, 치울래야 치울 수 없다." 그렇기 때문에 바울 사도는 "하나님의 말씀을 가지고 장난하지" 않고, "진리를 밝히 나타냄으로써" "하나님 앞에서 각 사람의 양심"에 뚜렷하게 과녁을 맞춘다고 하였다(고후 4 : 2).[1] 바울은 자신의 겸허한 체험을 통해서 성령께서 하나님의 말씀을 좌우에 날선 검과 같이 만드셔서 모든 장벽과 방호벽을 뚫고 범죄한 양심을 백일 하에 노출시키실 수 있음을 잘 알고 있었다. 이렇게 우리의 양심의 깨우침을 받을 때에 비로소 영적으로, 도덕적으로 하나님이 필요함을 깨닫게 된다. 성령께서 우리에게 이것을 깨우치실 때에만 우리는 하나님의 긍휼과 용서를 비로소 구하게 된다.

둘째, 성령은 우리에게 새 생명을 주신다. 하나님은 영이시므로 우리가 영적으로 살아 있어야 하나님을 알 수 있다. 자연상태 그대로는 우리는 범죄하여 영적으로 죽은 자들이다. 하나님의 길을 가지 않고 우리 자신의 길을 감으로써 스스로를 하나님으로부터 분리시켜 버렸다. 우리는 어둠의 왕국, 즉 사단의 왕국 안에 있다. 어떻게 하면 하나님의 왕국으로 들어갈 수 있는가? 다시 태어날 수 있는 길이 무엇인가? 영적 출생의 방법이 무엇인가? 예수님은 궁금증에 사로잡힌 니고데모에게 직접적인 대답은 하지 아니하였다. 그러나 영적 출생이란 것을 정곡을 찔러 지적하였다. "육으로 난 것은 육이요 성령으로 난 것은 영이니 내가 네게 거듭나야 하겠다 하는 말을 기이히 여기지 말라"(요 3 :6,7). 이 외에 다른 길이 없다.

신생(新生)이 없이는 하나님의 나라를 볼 수 없다. 당신이 요크(York)를 방문하고 있고, 요크 성당(York Minster) 스테인 글래스의 아름다움을 내가 당신에게 보여주려고 한다고 상상해 보자. 내가 그것을

---

1) A. E. Taylor, Stuart B. Babbage 저, *The Mark & Cain* p. 73에 인용됨(Paternoster Press, 1966).

아무리 정확하게 웅변적으로 설명을 해도 그것을 밖에서는 도무지 볼 수 없다. 안으로 들어가야만 내가 말하는 것을 비로소 볼 수 있다. 우리가 중생함으로 하나님의 나라 속으로 들어갈 때까지는 영적인 진리를 볼 수 없다. 그때까지는 영적 진리에 대하여 장님인 것이다. 존 뉴톤(John Newton)은 "놀라운 은총"("자비로운 주 하나님")이란 유명한 찬송가에서 "나는 이전엔 눈이 멀었으나 이젠 본다"고 하였다.

신생(新生)이 없으면 하나님 나라에 들어갈 수도 없다. 공기가 우리 주위에 꽉차 있지만 그것을 들어마셔야 육적으로 사는 것처럼 성령이 내 주변 어디에나 계시지만 내가 그를 마셔야(영접해야) 영적으로 살 수 있다. 말콤 머거리지(Malcolm Muggeridge)는 거의 일생토록 영적으로 방황하다가 드디어 그리스도를 발견하고나서 곧바로 이렇게 술회했다. "나는 이제 인간이 스스로 영원히 행복해지려는 노력은 반드시 실패한다는 기독교 사상으로 복귀한다. 인간은 그리스도께서 말씀하신 대로 거듭나야 한다 … 지금 내게 있어서는 그리스도가 아니면 아무것도 아니다."[2]

세째로, 성령께서 우리에게 구원의 확신을 주신다. "…아바 아버지라 부르짖느니라 성령이 친히 우리 영으로 더불어 우리가 하나님의 자녀인 것을 증거하시나니 자녀이면 또한 후사 곧 하나님의 후사요 그리스도와 함께 한 후사이다"(롬 8:15~17). 일단 우리가 이와 같이 깊은 내면적 확신―이것을 "성령의 증거"라 하기도 하고 "성령의 인치심"이라고도 하는데(고후 1:22)―을 얻고나면 우리에게 능력주시는 그리스도를 통하여 무엇이나 감당할 준비가 된다. 그렇기 때문에 바울은 이렇게 고백할 수 있었다. "현재의 고난은 장차 나타날 영광과 족히 비교할 수 없도다"(롬 8:18). 그렇기 때문에 바울은 이렇게 절대 확신할 수 있었다. "아무 피조물이라도 우리를 우리 주 그리스도 예수 안에 있는 하나님의 사랑에서 끊을 수 없으리라"(롬 8:39). 그러나 오늘날 교회들은 대개 영적 체험도가 너무나 얄팍해서 하나님과의 관계나 죄용서에 대한 확신이 없다. 그 결과는 반드시 불확실한 약한 신앙으로 나타나 세상을 흔들기 보다 세상에 의해 쉽사리 흔들리고 마는 것이다.

---

2) London의 어느 교회에서 1968년 2월 4일 한 설교에서 인용.

나는 전도사역을 하면서 느낀 것이 있다. "그리스도에게 온다"는 자들 중에 이미 가진 신앙을 재확신하게 되는 자들이 있다는 것이다. 그들은 이미 하나님과의 참된 교제를 하고 있는 자들이다. 그래서 나는 나를 보고 "이미 회심한 자들에게 설교한다"는 비판을 받아들인다. 그러나 윌리암 템플(William Temple)이 흔히 하던 말을 기억할 필요가 있다. "사람이 회심하고 그것을 알기까지는 하나님에게 하등의 쓸모가 없다." 그러므로 전도대회로 회심을 하든, 회심의 확신을 하든 그것은 별 문제가 아니다. 진정한 확신이 없이는 사실상 하나님께 봉사의 열매를 바칠 수가 없다.

영적 성장

예수께서 성령을 보혜사(Counsellor)라고 하셨는데, 보혜사란 "도와주러 곁에 부름받은 자," 즉 조력자(helper)란 의미가 있다. 어느 신자 어느 교회를 막론하고 영적 성장을 하려면 모든 분야에서 성령께서 주도권을 잡으셔야 한다. 이것은 절대필수이다. 어떤 분야에서 성장해야 하는가에 대해서 이 책 다른 곳에서 다룬 바 있다. 그러나 여기서 성령 사역의 다른 측면을 잠간 훑어볼 필요가 있을 것이다.

1. 그리스도를 닮아감

성령의 제 일차적이고 주권적인 일은 그리스도를 영화롭게 하는 것이다(요 16:14). 그리스도를 영화롭게 하는 한 가지 길은 우리의 소경된 눈을 뜨게 하여 우리 스스로 그리스도의 영광을 보게 하시고, 우리 생활의 각 분야에 들어오셔서 역사하심으로 우리를 통해서 남들에게 점점 더 그리스도의 영광을 드러내시는 것이다. "주는 영이시니 주의 영이 계신 곳에는 자유함이 있느니라 우리가 다 수건을 벗은 얼굴로 거울을 보는 것같이 주의 영광을 보매 저와 같은 형상으로 화하여 영광으로 영광에 이르니 곧 주의 영으로 말미암음이니라"(고후 3:17~18). 이렇게 변화시키고 회복시키는 일은 우리가 우리 삶을 그리스도에게 일임하고 성령을 우리 마음 속으로 영접하는 순간에 시작된다. 죄 때문에 우리 속의 하나님 형상이 상처입고 때묻었다. 하나님께서는 자기 아들의 죽음을 통해 우리를 구속하시고 성령을 우리 마음 속에 보내사 수리작업을 개시하게 하신다. 이 작업은 오랜 작업이고 미묘한 작업이다. 어느 정도 우리가 단 마음으로 협력하는 일에 좌우되는 작업이다. 우리의 자연적인 자아는 성령을 항상 거스린다. "육체의 소욕은 성령을 거스리고 성령의 소욕은 육체를 거스리나니 이 둘이 서로 대적함으로 너희의 원하는 것을 하지 못하게 하려 함이니라"(갈 5:17). 이 말씀에 뒤이어 바울은 인간 본성이 하는 여러 가지 일을 서술하고, 그것을 사랑, 희락, 화평 등 성경의 열매와 대조시켰다.

영적 성장을 혼동하는 경우도 있고, 많은 신자들이 자기들 생각에 이렇게 되어야 되겠다고 생각하고 그렇게 되려고 열심히 노력함으로 스스로 만든 굴레 속에 빠지기 때문에 아래에 간단한 도표를 그려 이런 혼동을 막고자 한다.

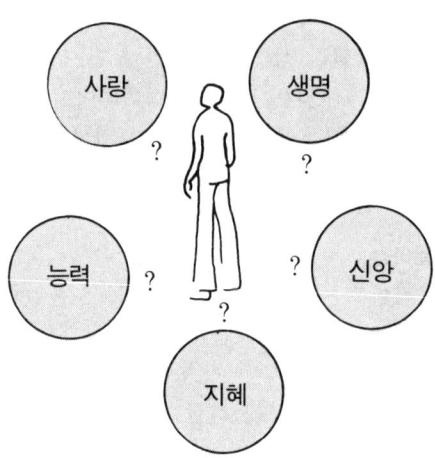

우리는 사랑과 생명과 능력과 신앙과 지혜가 충만해야 한다고 알고 있다. 그러나 이 일이 힘들고 지루하며 어리벙벙하게 하는 투쟁이 되는 수가 많다.

이런 식으로 생각하는 것 같다. 즉, 그리스도를 닮은 이런 성품들이 우리와 동떨어져 있는 상황을 보고 어떻게 하면 우리가 소유하지 못한 사랑과 생명을 얻을 수 있을까 하고 질문을 던진다. 우리가 깨달아야 할 것은 우리가 필요한 모든 것이 그리스도 안에 있다는 사실이다. 그러므로 우리가 진정 "그리스도 안에" 있으면 우리는 그 안에서 완전하다. 우리는 이미 그 안에서 우리가 필요한 모든 사랑과 생명, 모든 능력과 믿음과 지혜를 가지고 있다. 우리는 다만 그것을 주장하면 된다. 그러면 하나님께서 이미 그리스도 안에서 우리에게 주신 헤아릴 수 없는 부를 즐기기 시작한다. 여기서 생각의 차이를 아는 것이 중요하다. 우리가 소유하지 못한 어떤 것을 얻으려고 노력하는 문제가 아니라 우리가 이미 그리스도 안에서 가지고 있는 것을 성령으로 하여금 풀어놓으시도록 하는 문제이다. 우리의 할 일은 그 안에 살면서 성령으로 하여금 우리 안에서 우리를 통하여 일하시도록 신뢰하는 것이다.

2. 치료

교회의 신유사역이 최근까지만 해도 거의 무시되어 왔고 심지어는 미친 짓이라고까지 생각되어 왔다. 그러나 성경적으로 보면 그리스도께서 제자들에게 가서 복음을 전하라고 명령하실 때 거의 항상 잇달아 나오는 것이 있는데, 그것은 병든 모든 자들을 고치라는 특수지시이다. 이

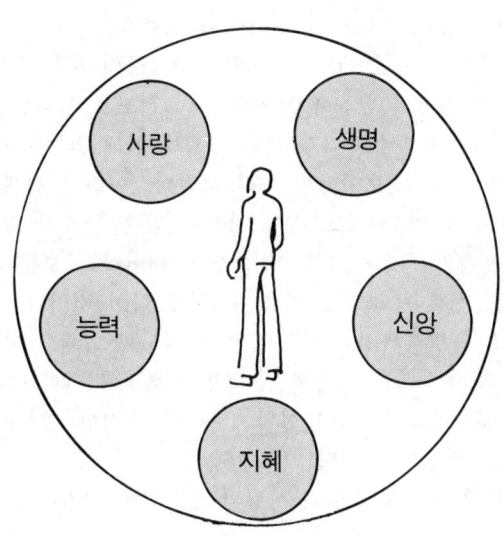

것이 하나님의 구원사역의 주요 부분이다. 사실 영어단어 "구원"(salvation)은 '구원하다'는 뜻을 가진 라틴어 salvare와 '건강'이나 '도움'을 의미하는 salus에서 유래되었다. 그것은 위험이나 질병으로부터의 구원을 의미하고, 안전, 건강 및 번영을 함의한다. 새 언약 시대에는 이 단어가 신체적인 것에서 도덕적이고 영적인 것으로 뜻이 바뀌어 쓰였지만—항상 그런 것만은 아님—하나님은 그의 자녀들이 각기 '온전해지는'데에 관심을 두고 계신다. 바울은 하나님께서 자기에게 강력하게 부어주신 모든 힘을 기울여 "모든 사람을 그리스도 안에서 **온전하게**(teleion) 바치려고" 노력한다고 역설하였다(골 1:28). 여기서 teleios란 말은 "완전히 자란, 온전한, 성숙한, 완전한" 등의 의미가 있다. 하나님의 계획은 이것이다. 즉, 우리가 그리스도 안에서 완전해지는 것이다.

우리는 죄 때문에 자연적으로 하나님으로부터 단절되고 이웃과도 단절된다.

우리 자신으로부터 소외되기도 한다. 정서적으로 찢어지고 상처와 흔적이 남아 있어서 속을 치료받아야 한다. 우리가 스스로 속에서 좀더 온전해지지 않는 한 부정적인 태도와 반응의 함정에 빠질 것이다. 그러나 예수님은 항상 어떤 상황에서나 완전한 사랑의 반응을 보이셨다. 그것이 그의 표지였다. 그것은 외식이나 압제를 보시면 의분으로 끓어오르는 거룩한 사랑이었다. 그러나 사람들이 예수님께 나쁜 짓을 해도 항상 그는 사랑의 반응을 보이셨다. 그러므로 하나님은 우리 속에서 성령으로 역사하셔서 우리가 어떤 상황에 처해 있든지 이와 같이 사랑의 적극적인 반응을 보이도록 하려 하신다. 이러기 위해서는 그리스도의 제자 모두가 어느 정도 내적 치료를 받을 필요가 있다.

하나님의 본래의 창조계획은 이 세상에 태어나는 모든 아이가 자기 부모와 가족의 사랑과 보호를 받을 수 있게 하신 것이다. 아이가 발육하기 시작하면서 발육과정의 일부로 어느 정도의 압력을 아이로 체험하게 하되, 해로운 압력은 가족의 사랑의 보호로써 막아준다. 예수님도 고난을 통해 순종을 배우셔야 했다. 따라서 건전한 성장을 위해 어느 정도의 고통은 필요한 것이다(히 5:8).

그러나 인간의 타락으로 이런 사랑의 보호벽이 가정마다 조금씩 무너졌다. 그리하여 아이들마다 어느 정도 해로운 압력을 체험하고 그 때문에 상처를 받되 깊은 상처를 받는다. 더우기 어린 아이가 본래 죄악의 성향을 가지고 태어나기 때문에 여러 가지 상황에 부정적인 반응을 보임으로써 역시 스스로 상처를 받는다. 그래서 우리 모두는 여러 가지 면에서 공격적이고 방어적이며 비판적이고 우울한 성격을 가지고 성장한다. 다시 말해서 우리는 서로 간에 그리스도의 방식으로 대하지를 않는다. 결혼과 가정의 와해를 통해서 부모의 사랑벽이 심하게 무너지고 나면 물론 상처는 더 심각할 것이다. 가령 깨어진 가정에서 나온 사람들의 범죄율이 사랑으로 단합된 가정에서 나온 자들의 범죄율보다 훨씬 높다. 이것은 어쩔 수 없는 결과이다. 따라서 우리는 '상한 어린 아이들'의 문제 뿐 아니라 정서적으로 찢겨진 아이들, 십대들 및 성인들의 문제를 안고 있다.

우리는 성장하면서 우리 자신의 울타리나 마스크를 세우거나 씀으로써 더 이상 상처받는 데서부터 우리 스스로를 보호하는 법을 배운다. 겉으로 자신만만한 체하거나 수줍어하거나 깔깔대거나, 혹은 공격형의 인간이 됨으로써 우리 자신의 참모습을 숨겨버린다. 이리하여 우리는 은폐하는데 전문가가 되어버린다. 우리 스스로도 우리의 있는 모습 그대로를 보기 싫어하고 물론 남들에게도 우리 모습 그대로 보이기를 싫어한다. 이러한 보호용 마스크를 쓰면 피해를 면하는 것은 사실이다. 남들에게 우리의 삶을 열어보이지 않기 때문에 더 이상의 상처를 받지는 않는다. 그러나 이미 받은 숨은 상처가 거기 그대로 있어서 더 곪아들어갈 것이다.

그러므로 성도들 간의 교제가 피상적인 관계로 끝나는 경우가 허다하다. 서로 간에 교리문제나 사업문제는 얘기하지만 서로를 알지 못하여 알려질까 두려워한다. 우리의 사회는 우리가 우리의 약점들을 인정하는 것을 허용치 않는다. 우리가 항상 승리하고 밝고 사랑하고 화목하고 강해야 한다는 생각을 교회가 집어넣어보면 교회에서는 더욱 더 우리 스스로의 약점을 인정하지 않게 될 것이다. 그리하여 우리의 보호벽을 더욱 두텁게 쌓게 하면서 아직 상처가 남아 있는 내면 깊숙한 곳을 너무 깊이 파고 들어오지 않는 사람들과만 관계를 맺게 될 것이다. 성경공부도 같이하고, 기도회에도 참석하며, 교회 활동에도 참여하지만 우리의 모습 그대로를 직시하지 않는다. 여기에 내적 치료가 필요하다.

하나님의 구원계획은 분명하다. 그리스도의 죽음과 부활을 통하여 우리는 하나님과 화목될 수 있고, 하나님과의 관계가 치료된 것을 깨닫기 시작한다. 성령께서 우리 마음 속에 들어오심으로 새롭게 출생하여 새 생명을 얻는다. 이 새 생명은 "너희 속의 그리스도 곧 영광의 소망"이다(골 1 : 27). 우리가 그리스도를 우리 생활의 주인으로 섬기면 성령께서 우리로 그의 형상을 닮도록 변화시키사 한 단계의 영광에서 다른 단계의 영광으로 이르게 하신다(고후 3 : 18). 이리하여 사랑과 희락과 화평 등의 성령의 열매가 우리의 생활 속에 더욱 뚜렷이 나타나게 하신다. 그러나 우리가 하나님의 가족이란 새로운 관계를 맺음으로써만 그리스도의 사역과 성령의 역사가 우리 속에 보다 효과적으로 적용될 수 있다. 우리의 구원, 즉 온전함(wholeness)은 그리스도 안에서 완전하다. 그러나 성령으로 하여금 우리 속의 상처를 치료하시고 하나님의 사랑 안에서 우리를 새롭게 하시도록 하려면 우리가 하나님에 대해서와 **서로서로에 대해서** 우리의 삶을 열어야 한다.

이러한 치료를 효과적으로 받는데 몇 가지 단계가 있다. 우선 첫째로 보호용 마스크를 기꺼이 벗어야 한다. 사실 마스크가 무엇인지 알기 위해서는 다른 신자들의 도움이 필요할지도 모른다. 우리는 우리 자신의 방어벽에 대해서는 까마득히 잊어버리고 있지 않은가! 기독교적인 사랑을 받는다는 보장을 받아야 비로소 우리의 마스크를 기꺼이 벗어버리고 실패한 분야와 상처난 분야와 모자란 분야를 인정하게 될 것이다. 이것은 굴욕적이고 흔히 고통스러운 단계이다. 모든 장벽을 허물기 위해서는 예민한 사랑이 필요할 것이다.

둘째로, 우리는 하나님께 우리의 모습 그대로와 함께 우리의 욕망과 태도와 반응까지도 내어놓고 그의 용서와 성령의 치료하시는 사랑을 구해야 한다. 하나님은 시간을 초월하시기 때문에 우리가 상처받은 그 순간에도 기도 중에 돌아가서 우리에게 상처를 준 그 사람을 마음으로 풀어주고(용서하고), 남에게 잘못한 것이 있으면 고백하고, 아직 그 사람이 살아 있다면 하나님께서 얽힌 일을 풀어주시도록 요청할 수 있다. 다시 말해서 우리가 마스크를 벗어던지게 되면서 우리에게 드러날 내면적인 상처를 성령께서 치료하시도록 구체적으로 요청하는 것이다.

5. 성령 안의 생활

　셋째, 사랑 안에서 서로의 삶을 터놓고 나눌 때에 성령께서 우리를 실제로 치료하시게 된다. 성도들이 서로 돌아보며 교제할 때 사랑 안에서 진리를 말하고 서로에게 정직하고 참되며 서로를 위해 기도할 수 있다. 이리하여 우리 모두가 돌아보며 교제함으로써 하나님의 치료를 받을 수 있다. 치료하시는 분은 여전히 하나님이시다. 그러나 서로 돌아보면 비판없이 사랑하는 가운데 서로에게 진정으로 마음을 열고 있는 신자들의 삶 속에 성령께서 더 자유롭게 역사하실 수 있다. "너희 죄를 서로 고하며 병낫기를 위하여 서로 기도하라"(약 5 : 16).
　이상의 세 가지 단계는 하나님께서 성자와 성령의 선물을 통해서 가능하게 하신 구원(온전함)에 꼭 필요하다. 위의 문화배경은 나의 세번째 단계, 즉 서로 털어놓고 나누는 단계와는 정반대로 역행하는 것이어서 나 자신도 마스크를 벗어버리기를 얼마나 싫어했는지 모른다. 사실 사적으로는 하나님에게 모든 것을 털어놓고 용서를 구하고 성령의 변화의 능력을 구할 수 있었다. 거기까지는 좋았다. 그러나 여전히 나는 마스크를 덮어쓰고 방어벽을 구축한 채 그대로 있었다. 점차적으로 다른 신자들의 부드러운 사랑을 통해서 나는 내가 세워둔 방어벽 일부를 무너지게 할 수 있었다. 내 모습 그대로 알려진다는 것은 내 자신이 부서지는 고통이었다. 남들이 나를 판단하고 나를 버릴 것이라는 확신이 들었다. 그러나 형제 자매들이 내게 하나님의 흔들리지 않는 자비로운 사랑을 보여줌으로써(그들도 나와 같이 이런 사랑이 필요할 자들이었던) 그 사랑의 분위기 속에서 나는 하나님께서 내 전인격을 속속들이 깊이 치료하시는 것을 어느 때보다 깊이 체험하기 시작했다. 하나님께서 나를 치료하시는 작업이 끝날 때는 아직 멀었다. 그러나 나는 그리스도의 영께서 치료해 주심으로 내가 점점 더 온전해지는 것을 깊이 깨닫고 있다. 내가 내 삶을 하나님께와 다른 신자들에게 계속 열고 있는 동안 성령께서 내 마음 속에서 직접 역사하기도 하시고, 다른 신자들을 통해서 나를 치료하시기도 하신다.
　다른 형태의 치료도 다 성령의 선물이며, 하나님 사랑의 표현이다. 우리는 항상 치료문제 뿐 아니라 구원 전반에 있어서 하나님의 주권에 굴복해야 한다. 하나님은 보통 의술을 통해서 우리의 육체를 치료하신다. 모든 좋은 선물이 위로부터 내려온다. 그러나 우리는 지금 여기서 일하시는 하나님의 행위를 제한하거나 우리가 마음으로 깨달을 수 없는 것이라 해서 무조건 부인해서는 안된다. 그리스도와 사도들을 통하여 많은 기적과 표적을 행하신 바로 그 성령께서 지금도 믿는 우리들에게 역사하신다. 성령께서 우리가 느끼는 것 이상으로 우리의 육체적 질병과 정신적 혼란과 사단의 속박으로부터 우리를 해방시키기를 절실히 원하신다. 설령 당장 우리를 치료하시지 않는 것이 그의 뜻이라 할지라도 우리 속에 계신 성령께서 연약한 중에 하나님의 능력과 아름다움을 보이실 수 있다. 이것은 전세계 수많은 신자들의 생활 속에서 입증되는 진리이다.

3. 예배

예배는 모든 신자의 최우선 과제이다. 제1계명의 핵심이 예배이다. 우리가 하나님의 존전으로 나올 때 즉각 예배드리기를 소원해야 한다. 우리의 삶을 그리스도에게 일임할 때 우리의 자연스런 반응이 예배여야 한다. 우리 마음 속에 성령이 오실 때에 첫번째 표지가 예배이다. 이렇게 예배보다 더 중요한 것이 없다면 성령의 도움없이 예배보다 불가능한 것은 없다. 예수님은 이렇게 말씀하셨다. "하나님은 영이시니 오직 성령의 능력으로만 사람들이 하나님을 계신 그대로 예배할 수 있다"(요 4 : 24, Good News Bible).

교회사상 부흥이 일어날 때마다 찬송과 찬양이 터져나왔던 것도 바로 이 때문이다. 성령께서 우리 속에 하나님을 예배하고 경앙하고 싶은 소원을 창조하신다. 또 우리가 예배하고 경앙할 때에 성령께서 우리 중에 더욱 자유스럽게 역사하신다. 영적 재생이나 부흥에 관심이 있는 교회는 예배가 이토록 중요하다는 것을 깨닫는 교회가 되어야 한다. 처음에는 우리의 마음이 냉랭하고 무감각할 수 있다. 그러나 우리가 하나님께 찬양의 제사를 드리면 하나님의 영께서 돌같이 차가운 마음들을 살같이 따스한 마음으로 바꾸실 것이다.

이런 일이 일어나도록 하기 위해서는 예배하는 시간을 잡아야 한다. 예배에 형식이 많으면 성도들이 하나님과 교통하는 수은주가 아주 차가운 수준에 머물게 된다. 일어나 찬송부르고, 앉아서 기도하며, 일어나 찬양하고, 앉아서 성경읽으며, 일어나 찬송하고, 또 앉아서 성경읽는

식이 우리의 실정이다. 패턴은 다를 수 있지만 앉았다 일어났다 하는 동안에 **깊숙한** 예배 분위기로 젖어들기가 힘들다. 예배는 본래 **깊숙해야 한다**. 예배를 뜻하는 가장 흔한 단어는 **프로스퀴네오** (proskuneo) 이다. 이것은 신약에서 66회 나온다(다른 단어 여섯 개는 각기 1회씩 나옴). 그런데 이 말의 어원적 의미는 "내가 키스하러 가까이 간다"는 것이다. 이것은 친숙과 사랑을 나타내는 말이다. 기독교는 하나님 및 그의 아들 예수 그리스도와 연애하는 것이다. 누구에게 내가 사랑의 감정을 표현하려면 그 사람에게 시간을 내주어야 한다. 하나님과의 관계도 마찬가지다. 토저(A. W. Tozer)는 일찌기 이렇게 말했다. "예배는 '마음으로 느끼는 것'이다. 예배순서만 따라가면서 아무것도 느끼지 못하는 자는 예배하는 자가 아니다…예배는 또한 느끼는 것을 '어떤 적절한 방법으로 표현하는 것'이다." 성령의 도움이 절실히 필요한데 우리는 성령의 도움을 받아 우리 속에 있는 모든 것이 그의 거룩한 이름을 찬양하는 자리에까지 우리 자신을 끌고가야 한다(시 103:1 이하).

성령께서는 우리로 하나님 "아버지께 나아가도록"(엡 2:18) 하시려고 찾아오신다. 그는 하나님의 사랑을 우리 마음 속에 쏟아부어 주시려 오신다. 우리는 우리를 사랑하시는 하나님의 사랑에 대해 반응적인 사랑만 할 수 있기 때문이다(롬 5:5, 요일 4:19). 항상 그가 주도권을 잡으신다. 성령은 자기의식으로부터 우리를 풀어주시고 쓸데없는 방해로부터 우리를 구출하셔서 우리로 살아계신 하나님의 임재를 더욱 더 깨닫게 하시려 오신다. 성령께서는 우리로 하여금 성부를 기쁘게 하고, 성자를 영화롭게 하며, 하나님의 가족을 격려하는 방식으로 우리의 사랑을 표현하도록 도우시러 오신다. "나와 함께 여호와를 광대하시다 하며 함께 그 이름을 높이세"(시 34:3). 우리가 성령의 능력으로만 하나님께 예배하며 우리 자신을 바쳐 하나님을 섬길 수 있다. "우리로 주의 영의 능력으로 살며 일해서 주를 찬양하고 영화롭게 하도록 보내주소서."

4. 후한 헌금

오순절 이후 성령께서 임재하신 하나의 특기할 만한 표징은 초대교회의 지극히 후한 헌금이었다. "믿는 사람이 다 함께 있어 모든 물건을 서로 통용하고 또 재산과 소유를 팔아 각 사람의 필요를 따라 나눠주고 …제 재물을 조금이라도 제 것이라 하는 이가 하나도 없더라…그 중에 핍절한 사람이 없으니…"(행 2:44,45 ; 4:32,34).

대부분의 서구 교회의 헌금은 초대교회나 오늘날 제3세계 교회들의 헌금에 비해서 한없이 적다. 왜 그런가? 오늘날도 신약의 마게도냐 교회처럼 "심한 시련"과 "극한 가난"을 겪는 지역의 교회들이 더 많은 헌금을 낸다(고후 8:2). 이렇게 부와 헌금은 역비례한다. 시련과 가난 속에는 하나님을 전폭적으로 의뢰할 수밖에 없다. 그러나 그리스도를 참되게 행동적으로 믿음으로 성령께서 기적을 행하시되 후한 헌금의 기적까지 이루시는 것이다. 바울은 계속 신자들의 헌금을 "하나님의 은혜"라고 했다. 헌금은 항상 성령께서 하나님의 백성들 생활 속에서 은혜롭게 역사하시는 것을 나타낸다. 비교적 잘 사는 우리들의 경우, 적어도 물질문제에 있어서 성령을 의지해야 할 필요가 없다. 즉, 성령 말고 다른 것을 의지할 데가 있다. 따라서 우리의 신앙은 그만큼 활성이 약하며 성령께서 우리 삶 속에 하나님의 은총을 쏟아부으실 수 없는 것이다.

클락 피낙(Clark Pinnock)은 초대교회에 대해 이렇게 기록했다. "없는 자들에게 관심을 가지고 자신의 재물까지 기꺼이 희생한 이러한 일이 이기심을 좀 버리고 윤리의식을 강화해야겠다는 단순히 인간적인 결단에서 일어난 것은 아니다(혹 그런 경우도 있겠지만). 그것은 성령을 만남으로 이루어진 일이다. 아마도 오늘날 우리가 재산을 희생하고 예금을 털고 수익성이 낮은 직업을 택하기를 두려워하는 이유는 우리가 하나님에게 진정으로 굴복하지 않고, 성령의 방해없이 완전한 임재 속에 참으로 살지 않는데 있을 것이다. 하나님에 대한 사랑이 우리 마음에 흘러넘치지 않으며, 하나님이 우리를 혹시 돌아보실 수 없으면 어떻게 하나 하고 우리는 두려워한다."[3]

영적 은사

---

3) *Post American*, 1105 W.Lawrence, Chicago, Iillinois 60630, USA.

예수님은 제자들도 자기가 지상사역에서 행하셨던 일을 꼭같이 행하며 심지어 "더 큰 일"도 할 것이라고 약속하셨다(요 14:17). 그리고나서 그는 성령강림에 대해 말씀하셨다. 성령의 능력과 은사를 통해 예수님의 약속이 이루어진 것이다.

20세기는 전세계적으로 초대교회 몇 세기 동안만 계속되고 그 이후 상실했던 성령의 은사를 일부 새롭게 발견하는 세기가 되었다. 한편으로 가짜 "은사들"도 많이 나타나서 비극적인 결과를 초래했다. 이 때문에 교회의 일부 지도자들이 비판이나 적대의 감정은 아니더라도 조심성을 보인 것은 사실이다. 이 현상은 얼마든지 이해할 수 있다. 그러나 **오용**(誤用, misuse)에 대한 대안은 **무용**(無用, disuse)이 아니라 **정용**(正用, right use)이다. 어떤 현상이 성경적인지 아닌지를 분별하기 위해서 성경 교훈을 살펴볼 필요가 있다.

우선 우리는 적극적이고 올바른 태도를 취해야 한다. 첫째, **성령을 거역하지 말라.** 스데반이 유대 지도자들에게 선포한 대로 하나님이 새 것을 하실 때마다 항상 그것을 거스리는 자들이 있다(행 7:51). 우리가 성령의 활동을 비판할 때는 매우 조심해야 한다. 가말리엘이 지적한 대로 "하나님을 대적하는 자가 될까" 두려워해야 한다(행 5:39).

둘째, **성령을 소멸하지 말라.** 데살로니가 교회의 일부 젊은 신자들이 교회 지도자들에게 굴복하기 싫어한 것 같다. 바울은 그들로 하여금 그들 중에 수고하는 자들을 존경하고 사랑으로 매우 중히 여기도록 권면하였다. 한편 교회의 일부 지도자들은 일부 젊은이들의 열정을 비판하고 그들이 성령의 은사, 특히 예언을 활용하면 반대하였다. 그러므로 바울은 그 지도자들에게 이렇게 말했다. "성령을 소멸치 말며 예언을 멸시치 말고 범사에 헤아려 좋은 것을 취하고…"(살전 5:19~21). 일부 교회에서 은사문제로 분열이 생기는 이유는 대개 한쪽에서는 은사를 너무 내세우고, 다른 한쪽(흔히 지도자들)에서는 은사를 너무 무시해 버리는데 있다. 지혜로운 방법은 좋은 것은 격려하고 그릇된 것은 교정하는 것이다.

세째, **성령을 두려워하지 말라.** 어떤 여자 신자가 목사님에게 이런 걱정을 털어놓았다. "우리 교회에는 초자연적인 것은 하나도 일어나지 않았으면 좋겠어요." 문제는 두려워하면 그런 일이 일어나지 않는다는데 있다. 어떤 이들은 성령이 완전통제 하면 위험하지 않나 해서 겁을 내고 있다. 우리는 두려움 때문에 하나님을 우리의 좁은 이해 속에 가두어 버리는 경향이 있다. 우리는 하나님에게 이것은 원하고 저것은 원치 않는다고 말한다. 우리는 하나님에게 요렇게 역사해 주십사 하고 그 방법을 정해드린다. 대개 그 방법이란 안전하고 무난한 방법이다. 곤란이나 혼란을 일으키지 않을 방법이다. 우리가 쉽게 장악하고 꽉 휘어잡을 수 있는 방법이다. 그러나 하나님의 길은 우리 길과 다르고 하나님의 생각은 우리 생각과 다르다. 때때로 성령은 불안케 하는 위로자이시다. 흔히 그는 우리의 고정된 사고방식을 치고 들어오신다. 수에넨즈 추기경(Cardinal Suenens)은 이렇게 말했다. "하나님의 성령은 인간차원에서 예견된 것을 통하여 놀랍도록 역사하실 수 있다." 결코 성령의 재생사역을 두려워하지 말라. 하나님이 모든 좋은 은사를 주시는 분이시다. 더우기 그는 두려움의 정신이 아니라 능력의 정신과 사랑과 건전한 마음을 주신다(딤후 1 : 7).

　　네째, **성령을 근심하게 하지 말라.** 성령은사를 놓고 분노와 쓴 마음과 분개가 크게 일어날 수 있다. 교만이나 질투의 위험이 있는 것은 물론이다. 성령은 그리스도 안에서 우리를 하나되게 하시고 우리 마음에 하나님의 사랑을 채우시러 오시는데 서로에 대한 부정적인 태도가 우리의 생각을 지배하도록 내버려둔다면 그것은 비극이다. "옳은 것보다 사랑하는 것이 낫다." 우리가 대인관계의 조화를 유지하지 못하면 아무리 우리가 '옳을'지라도 성령을 근심하게 한다(엡 4 : 25~32).

　　다섯째, **성령에 대해 무지하지 말라.** 특히 성령은사에 대해 무지하면 안 된다(고전 12 : 1). 오순절에 요엘 예언이 성취되었는데, 그 예언은 주로 주의 이름을 부르는 모든 자들에게 은사를 주시겠다는 것과 관련된 것이다. 특히 우리로 하여금 하나님의 뜻을 깨닫게 하는 계시은사들이 언급되었다. 가령 교회의 위대한 제1차 선교여행이 예언을 통해 시작되었다. 그리고 모든 은사들이 교회가 세상에서 봉사할 수 있도록 세우기 위해 주어졌다.

　　그러면 어떤 은사들이 있는가? 고린도전서 12 : 4~7에 나타난 네 가지 주요단어에 초점을 기울일 필요가 있다.

5. 성령 안의 생활

1. 은사

바울은 '여러 가지' 은사를 말했다. 4~6절에 '여러 가지'란 말이 세 번 나온다. 8~10절에 아홉 가지 은사가 언급되었고, 28절에 세 가지가 더 언급되었다. 로마서 12장과 에베소서 4장과 베드로전서 4장에도 은사 목록이 있다. 이 목록에 나타난 은사가 전부라는 암시는 없다. 거기 나타난 것은 영적 은사들의 몇 가지 예에 불과하다. 더우기 신약성경에 보면 '자연은사'와 '초자연은사'의 뚜렷한 구분이 없다. 모든 좋은 은사들이 하나님으로부터 온다. 일부 은사들, 가령 예언 같은 은사는 이 세상에서 하나님의 특이한 행위를 더욱 분명하게 보여주는 것은 사실이지만 말이다. 카리스마(charisma)란 말은 하나님의 사랑의 선물을 의미한다. 바울은 용서나 영생이나 교제나 지도력이나 결혼이나 독신 등 이런 여러 가지 은사들을 언급했다.

그러므로 우리는 하나님의 은사는 어떤 것이나 멸시하거나 경시하면 안된다. 가령 어떤 신자들이 방언은사를 조롱하는 일이 있다. 그러나 만일 당신이 내게 사랑으로 선물을 주었는데 내가 그것을 멸시하여 거절하였다고 하면 당신은 상처를 받을 것이다. 하나님의 모든 은사는 심지어 '가장 작은' 은사라도 다 좋고 아름다운 것이다.

더우기 이 은사들이 전적으로 하나님으로부터 오기 때문에 성령에 의존해서 바로 사용해야 교회에 유익을 끼칠 수 있다. 음악이나 행정이나 손님접대 등의 은사를 타고날 수도 있다. 이런 은사는 하나님의 사랑을 나타내는데 쓰일 수도 있고, 자기과시의 기회로 쓰일 수도 있다. 만일 그 은사를 "내 것"이라고 생각하고 내 소욕을 채우는데 쓴다면 그것은 도적질하는 것이다. 남들이 그 은사를 누리도록 주셨는데 내가 남들에게서 그 축복을 빼앗는 것이 되기 때문이다. 그러나 그 은사를 '그의 것'이라고 보고 그가 성령으로 그것을 통제하시고 그의 영광을 위해 그것을 쓰도록 기도한다면, 그것은 교회를 세우는 진정한 영적 은사가 될 수 있다.

2. 봉사(직임)

봉사를 뜻하는 디아코니아(diakonia)란 단어는 간절한 봉사태세를 암시한다. 우리가 그리스도를 섬기고 그의 몸된 교회를 강화시키려는 진정한 소원이 있다면 하나님께서 우리에게 은사를 주시고 또 이미 주신 은사를 사용하실 것이다. 하나님은 원치 않는 종에게 은사를 억지로 쑤셔 넣어주시는 분이 아니시다.

여기서 성령은사와 그리스도의 몸과의 관계를 강조해 두는 것이 중요하다. 바울은 이 둘을 고린도전서 12~14장에서 아주 강하게 연결시켰다. 교회가 성령은사 일부를 상실한 원인 중의 하나는 진정한 의미에서 그리스도의 몸이 되지 못하는 경우가 흔하기 때문이다. 우리가 같은 몸의 지체로서 서로를 더욱 깊이 사랑하고 서로에게 헌신할 때에만 하나님께서 우리에게 은사들을 주실 것이다. 은사들은 그리스도의 몸 안의 여러 가지 봉사(service)이다.

이 진리를 깨닫게 될 때 은사의 개별사용을 막을 수 있다. 모든 은사는 하나님 백성이란 공동체 안에서 달아보고 시험해야 한다. 가령 어떤 사람이 설교하고 가르치는 소명을 받았다고 한다고 하자. 그러면 그는 먼저 자기 교회 안에서 그 소명에 대해 시험을 보고 그 시험에 통과해야 한다. 영적 은사는 교회 회중, 특히 그 교회 지도자들이 인정하는 것이 중요하다. 그래야 영적 은사의 오용을 막을 수 있다. 은사 시험을 받기 싫어한다면 일체의 경고 신호를 발해야 한다.

그러나 일단 은사가 '봉사'를 위한 것임을 알고나면 사용해야 한다. 사용하지 않으면 하나님의 사랑이 서로에게 나타나지 못하도록 하는 것이다. 바울이 말한 대로 "우리에게 주신 은혜대로 서로 다른 은사들을 받았으니 그것들을 사용하자"(롬 12:6).

3. 역사(Working)

하나님의 은사는 하나님께서 오늘날 그의 교회 안에서, 또 교회를 통하여 역사하시는(work) 방법이다. 제임스 던(James Dunn)의 말을 빌면 은사는 '그리스도의 몸의 산 운동'이다. 어떤 사람이 병이 낫거나 회개했다면 하나님이 일하신 것이다! 후한 헌금이 나왔다면 하나님이 일하신 것이다! 교회에 기쁨과 사랑의 분위기가 새로 조성되었다면 하나님이 일하신 것이다!

우리가 성령의 새로운 역사에 대해 항상 마음을 활짝 여는 것이 매우 중요하다. 하나님께서 자기 백성 가운데 항상 새 일을 하시기 원하시기 때문이다. 그는 오늘의 하나님이시다. 그는 오늘 말씀하시고 오늘 행동하시고, 오늘 구원하신다. 하나님께서 과거에 행하신 것을 돌아보며 감사해야 한다. 그러나 동시에 하나님께서 오늘 우리 가운데 새롭고 신선한 일을 하시기 원하심을 믿고 기대하는 신앙을 키워야 한다. 우리가 기대심을 가지고 하나님에게 열려 있으면 그 뜻대로 은사들을 나누어 주시며, 그리하여 우리는 우리 가운데 하나님의 역사를 보게 될 것이다.

4. 나타남

영적 은사는 보이지 않는 하나님을 나타내도록, 즉 보이게 하도록 주신 것이다. 하나님의 음성을 쉽사리 들을 수 없지만 예언, 즉 성경강해를 통해서 하나님은 말씀하실 수 있다. 하나님을 볼 수 없지만 우리가 서로 사랑하면 하나님이 우리 속에 거하시고, 그의 임재를 우리에게 나타내신다. 그러므로 모든 참된 영적 은사는 우리 가운데 계시는 하나님을 나타내시는 것이 되어야 한다.

더 나아가서 성령이 이렇게 나타나심을 각 신자에게 계속 주신다(헬라어 현재시제). 우리가 이미 언급한 대로 하나님에 대해 열려 있고 봉사하기를 원한다면 성령의 나타남을 허락해 주신다. 시간이 흐르면서 우리의 은사와 사역이 변할 수 있지만 한 사람 한 사람의 온 몸 전체에 매우 중요하다. "더 약해"보이는 자들이 실상 "없어서는 안될" 사람들이다(고전 12 : 22). 챨스 허멜(Charles Hummel)은 그의 매우 유용한 저서 『난로 속의 불』(Fire in the Fireplace)에서 이렇게 말했다. "호숫가를 걷고 있는데 '사람 살려!'란 소리를 들었다 하자. 물 속을 보니 어린 아이가 빠져 허우적거리고 있다. 그러면 달려가 그 아이를 건져낼 것이다. 이 구출작업에서 몸의 어느 지체가 가장 중요하냐를 논하는 것은 분명히 어리석은 일이다. 귀와 눈과 발과 손이 각기 구체적인 기능을 발휘했다. 그 중 하나라도 제때 제 기능을 발휘하지 못했으면 그 아이를 건져낼 수 없었을 것이다."[4] 그리스도의 몸 안에 모든 은사가 다 긴요하다. 서로가 서로를 필요로 한다. 흔히 여러 은사가 종합적으로 사용되어야 한 사람을 사단의 나라에서 성자의 나라로 구해낼 수 있다.

---

4) Published by Mowbrays(Oxford : Mowbrays, 1978), pp. 121f.

하나님의 사랑의 분위기 속에서 영적 은사들을 사용하면(바울의 사랑장이 은사장들 사이에 샌드위치처럼 끼어 있음) 항상 '모든 사람을 유익하게' 할 수 있다. 헬라어 **씸페론**(sumpheron)은 직역하면 '함께 모으기 위한'이란 뜻이 된다. 즉, 그리스도의 몸을 '치료하고 회복하고 새롭게 하고 강화하기 위한'이란 의미이다. 사랑이 은사들을 통제한다. 은사가 자기과시나 타인 조종에 사용되지 않고 그리스도의 몸을 세우는데 항상 사용되도록 보장하는 것이 사랑이다. 사랑은 은사 오용을 막는다. 사랑은 좋은 것을 격려하고, 잘못된 것을 부드럽게 교정한다. 사랑은 영적 은사를 서로에게 전하는 "더 나은 길"이다. 사랑은 남들이 필요한 것을 돌본다. 그리하여 영적 은사가 그리스도의 몸의 각 지체에 대한 그리스도의 사랑을 진정하게 나타내게 된다. 때문에 우리는 사랑을 최우선의 목표로 삼고나서(and) 영적 은사들을 간절히 사모해야 한다(고전 14 : 1).

영력

뉴만 추기경(Cardinal Newman)은 일찌기 교회는 말 동상과 같다고 하였다. 앞다리는 항상 처들고 앞으로 뛸 준비가 되어 있고, 뒷다리는 근육이 불쑥불쑥 튀어나와 생명력이 넘친다. 동상을 보고 있노라면 금방 뛰어나올 것만 같다. 불행하게도 20년 뒤에 그 자리로 돌아가보면 한치도 움직이지 않고 그대로 있다. 성령강림 후의 초대교회를 보면 놀라우리만큼 펄쩍펄쩍 앞으로 전진하였던 것을 본다. 그 이유는 단 한가지다. 성령의 능력이 그들과 함께 하였다.

그러면 이런 내적인 힘을 어떻게 얻을 수 있는가? 예수께서는 성부에게 그것을 구하라고 하셨다. "너희가 악할지라도 좋은 것을 자식에게 줄줄 알거든 하물며 너희 천부께서 구하는 자에게 성령을 주시지 않겠느냐"(눅 11 : 13). 이렇게 구하는 자가 성령을 받지만 성령의 새롭게 하시는 능력을 구하지도 못하게 하고 받지도 못하게 하는 장애물이 몇 가지 있다.

헌신의 결핍이 가장 흔한 하나의 장애물이다. 예수께서는 이미 자기의 제자로 헌신한 자들에게 성령의 약속을 주셨다. 그들은 그를 따르기 위해 모든 것을 버렸다. 베드로가 말한 대로 "하나님은 복종하는 자들에게 성령을 주신다"(행 5:32). 우리 교회에서 예배가 끝난 후에 어떤 여인이 이런 글을 써보냈다. "저는 주일날 저의 모든 인생과 문제와 모든 것을 예수님에게 일임하고, 모든 일에 대해 그에게 감사하고, 그가 나를 위해 세우신 계획은 무엇이나 기꺼이 받아들이겠다고 말씀드렸어요. 그때 갑자기 성령충만을 받았고, 이 이후 제 생활은 변화되었어요."

성령의 능력을 못받게 하는 또하나의 장애물은 **고백하지 않는 죄**이다. 삼위일체의 제3위는 **거룩한** 영이시다. 따라서 거룩하지 못하고 불결한 그릇은 채우시지 않는 법이다. 우리 스스로 깨끗하게 할 수는 없다. 그러나 우리를 모든 죄에서 깨끗하게 하시는 예수의 피를 믿고 알고 있는 모든 죄를 고백할 수는 있다. 성령으로 우리 생활의 구석구석을 살피시도록 구하는 것이 중요하다. 그래야 하나님을 불쾌하게 하는 것은 무엇이나 깨달을 수 있다. 우리가 겸손하고 정직하게 고백하고 성령께서 깨닫게 하신 대로 다 청산해야 하나님께 성령충만을 구할 수 있다.

우리 교회에서 예배드리는 동안 다음의 예언이 주어졌다. "나는 너희들이 마음으로 내게 더 헌신하고 싶어한다는 것을 보았다. 그러나 동시에 너희들이 그렇게 할 수 없다고 느끼고 있다. 왜냐하면 너희들을 누르고 있는 일들이 있고, 스스로 부끄러워하는 부분들이 있고, 숨기려고 하는 과거의 일들이 있기 때문이다. 자녀들아, 이 모든 것들을 내게 가지고 오라. 우리 함께 그것들을 살펴보자…그러면 그것들은 다 사라질 것이다. 너희들은 어둡고 더러운 방들이 있는 집들과 같다. 그런데 너희들은 그 더러운 것을 숨기려고 한다. 그러나 나는 너희들로 그 방들을 청소하는 것을 도우러 간다. 나의 빛으로 나아오는 자마다 빛이 된다. 나는 너희들을 무척이나 사랑한다. 내게 와서 내게 말을 해라. 나로부터 숨지 말고 내게 나아오라…." 하나님은 항상 우리 모습 그대로 우리를 사랑하신다. 우리가 그에게 가서 우리 죄를 고할 때 그가 그것을 깨끗이 씻어주시고 다시 한번 성령의 빛으로 우리에게 가득 채우실 것이다.

자기만족이 우리의 영적 생명력을 앗아가는 또 하나의 흔한 장애물이다. 예수께서는 성령의 약속을 말씀하실 때에 밤 중에 문을 두드려

손님에게 줄 음식을 요청하는 친구 때문에 귀찮게 된 어떤 사람의 이야기가 나오는 문맥에서 말씀하셨다. 친구가 너무 끈질기게 강청하는 바람에 그 사람은 결국 침대에서 나와 그가 요청하는 대로 다 주었다. 까다로운 사람도 밤 중에 구하는 대로 준다면 하물며 우리를 사랑하시는 천부께서 구하는 것, 특히 성령의 능력을 주시지 않겠는가. 그러나 우리가 진정으로 이것을 원한다는 증거가 있어야 하고, 또 우리가 그리스도를 영화롭게 하고, 다른 사람들을 섬기는데 하나님의 은사를 사용하고자 한다는 증거가 있어야 한다. 우리가 이렇게 간절히 소원하는 시점에 이르기 전에 먼저 하나님께서 우리의 영적 교만, 즉 자기만족을 다 벗겨버리셔야 한다.

　몇 년 전에 나는 마태복음 5장의 팔복을 연구하고 있었다. 이삼 개월이 지나는 동안에 첫 네복을 내가 직접 체험할 수 있도록 하나님께서 인도하셨다. 성령께서 내 생활 속에 부드럽게 움직이시면서 나는 내가 영적으로 얼마나 가난한지를 보기 시작했다. 나는 하나님 앞에 무릎을 꿇고 혼자서 파산상태에 있었다. 나는 활동적인 기독교 사역을 통해 그것을 가져보려 했었지만 내 마음으로는 그것을 알고 있었다. 그리고나서 하나님은 나로 하여금 나의 영적 가난 때문에 통곡하게 하셨다. 나는 예수님에 대한 사랑의 결핍과 차원 낮은 믿음과 여러 분야에서의 불순종에 대해 진정한 관심을 가지게 되었다. 이리하여 나로 하여금 하나님 앞에 온유하고 겸손하게 만드셨다. 나는 내 자신이 십자가 밑에서 나의 영적인 가난 때문에 조용히 울고 있는 것을 보았다. 그리고나서 나는 의에 대해 심한 배고픔과 갈증을 느꼈다. 나는 참으로 하나님을 영화롭게 하고 모든 면에서 그를 기쁘시게 하는 삶을 사모했다. 교만과 기만은 발가벗겨져 버렸다. 그것은 고통스럽고 낮아지는 경험이었다. 그러나 하나님은 나로 성령충만하도록 준비시키신 것이었다. 나는 하나님께서 내 생애 속에서 이루시고 계시는 모든 일 속에서 그의 지혜를 보기 시작했다.

　육체적으로 배고프지 않다면 보통 몸이 아프다는 표시이다. 영적으로도 하나님에 대해 배고픔이 없다면 우리의 영적 건강이 무엇인가 잘못되어 있다. 하나님께서 우리의 마음 속에 있는 딱딱한 자기만족의 바위 덩어리를 깨뜨리셔야 한다.

또 하나의 흔한 장애물은 **불신앙**이다. 이것은 하나님께서 우리의 삶 속에서 어떤 새로운 일을 하실 것이라는 것을 믿지 않는 것이다. 아마 여러 번 하나님께 그렇게 해달라고 기도했으나 아무것도 일어나지 않은 것 같아서 불신앙을 가질 수도 있다. 그러므로 예수님은 우리의 신앙을 격려하시기 위해서 "구하라 그러면 너희에게 주실 것이요 찾으라 그러면 찾을 것이요 문을 두드리라 그러면 너희에게 열릴 것이다"라고 말씀하셨다(눅 11 : 9). 그는 똑같은 말씀을 다른 형태로 계속 반복하셨다. 이렇게 하심으로써 여섯 번이나 효과적으로 "된다, 된다, 된다…"고 말씀하신 것이다. 우리가 말씀으로 그를 붙잡는다면 우리의 구한 것이 이미 이루어졌음을 믿고 하나님을 찬양함으로써 신앙을 표현해야 한다. 느낌과 체험은 상당히 차이가 있다. 체험은 하나님의 때에 하나님의 방식으로 얻게 된다. 다른 사람이 체험했다고 해서 똑같은 체험을 나도 해야겠다고 기다리는 것은 항상 잘못된 것이다. 중요한 것은 하나님의 약속을 믿고 그것을 스스로 주장하며 그것이 이미 된 것으로 알고 하나님을 찬양하고 그 약속이 하나님의 때에 하나님의 방식대로 이루어지도록 기다리는 것이다.

두려움도 역시 하나의 장애물인 때가 많다. 나를 어디에다 맡길 것인가? 어떤 변화가 생길 것인가? 하나님이 내 삶 속에서 어떤 일을 하실까? 예수님께서도 하나님께서 우리의 생활 속에서 어떤 새로운 일을 하실 때에 인간은 자연적으로 항상 두려워한다는 것을 아셨다. 그래서 이렇게 말씀하셨다. "너희 중에 아비된 자가 누가 아들이 생선을 달라 하면 생선 대신에 뱀을 주며 알을 달라 하면 전갈을 주겠느냐"(눅 11 : 11~12). 하나님은 뒷맛이 나쁜 법이 없다. 그는 자기 자녀들에게 장난하시는 분이 아니다. 악한 우리라도 우리 자녀들에게 좋은 선물을 줄줄 알거든 "하물며 너희 천부께서 구하는 자에게 성령을 주시지 않겠느냐"(눅 11 : 13).

이것은 딱 한번만 하는 체험이 아니다. 이 점을 강조하는 것이 중요하다. 성령"세례"나 "충만"을 받았다고 하는 자들이 이런 질문을 받을 수 있을 것이다. "그래요, 그러면 그것이 어디 있읍니까?" 성령께서 내면을 새롭게 하시면 반드시 해방감을 누리고, 하나님의 사랑을 새롭게 체험하며 영적인 도약을 하게 될 것이다. 그것을 무엇이라 묘사하고 어떻게 설명하든 무엇인가 일어나는 것은 사실이다. 그러나 성경은 성령충만을 계속 받으라고 명령한다(에베소서 5 : 18은 헬라어로 현재 명령형). 우리는 매일 새롭게 죄씻음 받고 새롭게 성령충만을 받기 위해 예수님께 나아가야 한다. 오순절 이후에 여러 번 제자들이 다시금 성령충만 받은 것이 기록되어 있다. 또한 어떤 특별한 일을 하기 위해 특별하게 "기름부음" 받은 때도 있을 것이다.

체험이야 어떠한 것이든간에 하나님의 성령과 그의 사랑에 대해 마음문을 활짝 여는 것을 결코 두려워해서는 안된다. 제임스 백스터(James K. Baxter)는 그것을 이렇게 아름답게 설명했다. "더 간단하게 말할 수 있을까? 사랑하는 자들이 사랑을 표현하는 방법은 여러 가지이다. 그러나 특별히 두 가지 방법을 쓴다. 하나는 '사랑해요' 하고 말하는 것이고, 다른 하나는 키스하는 것이다. 하나님이 내게 주신 말씀의 핵심은 '내가 너를 사랑한다'는 것이다. 그러나 특별한 두 가지 표현방법은 '내가 너를 사랑한다'는 말씀과 키스다. 그렇다면 성령세례는? 그것은 단지 키스하시도록 나를 내어드리는 것에 불과하다."[5]

존 웨슬리(John Wesley)에 대해 이런 말이 있다. 그는 "이상하게 따뜻한 가슴과 이상하게 찬 머리를 겸하고 있었다. 찬 머리는 그냥두면 항상 안전하게 무엇을 하기 위해 깊은 확신을 주는 이유를 찾고, 결론을 열어놓고, 대화를 진행하고, 깊이 파고들고, 위원회를 구성하고, 예비계획을 시행하고, 논문을 배포하고, 무엇을 연구한다는 것이다. 요컨대 성령에 취해 예루살렘 거리로 나가 남들에게 어떻게 해야 사는지를 보여주는 것을 빼놓고 다른 것만 한다는 것이다."[6] 우리는 주님을 위해 대범하게 살고, 자신들을 성령의 능력에 완전히 던지고, 성령이 없으면 아무것도 아니라는 식의 삶의 비전을 다시 포착할 필요가 절실하다. 오늘날 교회의 가장 크고, 가장 시급한 필요가 바로 여기에 있다. 우리가 하는 모든 다른 일을 마치 조수가 지고 바람이 없을 때 돛단배를 띄우려는 것과 같다.

"교회의 위기는 가장 깊은 차원에서 볼 때 권위의 위기나 교리신학의

---

5) *Thoughts about the Holy Spirit*, p. 62.
6) *The British Weekly*.

위기가 아니다. 성령의 도우심과 내면적 능력만을 구하지 못하여 생긴 무기력의 위기이다"[7] 오늘날 교회가 노쇠하는 것을 막고 세계를 자멸의 절벽에서 구출할 수 있는 것은 성령의 능력 뿐이다. 하나님은 결코 약속을 철수하신 적이 없다. 그는 아직도 구하는 자들에게 성령을 주신다. 다음 단계는 우리에게 달려 있다.

6

기 도

예수님은 제자들과 한적한 곳에 계셨다. 그는 깊은 기도를 하시면서 제자들이 모르는 성부와의 친숙함을 나타내 보이셨다. 제자들은 멀리서 그를 보았다. 어쩌면 저토록 완전히 집중하고 천부와 아늑한 교제를 하실까. 그들은 관심이 끌렸다. 그래서 그가 기도를 끝내고 그들에게 오셨을 때 그들은 "주여, 우리에게 기도를 가르쳐 주옵소서"하고 요청했다.

복음서를 대강 훑어봐도 예수께서 계속 제자들에게 기도를 가르치시고 권하시고 격려하시고 고취시키신 것을 볼 수 있다. 기도는 그가 쉰 숨이었고, 그의 삶을 이끌고 가는 동력이었다. 그것은 그의 놀라운 사역의 비결이었다. 사도들의 경우도 그러했다. "내가 아버지 앞에 무릎을 꿇고 빈다…우리는 너희를 위해 기도하기를 쉬지 않았다…너희를 우리의 기도 중에 계속 언급했다…"(엡 1:14, 빌 1:4, 골 1:9, 살전 1:2).

이와 같이 기도는 매시대마다 항상 성도들의 제 일차적인 표지가 되어왔다. 죠지 윗필드(George Whitefield)는 매일 밤 10시면 정확하게 잠자리에 들고, 새벽 4시에는 즉시 일어나서 기도하곤 했다. 존 웨슬리

(John Wesley)는 매일 두 시간씩 기도했고, "하나님은 기도에 대한 응답으로만 일하신다"고 자주 말했다. 마틴 루터(Martin Luther)는 이렇게 말했다. "내가 매일 두 시간씩 기도하지 않으면 그 날은 마귀가 승리한다. 나는 할 일이 너무 많아서 매일 세 시간씩 기도하지 않고는 그것을 처리할 수 없다." 영국에서 일대 사회개혁을 일으켰던 클라팜단(Clapham Sect)의 윌리암 윌버포스(William Wilberforce)와 같은 지도자들은 매일 세 시간씩 기도하는 것이 습관이었다. 그들은 국회에서 중요한 토론을 하기 전에 전국적으로 신자들의 합심 특별기도를 조직하여 하였다. 그들은 기도의 능력을 알았고, 그것을 계속 입증해 주었다. 윌리암 템플(William Temple)은 기도응답이란 우연의 일치에 불과한 것이라고 비판하는 자들에게 이렇게 대답했다. "내가 기도하면 우연의 일치가 있다. 내가 기도 안하면 우연의 일치가 없다."

신앙의 위인들이 이렇게 기도한 것을 생각하면 우리는 참패당하고 있는 느낌이 든다. 우리 대부분은 기도생활의 빈곤을 부끄러워하고 있을 것이다. 서구 사회에서는 특히 행동주의에 빠져서 동양신자들의 기도의 명상을 잃고 산다. 이런 실정에서 12제자의 기도가 우리에게 아주 적절한 요청이다. "주여 우리에게 기도를 가르쳐 주옵소서."

왜 예수님은 기도하셨는가?

예수님은 하나님의 아들이시고 하나님과 동등이신데 왜 간절한 기도에 그토록 많은 시간을 보내셨을까? 도대체 그가 기도할 필요가 정말 있었는가? 두 가지로 대답할 수 있다.

첫째, 그는 하나님이실 뿐 아니라 또한 사람이셨다. 하나님의 형상으로 창조된 사람은 창조주에게 계속 전폭적으로 의존하며 살게 되어 있다. 죄악의 본질은 독립에 있다. 즉, 내가 내 삶을 내 마음대로 엮어가고 내가 원하는 일만 하는 것이다. 따라서 내 속에 있는 하나님의 형상이 때가 묻고 상처가 났다. 그 형상이 회복되기를 원한다면 죄로부터 돌이켜 예수님을 나의 구주로 신뢰하고 하나님께 전적으로 의존하며 살아야 한다. 이렇게 의존하는 것이 기도로 나타난다. "기도가 얼마나 중요한가 하는 것은 우리가 하나님께 무엇을 기대하고 있는가를 척도하는 것이다."이것은 토마스 스메일(Thomas Smail)의 말이다. 사람의 제일 목적은 하나님을 영화롭게 하고, 영원히 그를 즐거워하는 것이다. 그러나 하나님과 함께 시간을 보내지 않고서는 하나님을 즐거워할 수가 없다.

둘째, 예수님은 또한 **완전한 사람**이셨다. 그에게 흠과 죄가 조금이라도 있었더라면 그는 우리의 죄를 담당하실 수 없었을 것이다. 하나님의 흠없는 어린 양으로서만 세상 죄를 짊어지고 가실 수 있었다. 그는 모든 면에서 우리와 같이 유혹받으셨으나 죄는 없었다(히 4:15). 그러면 어떻게 그가 유혹을 계속 물리칠 수 있었을까? 계속적인 기도를 통해서 그것을 물리치신 것이다. "시험에 들지 않게 기도하라"고 그는 제자들에게 말씀하신 것이다(눅 22:40).

예수님이 계속 기도하시는 것이 절대 필수적이었다면 하물며 무리겠는가. "은밀하고 열렬한 기도가 모든 개인경건의 뿌리다." 이것은 윌리암 케리(William Carey)의 말이다. 기도는 우리로 범사에 하나님을 의지하게 한다. 기도는 성령으로 우리를 그리스도의 형상에로 변화시키도록 문을 여는 것이다. 기도는 하나님으로 우리가 만나는 사람들의 삶을 접촉하시도록 하는 것이다.

우리의 방법

하나님은 자연적인 자아가 기도를 싫어한다는 것을 아신다. 우리의 타락한 본성은 하나님 앞으로부터 피하여 숨기를 원한다. "하나님을 (자연적으로) 찾는 자가 하나도 없다"(롬 3:11). 바로 이 점에서 성령의 도우심이 절실히 필요하다. 사실 성령은 우리의 기도를 도우시러 오셨다. "성령도 우리 연약함을 도우시나니 우리가 마땅히 빌 바를 알지 못하나 오직 성령이 말할 수 없는 탄식으로도 우리를 위하여 친히 간구하시느니라"(롬 8:26). 우리가 하나님의 뜻을 모를 때나 혹은 우리가 무슨 말을 해야 할지 몰라 방황할 때 성령께서 거기 계셔서 우리의 기도를 도우신다. 성령께서 우리 속에 하나님 탄식하시는 마음을 불어넣으시고, 우리의 서툰 기도를 효과있게 강력한 기도로 변화시키실 수 있다.

이 '말할 수 없는 탄식'과 비슷하면서도 다른 것으로 '방언기도'가 있다. 이것은 인간 영혼으로부터 성령에게 의사가 전달되는 유효한 형식이다. 이것은 비합리적(irrational)이라기 보다 초합리적(suprarational)이다. 두 사람 간의 의미있는 의사소통이 항상 모범적인 문장으로만 표현되는 것이 아니다. 깊이 사랑하는 자들은 마음과 마음으로 대화한다. "내가 만일 방언으로 기도하면 나의 영이 기도하거니와 나의 마음은 열매를 맺히지 못하리라"(고전 14:14). 그렇다면 방언기도는 무의미한 기도인가? 물론 그렇지 않다. 방언으로 기도하는 자는 '자기 자신을 세우고', '성령 안에서 비밀을 말하고' 하나님과 대화한다. 사람의 마음을 통찰하시는 하나님은 일상언어와 상관없이 우리 가슴의 울부짖음을 아신다. 그러나 이 울부짖음이 "성령 안에서" 일어나야 한다. 사도 바울은 신자는 항상 영적인 싸움을 하고 있는데, 특별히 기도할 때 그 싸움이 심하다는 것을 알았다. 이 싸움은 "혈과 육에 대한 것이 아니요 정사와 권세"에 대한 것이다. 이 악한 세력들이 기도를 어렵게 하고 맥빠지게 하고 불가능하게 하려고 발악을 하기 때문에 우리는 "무시로 성령 안에서 기도"해야 한다(엡 6:18). 무엇보다 먼저 우리는 침묵을 배워야 한다. 하나님이 하나님이심을 의식하고 그가 사랑의 아버지겸 전능하신 하나님으로 이 순간 우리와 함께 하심을 의식할 때까지 조용해야 한다. 우리는 그의 음성을 듣고, 성령에 의해 기도 인도를 받고, 성령의 인도에 예민하며, 그의 뜻을 깨닫기 위해서 스스로를 훈련시켜야 한다. 왜냐하면 우리가 "그의 뜻대로 무엇을 구하면 들으시기" 때문이다(요일 5:14). 우리는 구체적으로 성령께서 기도 중 우리를 감동하시고 인도하시고 강하게 하시도록 기도해야 한다.

이런 내적 침묵을 개발하는데 흔히 자세가 도움이 될 수 있다. 자세를 바꾸는 것이 중요할 수도 있다. 서 있거나 무릎 꿇고 있거나 걸으면서 혹은 누워서 효과적으로 기도할 수도 있다. 그러나 대개 의자에 똑바로 앉아서 두 발을 땅에 대고 팔을 정갱이 위에 편하게 올려놓는 자세가 근육과 신경의 긴장을 푸는데 좋은 자세이다. 이런 자세에서 때때로 하나님께서 나직이 조용하게 하시는 음성을 듣고 하나님의 부드러운 손을 잡고 하나님의 존전을 의식할 수 있는 자리에까지 인도함을 받기가 쉽다. 심호흡을 몇 번 해서 몸에 남아 있는 긴장을 의도적으로 풀고

나면 명상과 기도의 유익한 시간을 가지는데 도움이 된다.

　하나님 앞에서 이렇게 침묵할 때에 자연스럽게 예배와 칭송으로 연결되게 된다. 예배는 하나님의 사랑에 대해 내 마음을 여는 것이다. 예배는 아들이 아버지에게 나가는 것이다. 예배는 사랑하고 칭송하러 가까이 나가는 것이다. 성경 가운데 특히 시편은 우리에게 예배를 격려해 준다. 찬양과 노래와 합창도 예배를 돕는다. 창조물 속에 하나님의 아름다우심이 나타나 있는데, 그러한 대상들을 볼 때 우리 속에 하나님을 칭송하는 마음이 생긴다. 우리는 천부의 참 아들이나 딸로서 기도의 자유를 누려야 한다. 기도하면서 자연스러워질 수 있고 담대해지고 기쁨으로 확신을 얻을 수 있다. "너희는 다시 무서워하는 종의 영을 받지 아니하였고 양자의 영을 받았으므로 아바 아버지라 부르짖느니라 성령이 친히 우리 영으로 더불어 우리가 하나님의 자녀인 것을 증거하시나니 자녀이면 또한 후사 곧 하나님의 후사요 그리스도와 함께 한 후사니 우리가 그와 함께 영광을 받기 위하여 고난도 함께 받아야 될 것이니라"(롬 8:15~17). 우리는 하나님의 존전으로 나아가는 "새롭고 산 길"을 알고 있고 담대하게 은혜의 보좌 앞으로 나아갈 수 있다.

　그러므로 하나님은 우리가 "하나님의 자녀의 영광스러운 자유"를 누리기를 원하신다. 우리는 말, 노래, 동작, 댄스, 혹은 기타 성령이 주신 언어로 예배를 표현할 수 있다. "내 영혼아 여호와를 송축하라 내 속에 있는 것들아 다 그 성호를 송축하라"(시 103:1). 성경은 우리가 가진 모든 것으로 주님을 찬양하라는 권면으로 꽉차 있다. "이스라엘은 자기를 지으신 자로 인하여 즐거워하며 시온의 자민은 저희의 왕으로 인하여 즐거워할지어다 춤추며 그의 이름을 찬양하며 소고와 수금으로 그를 찬양할지어다…너희 만민들아 손바닥을 치고 즐거운 소리로 하나님께 외칠지어다…찬양하라 하나님을 찬양하라 찬양하라 우리 왕을 찬양하라…내 평생에 주를 송축하며 주의 이름을 인하여 내 손을 들리이다…내가 영으로 찬미하고 또 마음으로 찬미하리라"(시 149:2 이하; 47:1,6; 63:4, 고전 14:5).

　감사도 기도의 필수요소 중의 하나이다. 하나님의 영광과 위대하심을 잊고 그의 무수한 축복을 망각하면 기도가 무의미한 것은 아니로되 무미건조해진다. 우리가 어떤 사람의 은혜를 당연히 받을 것으로 생각하면 곧 그 사람과의 관계는 금이 가기 시작한다. 서로 간에 감사를 표현하는 것이 관계를 세워나가는데 매우 중요한 부분이다. "하나님이 우리의 찬양을 원하신다고 말하는 것은 하나님이 우리로 하여금 그를 사랑하고 그와 친밀하게 교제하는 영광스러운 기쁨을 누리게 하시기를 원하신다는 말과 같다…사랑은 표현해야 자라고 깊어진다. 우리가 찬양하면서 우리의 사랑과 기쁨을 표현하지 않았기 때문에 우리가 사랑과 기쁨 면에서 자라지 못했는지도 모른다. 사랑과 찬양은 서로를 요구한다."[1)

재미있는 것은 예수께서 성부에 대한 감사가 터져나왔을 때 "그가 성령으로 기쁨이 충만하였다"는 기록이 있다(눅 10 : 21). 우리가 성령께 마음을 열고 기도할 때에 하나님의 기쁨, 하나님의 사랑과 긍휼, 혹은 하나님의 슬픔까지도 알게 될 것이다. 기도는 하나님이 하시는 생각을 내가 하는 것이고 하나님으로 하여금 우리 몸을 성령의 전, 즉 찬양이나 대도로 가득찬 성전으로 사용하시도록 하는 것이다. 하나님에게 복종하여 우리의 감정이야 어떠하든 돛을 달고 경배하며 감사하며 기도할 때에 성령의 바람이 우리의 축처진 돛을 팽팽하게 하시고 우리를 감동하사 하나님과 교제하게 하시는 것을 자주 체험하게 될 것이다.

왜 기도해야 하는가?

기도에는 전문가가 없다. 우리는 다 하나님의 자녀로서 하나님 아버지로부터 배우는 자들이다.

그러나 예수님의 모범과 교훈을 통해 효과적인 기도의 몇 가지 주요 특징을 살펴볼 수 있다.

1. 겸손

하나님의 존전으로 들어가는 길은 딱 하나밖에 없다. 그것은 예수의 피를 통하는 길이다. 우리가 죄를 다 고백하고 하나님의 아들의 죽음을 통한 하나님의 용서와 깨끗케 하심을 받기 전에는 하나님의 보좌에 결코 접근할 수 없다. 용서받은 후에라도 여전히 우리는 "아버지께 나아

---

1) Paul Hinnebusch저, *Praise, a Way of Life*, Word of Life간, pp. 2~3.

감"을 주시는 성령의 도우심과 감동이 필요하다(엡 2 : 18). 다시 말해서 기도는 하나님의 주도권에 대해 겸손하게 반응하는 것에 불과하다. 하나님은 크신 사랑으로 그의 아들을 우리에게 주셨고 성령을 우리 마음에 보내사 "아바! 아버지!"라고 부를 수 있게 하셨다. 기도는 하나님께 "예!"라고 하는 것이다. 그것은 우리의 삶을 그의 뜻에 복종시키고 그의 주권에 머리 숙이며 아버지의 사랑을 발견하고 즐기는 것이다.

만일 하나님의 사랑이 완전하다고 믿고 그가 자기를 사랑하는 자들에게 모든 것을 합력하여 선을 이루게 하신다는 것을 믿는다면 기도를, 하나님의 엄한 팔을 잡아트는 것이나 싫어하는 하나님으로 억지로 무엇을 하도록 설득하는 것으로 생각하게 되지는 않을 것이다. 이상의 태도는 헛된 것일 뿐 아니라 하나님 상(像)을 전혀 그릇되게 제시하는 것이다. 하나님은 우리가 기도하는 것 이상으로 축복하시기를 원하신다. 우리나 또다른 사람들이 그의 다함없는 사랑을 알기를 원하신다. 그러나 우리는 하나님께 반역하고 또 그의 길이 아니라 은거 길을 고집함으로써 우리의 삶에 대한 하나님의 뜻을 망가뜨릴 수 있다. 주님께 우리에게 "뜻이 하늘에서 이루어진 것같이 땅에서도 이루어지이다"라고 기도하라고 말씀하셨는데, 이것은 어떤 무시무시한 운명에 우리 자신을 던지라는 것이 아니었다. 이렇게 생각하는 것은 달란트 비유에서 "주여 나는 당신이 굳은 사람인 줄 알았읍니다"고 말한 사람과 같다(마 25 : 14~30). 만일 하나님이 무한히 은혜로우시고 온유하시고 부드러우시고 사랑하시는 아버지 - 물론 강하시고 순결하시고 거룩하지만 본질상 사랑하시는 아버지 - 라고 이해하고 우리가 그의 자녀들임을 안다면 그의 완전한 뜻에 굴복한다는 것은 우리가 할 수 있는 최선 최대의 것이다.

따라서 우리는 기도할 때 겸손과 단순함이 필요하다. 어린 아이들이 예수님을 귀찮게 하는 것을 제자들이 막으려 했을 때 예수님은 그들을 책망하셨다. "어린 아이들의 내게 오는 것을 용납하고 금하지 말라 하나님의 나라가 이런 자의 것이니라 내가 진실로 너희에게 이르노니 누구든지 하나님의 나라를 어린 아이와 같이 받들지 않는 자는 결단코 들어가지 못하리라"(눅 18 : 16~17). 하나님의 나라는 어린 아이들과 어린 아이 같은 자들로 꽉차 있다. 우리는 어린 아이들처럼 유치해서는 안된다. 우리는 생각이나 행동에 있어서 성숙해야 한다. 그러나 어린 아이들처럼 아버지의 사랑을 즐길 줄 알아야 한다.

>너는 내게 너 자신을 맡기라
>너는 네가 충분히 크지도 않고 충분히 강하지도 않음을 깨달아야 한다
>너는 어린 아이처럼 지도받아야 한다
>내 어린 자식아
>와서 내게 네 손을 내밀어라 그리고 두려워하지 말아라
>진창이 있으면 내가 팔로 안아주마
>그러나 너는 아주 아주 작아야 한다
>왜냐하면 아버지는 작은 아이들만 안아주니까.[2]

우리는 마음 속으로 "저는 모릅니다"라고 말하도록 스스로 여러 번 가르칠 필요가 있다. 만일 내가 하나님의 모든 길과 행사를 이해할 수 있다면 하나님은 내 생각보다 더 큰 분이 아니며, 믿을 가치가 없는 분이 될 것이다. 그렇다면 하나님이 아니실 것이다. 때때로 우리는 말할 때나 기도할 때 하나님께서 마치 재판을 받으시는 것처럼 말한다. 하나님께서 우리에게 자신의 존재를 설명하시고 자신의 행동을 설명하셔야 하는 것처럼 말하는 경우이다. 시편 기자가 악한 자가 번영하고 의로운 자가 고난당하는, 오랜 옛날부터 고민거리가 되었던 문제에 부딪혀 당황스러웠을 때 스스로 마음 속으로 그것을 해결하려고 해보았다. 이것은 '심히 곤란한' 문제로서 "하나님의 성소에 들어갈 때에야" 비로소 깨닫고 동시에 자기가 하나님에 대하여 쓴 마음을 품었었던 것을 알게 되었다. 그러므로 그는 겸손하고 지혜롭게 이렇게 고백했다.

>내 마음이 산란하며 내 심장이 찔렸나이다
>내가 이같이 우매무지하니 주의 앞에 짐승이오나
>내가 항상 주와 함께 하니 주께서 내 오른손을 붙드셨나이다
>주의 교훈으로 나를 인도하시고 후에는 영광으로 나를 영접하시리니
>하늘에서는 주 외에 누가 내게 있으리요 땅에서는 주 밖에 나의 사모할 자 없나이다(시 73:21~25).

---

2) Michael Quoist저, *Prayers of Life*, Gill간, 1963, p. 102.

우리가 이해하지 못할 때라도 하나님의 뜻에 우리 자신을 굴복시키면 그의 사랑을 깊이 깨닫고 그의 평안과 능력이 우리의 삶 속으로 다시 홍수처럼 밀려오는 것을 알게 될 것이다.

2. 솔직성

기도에 대한 놀라운 사실은 우리가 하나님께 가장할 필요가 없다는 점이다. 그는 어쨌건 우리를 속속들이 아신다. 그는 단지 우리의 삶 구석구석을 그와 함께 나누기를 원하신다. 공포와 실패, 기분과 감정, 생각과 고민 등 모든 것, 심지어 우리가 깊이 부끄러워하는 것까지도 함께 나누기를 원하신다. 시편을 읽어보면 시편 기자가 하나도 숨기지 않고 솔직하게 고백하는 것을 볼 수 있다. "여호와여 어느 때까지니이까 나를 영영히 잊으시나이까 주의 얼굴을 나에게서 언제까지 숨기시겠나이까 내가 나의 영혼에…근심하기를 어느 때까지…하리이까"(시 13 : 1~2). 시편 기자는 계속 자기의 의심과 어려움, 분노와 절망, 혼란과 고통과 기쁨을 하나님에게 다 털어놓았다. 마스크를 다 벗어버린 것이다. 그 기도는 실질적인 것이었다.

예수님의 경우도 그러했다. 겟세마네 동산에서 그의 고통을 억누르지 아니하셨다. "아버지여 원하시면 이 잔을 내게서 지나가게 하소서." 세 번이나 동일한 기도를 하실 때에 땀이 땅에 떨어지는 핏방울처럼 뚝뚝 떨어졌다. 그는 아버지의 뜻에 완전히 굴복하셨지만 십자가의 가공할 만한 시련 앞에 움찔하셨다. 또 사도 바울의 투명한 솔직성을 보라. 그는 서신에서 적어도 20회나 자신의 약점들을 구체적으로 기록했다. 그는 고린도에서 "약하며 두려워하며 심히 떨었음"을 인정했다. 심지어 이젠 죽었구나 하고 절망한 적도 있었다. 바울의 생애 전체는 기도생활을 포함하여 솔직성의 신선한 감각이 돈다.

하나님께 가장 은밀한 생각과 욕망까지도 내놓기를 두려워하지 말라. 하나님께 우리 자신을 활짝 열면 하나님은 부드럽게 우리 삶 속에서 작업을 시작하면서 우리로 더욱 더 그리스도의 형상을 닮도록 형성시키실 것이다.

3. 동정

우리는 때로 기도의 실패가 '믿음의 결핍'에 기인한다고 생각한다. 이것이 사실인 경우가 많을 것이다. 그러나 더 흔히 실패하는 것은 동정 또는 공감의 결핍 때문이다. 예수님은 고통당하는 죄인들의 엄청난 곤경을 보셨을 때 뭉클한 동정심을 거듭 느끼셨다. 이런 공감에서 자연스럽게 기도가 나오고 실제적인 도움이 뒤따르게 된다. "우리에게 하나님이 주신 공감과 타인에 대한 관심이 있다면 그들의 안정을 위한 우리의 믿음이 기도하면서 아주 크게 자랄 것이다. 사실 우리가 참으로 사람들을 사랑하면 우리가 줄 수 있는 능력 이상의 무엇을 그들을 위해 소원하게 되고 이것 때문에 기도하게 되는 것이다."[3]

공감이란 어떤 사람과 "함께 고통하는 것"을 의미한다. 남들의 고통과 문제 속으로 들어가는 것을 의미한다. "자기도 함께 갇힌 것같이 갇힌 자를 생각하라"(히 13 : 3). 앤 타운센드(Anne Townsend)는 이렇게 피력했다. "내가 위해서 기도하는 자의 처지를 상상할 수 있다면 그 사람을 위해 중보기도 할 수 있다. 상상력을 통해 그의 생활 속에 더욱 깊이 그와 함께 간여하고 싶어하게 되는 것이다. 이렇게 개입하는 데서 돌아보는 일이 생기고, 돌봄에서 사랑이 나오고, 사랑에서 중보기도가 나온다. 내가 위해서 기도하는 자를 한번도 못만날 수도 있을 것이다. 그러나 그를 사랑해서 사람이 타인을 위해서 해줄 수 있는 가장 값진 선물, 대도의 선물, 즉 '무릎으로 하는 사랑'을 줄 수 있을 것이다.[4] 기도는 우리가 제공할 수 있는 사랑의 최고의 표현이다. 이것은 전적으로 비이기적인 표현이다. 왜냐하면 우리의 기도를 통한 축복받는 그 사람이 우리가 그를 위해 기도하고 있다는 것조차도 모를 수 있기 때문이다.

공감의 기도는 또한 적극적인 기도가 될 수 있다. 남의 모든 문제들에 대해 자세히 기도하는 것은 결코 도움이 못된다. 그러다가 보면 기도가 끝날 때는 그 문제들만을 주로 의식하게 된다. 따라서 그러지 말고 우리의 생각을 주님에게 집중해야 한다. 주님의 성품들과 그가 주신

---

[3] Richard J. Foster저, *Celebration of Discipline*, Hodder & Stoughton간, p. 35.
[4] *Prayer Without Pretending*, Scripture Union간, 1973, p. 93 이하.

구체적인 약속들, 특히 그 문제에 대한 약속들을 생각하는 것이 좋다. "주여, 우리의 모든 필요를 채워주시니 감사합니다…주님의 은혜가 항상 충족하오니 감사합니다…모든 일에 주님이 주권을 가지고 계시니 감사합니다…." 부정적인 생각은 흔히 두려움, 불신앙, 고민, 분노 또는 비통한 생각으로 꽉 차기 때문에 우리의 삶 속에 하나님이 역사하시는 것을 상당히 방해할 수 있다. 따라서 우리는 기도할 때 "모든 생각을 사로잡아 그리스도에게 복종시킬" 필요가 있다(고후 10 : 5). 사도행전 4장에 보면 제자들이 그리스도에 대해 더 이상 가르치지 말라는 위협적인 명령을 받았을 때 합심하여 기도했다. 그들은 그저 "주여, 저들의 위협을 하감하옵소서"라는 말 외에 그들이 처한 상당한 위험에 대해 말하지 않았다. 그들은 오히려 주님이 모든 것을 주권적으로 통제하신다는 확신으로 기뻐했다.

적극적인 기도는 예민하게 사용하면 전도나 신유의 기도가 된다. 기도받는 자가 믿음의 기도에 대한 응답으로 하나님이 **지금** 무엇을 하시리라는 믿음을 가지도록 격려를 받게 된다. 이런 기도는 우리 혼자 기도할 때도 우리의 믿음을 도와준다. 시편 기자도 절망 속에 있다가 거기를 빠져나와 이렇게 말할 수 있는 자리에까지 왔다. "너는 하나님을 바라라 그 얼굴의 도우심을 인하여 내가 오히려 찬송하리로다"(시 42 : 5). 시편 속의 많은 기도자들도 갈등 속에서 헤매다가 거기서 신앙의 자리까지 빠져나와서 구원과 축복의 때를 기대하며 바라보았다.

공감의 기도는 또한 그 차원이 넓을 수 있다. 우리의 친구들, 우리 교회의 활동 또는 우리의 전도계획에서만 멈추기를 원치 않게 된다. 기도 중에 사회불의와 사회의 필요에 관심을 가지게 될 것이다. 이를테면, 고용문제, 가난문제, 인종차별, 무주택자들과 핍박자들의 곤경, 영육 간의 병든 자들, 마음에 상처입은 자들, 괴로운 자들, 의탁할 곳이 없고 희망이 없는 자들 ─ 열거하자면 끝이 없다. 가령 클라팜단(Clapham Sect)이 깊은 영성에다 사람들에게 대한 공감을 가지고 하루 3시간씩 기도해야 했던 이유를 알 만하다. 오늘날 많은 교회의 문제는 극단화의 문제이다. 사회활동에 종사하는 교회들은 거의 기도에 시간을 쓰지 않는다. 심각한 기도에 집중하는 자들은 흔히 사회의 요구에 무관심하다. 이런 까닭에 교회가 국가에 대해 대개 예언적 발언권을 상실해

버린 것이다.

4. 기대감

무엇을 구할 때는 응답을 바라보면서 하나님이 일하실 것을 기다리는 일을 당장 시작해야 한다. 초대교회 교인들이 시몬 베드로의 석방을 위해 합심기도해 놓고 베드로가 그들에게 찾아왔을 때는 그것을 믿지를 못하였다. 그들은 기도응답을 기대하지 않고 있었던 것이다. 하나님은 "우리의 온갖 구하는 것이나 생각하는 것에 더 넘치도록 능히 하실" 분이시다(엡 3:20). 하나님은 우리가 기도응답을 해주실 것이라고 믿고 기도하기를 원하신다.

영어로 '믿는다'는 말이 함축하는 의미가 흔히 약하다. 우리는 이론적으로 무엇이 일어날 수 있다(can)고 믿는다. 그러나 꼭 일어나리라고 확신하지 않아도 믿는다는 말을 쓴다. 그러나 '믿는다'는 말은 색슨계 단어 중에 '있다,' 또는 '존재하다'는 뜻을 지닌 be란 단어와 '마치 된 것처럼'이란 뜻을 지닌 liefan이란 단어의 합성어로 되어 있다. 따라서 '믿는다'는 말은 '무엇이 이미 행해지고, 이미 사실이고, 이미 성취된 것처럼 받아들인다'는 뜻이다. 예수님도 이렇게 말씀하셨다. "무엇이든지 기도하고 구하는 것은 **받은 줄로** 믿으라 그리하면 너희에게 그대로 되리라"(막 11:24).

성경은 기대적 믿음의 예로 꽉차 있다. 동정녀 마리아가 아들의 선물을 약속받았을 때 이미 그것이 사실인 것처럼 하나님을 찬양하기 시작했다. "주께서 내게 큰 일을 행하셨도다"(눅 1:30~49). 예수님께서도 나사로를 죽은 자 가운데서 일으키실 때 "눈을 들어 우러러 보시고 가라사대 아버지여 내 말을 들으신 것을 감사하나이다"(요 11:41)고 하셨다. 바울은 구원받는 신앙의 본질을 묘사할 때 아브라함의 예를 인용하면서 이렇게 말했다. "믿음이 없어 하나님의 약속을 의심치 않고 믿음에 견고하여져서 하나님께 영광을 돌리며 약속하신 것을 또한 능히 이루실 줄을 확신하였다"(롬 4:20~21).

성경에 있는 하나님의 약속들을 알고 주장하면 기대적 믿음으로 기도하는데 도움이 된다. 이런 약속들을 통해 하나님의 뜻을 적어도 원리적으로는 알게 된다. 그리고 하나님의 뜻을 알면 사도 요한이 말한 대로

"그의 뜻대로 무엇을 구하면 들으신다"(요일 5:14).

5. 지속성

기도만큼 되는 대로 하고 게으름 피우기 쉬운 분야는 아마 없을 것이다. 기도는 너무도 소홀히 하기 쉽다. 몇 가지 익숙한 성구를 들먹거리면서 기도해야 한다고 입술에 발린 말은 할 수 있지만 생각은 여러 갈래로 방황할 수 있다. 물론 하나님은 우리 생활 속에 은혜로 역사하신다. 우리의 종으로 역사하시는 것이 결코 아니다. 따라서 우리가 대강 지나가며 하는 기도도 응답하시기도 하신다. 그러나 정상적으로는 우리가 인격 전체를 그에게 집중시킬 때까지는 기다리고 계신다. "내 영혼아 여호와를 송축하라 내 속에 있는 것들아 다 그 성호를 송축하라"(시 103:1). "이제 이 일을 기억하고 내 마음이 상하는도다"(시 42:4). "내가 전심으로 여호와께 감사하리이다"(시 9:1). 성경에는 기도에 전심한 사람들의 예로 꽉차 있다.

이와는 대조적으로 입술로만 하나님을 존경하고 마음은 멀리 있는 바리새인들을 주님은 책망하셨다(막 7:6).

또한 제자들에게는 "항상 기도하고 낙망치 말아야 될 것"(눅 18:1)을 말씀하셨다. 예수님께서 재판관에게 졸라대는 끈질긴 과부와 한밤중에 찾아온 친구의 이야기를 하시며 이 말씀을 강조하셨다. 하나님께서는 우리가 모든 것에 대해 하나님에게 의지하기를 원하신다(바로 그 때 하나님의 사랑을 우리가 맛볼 수 있을 것이다). 아울러 오로지 하나님 자신의 영광과 찬미를 위해 얼마나 간절히 우리가 간구하는지 보시려고 때로는 그의 지혜 안에서 기도 응답을 지체하신다.

최초의 제자들은 기도에 있어 지속성의 절대적 중요성을 알고 있었다. 예수께서 하늘로 승천하신 후 자기들의 힘으로는 예수님을 증거할 수 없음을 깨닫고 그들은 "마음을 같이하여 전혀 기도에 힘썼다"(행 1:14). 누가는 사도행전에서 제자들의 기도생활과 관련하여 "전혀 힘썼다"는 말을 여러 번 사용하고 있다. 기도생활이란 포기나 낙망에 대한 거부를 의미한다. 제자들은 이 생활에 단호히 매달렸으며, 이 생활이 절대 필요함을 깨달았다. 예루살렘 교회가 급속한 발전 일로에 있을 때 사도들은 그들이 먼저 할 일을 살폈다. 그래서 증대하는 목회와 행정사항을 돌보도록 집사들을 임명하였다. 반면에 "우리는 기도하는 것과 말씀 전하는 것을 전무하리라"(행 6:4)고 했다. 그런 까닭에 하나님의 영이 힘있게 자유로이 역사하실 수 있었다.

6. **단합성** 죠나단 에드워즈(Jonathan Edwards)는 교회 내의 모든 중요한 영적 자각은 특별한, 단합된, 지속적인 기도의 협력에 의해 언제나 이루어졌다고 종종 말했다. 기도가 줄면 그 결과 조만간에 한없이 메마르고 하나님의 영광은 속히 떠나고 만다. 이것이 바로 교회가 재삼재사 힘들게 배워야 했던 교훈이다. 육체가 기도를 막고, 마귀는 끊임없이 기도하지 못할 이유를 둘러댈 기회만을 엿볼 것이다. 오직 하나님의 성령께서 우리를 도우사 "깨어 구하기를 항상 힘쓰게" 하신다(엡 6:18).

신약성경이 개인기도는 물론 합심기도를 강권하는 것은 부분적으로 이런 이유에서이다. 예수께서도 제자 중 두 세 사람이 기도하기 위해 모일 때는 언제나 특별한 권능으로 함께 하시겠다고 약속하셨다(마 18:20). 초대교회는 항상 함께 기도하며 '전혀' 기도에 힘썼다. 이와 같이 우리도 서로를 격려하며 신앙을 독려하고 우리 자신들을 그리스도의 몸의 지체들로 알고 영적 은사를 통하여 그 분 안에서 서로를 세워나간다.

기도회는 종종 성령에 민감한 분들에 의한 효과적인 지도를 필요로 한다. 기도회는 우리의 마음과 뜻을 하나님께 온전히 드리는 경배로부터 시작하는 것이 유익하다. 사실 너무 많은 기도내용들이 세속에 얽매어져 있다. 우리는 주님이 우리와 함께 계심을 깨닫도록 서로 격려하며 "위에 있는 것들에 우리 마음을 두어야" 한다. 우리는 집단적 신앙과 기대의 수준을 향상시킬 필요가 있다. 할 수 있으면 많은 사람들이 드리는 간결한 기도와 찬송이 '전문가들'(professionals)의 장황한 기도보다 훨씬 낫다. 이런 장황한 기도는 몇몇 마음이 맞는 성도에게는 감명을 줄지 몰라도 대부분의 기도 모임들을 망치는 결과를 초래할 것이다. 성령에, 그리고 서로에 대해 민감하도록 힘쓰라. 또한 되는 대로 이것 저것 기도하기 보다는 한 번에 한 제목을 놓고 "꾸준히 기도하는 것"이 오히려 도움을 준다. 고린도전서 14:26에서 이러한 모임에 대한 신약의 모델을 제시하고 있다. 즉, 모든 사람이 그리스도의 영광과 그 몸된 교회의 강건함을 위해 서로 다른 은사를 통하여 무언가 공헌하여야 한다.

   7. **용서함** 이것도 효과적인 기도를 위해 또한 중요하다. 우리는 먼저 하나님의 용서를 깨달아야 한다. 우리의 모든 아는 죄를 고백하고 회개하며 사하심을 간구할 때 이것을 알게 된다. 여기서 우리가 구별해야 할 것은 성령을 통한 죄의 자각과 마귀의 참소이다. 마귀는 형제들을 참소하는 자로서 밤낮 하나님의 백성을 참소한다(계 12 : 10). 이 마귀의 참소 증세는 별 이유없이 막연한 죄의식, 화평의 결핍 등으로 나타난다. 하지만 성령께서 죄를 깨닫게 하실 때는 도대체 무엇이 문제였는지를 거의 95% 언제나 확신하게 될 것이다. 성령께서는, 하나님이 기뻐하시지 않는 우리의 생활의 특별한 구석을 꼬집어 지적해 주신다. 우리는 성령께, 우리 마음을 감찰하시도록 구하되 마귀가 우리에게서 하나님의 평강을 훔쳐가지 못하도록 구해야만 할 것이다.

   우리는 또한 서로를 용서해야만 한다. "서서 기도할 때에 아무에게나 혐의가 있거든 용서하라 그리하여야 하늘에 계신 너희 아버지도 너희 허물을 사하여 주시리라"(막 11 : 25). 이러한 용서교훈이 거듭거듭 예수님의 가르침 가운데 나타난다. 용서하지 않는 마음 만큼이나 하나님과 서로 간의 관계를 너무나 빨리 그리고 쉽게 망치는 것은 없다. 이런 마음은 즉시 기도를 막아버린다. "내가 내 마음에 죄악을 품으면 주께서 듣지 아니하시리라"(시 66 : 18). 왜냐하면 주님은 우리가 당신과 끊임없는 교제를 영위하기를 원하시는 까닭에 우리가 모든 죄를 회개하고 전심으로 그에게 돌아올 때까지 우리의 기도에 응답하지 않으시는 것이다. 이런 연유로 바울은 에베소 교인들에게 해가 지도록 분을 품지 말라고 당부하였다. 만약에 용서하지 않으면 하나님의 은총의 끈을 스스로 끊어버리며 그 분의 보호를 상실하고 심지어 "마귀에게 틈"을 주게 된다(엡 4 : 26 이하).

   예수님께서도 전에 약속하시기를 "진실로 다시 너희에게 이르노니 너희 중에 두 사람이 땅에서 합심하여 무엇이든지 구하면 하늘에 계신 내 아버지께서 저희를 위하여 이루게 하시리라"(마 18 : 19)고 하셨다. 여기 '합심하여'(agree)라는 말은 문자 그대로 '화음을 이루어'(in symphony with), 또는 '조화를 이루어'(in harmony with)라는 의미이다. 이것은 기도의 대상에 대한 공감 이상의 의미를 지닌다. 그것은 서로 사랑과 조화의 삶을 사는 사람들 간에 하나의 약속이다. 따라서 이 약속은 '일흔 번씩 일곱 번' 용서해서라도 관계를 다듬는다는 맥락에서 맺어지는 것이다. 우리가 다른 사람을 용서할 바로 그때 하나님께서 우리의 죄를 용서하실 것이며, 하나님께서 우리를 용서하실 바로 그때 비로소 우리는 기도할 수 있다.

그러면 언제 기도해야 할까?

예수님의 모범이 다시 한번 우리의 완전한 귀감이 된다. 비록 그의 전생애가 하나의 일관된 기도생활이었지만, 특별히 모든 참 제자들에게 교훈을 주는 일정한 기도의 시간과 시기가 있었다.

1. **매일 아침.** 우리가 예수님의 사역에 있어서 전형적인 한 날의 일정을 기술한 예로 마가복음 1장을 들 수 있다. 그 중에서도 특히 35절에서 그 의의를 찾게 된다. "새벽 오히려 미명에 예수께서 일어나 나가 한적한 곳으로 가사 거기서 기도하시더니." 체질상 새벽기도가 도무지 불가능한 자들도 없잖아 있겠지만 대부분의 신자들에게 있어서 가장 좋은 기도의 시간이 아침 첫 시간임을 부인할 수는 없다. 만약 가능하다면 아침식사와 하루 생활을 시작하기 전이 좋다. 새벽기도는 우리가 처음 시작부터 하나님께 다이알을 맞추는 데에 도움을 줄 뿐 아니라, 더 나아가서 기도로 하루종일을 하나님께 의탁하고 하루 중 언제라도 아주 쉽게 그 분께 향할 수 있도록 도와준다. 전쟁에서는 통신 (communications)이 생명이다. 하루의 일과가 세심한 통신점검에서 시작된다. 그래야 하루종일 명령 하달이 신속하고 원조요청을 즉각 들을 수 있다. 통신이 없다면 어떤 군대라도 혼란에 완전히 빠지게 될 것이다. 바로 이 상황이 예수 그리스도의 군대에 그대로 적용된다.

체질상 새벽기도가 전혀 불가능한 사람 중에 우리가 속해 있다고 생각하기 전에 먼저 나 자신의 경험부터 얘기하겠다. 나는 아침에 기도하기 위해 일어나는 것이 한번도 쉬운 적이 없었다. 사실상 매일매일이 진짜 전투이다. 그러나 승리할 가치가 있는 전쟁이라고 믿기에, 나는 "내 몸을 쳐서 복종시킬" 능동적이고 실천적인 조치를 취해왔다. 수 년 동안 나는 내 자신을 깨우기 위해 두 개의 자명종을 사용하였다. 왜냐하면 하나 가지고는 깨지 못한 때가 종종 있었기 때문이다. 처음 예수 믿고난 후 얼마 동안은 나는 내 침대 곁에 자명종 하나를 두었고, 다음으로 값싼 그러나 매우 시끄러운 시계는 문 밖에 두어 첫번째 시계가 울린 후 10분 뒤에 울리도록 해놓았다. 그런데 두번째 자명종 소리가 그만 집안식구 모두를 깨우고 말 것이기 때문에(그래서 나를 완전히 인기없는 사람으로 만들 것이기에) 첫번째 시계가 울리자마자 침대를 박차고 나올 동기유발이 된 셈이었다. 이 계획은 결코 실패하지 않았다. 여러 가지 면에서 기도하기 위해 일어나는 것이 '위대한 연인'(the Great Lover)과 즐거운 시간을 갖기 위해 일어나는 것을 의미함에도 불구하고 고작 이런 방법에 의존해야 하는 것이 부끄럽다. 그러나 나는 아침기도가 심각하게 생각하여 승리해야 할 매일의 중요한 전투임을 일깨워준 자들에게 감사한다.

2. 중대한 결정을 내리기 전에. 교회의 미래 전체가 이들 첫 제자들의 선택에 달려 있었다. 예수님은 필시 그 중 한 명이 자기를 배신할 것도, 또한 어떤 이는 자기를 부인할 것도, 그리고 남은 제자들 역시 여러 가지로 재삼재사 실망을 안겨다 줄 것도 미리 아셨다. 따라서 그가 이 선택을 올바로 해야 한다는 것이 중요한 문제가 아닐 수 없었다. 그래서 "예수께서 기도하시러 산으로 가사 밤이 맞도록 하나님께 기도하시고 밝으매 그 제자들을 부르사 그 중에서 열 둘을 택하여 사도라 칭하셨다"(눅 6 : 12, 13). 인간적으로 말해서 그것은 어처구니없는 선택이 아닐 수 없었다. 무식한 어부들, 애국적인 민권운동가들, 매국노(세리), 장래의 배신자, 야심가들, 충동적인 자들, 비관주의자들, 어리숙한 자들…. 이 이상으로 혼합된 그룹을 어떻게 뽑을 수 있겠는가. 그러나 이들은 하나님께서 친히 주신 제자들로서, 믿음으로 교육받고 성령의 권능에 의해 준비된 후 교회의 지도자들이 될 자들이었다. 그러기에 예수님이 밤새 기도하셨던 것이 조금도 이상할 것이 없다.

"너희 중에 누구든지 지혜가 부족하거든…하나님께 구하라"고 야고보가 기록하였다(약 1 : 5). "그러나 오직 믿음으로 구하고 조금도 의심하지 말라…"(약 1 : 6). 참으로 지혜가 '위로부터' 오는 줄 알고 있다면, 겸손하고 진지한 기도가 절대 필요하다. 중요한 결정은 거의 언제나 특별한 기도의 시간을 요구한다.

    3. **아주 바쁠 때**. "허다한 무리가 말씀도 듣고 자기 병도 나음을 얻고자 하여 모여"올 때, 곧 한창 바쁜 사역 중에도 "예수는 물러가사 한적한 곳에서 기도하시니라"(눅 5 : 15, 16)는 말씀을 읽어볼 수 있다. 기독교 사역은 대개 피곤하여 지치기 쉽다. 평소의 육체적 정신적 요구사항 말고도 영적 전투가 격렬히 벌어진다. 예수님은 사람들을 보살펴줄 때, 이따금씩 능력이 자기로부터 빠져나간 줄 아셨다(눅 8 : 46). 그의 힘이 약화됨을 느끼셨다. 따라서 몸과 마음과 영혼의 끊임없는 회복이 필요했다. 이런 이유로 예수님은 휴식과 기도를 위해 백성들을 피하여 규칙적으로 한적한 시간을 가지셨다. 그리하지 않으셨다면 더 이상 공급해 줄 것이 없었을 것이다. 그는 말 그대로 "바싹 마르셨을"(dried up) 것이다.

    전에도 하나님께서는 그의 선지자 예레미야를 통해 그의 백성들을 이렇게 꾸짖으셨다. "내 백성이 두 가지 악을 행하였나니 곧 생수의 근원되는 나를 버린 것과 스스로 웅덩이를 판 것인데 그것은 물을 저축지 못할 터진 웅덩이니라"(렘 2 : 13). 이것이 교회와 교회 일군들의 비참한 모습이 되기란 그리 어렵지 않다. 모든 바른 말과 행동이 거기에 있을지 몰라도, 참으로 성령의 생수는 말라붙었다. 오직 성령만이 생명을 주신다. 만약 우리가 다른 사람들의 영적 갈증을 해소시키려면 우리에게서 계속 흘러나는 성령의 살아계신 임재(living presence)가 필요하다. "바쁜 생활의 무산성(無產性)을 경계하라." 이것이 테일러 스미스 감독(Bishop Taylor Smith)의 부단한 경고였으며, 서구의 열병과 같은 행동주의(activism) 사회에서는 참으로 적절한 말이다.

    4. **다른 사람들에게 관심이 있을 때**. 한번은 예수님께서 부드럽게 말씀하시기를 "시몬아, 시몬아, 보라 사단이 밀 까부르듯 하려고 너희를 청구하였으나 그러나 내가 너를 위하여 네 믿음이 떨어지지 않기를 기도하였노니 너는 돌이킨 후에 네 형제를 굳게 하라"(눅 22 : 31, 32)고 하셨다. 만일 다른 신자들에 대한 관심을 아주 기꺼이 기도로 전환한다면, 우리는 어둠의 왕국의 모든 세력을 대항하는 교회로서 훨씬 더 효과있을 것이다. 하지만 반대로 우리는 흔히 서로를 비판하고 중상하며, 공격하거나 판단하기를 서슴치 않는다. 내 친구 중 하나가 이렇게 말

했다. 세상에서 그 병사들끼리 부단히 싸우는 군대로는 그리스도의 군대밖에 없을 것이라고. 그런 점에서 우리는 마귀의 일을 해주고 있다. 그러나 우리의 비판을 기도로 바꿀 때 비로소 우리는 공격받는 자를 위해서 대신 믿음의 방패를 치켜들게 되고, (필요할 때에) 용기를 주시거나 죄를 깨닫게 하시는 성령의 권능을 발하게 되며, 마침내 마귀가 우리 사이를 갈라놓고자 애쓸 때 우리 사이를 유유히 흐르는 하나님의 사랑을 간직하게 된다.

5. **시험받을 때**. 제자들이 바야흐로 모진 시험을 받게 되었을 때 예수님께서는 "시험에 들지 않게 기도하라"(눅 22:40)고 그들에게 말씀하셨다. 확실히 그들은 심히 피곤하고 졸음이 쏟아졌다. 그러나 그들 중 3명은 함께 있었으니까 기도하도록 서로를 격려할 수도 있었을 것이다. 그런데 슬프게도 그들은 이내 공포에 사로잡혔다. 예수님이 체포되었을 때 그들은 공포에 전율하였고 곧이어 살기 위해 달아나고 말았다. 두려움 때문에 베드로는 예수님을 부인하게 되었다. 후에 그들 모두는 "유대인들을 두려워하여" 문을 잠근 채 모여 있었다.

이와는 대조적으로 오직 금식과 기도를 통하여 예수님은 광야에서, 그리고 후에는 뜰(garden)에서 사단의 시험을 잘 견디셨다. 우리는 우리 자신의 힘으로는 시험을 견딜 수 없다. 여러 번 나는 하나님께 "주님, 내 힘으로는 이것을 할 수 없습니다. 저는 지쳤습니다. 실패했습니다. 제발 시험 중에 저의 힘과 방패가 되어주십시오"라고 말씀드리지 않을 수 없었다. 이처럼 분명하게 그 분께 의존할 때마다 하나님의 은총이 필요 시에 만족케 하셨음을 나는 거듭거듭 발견했다. 우리는 악으로부터 자신들을 보호하기 위해 완전자동 안전보장제도(a fully automatic security system)를 택하려고 하지만, 하나님께서는 우리가 기꺼이 그의 사랑 안에 거하기를 원하신다. 그 사랑 안에서만이 우리가 죄의 파괴로부터 안전하기 때문이다.

6. **고통 가운데 처했을 때**. "아버지여, 저희를 사하여 주옵소서 자기의 하는 것을 알지 못함이니이다"(눅 23:34). 양 손과 발에 못 박히신 후 하신 주님의 기도이다. 의식적으로 우리 생각을 하나님께로 향한다는 것은, 특히 다른 사람들을 위해 기도한다는 것은 이상하게도 고통을 덜어줄 수 있다. 심히 불편할 때, 즉 몹시 아플 때, 나는 활기찬 기도로

밤을 보낸 적이 있다. 바로 이것이 나로 하여금 제정신을 되찾게 했고, 그처럼 기나긴 악몽 같은 상황에서도 하나님의 무궁한 임재와 사랑을 깊이 깨닫게 해주었다. 한없는 고통을 당함으로 쓰라림과 고통의 나날을 보내야 마땅할 사람들이 도리어 희생적이고 사심없는 기도에 열중하는 생활 가운데 있음을 볼 때 거기서 믿을 수 없는 영적인 미(美)를 또한 보게 되었다. 제정신을 가진 사람이라면 어느 누구도 고통의 시절을 원치 않는다. 그러나 하나님께서는, 우리가 우리 생활에 대한 하나님의 주권적인 뜻을 기도로 받아들이기만 하면, 오히려 이런 시절을 사용하사 우리를 그리스도의 형상으로 변화시키실 수 있다.

7. 죽음의 순간에. "아버지여, 내 영혼을 아버지 손에 부탁하나이다!" 죽음은 아이들이 집에 들어오도록 문을 열어주는 늙은 하인으로 묘사되어져 왔다. 물론 죽음은 왕왕 불시에 느닷없이 사람을 덮치기도 한다. 그러나 만약 우리가 집으로 맞아들여지고 있음을 깨닫는다면, 그 문으로 들어가 얼굴을 맞대고 보고 싶었던 사람과 얘기를 나눈다는 것이 얼마나 좋은가! 만일 우리가 이 세상에 너무 집착하고 있다면, 그것이 얼마나 어려운지 알게 될 것이다. 그러나 우리가 지금 소유하고 있는 것들에 더 이상 연연해 하지 않는다면, 하나님의 영광을 함께 나누기를 학수고대하는 것이 당연한 이치다.

마땅히, 이상적으로 우리의 전생활은 기도의 생활이 되어야만 한다. 일어날 때, 먹을 때, 산보할 때, 일할 때, 휴식할 때, 담소할 때, 잠자리에 들 때…, 언제든지 우리는 아버지 하나님의 임재를 누리기를 힘써야 한다. 즉, 그 안에서 기뻐하며, 그에게 찬송과 감사를 드리며, 그와 얘기를 나누며, 그에게 귀를 기울이고, 용서를 구하기도 하며, 침묵을 지키기도 하고…, 이처럼 우리가 우리의 생활을 그 분과 나누는 것같이, 또한 그 분으로 하여금 그 분의 생활을 우리와 나누도록 해드리는 것이다.

게으름이나 소홀함을 방지하기 위해서 중보기도(intercessory prayer) 카드 내지는 목록이 도움이 되기도 한다. 그러나 종처럼 기도카드에 매이지 말고 주인처럼 그것을 부려야 한다. 아뭏든 어떤 제도를 사용하든지간에, 자발적으로 기도할 수 있게 된다는 것은 참으로 좋은 일이 아닐 수 없다. 나는 거리에서나 집에서 사람을 만났을 때 사람들을 위해 자주 기도한다. 또한 보통 전화에 답하거나 현관 입구에 들어서기 전에 기도한다. 내가 잊지 않고 이것을 할 때면 결국 그 사람에 대한 내 태도는 확실히 긍정적이고 민감해지기 마련이다. 만약 우리 모두가 그리스도의 제자로서 우리가 일상 대하는 사람들을 위해 진지하게—아무리 짧은 기도라도—기도한다면 하나님의 사랑으로 사회에 대해 지대한 영향을 꾸준히 미치게 될 것이다.

찬양의 능력

시편을 대강 살펴보면, 성도들의 기도가 찬양과 찬미로 가득차 있음을 보게 될 것이다. 고통, 우울, 외로움, 공포 중에도 시편 기자는 자기의 마음을 하나님의 성실과 자비, 공의의 어떤 측면에로 향하며, 이들로 인해 그를 경배하고 있다. "크시도다 주여, 크게 찬양을 받으시리로다." 이것은 우리가 우연히 그 분이 크시다고 느끼기 때문에 찬양하는 것이 아니다. 오히려 그가 **영원히 크시기** 때문이며, 따라서 영원히 찬양을 받으셔야 하기 때문이다. 더우기 우리가 찬미의 제사를 하나님께 드림으로 그에게 영광을 돌릴 때는 언제나 그 분이 우리를 영화롭게 하신다.

이런 찬양의 응답으로 종종 하나님의 백성들은 강하면서도 분명하게 하나님의 임재를 경험했다. "나팔부는 자와 노래하는 자가 일제히 소리를 발하여 여호와를 찬송하며 감사하는데…그때에 여호와의 전에 구름이 가득한지라"(대하 5 : 13). 물론 찬양 그 자체가 이처럼 바라던 결과를 저절로 낳은 것은 아니다. 역대상 13장에 보면 다윗이 하나님의 법궤를 예루살렘으로 가져오고 있었다. 그러나 다윗과 그와 함께한 사람들은 정확한 법궤 이동법에 대해 소홀히 하였다. 그 결과 비록 "다윗과 온 이스라엘 무리는 하나님 앞에서 힘을 다하여 뛰놀며 노래하며 수금과 비파와 제금과 나팔로 주악"(13 : 8) 하였지만, 웃사가 법궤를 붙잡았을 때 하나님의 진노가 그에게 내려 그 자리에서 즉사하고 말았다. 거듭해서 하나님은 그의 백성들에게 때로는 극적인 방법으로, 또 때로는 비극적인 방법으로 자신이 요구하는 것은 순종이지 단순한 종교적 의무의 이행이 아님을 보여주셔야만 했다. 순종이 없이는 우리의 찬양이 아무리 열렬하다 해도 헛된 예배와 공허한 말들에 지나지 않는다.

그럼에도 불구하고, 하나님의 임재가 그의 백성들의 예배와 찬양을 통해 분명히 나타난 수많은 경우들을 나는 알고 있다. 1978년 7월, 캔터베리(Canterbury)에서 개최된 영적 회복을 위한 국제성공회회의(International Anglican Conference)에 참석한 적이 있다. 30명의 주교들과 제3세계에서 온 많은 사람들을 포함하여, 전 세계로부터 350명의 지도자들이 참석하였다. 캔터베리 교회당(the Choir of Canterbury Cathedral)에서 열린 마지막 성찬 예배는 깊은 감동을 주었다. 장엄한 찬양이 가슴으로부터 울려나왔다. 그러나 동시에 하나님께서 설교와 예언의 말씀을 통해 우리 중 어떤 사람들에게 고통과 심지어 순교까지도 있을 것을 경고하셨다. "안녕"(옆 사람과 인사를 나누는 시간 - 역자주)의 시간에 우리는 서로 간에 인사를 나누도록 권고받고 내 오른편에 있는 사람과 마주하게 되었다. 그는 찬송과 노래소리에 끌려 교회에 들어온 한 미국 관광객임을 알게 되었다. 나는 그가 이 예배에 대해 어떻게 생각하고 있는지 물었다. "나는 이처럼 활기넘치는 곳은 정말 어디서도 보지 못했읍니다." 그의 대답이었다. 나는 그에게 우리로 하여금 활기있게 하시는 그 분, 곧 예수 그리스도를 참으로 알고 있는지, 또 그 분에 대한 확신을 가지고 있는지 부드럽게 물어보았다. 전혀 확신이 없다고 내게 말했다. 그래서 우리는 교회 뒤쪽으로 돌아나왔다. 그리고 다시금 찬송이 시작되었을 때 찬송소리 때문에 복음을 외쳐야만 했다. 갑자기 그는 내 손목을 부여잡고 "우리 기도해도 될까요?" 하고 묻는 것이었다. 나는 간단한 기도로 그를 이끌고 그 기도를 통해 그가 자신의 생명을 그리스도께 드릴 수 있게 하였다. 나는 그 기도를 그에게 한 구절 한 구절 소리내어 불러주었고, 그가 다시 한 구절 한 구절 따라 말했다. 이런 매우 귀한 방법을 통해 참된 신자가 된 그는 몇 분 뒤 떡과 포도주를 떼는 가운데 하나님의 용서와 용인(容認)의 표(token)를 받았다. 예배를 마치고 그 즉시 자기가 사는 콜로라도에서 온 감독을 만났다. 하나님께서는 이렇게 신묘한 방법으로 그 젊은이의 생활 속으로 뚫고 들어가신 것이다. 이 모든 일은 바로 찬양의 능력으로 시작하였다. 그가 한 가지 주저하였던 것은 장차 순교당할 사람들 중 하나가 되지 않을까 하는 것이었다.

우리는 또한 성경에서 찬양의 응답으로 하나님의 승리를 경험하였던 것을 볼 수 있다. 그 예를 역대하 20장에서 찾을 수 있는데 거기에 보면 여호사밧과 이스라엘 백성이 보기에 거의 불가능한 전쟁에 직면하고 있었음을 알 수 있다. 그들은 하나님께 엎드려 기도와 금식을 하지 않을 수 없었고 하나님께서는 예언의 말씀을 통하여 백성들에게 지시하셨다. 결국 그들은 가만히 서서 그들 대신 싸우시는 하나님의 승리를 보게 될 것이었다. 그들은 하나님의 도우심의 약속으로 인해 그에게 경배하고, 그를 찬양하기 위해 노래하는 자들을 군대 앞에서 행하게 하였다. "하나님께 감사하라 그 자비하심이 영원하도다" 하며 찬양하였다. 그런데 "그 노래와 찬송이 시작될 때에 여호와께서 복병을 두사 …저희(적)로 패하게 하셨다"는 놀라운 말씀을 읽게 된다. 마침내 이스라엘은 감격의 승리를 누렸다. 바울은 "범사에" 하나님께 감사하라(엡 5:20, 살전 5:18)고 거듭 말씀하셨다. **찬양으로** 우리는 구원의 주님께 대한 우리의 신뢰를 선포하고, 악한 자가 맹렬히 쏘는 화살을 막기 위해 믿음의 방패를 치켜들며, 우리의 부정적인 것들을 긍정적인 것들로 바꾸어 하나님으로 하여금 그의 권능을 행사하시도록 한다.

이와 더불어 찬양은 또한 하나님의 영으로 하여금 우리 생활 가운데 역사하시게 한다. 예수님이 승천하신 후, 제자들은 기도하기 위해 계속 함께 모였으며, 특히 "하나님을 찬송"(눅 24:53)하였다. 하나님의 영이 오순절에 그들 위에 임하셨던 사실도 이런 맥락에서였다. 그리고 성령께서 그들의 생활을 충만케 하셨을 때 "성령의 말하게 하심을 따라 다른 방언으로" 하나님의 위대한 일들을 말하며 경배하였던 것이다(행 2:1~4). 참으로 그들은 날마다 하나님을 찬양하였으며, 예배와 교제 및 사랑의 친교를 나눌 때에 "주께서 구원받는 사람을 날마다 더하게 하시니라"(행 2:47)고 하셨으니, 이것은 결코 놀랄 일이 아니다. 더우기 그들이 처음으로 강하고 위험한 반대에 직면하였을 때에는 그 즉시 기도-이것은 거의 찬양과도 같았다-에 매달렸고, 그 결과 "우리가 다 성령이 충만하여 담대히 하나님의 말씀을 전하였다"(행 4:23~31).

후에 바울은 계속하여 성령충만을 받으라고 에베소 교인들에게 당부하며 "시와 찬미와 신령한 노래들로 서로 화답하며 너희의 마음으로 주께 노래하며 찬송하며…"(엡 5:19)라고 부탁하였다. 찬양은 종종 하나님의 영의 새로운 역사에 선행하며 찬양은 또 그 후에 다시금 새로와진 성령의 임재의 확실한 증표(sign)로 나타난다. 교황 바오로 6세의 말에 따르면 "성령의 신선한 입김은 교회 내에 숨어 있는 힘을 일깨우며, 잠 자던 은사를 진작시킬 뿐만 아니라 생동감과 기쁨이 우러나게끔 했다. 이런 생동감과 기쁨이야말로 예나 지금이나 교회를 젊고 건전하게 만들 며, 시대시대마다 교회의 영구한 메시지를 즐겁게 선포하도록 교회를 촉구해 준다."[5)]

또한 찬양은 모든 참신자들이 하나가 되는데 크나큰 공헌을 한다. 우 리가 비행기를 타게 되면 땅 위에서는 크게 보이던 벽과 울타리들이 그 즉시 아무것도 아닌 것이 되고 만다. 마찬가지로 하나님의 영이 찬양을 통해 우리를 하나님의 영광과 아름다우심으로 이끌어 올리게 되면 땅 위의 모든 장애물들은 무의미하게 된다. 골로새 교회 내에 긴장이 감돌 았을 때 바울은 그 교인들에게 당부하기를 "모든 것 위에 사랑을 더하 라 이는 온전하게 매는 띠니라"(골 3:14)고 하셨다. 이 단락에서만도 무려 3번이나 그들에게 "감사하라"고 권고하셨다. 평강의 띠 안에서 성 령의 하나되게 하심을 유지하게 하는 가장 큰 비결 중의 하나가 이것 이다. 바로 찬양이 우리의 마음을 주님께만 고정시키도록 도와주며, 우 리 귀를 그의 말씀을 듣도록 열어주며, 더 나아가 하나님께서 그의 사 랑을 우리 심령에 쏟아 부으시도록 길을 예비한다. 진실로 찬양이 넘치 는 교회는 마침내 사랑이 넘치는 교회가 될 것이다.

찬양이란 다른 말로 하면 천국을 미리 맛보는 것(a foretaste of heaven)이다(또는 이어야 한다). 자, "그들은 주야로 하나님께 대한 찬 양을 결코 쉬지 아니하였다." "내가 또 들으니 하늘 위에와 땅 위에와 땅 아래와 바다 위에와 또 그 가운데 모든 만물이 가로되 보좌에 앉으 신 이와 어린 양에게 찬송과 존귀와 영광과 능력을 세세토록 돌릴지 어다 하니"(계 5:13). 찬양이야말로 천국의 언어요 따라서 천국의 숨 길을 지금 여기에 불게 할 것이다. 우리가 성령의 감동된 찬양을 하기 에 앞서, 매우 빈번히 분위기와 감정의 장벽을 헤치고 나아가야 할 것 이다. 찬양이 사랑과 순종의 진정한 표현이 될 때 이보다 더 예수 그리

---

5) Cardinal Suenens저, *A New Pentecost*, Darton, Longman & Todd, 1975, p.89에서 인 용.

스도께 영광을 돌리는 것이 없고 그 때문에 마귀는 기어이 이것을 막으려고 한다. 무엇보다도 찬양은 쉽지가 않다. 그래서 성경은 "찬양(미)의 제사"라는 말로 의미있게 표현하고 있다. 찬미가 제사이니만큼 희생이 따르는 것이 사실이지만 레온 모리스(Leon Morris)가 바로 주석한 대로 "아무 희생이 없는 예배는 희생을 바치지 않았으니 그만큼 가치가 없다."

폴 하이네버쉬(Paul Hinnebusch)는 그의 명저 『찬양은 생명의 길』(*Praise a Way of Life*)에서 몇 가지 찬양의 능력에 관한 생생한 실례를 들고 있다. 한 기독교 실업인은 업무차 사우디 아라비아에 갔던 시절을 다음과 같이 서술하고 있다. "나는 그곳에서의 협상의 어려움, 내가 묵은 호텔의 적막감, 그 도시의 중압감 등으로 매우 유약해짐을 느끼지 않을 수 없었다. 그곳 사람들의 마음과 감정이 마치 전적으로 예수 그리스도와 그를 주로 시인하는 모든 사람들을 대적하는 듯하였다. 나는 무릎을 꿇고 조용히 '개인기도'를 드리기 시작했다. 그러나 이내 성령 안에서 방언으로 기도하게 되었다. 이윽고 양팔을 높이 들고 방언으로 노래하기 시작하였고, 계속해서 기도 모임에서 부르던 노래들을 불렀다. 나는 벌떡 일어서서 큰 소리로 '주여' 하고 외치며 그 이름을 기뻐하며 찬양하였다. 주께 향한 찬양과 경배, 그리고 성령의 기쁨은 내 몸과 마음을 가득 채웠으며, 불과 몇 분이 지나지 않아 이내 나를 누르던 우울이 사라지고 환희에 찬 기쁨이 밀려들어 왔다. 거의 한 시간 반 동안이나 이 기쁨이 점점 고조되었다. 하나님을 찬양하라! 나는 영적으로 그렇게 고양된 기분을 느낀 적이 없었다."[6]

하나님의 강한 임재와 영광에 대한 유사한 경험들을 신자들이 창조주요 구속자 되신 그를 찬양할 때 왕왕 경험하곤 했다. 리챠드 범브란트(Richard Wurmbrand)가 14년 동안이나 공산당 감옥에서 있었을 때, 그것도 그가 투옥되었던 3군데의 감옥은 지하 30피트(약 10m)에 있는 독방이었는데, 그때 그는 순전한 순종의 행위로서 하나님께 찬양하기를 배우게 되었다. 그가 쉬지 않고 찬양하는 가운데 그가 이전에 결코 알지 못했던 그리스도의 아름다우심을 발견하게 되었다. 더우기 천국의

---

6) Paul Hinnebusch, 전게서, p. 222 이하.

환상을 체험하였으며, 이런 환상들로 인해 극도의 상황에서도 그의 생명을 지탱하게 되었다.

　오늘날도 교회의 영적 회복에 대한 관심이 계속 증대되고 있다. 오순절 성령의 강림 이후 줄곧 하나님께서는 자기 백성들의 심령 속에서 기도가 최우선이 될 때마다 응답하셨다. "성직자는 누구나, 기도 모임이 무시되면 그의 모든 수고가 허사임을 깨달아야 한다"고 한 찰스 피니(Charles Finney)의 말이 옳다.

　기도와 찬양은 참으로 어둠의 권세에 대항하는 우리의 끝없는 싸움에서 하나님이 우리에게 주신 가장 큰 영적 무기인 것이다. 어떤 것도, 정말 그 어떤 것도 이것을 대신할 수 없다. "하나님의 나라는 말에 있지 아니하고 오직 능력에 있음이라"(고전 4 : 20). 그리고 그 능력은 오직 기도를 통해 발휘된다.

7

하나님의 말씀

팔레스틴의 사해(死海) 곁에 위치한 광야는 내가 지구상에서 알고 있는 그 어느 곳보다도 황량하고 적의(敵意)어린 곳이다. 험난한 바위, 메마름과 먼지, 어느 때나 누구든지 괴롭히고 부딪쳐 오는 도전…. 여기에 한 사람이 홀로, 그것도 6주 동안 식음을 전폐한 채, 인류 역사 전체에 영향을 끼칠 가장 근원적인 질문들과 싸우면서 광야에 거하고 있다고 하자. 이런 상황에서 그는 어떤 유혹이라도 받을 수 있을 것이다. 덧붙여 둘 것은 이 사람이 바로 돌을 변하여 떡이 되게 할 능력을 지닌 하나님의 아들이시다. 여기서 우리는 마귀가 주는 아주 조리있는 제안이 설득력있음을 보게 된다. "네가 만일 하나님의 아들이어든 명하여 이 돌들이 떡덩이가 되게 하라"(마 4:3). 그런데 왜 하지 않으셨는가? 이것이 개인적인 욕구를 충족시킬 수 있었을 것이다. 그러나 그의 육체적 연약과 굶주림에 비해 그의 대답은 전혀 의외의 것이었다. "기록되었으니 '사람이 떡으로만 살 것이 아니요 하나님의 입으로 나오는 모든 말씀으로 살 것이라' 하였느니라"(마 4:4). 우리의 모든 다른 필요와 욕구보다도 더 중요한 것, 심지어 우리의 생명보다 더 중요한 것이 바로 하나님의 말씀인 것이다. 정확하게 이 말씀이 무엇인지, 어

7. 하나님의 말씀 •149•

떻게 우리에게 오게 되었는지, 이 말씀을 어떻게 이해하고 적용해야 할 것인지 등의 문제를 이 장에서 우리가 고려해 보아야 할 것이다. 그러나 간단히 말해서 '하나님의 말씀'은 하나님의 완전한 자기 계시이자, 인간이 이해할 수 있는 말이나 방법으로 인간에게 말씀하시는 하나님 그 자신이다.

오늘날의 교회는, 적어도 서구 여러 지역에 있어서, 심각한 영적 쇠퇴기에 접어들었으며, 생존을 위한 투쟁을 하고 있다. 그 한 가지 이유로 하나님의 말씀에 대한 심한 무시, 기독교 복음의 핵심 상실, 예수 그리스도의 복음의 권위를 전파하는 데의 실패 등을 들 수 있다. 아모스 선지자의 예언대로 양식이 없어 기근이 아니요, 여호와의 말씀을 듣지 못하여 기근이다(암 8:11). 하지만 하나님께서 다시금 우리 사회 속에 참된 영적 기갈을 창조하고 계신 것 같다. "전에 없이 사람들의 심령이 애통하며, '주님께로부터 온 무슨 말씀이 없는가?' 하고 외친다…그들은 우리의 견해나 의견이나 충고, 논증 등을 원치 않는다. 오로지 주님께로부터 온 무슨 말씀이 없는가? 우리에게 말하라"고 그들은 요구한다.[1] 현대 삶의 혼돈된 불확실성 속에서 궁극적으로 이 세상을 통치하며 우리의 생활을 지배하는 하나님이 계신다면, 우리에게 도대체 무어라고 말씀하시겠는가?

이 질문이 가장 중요하기에 우리는 하나님의 말씀을 듣거나 받아들이는 것을 보다 어렵게 만드는 장애물을 모두 다 경계해야 한다.

하나님의 말씀을 막는 장애물

1. 물질주의

예수께서는 특별히 다음과 같은 것들에 관해 우리에게 경고하셨다. 즉, 이 세상의 염려나, 부(富)에서 오는 쾌락, 우리의 생활에서 하나님의 말씀을 너무나 쉽게 막아버리는 재물에 대한 욕망 등이다. 오늘날

---

1) J.S. Stewart, *Preaching* (The Teach Yourself Series), Hodder and Stoughton, 1955, p. 20.

우리는 사방에서 물질주의의 공격과 유혹을 받고 있다. 이런 것들은 우리 마음을 예수께로부터 훔쳐내고, 그의 음성을 듣지 못하게 귀를 막아버리며, 우리의 걸음을 하나님이 원하시는 길에서 돌아서게 한다. 풍요한 서구 기독교의 대부분이 경건한 말로 겉을 꾸민 채 걷잡을 수 없이 세속화되어져 가고 있다. 왜 우리는 예수님의 근본적인 가르침을 듣지 못하는가? 왜 우리는 진정 택해야 할 생활양식(lifestyle), 곧 이 땅 위에 하나님의 신 사회(新社會)를 제시하지 못하는가? 왜 우리는 우리의 선지자적 음성을 상실하고 말았는가? 왜 우리는 가난한 자들, 압제받는 자들과 아무 관련도 맺고 있지 않는가? 왜 제도적 교회가 오히려 사람들로 하여금 예수 믿기를 어렵게 만들고 있는가? 우리는 이 시대의 탐욕을 많이 수용하면서도 정작 하나님과 재물을 동시에 섬길 수 없다는 진리를 무시하고 있다.

이 세상의 교활한 압제가 너무도 거대하기 때문에, 우리가 말씀으로 우리 마음을 쉬지 않고 새롭게 하지 않는 한 결코 그 압제를 막을 도리가 없다. 우리는 하나님이 하신 모든 말씀을 필요로 한다. 한번은 마귀가 세상의 모든 나라와 그 영광을 예수님께 보여주면서 말하기를 "만일 내게 엎드려 경배하면 이 모든 것을 네게 주리라"(마 4:9)고 하였다. 예수께서 그 마귀를 물리치실 수 있었던 것은 바로 하나님의 말씀을 통해서였다. 하물며 우리에게 있어서 절실히 요구되는 것이 무엇이겠는가? 바로 우리 심령에 하나님의 말씀을 품는 것이 아니겠는가?

2. 행동주의

리챠드 포스터(Richard J. Foster)는 그의 명저 『훈련 예찬』(Celebration of Discipline)에서 이렇게 말했다. "현대 사회에서 우리의 대적 마귀의 세 가지 전공은 이것이다. 소란, 분주와 군중이다. 만약에 그 적이 우리로 하여금 '많다'와 '크다'에 치중하도록 한다면 그는 득의양양 할 것이다. 심리학자인 융(C. G. Jung)이 이렇게 말한 적이 있다. '분주함은 마귀의 속성이 아니라 바로 마귀 그 자체이다'라고."[2] 참으로 미래에 대한 희망의 결핍은 우리로 하여금 현실에 대해서 미치

---

2) 같은 책, p. 13.

게 만들었다. 우리는 시간에 얽매여 영원을 망각하고 말았다. 때때로 또한 우리는 미친듯이 바쁘게 다니면서 개인적 고통이나 좌절이나 혹은 불안을 잊어버리려 한다. 한번은 예수께서 "많은 일로 염려하고 근심하는" 마르다를 부드럽게 나무라시며 마리아와 같이 주의 말씀에 귀를 기울여 자기에게서 나오는 모든 말씀에 열중할 것을 권면하셨다.

몹시 분망하여 하나님이 친히 우리의 모든 시간을 주셨다는 사실을 망각한 채, 하나님께 할애할 시간이 없다고 우리는 착각한다. 요사이 많은 현대인들이 오히려 요가(Yoga)나 초월명상(Transcental Meditation ; T.M.)에 눈을 돌린다는 사실은 행동주의 신자들의 영적 고갈에 대한 안타까운 경종이 아닐 수 없다. 현대인들은 요가연습이나 훈련이 몸을 정화시켜 주며, 건강을 향상시키고, 마음을 강건케 해준다고 말한다. 그리고 무엇보다도 이것이 영적 성장을 강화시킨다고 주장한다. 그러나 이와 같은 연습은 개개인을 비인격적이며 보편적인 의식과 결합하도록 유도하며, 따라서 이러한 의식은 예수 그리스도를 통해 우리에게 계시되신 참되고 살아계신 하나님과는 너무나 다르다. 설사 초월명상이나 요가가 심리학적으로 도움이 될지 몰라도, 영적으로는 오도하는 결과를 초래한다. 오히려 그리스도의 제자된 우리는 항상 하나님 목전에 거하여 그의 말씀을 묵상하기 위해, 성경말씀에서 많은 교훈들을 진지하게 받아들이도록 도전받아야 한다.

3. 인본주의

예수께서 한번은 "사단아 내 뒤로 물러가라 네가 하나님의 일을 생각지 아니하고 도리어 사람의 일을 생각하는도다"(막 8 : 33) 하시며 베드로를 꾸짖으셨다. 이것이 바로 인본주의의 전형적인 표현이라 하겠다. 하나님이 아닌 사람에게서 비롯된 사상을 통해서 볼 때 만사를 다 인간적 관점에서 보게 되고 하나님의 관점에서 보지 않는다. 인간에 대한 하나님의 생각보다도 하나님에 대한 인간의 생각이 더 중요시된다. 이것이 작금에 이르러 만연되고 있는 독자적인 세속적 시대 정신이며, 이 정신은 영원한 권위를 거부한다. 즉, 무질서와 무법의 정신이다. 내가 원하는 것을 할지언정, 하나님이나 다른 사람이 원하는 것은 하지 않는다. 그러기에 네게 의미있는 것만을 받아들이고 그 나머지는 버린다.

세속 인본주의가 교리적으로, 도덕적으로 어떤 의미를 가지고 있는지는 너무도 명백하며, 또 그것은 퇴폐적이다. 오늘날 교회의 상당한 혼란도 인본주의의 직접적 결과라 하겠다. 뭇 사람이 하나님께 청종치 않으며, 말씀의 권위를 부인하고, 오히려 인간 이성이나 사회적 동향에 의해 자신들의 신념과 행동을 결정한다. 그들은 신관(神觀) 마저도 시대 풍조에 따라 그에 맞게 바꿔버린다. 인간에게서 시작한다면 인간적인 것으로 끝나고 만다. 그들이 원하는 하나님은 믿을 가치가 없다. 바울은 알려져 있는 하나님의 진리를 업신여기는 자들에 대해 다음과 같이 논평했다. "저희는 그 생각이 허망하여지며 미련한 마음이 어두어졌나니 스스로 지혜있다 하나 우둔하게 되어" 결국 "하나님이 그들을 버리사" 그들이 선택한 생활방식과 더불어 그 선택에 따른 모든 파멸적인 소외감으로 전락하게 된다(롬 1 : 21~32).

4. 본문주의

토저(A. W. Tozer)는 본문주의를 '성령없는 정통'(orthodoxy without the Holy Ghost)이라고 서술하였다. 그는 원문적으로는 건전하나 영적으로는 메말라 비틀어진 여러 근본주의 교회들을 언급하면서, "보수주의 교회가 있는 곳은 어디나 성령으로는 무장되어 있지만 영적으로 무장되지 못한 사람들이 있게 마련이다. 경험하지 못한 진리는 오류보다 나을 것이 없고 오류만큼 위험할 수 있다. 모세의 자리에 앉은 서기관들은 오류의 희생자들이 아니라 자기들이 가르친 진리를 경험하지 못한 무경험의 희생자들이었다."[3] 성령께서 우리의 무딘 심령을 조명하시고 냉냉한 마음을 녹이실 때까지는, 아무리 우리가 말씀을 정확하게 깨달아 가르친다고 할지라도 하나님의 계시된 진리를 받아들이지 못한다. 교회 내의 많은 분열의 이유도 이러한 율법의 문자에 대한 열띤 논쟁을 벌이면서도, 그 배후에 있는 성령을 이해하지 못한 데서 분열이 일어난다.

---

3) 출처 미상.

7. 하나님의 말씀

"사람은 하나님께서 하신 모든 말씀이 필요하다." '말씀하다'(speak, ekporeuomenō)는 말의 의미는 '하나님의 입에서 계속하여 나오고 있다'는 것이다. 하나님은 살아계신 하나님이시므로 계속하여 우리에게 말씀하고자 애쓰시며, 그에 따라 자연히 우리도 그를 청종하는 것이 필요하다. 그는 물론 다방면으로 말씀하시며, 그 방법에 대해서는 다음에서 간단히 살펴볼 것이다. 인간 편의 생생한 반응은 다음과 같은 질문으로 스스로를 훈련시키는 것이다. "하나님께서 이 구절, 이 사람, 혹은 내 생애의 이 사건을 통해 내게 무엇을 말씀하시는가?" 그러므로 단순히 그 본문만을 안다는 것은 충분치 못하다. 하나님께서 이 특별한 순간에 — 아마도 이 본문을 통해서 — 내게 구체적으로 무엇을 말씀하고 계시는가? 참으로 우리가 영적으로 살아서 깨어 있으려면 쉬지 않고 말씀하시는 하나님의 말씀을 항상 청종해야 한다.

리챠드 범브란트(Richard Wurmbrand)가 지적하기를, 공산 감옥에서 "내 은혜가 네게 족하다"라는 성구를 알고 있는 신자들은 보았으나 이 본문만으로는 위안을 얻지 못하는 것을 보았다고 한다. 우리에게 족한 것은 하나님의 은혜이지 본문이 아니다. "당신이 한 소녀로부터 아름다운 사랑의 편지와 사진들을 받을 수는 있다. 하지만 아직은 그 소녀를 소유한 것이 아니다. 여기서 문제는 하나님 자신을 소유하는 것이다."

5. 축자주의

축자주의(literalism)는 본문주의의 연장이며 오늘날 세속 인본주의에 대한 필연적인 반발이라 하겠다. 기독교적인 모든 특징은 회의적으로 잘라 내버리려고 하는 것을 피하려는 열정 때문에 우리는 맹목적 신앙이라고 하는 함정에 빠지기 쉽다. 즉, "성경이 말했으니 진리임에 틀림없다"고 하는 태도이다. 혹자에게는 이것이 반계몽(反啓蒙)주의적인 독단주의(dogmatism)로 보여질 것이다. 따라서 분별있는 토론은 불가능하다. 이런 독단주의는 율법주의적인 기독교로 이어지며, 결국 그리스도 안에서 얻은 우리의 유산 — 영광스런 자유를 부인한다(롬 8:15~21). 최악의 경우에는 편협한 정신으로 퇴락하여 전적으로 자기만이 의롭고, 오류의 가능성은 전혀 생각지도 않게 될 것이다. 또다른 사람의 말에는 귀를 기울이지 않을 뿐 아니라, 심지어 하나님이 그런 사람들을 통해서도 말씀하실 수 있다는 것을 거부한다.

이것은 특히 대부분의 이단들의 태도이며, 또 이단이 될 수 있는 일부 참된 교회의 태도이기도 하다. 이단이란 "일단의 독실한 신자들에 의해 드려지는 특정한 사람이나 사물에 대한 헌신"이다. 이단은 거의 언제나 특정인과 엄격한 규율 및 가르침을 좇는다. 이것은 어떤 일할, 즉 주어진 본문에 대한 다른 해석을 용납하지 않는다는 점에서 하나의 폐쇄된 체계라 하겠다. 해석학(Hermeneutics)은 실로 정확한 학문이다. 항상 우리는 이런 질문들을 자문해 보아야 할 것이다. 성경에서 이 구절의 역사적, 문화적, 언어적, 종교적 상황은 무엇이었는가? 이 구절의 근본 취지는 무엇이었는가? 실제로 이 구절은 무엇을 말하고 있으며, 이런 점에서 무엇을 말하고 있지는 않는가? 앞으로 한두 가지 보기를 들겠지만 우리는 누구보다도 성경의 **문자들**은 엄격하게 고집하면서도 사고에 있어서는 실제로 **성경적**이지 못한 사람들을 경계해야 한다. 당신이 정확한 성경주석의 정확한 원리들을 무시한다면 성경에서 무엇이든지 증명할 수 없다. 이것은 위험하지만 사실이다. 축자주의자는 율법 정신의 자유케 하는 효과를 누리지 못하고 '율법의 문자,' 즉 공허한 문자에 자신의 마음과 생활을 바쳐 스스로 편협에 빠진다. "의문은 죽이는 것이요 영은 살리는 것임이니라"(고후 3 : 6).

6. 주지주의

예수님은 본질상 우리에게 생명을 주시고자 오셨다. 우리는 살기 위해 하나님의 말씀을 필요로 한다. 우리는 그 말씀을 생각하고 토론할 수 있다. 그러나 여기서 멈춘다면 우리는 전체 핵심을 놓치는 격이 된다. "너희가 성경에서 영생을 얻는 줄 생각하고 성경을 상고하거니와 이 성경이 곧 내게 대하여 중지하는 것이로다 그러나 너희가 영생을 얻기 위하여 내게 오기를 원하지 아니하는도다"(요 5 : 39~40). 성경에 대한 지식적인 해석은 그 자체로는 아무 영적 생명을 낳지 못한다. "이해는 창조적 활동이며, 더우기 창조적 예술이다. 이것은 독자의 모든 개성을 수반한다. 만일 독자가 그 주제에 대하여 열려져 있지 않고, 하나님에 대해 열려져 있지 않다면 규칙을 안다고 하나님의 진리를 아는 것이 아니다."[4]

서구에서는 진리와 지식의 개념에 있어서 히브리적 개념을 배제하고 헬라적 개념을 종종 받아들였다. 헬라인들은 진리를 명제, 진술, 단어 등의 표현을 통해 본 반면, 히브리인들은 깊은 개인적 유대감을 통해 보았다. 예수께서 영생은 하나님을 '아는 것'이라고 말씀하셨을 때, 이 '아는 것'(ginóskein)이란 말은 '남편이 그 아내를 안다'는 뜻이다. 즉, 깊은 정을 통한 개인적 관계를 지칭하는 말로 종종 사용된다. 그렇다면 우리가 '진리를 안다'고 하면서, 그런 지식이 남들에 대해 비판적이고 사랑이 없는 태도를 유발한다면 진리이신 예수 그리스도를 과연 얼마나 아는지 질문하지 않을 수 없다. 건전한 교리를 통하여 우리는 사랑과 생명의 하나님을 알 수 있다.

성경에 대한 순전히 지적인 지식은 지성을 만족케 할지는 몰라도, 이 지식이 분열적이고 호전적이며 파생적인 정신을 더욱 약화시킨다면 결코 '건전하다'— 이 말은 건강하다, 생명을 준다는 의미이다 — 고 부를 수 없다. 그 예로 도전적 신교사상이 올바른 성경말씀을 가르칠 수 있을지는 몰라도, 다시금 강조하거니와 생명을 주시는 분은 오직 성령님 뿐이다. 설교자는 신학적 지식을 전하는 것이 주가 아니라 하나님의 말씀을 전하는 것이 주가 되며, 이 말씀이 곧 "살았고 운동력있는" 말씀이다(히 4:12). 이 말씀은 항상 힘이 있고, 살아계신 하나님의 생명과 권능의 역동적 표현이다. 창세기 1장에서 "하나님이 가라사대…그대로 되었더라"는 후렴을 보게 된다. 요한계시록에서도 하나님의 말씀의 능력을 가리켜 "그의 입의 검"이라는 표현을 또한 여러 차례 보게 된다. 하나님의 말씀은 정말 그래야 한다. 예수님의 제자들에게 있어서 성경 공부는 단순한 학문적 훈련에 그쳐서는 안되었다. "성경이 우리의 권위라고 말하는 것은 우리의 신학사상이 성경에 의해 검증되어짐과 동시에 우리의 생활도 그것을 통해 형성되어진다는 것을 의미한다. 성경은 우리의 생각, 정서, 태도, 욕망 및 의지를 형성시킨다.[5] 성경을 기도하며 연구하면 말 그대로 생명을 변화시키는 체험을 하게 될 것이다.

---

4) Tony Thistleton, *Obeying Christ is a Changing World*, Colling, 1977, p.99.
5) 같은 책, p.116.

7. 반(反)지성주의

반지성주의(anti-intellectualism)는 지성주의 이상으로 이 시대를 풍미하는 사조라 하겠다. 그 한 가지 이유로 오늘날의 동양 신비주의의 유행을 들 수 있다. 여기서는 경험을 지나치게 강조하는 반면 지성을 거부한다. "거룩한 빛(Guru·Maharaj Ji)이 임하고 그와 함께 은총과 지식을 쏟아 붓는다. 그 은총은 샅상(Satsang)이며, 이것이 지성(mind machine)이란 기계를 칠 때 우선 먼저 그 기계를 분해시켜 버린다…현재 우리가 싸워야 할 적은 지성이다."

이 카리스마적인 운동의 보다 극단적인 표현 중에서 이런 위험에 빠진 것도 더러 있다. 단조로운 합창의 무한한 반복은 만트라(mantra), 즉 주문을 외는 것에 불과할 것이다. 우리는 대단한 구경거리나 선정적인 것, 악마적인 것에 대한 불건전한 흥미를 경계할 필요가 있다. 아울러 문제에 직면하여 성경적 제원칙을 이해하여 이 원칙을 당면문제에 기도하면서 적용하기보다는 예언이나 환상 등에 지나치게 의존하는 것 역시도 삼가하지 않으면 안된다. 존 스타트(John Stott)는 그의 소책자 『지성의 문제들』(*Your Mind Matters*)에서 '지성없는 신자들의 불행과 위험'을 우리에게 경고하면서, '진리로 불타오르는 뜨거운 헌신'을 적극적으로 탄원하고 있다.[6]

신약을 읽는 사람은 누구나 초대교회 신자들이 하나님을 풍성히—때로는 굉장히 신비하게—체험하였음을 볼 수 있다. 그렇지만 사도 바울은 그런 체험들을 지나치게 삼가하고 오히려 독자들에게 "영의 일을 생각하고…성령으로 살며…성령으로 행하라"(롬 8:5, 갈 5:25)고 당부하고 있다. 이것은 잇따른 신비적 체험을 기대하는 것과는 아무 관련이 없다. 그와는 반대로 하루하루 성령의 열매를 맺어가는 그리스도를 닮는 생활과 깊은 관계가 있다.

하나님의 말씀 청취

하나님의 모든 말씀이 우리에게 절대 필요하다면 과연 오늘날 어떻게

---
6) John Stott, *Your Mind Matters*, IVP, 1972.

7. 하나님의 말씀

하나님이 우리에게 말씀하시는가? 어떻게 우리가 그의 말씀을 올바로 듣고 이해할 수 있는가?

기독교는 본질상 계시의 종교이다. 인간이 어둠 속에서 하나님을 찾는 것이 아니라 하나님이 너무도 인격적인 방법을 통해 자신을 친히 인간에게 계시하신다. 고로 이것은 응답을 요구한다. "옛적에 선지자들로 여러 부분과 여러 모양으로 우리 조상들에게 말씀하신 하나님이 이 모든 날 마지막에 아들로 우리에게 말씀하셨으니…"(히 1:1 이하). 예수님이야말로 인간에 대한 하나님 자신의 최고의 계시이며, 시대와 문화를 초월하여 모든 사람이 이해할 수 있는 분이시다.

하나님 말씀의 세 가지 주요형태를 구분하는 것이 중요하다.

1. 인격적인 말씀 (The Personal Word)

하나님의 말씀은 인간이 되셔서 우리 가운데 거하셨다. 무엇보다도 하나님은 인격적이시다. 우리가 예수님을 보았다면 그 아버지를 본 것이다(요 14:9). 만일에 우리가 하나님께 나아가기를 원한다면 그 아들에게 나아가야만 한다. 하나님을 안다는 것은 바로 그 아들을 아는 것이다. "이는 하나님의 영광의 광채시요, 그 본체의 형상이시라"(히 1:3). 그는 보이지 아니하시는 하나님의 형상이며, 아버지께서는 모든 충만으로 예수님 안에 거하게 하신다(골 1:15, 19).

2. 기록된 말씀 (The Written Word)

기록된 말씀으로 성경은 우리에게 주어졌다. 하나님이 분명 우리의 궁극적인 권위자가 되시지만 성경은 이 하나님이 말씀하신 것에 대한 최고 법원이 된다. 이것은 우리의 믿음과 행위를 객관적으로 테스트할 수 있는 하나님이 주신 기준이다.

모든 신학자들이 이것에 동의하지는 않을 것이다. 비록 하나님의 말씀의 최고권위를 모든 참된 유신론자들이 받아들이기는 하나, 하나님의 말씀을 어떻게 이해할 것인가에 관해 다음과 같은 3가지 주요입장이 있어왔다.

첫째, **전통**에 따라 하나님의 말씀을 해석한다. 즉, 교회가 말하는 것이 곧 하나님의 말씀이다. 그러면 교회는 무엇을 말하고 있는가라는 질문을 받게 될 때 난제에 봉착하게 된다. 무수한 전통들은 훌륭하고도 안정되지만 전통주의 자체는 파괴적이다. 예수께서도 바리새인들에게 말씀하시면서 그 시대 종교적 전통주의자들을 분명히 꾸짖으셨다. "너희가 너희 유전을 지키려고 하나님의 계명을 잘 저버리는도다…너희의 전한 유전으로 하나님의 말씀을 폐하며…"(막 7 : 8~13). 예수께서는 거듭하여 그의 종교적인 대적들을 성경의 권위 앞으로 이끌어오셨다.

둘째, **이성에 의해** 하나님의 말씀을 해석한다. 즉, 이성이 받아들일 수 있는 것이 곧 하나님의 말씀이다. 여러 독실한 신자들이 그리스도의 동정녀 탄생과 그의 이적, 육체적 부활과 재림 등을 부인하는 이유도 이 때문이다. 예수님 당시의 이성주의자들인 사두개파들이 부활사상을 이성적으로 용납하지 못하였을 때 예수께서 그들에게 성경의 진리를 즉시 상기시키셨다. 그는 하나님께서 자신을 아브라함의 하나님, 이삭의 하나님, 야곱의 하나님으로 성경에서 계시하셨음을 그들에게 생각나게끔 하셨다. 그러나 하나님은 산 자의 하나님이시지 죽은 자의 하나님이 아니시며, 따라서 아브라함과 이삭과 야곱이 비록 육체로는 죽었으나 여전히 살아 있다. "너희가 성경도, 하나님의 능력도 알지 못하는 고로 오해하였도다"(마 22 : 29). 결국 그들의 이성주의는 하나님을 아는 지식에 있어서는 한갓 교만한 방해물이 되었다.

셋째, **성경에 따라** 하나님의 말씀을 해석한다. 즉, 성경이 말씀하는 것이 곧 하나님의 말씀이다. 예수님도 분명히 성경을 하나님의 말씀으로 보증하셨다. 그는 성경을 아시고, 가르치며, 그대로 사셨으며, 마침내 그것을 이루셨다. 그 자신이 성경을 하나님의 영감된 말씀으로 이해하셨다는 데는 아무 의심의 여지가 없다. 성경이 '그리스도의 **교과서**'가 된 이래로, 패커(J. I. Packer) 박사의 표현대로 "그리스도 곧 부활의 구속주요, 보좌에 앉으신 주님께 대한 충성심은 성경에 대한 절대 복종을 요구한다. 그러므로 거기에 기록된 것을 믿고 행하는 일을 싫어하며 실제로 그 말씀에 충실하지 못한 사람이나 교회는 그리스도에 대한 반역과 다를 바 없다."[7] 실로 강력한 표현이 아닐 수 없다. 그러나 "그리스도를 주님으로 영접한다"는 이 말은 그의 교훈 전체를 우리 생활에

---

7) J.I.Packer, *Under God's Word*, Marshall, Morgand & Stott, 1980, p. 41.

하나님의 권위로 받아들이는 것을 포함한다.

여러 신약 기자들 역시도 자신이 기록하고 있는 것이 하나님께서 자신들에게 주신 것임을 주장했다. "만일 누구든지 (이것을) 알지 못하면 그는 알지 못한 자니라"(즉, 하나님이 그를 알지 못한다. 고전 14 : 38 ; 비교, 갈 1 : 11 이하, 벧후 3 : 15 이하, 계 1 : 1 이하 등). 성경이 죄있는 사람들에 의해 기록되었기에 반드시 오류가 있다라고 하는 논란이 이따금씩 제기된다. 이 주장은 타당치 못하다. 만약에 성경이 바울의 주장대로 하나님의 **호흡**(theopneustos, 딤후 3 : 16)으로 되었다면, 하나님께서는 성령에 의해 죄인을 통하여 정확 무오하게 말씀하실 능력이 있으시다. 마치 마리아를 통해 성령께서 하나님의 완전한 아들을 잉태하게 하셨듯이 하실 수 있다. 하나님께서는 이 죄인들을 그의 말씀을 받아 적는 기계처럼 사용하지 않으신다. 성령의 입김에 의하여, 그들 시대의 문화에서 비롯된 시대배경이나 개성, 경험 및 지식 등을 통해 감동하신다. 성경은 여전히 인간을 통해 우리에게 주어진 하나님의 감동된 말씀이다.

더우기 성경 자체의 권위에 대한 성경적 주장이 어떤 이들의 주장처럼 "순환논법"(循環論法)으로 취급되는 것은 부당하다. 만약에 그런 주장이 어떤 외적 권위에 의해 우선 인증되어져야 한다면, 그 권위는 성경보다 우위에 있어야만 한다. "보다 '우위에 있는' 권위에 호소함으로 '궁극적인' 권위를 입증한다는 것은 말의 모순이 아닐 수 없다.⁸⁾ 신적 권위에 대한 성경 자체의 주장은 오직 성경 자체의 일관성, 신빙성 그리고 그 말씀대로 살려고 애쓰는 모든 사람들의 개인적 경험에 의해서만 평가되어질 수 있다. 그러므로 예수님과 사도들의 자증(自證)으로부터 우리는 성경을 본래 주어진 그대로 하나님의 영감된 말씀으로 받아들여야 한다. 우리가 원문과 그 원문의 문화적, 역사적 상황을 결정하고자 할 때 우리는 물론 훌륭한 성경적 학식을 무시해서는 안된다. 그러나 본문에 관해 질문을 제기할 때 본문으로 하여금 우리를 문제시 하도록 허용해야 한다. 우리 양심이 하나님의 말씀에 사로잡혀져야 하겠다.

---

8) Tony Thistleton, 전게서, p. 114.

3. **구술된 말씀**(The Spoken Word). 이것은 설교나 교육, 증거 혹은 예언을 통해 전해진다. 하나님께서는 창조물을 통한 무언의 웅변이나 양심의 가책, 마음의 평안, 우리 일상생활에서 시시각각으로 부딪히는 사건 등을 통하여 종종 우리에게 말씀하신다. 그러나 무엇보다도 성경을 해설해 나가거나, 예언의 말씀이 (어떤 형태든지간에) 주어질 때, 아니면 형제 자매와 얘기를 나누는 중에 하나님의 말씀을 또한 듣게 될 것이다. 하나님은 성경이 완결되었을 때에 우리에게 말씀하시는 것을 그만두지 않으셨다. 설령 우리가 성경 이상의 계시를 기대하지 않는다고 할지라도 분명 구술된 말씀은 기록된 말씀과 일치되어야 하겠다. 더 나아가서 이 말씀은 인격적인 말씀 그리스도를 영광스럽게 하는 것이어야 할 것이다. 하나님은 살아계신 분이시며 바로 현재의 하나님이시다. 그뿐 아니라 날마다 자신과의 오가는 대화와 더불어 생생한 관계를 누리도록 우리에게 요청하신다.

예언의 말씀

바울 사도는 우리에게 "부지런히 영적 은사를 사모하되 특히 예언의 은사를 사모"할 것을 권고하였다. 또한 오늘날 급증하는 교단과 군파 등을 발생시킨 수많은 사이비 은사들과 함께, 교회의 여러 분야에서 예언의 은사와 사역이 고조되기에 이르렀다. 그에 따라 예언에 대한 몇 가지 가르침이 절실해졌다.

비록 근본적인 예언의 은사는 신약정경의 완성을 위해 사도들을 통해 단회적으로 주어졌지만, 초대교회에 있어서 다양한 수준의 예언이 확실히 체험되어졌다. 바울은 이 은사를 '교회가 모일 때' 그 개교회의 자연소럽고도 건강한 표현으로 보았다(참고, 고전 14장). 신약 시대에 있어서도 예언은 거의 대부분 '기초적인' 부류에 속하기 보다는 어떤 지역에 그리스도의 몸을 세우기 위한 '전형적인' 부류에 속하였다. 그래서 이 은사는 설교나 가르침의 은사와는 뚜렷이 구분된다. 기록된 말씀이 모든 시대 모든 사람들을 위한 하나님의 진리인 반면 예언의 말씀은 특별한 목적을 위해 특별한 순간에 특별한 사람이나 모임에 주어지는, 하나님의 영감된 특별한 말씀이다. 우리는 예언이 화자(話者)의 고뇌를 반영하여 그 자신의 말과 사고형태로 주어졌다고 해서 당황할 이유가 없다. 왜냐하면 하나님께서 그의 말씀을 전하시는데 인간인 우리를, 또 우리들의 시각과 경험을 아울러 사용하시기 때문이다. 또한 예언이 성경적 표현들을 사용한다고 해서 의심의 눈초리로 볼 필요도 없다. 요한계시록의 절반 이상이 이런 방법으로 우리에게 주어졌기 때문이다. 우리가 예언이 단순하다—어떤 이의 눈에는 '사소하게' 보이기도 하겠지만—고 해서 무시해서도 안된다. 구약에서 "때에 여호와의 사자 학개가 여호와의 명을 의지하여 백성에게 고하여 가로되 나 여호와가 말하노니 내가 너희와 함께 하노라 하셨느니라 하니라"(학 1:13)는 말씀을 읽을 수 있다. 이 말씀이 전부였다! 그리고는 한 달 내내 그의 백성들에게 아무 말씀도 없으셨다. 이것은 그들이 이제껏 들어보지 못한 가장 심오한, 가장 무게있는 그런 말씀도 아니었다. 그러나 그것은 주님의 말씀이었다.

하나님께서는 여러 가지 목적을 위해 예언의 은사를 주시기도 하신다. 아가보가 "성령으로 말하되 천하가 크게 흉년 들리라"(행 11:28)고 예언했던 것처럼 예언은 미래 일에 관한 인도가 될 수 있다. 교회의 사역을 위한 지침이 되기도 한다. 그 예로 성령께서 안디옥 교회의 지도자들에게 말씀하사 교회의 첫번째 선교사역을 위해 바울과 바나바를 따로 세울 것을 명하셨다(행 13:2~3). 그러나 대개는 "덕을 세우며 권면하며 안위하는 것"을 그 목적으로 한다.

예언이 그리스도의 몸의 한 지체를 통해 하나님께서 말씀하시는 것이므로 그것이 하나님의 말씀으로 받아들여지기에 앞서 신중하게 검토되어져야 한다. 마이클 그린(Michael Green)이 2세기에 있었던 몬타니스트(Montanist)들에 대해 얘기하면서 예언의 남용과 그에 따른 과반응(over-reacton), 이 양자의 위험성을 다음과 같이 강조하고 있다. "그들은 자신들이 개인적으로 성령과 일체화되었다고 주장하고, 그리고 다른 신자들은 세속적이라고 깔보며, 자신들만이 '성령충만'하다고 선언하고 게다가 자신들의 가르침이 성경을 통해 검토되기를 거절하면서 오히려 그 가르침을 신약의 기록만큼이나 권위있는 것으로 간주하였을 때 바로 그때 교회가 조치를 취해야 했다. 그래서 취한 조치는 단호히 몬타니스트들을 부정하는 것이며, 동시에 교회에서 예언의 영을 꺼버리는 것이었다. 만약에 몬타니스트들이 성경의 권위에 복종하고, 다른 신자들을 무시하거나 배타시 하고 싶은 유혹을 물리치기로 결정했다고 하면 교회를 위해 그 얼마나 좋았겠는가! 또한 가톨릭이 옳든 그르든간에 그 모든 운동을 무시하기보다 예언의 진위(眞僞)를 가리고자 했다면 그 역시도 좋았을 것이다."[9] 이것은 오늘날 교회에 아주 적절한 교훈임에 분명하다.

예언, 또는 그 밖의 영적 은사, 특히 하나님의 말씀 전달을 목적으로 삼는 은사들을 구별하는 방법으로 무엇이 있는가? 다음의 몇 가지 질문들을 던져보라

(1) 그 은사가 그리스도를 영화롭게 하는가? 예언이 그리스도라는 이름을 들어 말하지는 않는다 하더라도 그 전체 내용이 그를 존귀하고 영화롭게 하고 있는가? 그리스도를 영화롭게 하는 것이 항상 성령의 제일 사역이다(요 16:14, 고전 12:1~4).

(2) 그 은사가 그리스도의 몸을 세워주는가? 바울은 고린도전서 14장에서 영적 은사, 특히 방언과 예언의 은사를 말할 때에 7번 이상이나 이 점을 강조하였다.

(3) 그 은사가 성경에 기록된 하나님의 말씀과 일치하는가? 만약 성경을 억지로 풀면 자신이 멸망에 이르는 결과를 낳게 된다(벧후 3:16).

(4) 그 말씀이 사랑의 정신에서 주어졌는가? 이것은 그런 잠에서 성령 임재의 보증 마크가 된다. 심지어 그 말씀이 직책과 꾸지람의 말씀이라 할지라도 그렇다.

(5) 예수께서 그 화자(話者)의 생명의 주가 되시는가? 거짓 예언자는 그의 열매로 알 수 있다고 주님이 말씀하셨다(마 7:15~20).

(6) 예언을 말하는 자가 과연 그 교회의 지도자들에게 순종하는가? 독립심이 강한 성격을 가진 자들이 신약 교회의 분난과 분열의 원인이 되었으며, 오늘날도 마찬가지이다. 바울은 에베소 교회 장로들에게 이런 자들에 대해 경고하였다. 곧 "너희들 중에서도" 제자들을 끌려는 자들이 있는데, 그들이 하나님의 교회 내에 분열을 야기시킨다. 그들을 조심하라(행 20:19~31).

---

9) Michael Green, *I Believe in the Holy Spirit*, Hodder & Stoughton, 1975, p. 173.

(7) 예언을 말하는 자가 자신의 말을 다른 사람들이 판단하거나 검토하도록 허락하는가? 이런 일은 반드시 있어야 하며, 이 일을 거절할 시에는 문제가 발생케 된다(고전 14 : 29).
(8) 그가 말할 때에 스스로 자제하는가? 그가 영에 의해 '이끌린다'는 것은 바로 악령이 임했다는 증거이며, 결코 하나님의 영의 증거가 아니다(고후 12 : 2 이하에서 '끌리다'와 '말하다'라는 두 말을 비교해 보라. 또한 고전 14 : 32도).
(9) 만약 예언이 미래에 관한 것이었다면 그것이 성취되었는가? 대개 예언이라 함은 '선포'(forth-telling)이지 '예고'(foretelling)가 아니다. 즉, 기독교의 예언은 전체 회중에 대한 권고와 권면의 일환으로 하나님의 말씀을 선포 또는 공포하는 것을 보통 의미하며, 어떤 미래 사건을 예언하는 경우는 극히 드물다. 예언이 주어졌을 때 그에 대한 성경적 판단기준은 그 예언이 성취되었느냐 안되었느냐와 관련된다(신 18 : 22).

로고스와 레에마

최근에 **로고스**와 **레에마**를 구분하여 인기를 끄는 교훈이 기독교 일각에서 유행하고 있는데 이것은 문제다. 여러 교사들이 다양한 방법으로 이것은 표현하기도 한다. 통상 **로고스**는 성경에서 항상 진리가 되는 객관적인 하나님의 말씀을 가리키는데 사용되는 반면, **레에마**는 하나님께서 개인에게든지 혹은 지역 모임, 아니면 전체 교회든지간에 지금 말씀하고 계시는 보다 특정한 말씀을 가리킬 때 사용한다. 이 두 용어에 대한 구분은 미묘하면서도 세분화된다.

첫째, 비록 하나님의 **로고스**는 영원히 진리이며 중요하지만, 특별히 우리가 듣고 지켜야 할 것은 하나님의 **레에마**라는 주장이 있다. 하나님의 **레에마**를 일컬어 이 특별한 순간에 맞춰 우리를 위한 하나님의 말씀이라고 한다. 이 말씀이 바로 성령의 검(엡 6 : 17), 곧 역사하시는 말씀이다. 이 말씀은 단순한 지식이 아니라 역동적인 사건이라는 것이다. 이 말씀이 참으로 백성들의 생활을 변화시키고 교회에 방향감각을 일깨워 주며, 마침내 영적 전투에서 승리케 한다는 것이다. 따라서 이러한 증거로 볼 때 우리에게 필요한 것은 성경에 대한 막연한 해석이 아니라 오늘을 위한 주님의 예언의 말씀이라는 것이다. 우리가 하나님의 레에마에 순종하는 한, 우리 가운데서 능력있게 역사하시는 것을 보게 될 것이라고 한다.

둘째, 하나님의 **로고스**와 부합하는 부분도 있지만, 사실상 신자 간의 연합(unity)은 하나님의 레에마에 대한 우리의 반응에 달려 있다. 만일 주께서 당신의 레에마를 (아마도 예언을 통하여) 우리에게 말씀하신다면 오로지 하나의 문제가 되는 것은 우리가 그 말씀에 순종해야 한다는 것이다. 설령 그 일을 하는 중에 다른 신자들로부터 철수하는 일이 있다 할지라도 순종해야 한다. 한 지도자가 내게 이런 편지를 보낸 적이 있다. "연합은 형제 간의 관계 위에 세워지는 것이 아니라 하나님의 말씀에 대한 반응 위에 세워지는 것입니다. 때문에 당신이 예수 그리스도의 레에마에 부합하는 만큼이나 당신은 연합하게 될 것입니다." 만약 '성령의 레에마' 면에서 이처럼 합의되지 못한다면 실제에 있어서 계속적인 교제를 유지하기란 사실상 불가능하다. 따라서 이런 바탕 위에서 다른 신자들과의 분리란 불가피하다.

그러나 성경적, 신학적, 철학적 관점에서 볼 때 이 두 말을 구분한다는 것은 있을 수 없다. 킷텔 신학사전에 따르면 **로고스**와 **레에마**는 용법상 근본적인 차이가 없는 것 같다. **로고스**는 신약(단, 빌레몬서와 유다서 제외)에서 331회 나오고, 레에마는 67회(누가복음에 32회, 요한복음에 12회) 나오기 때문에 피치 못하게 상당한 부분이 중복된다. 또다른 『신약사전』(*The New International Dictionary of the New Testament*)에서는 "**로고스**는 대체로 신약에서 기독교 선포를 일컫는 반면, 레에마는 보통 개인적인 말씀과 관계있다"고 기술하고 있다. 그러나 뒤이어 이 개인적인 말씀(레에마)을 이렇게 설명하고 있다. "사람은 온갖 무익한 말에 대해 심판을 받아야 한다(마 12:36). 예수님은 빌라도에게 아무 말도 대답치 않으셨다(마 27:14). 하늘에 있는 자들도 말할 수 없는 말들을 한다(고후 12:4)."[10] 어떤 신약사전이나 헬라어 사전에서도 찾아볼 수 없다.

---

10) *The New International of the New Testament*, Colin Brown 편, Paternoster, 1976.

7. 하나님의 말씀

윌리암 바클레이 (William Barclay)는 로고스와 하나님의 로고스로서의 예수님에 관한 그의 연구에서 다음과 같이 서술하고 있다. "요한은 예수님을 (로고스)라고 부름으로 그에 대해 두 가지를 말하고 있다. ① 예수님은 내게 오신 하나님의 창조적 권능이시다. 그는 지식의 말씀을 하셨을 뿐만 아니라 그 자신이 권능의 말씀이시다. 그는 우리에게 무엇인가를 말씀하러 오셨다기 보다는 우리를 위해 무엇인가를 행하시러 오셨다. ② 예수님은 하나님의 성육하신 정신 (incarnate mind)이 되신다. 요한의 말을 '하나님의 정신(The Mind of God)이 인간이 되셨다'로 번역하는 것이 더 나을 것 같다. 말은 항상 사상의 표현이기에 예수님은 바로 인간에 대한 하나님의 사상의 완전한 표현이다."[11]

폰 알멘(J. J. von Allmen)의 『성서 어휘』(*Vocabulary of the Bible*)에서 '말씀,' 특히 로고스에 대해 언급한 조항도 동일한 논지를 펼치고 있다. "말씀은 단지 지적 표현이 되는 어떤 것 중의 한 실체(reality)를 가리키지 않는다. 그 말씀이 그 실체 자체이다. 그것은 하나의 사진이며 추리가 아닌 실재 행위이다. 말씀에 대한 가르침은 아무리 성경적 '사상'을 충실히 전달함에 있어 정확하다 할지라도 말에 제한되지 않는다. 계시는 무엇보다도 (말)이 아닌 실제행위이다. 바로 이 행위가 전적으로 그 말씀이 된다. 하나님의 말씀은 하나님에 대한 언급 그 이상이다. 즉, 하나님의 행위이다. 왜냐하면 하나님은 그의 말씀으로 행하시며, 그는 행함으로 말씀하시기 때문이다."[12]

충분한 증거가 성경에서 로고스와 레에마 사이에는 분명한 구분이 없음을 뒷받침하고 있다. 따라서 위에서 언급된 양자에 대한 세분화는 잘못된 전제 위에 바탕을 두고 있다. 첫째, 하나님께서는 성경을 통해 그의 기록된 말씀을 우리에게 이미 주셨다. 고로 우리가 그 말씀을 읽거나 가르치거나 들을 때 그 말씀은 어느 때든지 성령의 권능이 되며, 오늘날 우리를 위한 하나님의 살아계신 말씀, 즉 우리 생활 가운데 능력있게 역사하시는 말씀이 될 것이다. 비록 예언이 성령의 은사 중 하나이지만 기록된 말씀보다 그것을 더 높이는 것은 옳지 않다. 로고스와 레

---

11) William Barclay, *More New Testament Words*, SCM, 1948, p. 16 이하.
12) 같은 책, p. 460.

에마는 사실상 동의어이므로 이 양자를 잘못 구분하려는 것이 중요한 것이 아니고, 하나님의 말씀에 대한 철저한 순종이 더 요구된다.

둘째, 신자들 간의 연합(unity)은 반드시 우리와 그리스도와의 관계 위에 세워진다. 비록 하나님의 말씀에 대한 위의 반응이 항상 중요하지만 그것이 우리의 연합의 경계선을 결정짓지는 못한다. 참된 신자는 남자든 여자든 "그리스도 안에" 있으며, 만약 당신과 내가 그리스도 안에 있다면 당신은 나의 형제요 자매가 되고, 나 또한 당신의 형제가 된다. 설령 하나님의 분명한 **로고스** 혹은 레에마에 대해 어떤 응답을 한다고 해도 마찬가지이다. 만일에 우리가 서로 간에 분리된다면 우리는 그리스도와 그의 지체를 반역하는 죄를 짓는 것이 된다. 왜냐하면 우리 모두는 그리스도 안에서 하나이기 때문이다. 성경이 우리에게 분리를 허용하는 유일한 신학적 원칙은 그리스도의 신성과 그가 우리 죄를 위해 죽은 자들로부터 부활하셨다는 사실에 대한 문제에 있어서만 그렇다. 만약 어떤 사람이 이 중 어떤 것 혹은 전체를 부정한다면, 교제의 단절이 가능할 뿐 아니라 불가피하다. 왜냐하면 우리의 연합은 전적으로 그리스도 안에 있기 때문이다. 그러나 만약 우리가 상기의 원칙이 아닌 하나님의 레에마 중 다른 어떤 것으로 인해 분리한다면 이것은 결코 성경적으로 옳지 않다. 참으로 로고스와 레에마에 대한 몇몇 혼동된 가르침에서 아무리 적은 "지식"이라도 위험한 일을 저지를 수 있다는 점을 우리에게 일깨워 준다.

하나님의 말씀에 대한 이해

우리는 이상에서 하나님의 말씀에 여러 형태가 있고 기록된 말씀이 권위의 말씀이며 구술된 말씀은 판단되어져야 된다는 것을 살펴보았다. 이제 중요한 것은 해석상의 문제이다. 예수께서도 그의 말씀을 듣는 자들의 잘못된 성경해석을 계속하여 꾸짖으셨다. 산상보훈에서도 거듭거듭 말씀하시기를 "…하였다는 것을 너희가 들었으나 나는 너희에게 이르노니…"하시며 잘못된 성경해석을 시정하셨다. 이러한 실례들을 살펴볼 때 예수님은 결코 성경에 주어진 하나님의 말씀을 한번도 바꾸시지 않고 단지 그 말씀에 대한 잘못된 해석을 수정하사 본래의 의미와

7. 하나님의 말씀

목적을 상기시키셨던 것이다. 예수님의 제자된 우리도 진리의 말씀을 옳게 분변해야 할 것이다(딤후 2:15).

성경해석에 있어서 상당한 부분이 진리의 영, 곧 성령에 의해 좌우된다. 바로 그의 역사를 통해 인격적인 말씀, 곧 예수께서 모친의 태에 잉태되었다. 또한 그의 감동에 의해 성경말씀이 기록되어졌고, 오늘날도 참된 예언의 말씀이 그의 감동을 통해 선포된다. 이처럼 말씀을 영감하신 성령께서 또한 그 말씀을 해석하는 분이심에 틀림없다. "경의 모든 예언은 사사로이 풀 것이 아니니 예언은 언제든지 사람의 뜻으로 된 것이 아니요 오직 성령의 감동하심을 입은 사람들이 하나님께 받아 말한 것임이니라"(벧후 1:20~21). 우리가 하나님의 진리를 분변하려면 먼저 성령의 조명을 필요로 한다. "하나님의 생각은 하나님의 영 외에는 아무도 알지 못하고" 그 영이 "우리로 하여금 하나님께서 우리에게 주신 은사들을 알게" 하신다(고전 2:11~12). 계속해서 바울은 교회들을 위해 간구하기를 하나님께서 "지혜와 계시의 영을 너희에게 주사 하나님을 알게 하시고 너희 마음의 눈을 밝히사…하기를 구하노라"(엡 1:17~19)고 했다. 또한 골로새 교회에 편지하면서 바울은 "너희로 하여금 모든 신령한 지혜와 총명에 하나님의 뜻을 아는 것으로 채우게 하시고 주께 합당히 행하여…"(골 1:9 이하)라고 했다. 성령의 직접적인 도움없이는 우리 모두 영적으로 장님이 될 수밖에 없다.

그런데 성령에 의해 주어진 명철과 더불어 우리의 마음은 몇 가지 기본적인 해석의 원칙을 따를 필요가 있다. 여기서 두 가지 질문이 야기된다. 첫째, 그 본문은 그것을 처음으로 들었던 사람들에게 무엇을 의미했는가? 우리는 그 본문과 우리 자신 사이에 '거리를 둘' 필요가 있다. 그래서 그들의 상황에서-확실히 현저한 차이가 있다-그들에게 그 본문이 무엇을 의미하였던가를 이해하기 전에 우리가 우리 자신의 미리 짜낸 사상을 집어넣거나 우리가 애지중지하는 교리를 읽어 넣거나 지금 우리의 상황에서 우리에게 의미하는 바가 무엇인지 끌어내서는 안된다. 먼저 기록 당시의 의미를 묻고난 후에야 비로소 우리는 두번째 질문을 하게 된다. 즉, 그 본문이 오늘날 우리를 위해 어떤 의미를 지니고 있는가? 그리고 우리는 첫번째 질문에서 발견한 하나님의 말씀의 참된 의미를 우리 스스로 적용하는 법을 정확하게 익혀 나아가야 한다.

특히 우리는 그 본문의 단어, 문맥, 문학적 형태, 문화적 배경 등을 검토할 필요가 있다.

(1) 단어 훌륭한 번역은 음역(音譯)이 아니다. 따라서 원문에 대한 해석이나 의역(意譯)은 연구에 사용되는 어느 번역판에 있어서도 있을 수 있다. 그 예로 New English Bible은 고린도전서 14 : 13을 "…무아경의 말에 빠져드는 사람…"이라고 번역하고 있다. 그런 반면 헬라어의 엄밀한 번역은 '방언을 말하는 자'이다. 방언을 말하는 것을 무아경의 말을 하는 것으로 묘사한 것은 정확한 방언체험의 성격에 대한 엉뚱하면서도 다소 놀라운 추측이 아닐 수 없다. 그것은 '방언'에 대한 몇몇 사람들의 최악의 공포를 뒷받침하고 있다. 하지만 그것은 그릇된 번역이며 오도된 의역이다. 일상 기도생활의 일부로서 방언을 말하는 수 백만의 신자들이 아주 희귀한 경우를 제외하고는 무아경의 말을 하지 않는다. 가능하면 우리는 원문으로 돌아가서 그 단어가 그 처음의 청자들에게 무엇을 의미하였는지에 대해 세심하게 질문을 던질 필요가 있다.

동일한 단어가 다른 곳에서도 동일한 것을 의미한다는 가정은 역시 금물이다. 실례로 바울은 사람이 행함으로 의롭다 하심을 얻을 수 없다고 말하는 반면에 야고보는 그렇다고 말한다. 모순인가? 절대 아니다. 바울은 칭의의 방편에 관해 얘기하고 있으며, 확실히 칭의의 방편이 선행이 아님을 밝혔다. 한편 야고보는 칭의의 열매에 관해 얘기하고 있으며, 그것은 바로 **선행이다**. 왜냐하면 "행함이 없는 믿음은 죽은 믿음이기" 까닭이다(약 2 : 26).

어떤 구절에 대한 풍유적 해석(allegorical interpretation) 또한 극히 조심하지 않으면 안된다. 나는 고린도전서 3장에 있는 '금, 은, 보석, 나무, 풀, 짚' 등에 대한 여러 가지 흥미있는 이론들을 들어보았다. 그러나 내가 이따금 놀라는 것은 그 설명의 **정확성**보다는 그것을 말하는 자의 **창의력** 때문이다. 또 어떤 설교자는 사울과 다윗과 요나단 사이의 관계에 관한 일련의 성경공부를 하면서 사울이 모든 사람들 보다 어깨 위만큼(직역 : '머리와 어깨') 더 컸다고 주장한다. 물론 지당한 말이다. 그러나 '머리'는 인간의 지혜를, '어깨'는 인간의 힘을 가리킨다고 그가 말할 때면 나는 의아해지기 시작했다. 그리고 요나단이 다윗과 함께 가지 않고 사울과 함께 머물렀기 때문에 죽었다고 역설하면서 사울은 기성 교회를, 다윗은 기름부음 받은 교회를 대표한다고 말할 지경에 이를 때 나는 그 설교자가 해설학을 배우는 편이 더 도움이 되겠다고 느끼지 않을 수 없었다.

(2) 문맥 이것은 두 가지 방법으로 주의깊게 살펴보아야 한다. 첫째, 어느 구절이나 본문도 그것을 둘러싼 전체 부분에 비추어 이해되어져야만 한다. 마음에 드는 교훈이나 사상, 혹은 일련의 행위 등을 지지하는 것으로 사용된 구절들은 흔히 그 문맥과 상관이 없이 사용된 경우가 있다. 전체 문맥을 보다 깊이 검토해 보면 전혀 다른 내용일 경우가 있는 것이다. 그 예로 고린도전서 3:10 이하의 "금, 은, 보석,…"에 대한 바울의 말씀의 앞뒤 문맥을 살펴보면 모두 지교회의 분열의 비극과 연합의 중요성에 관한 것이다. 그런 문맥에서 불의 시험을 견딜 재료들은 하나님의 백성의 연합을 유지함으로 성령의 전을 강건케 할 사람들의 역사를 가리킴이 거의 확실하다.

둘째, 우리는 어떤 구절의 역사적 맥락을 파악하기를 애써야 한다. 이것은 요한계시록 2,3장의 일곱 교회에 대한 서신들에 있어서 특별히 현저하다. 각 도시의 역사, 지리, 상업에 대한 지식이 교회상(像)을 이해하기에 앞서 절실히 요청된다. 각 서신의 역사적 배경 또한 잘못된 결론에 이르지 않으려면 상당히 중요하다.

(3) 문학적 형태 성경은 여러 책을 모아둔 총서이다. 이들 66권은 수많은 자료에서 선정되어졌으며, 적어도 1600년에 걸쳐서 적어도 40여명의 작가들에 의해 기록된 책이다. 모든 책들, 혹은 각 책의 모든 단락이 동일한 범주에 속하는 것은 아니다. 중요한 문제는 개개의 단락이 무엇을 주장하며, 무엇을 말씀하고 있는가를 정하는 것이다. "그러므로 역사는 역사로서, 시는 시로서, 과장법과 비유법은 과장법과 비유법으로, 개괄(generalization)은 개괄로, 어림(approximation)은 어림으로…다루어져야 한다. 성경의 기록 당시와 지금의 우리 시대와의 문학적 인습의 차이 또한 고찰되어져야 하겠다. 실례로 비(非)연대기적 기사와 출처가 불명확한 인용 등은 그 당시만 해도 관계적으로 받아들여졌고 어떤 반발도 야기되지 않았으므로, 우리가 성경 기자들에게서 이런 기사나 인용을 보게 될 때 이들을 잘못되었다고 간주해서는 안된다…성경이 현대의 표준에서 볼 때 절대 정밀하다는 의미가 아니라, 성경이 주장한 바

를 실행하며 성경 기자들이 목적한 주된 진리의 척도에 도달한다는 점에서 무오하다."[13]

(4) 문화 이것이 그 중 제일 복잡한 문제이다. 우리는 이 세상에 휩쓸려서는 안된다. 또 엄밀한 의미에서 복음은 모든 시대의 문화 위에 심판자로 서 있다. 너무나 빈번히 교회가 기존 문화를 아무 분별없이 수용해 왔다. 그리하여 세상에 대한 선지자의 역할을 감당치 못하게 되었다. 동시에 복음의 적용도 모든 문화적 상황에 따라 다양할 수밖에 없다. 그렇지 않으면 영원하신 하나님의 불변의 진리를 우리가 사는 이 급변하는 사회에 전달하는데 실패할 것이다. 참으로 성경에서 불변하는 것은 무엇이며, 하나님이 주신 이 불변하는 것 중 실제 변한 것은 무엇인가? 또한 모든 문화에 적용되어야 할 신적 명령은 무엇이며, 이런 명령들이 1세기 문화에 적용된 예들이 신약성경에 나타나 있는데, 다른 문화배경에서는 적용이 다르겠지만, 우선 신약의 적용사례들은 어떤가? 질문들은 이혼, 동성애, 인종차별, 여성들의 성직 서임(敍任), 예배와 전도에서의 창조예술(creative arts) 사용, 의사소통 방법, 피임법, 사형, 평화론(pacificism), 생활양식, 그 밖의 여러 문제들의 이면에 있는 중요한 질문이 아닐 수 없다.

이 모든 문제들의 복합성을 묘사하고자 유진 나이더(Eugene Nida)는 문화 변동에 대한 값진 보기를 들고 있다. 그는 아프리카의 기독교 여성들이 다른 불신 여성들처럼 상반신을 드러내고 다녀도 좋은지에 관하여 서양 선교사들과 아프리카 기독교 지도자들 사이의 논쟁을 기록하고 있다. 선교사들은 옷을 입음으로 정숙에 대한 성경적 요건을 역설한 반면 아프리카 지도자들은 그들 문화에서 색색의 특별 의상을 입는 자들이 오히려 매춘부들인데 자기 교인들을 매춘부처럼 보이게 할 수 없다고 맞서고 있다.[14] 정숙의 개념이 이 문화와 저 문화 간에 서로 다르다는 사실을 보여준다.

이와 유사한 그러나 보다 서양문화와 가까운 문제가 고린도전서 11장의 바울의 가르침이다. 즉, 여자가 공중 앞에서 기도할 때 반드시 그

---

13) From the Chicago Statement on Biblical Inerrancy, 1978, J. I. Packer, 전게서, p. 58에서 인용.
14) Eugene Nida, *Customs, Culture and Christianity*, Tyndale, 1963.

머리에 수건을 써야 한다는 것이다. 혹자는 만약 성경이 그렇게 말한다면 문화적 규범이 어떻든간에 여자들은 교회에서 수건을 반드시 써야 한다고 주장한다. 그러나 먼저 제기되는 질문은 (왜) 바울이 1세기에 고린도 교회에 서신을 쓰면서 여인들이 수건을 쓸 것을 역설했는가 하는 질문이다. 그 구절에 상세한 해설을 하기 전에 우선 알 것은 그 시대의 모든 독실한 여인들은 자신들의 머리, 아니 어쩌면 전신을 마치 요즘의 많은 동양 여인들처럼 베일로 싸고 다녔다는 점이다. 이것은 남편이나 아버지의 주권(headship) 하에 있다는 증표였으며, 지금도 마찬가지다. 고린도에서는 그처럼 수건을 두르지 아니한 여인은 누구나 말 그대로 자유분방한 여인, 즉 매춘부였다. 그렇지만 믿은 여성 가운데 그리스도 안에서의 새로 얻은 자유에 너무나 즐거워한 나머지 수건 쓰는 것을 무시하였고, 그 결과 그리스도의 복음에 대한 뜻하지 않은 거침돌이 되었다. 적의에 찬 이교사상은 기독교 신앙을 반대하기 위해 과실을 찾는데 심히 혈안이 되어 있었으며, 그런 배경에서 수건을 하지 않은 믿는 여인들은 물의를 일으키지 않을 수 없었을 것이다. 과연 오늘날의 대부분 서양 국가에 있어서도 이와 마찬가지인가? 만약 그렇지 않다고 하면 우리가 교회 밖의 대다수 현숙한 여인들이 수건을 쓰지 않을 때, 교회 내에서 여인들에게 수건을 쓸 것을 요구한다면 우리는 성경의 요점을 놓치는 것과 다름없다.

성문제와 도덕에 관한 질문들은 종종 그 성격상 다르다. 여전히 우리는 육체 안에 거한다. 간음, 간통, 동성애에 대한 신약의 흑평이 그 당시의 엄격한 도덕적 원리를 반영하는 것이라고 말할 수 없다. 절대 그렇지 않다. 그러한 금지조항은 초대교회 당시의 도덕풍토에 비추어 너무나 당연한 것이 없다. 그 예로 로마 제국의 처음 15명의 황제들 중 14명이 동성연애를 했다. 이혼 또한 대유행이었다. 1세기에, 한 여인이 23번째 남편과 결혼하는 사건을 보게 되는데, 그녀 역시 그 남자의 21째 부인이었다는 것이다. 특히 이방 교회의 대부분의 개종자들이 이런 배경 출신이었기에 기독교의 표준은 지금보다도 지켜지기가 더욱 어려웠다. 그래서 바울은 고린도 교회에 편지를 이렇게 하였다. "미혹을 받지 말라. 음란하는 자나 우상숭배하는 자나 간음하는 자나 탐색하는 자나 남색하는 자나 도적이나 탐람하는 자나 토색하는 자들은 하나님의 나라를 유업으로 받지 못하리라 너희 중에 이와 같은 자들이 있더니 주 예수 그리스도의 이름과 우리 하나님의 성령 안에서 씻음과 거룩함과 의롭다 하심을 얻었느니라"(고전 6 : 9~11). 이런 도덕의 표준을 완화하고 그 시대의 "해방된" 문란한 성관계를 가르치는 것은 오히려 거짓 선지자의 증거였다.

기독교의 기본교리 역시도 문화적으로 수용할 수 있는 것과는 무관하다. 신약 당시 사두개인들은 부활을 격렬히 부인했다. 한편 유대인들은 십자가에 대한 설교를 거침돌로 생각하고 있었다. 그러나 교회는 "유대인에게는 거리끼는 것이요 이방인에게는 미련한 것이로되"(고전 1 : 22~24) 못 박히시고 다시 부활하신 예수님을 전파하기를 쉬지 않았다. 그것이 또한 구원에 대한 하나님의 메시지요 권능이었다.

그러므로 신약에 대한 가르침의 문화적 배경에 관하여 주의깊은 질문을 하므로 일부 혹은 전체 기독교의 진리가 사라져버리는 파경에 이르지는 않는다. 교리와 실천에 관한 문제들은 대부분 모든 시대, 모든 문화에 적용된다. 그러나 더러는 역사의 어떤 한 순간, 한 부분을 위한 특별한 문제도 분명히 있었다. 모르긴 몰라도 사도들이 그 당시 신자들을 위한 자신들의 세부적인 교훈이 오고 오는 시대의 모든 신자들에게 규칙과 명령이 된다는 사실을 알았다면 전율을 느낄 것이다. 결과적으로 우리가 하나님의 자녀의 영광스런 자유를 빼앗기고 그리스도의 지체의 생활이 초라해지고 복음을 오늘에 맞는 적절한 용어로 전파하는 일이 방해받는다면, 바로 이때 해석상의 근본적인 의문이 제기될 필요가 있다.

요약하면 성경연구 전반에 걸쳐서 우리는 하나님의 성령에 전적으로 의존해야 한다. 원문의 저자들을 영감하셨던 성령께서 우리가 하나님의 말씀을 받기에 앞서 우리의 마음을 또한 조명해서야만 한다. 하지만 하나님께서는 우리에게 지성을 주셨고 우리가 다음 두 근본 질문을 묻는 데 이 지성을 사용하기 원하신다. 즉, 기록된 말씀과 그 말씀의 문맥, 그 구절의 문학적 형태 및 문화적 배경 등을 염두에 두고 당시에 말씀을 듣던 자들에게 그 본문은 무엇을 의미했는가? 다음으로 그 본문은 오늘날 매우 상이한 배경에 있는 우리에게는 과연 무엇을 의미하는가? 바로 이런 점에서 우리는 하나님의 말씀에 부복하고 그 말씀을 들으며 그 말씀에 의해 검사되고 형성되도록 우리 심령을 열어야 한다. 당신이 그 본문을 해석하는 것이 아니라 오히려 그 본문이 당신을 해석한다. 오늘날 우리가 하나님의 말씀 듣기가 어려운 것은 대개 듣고 싶은 것만 듣기 때문이다. 우리는 선입관(preconceived ideas)을 가지고 왔다가 다시 그 선입관을 가지고 간다. 우리 대다수는 변화산상에서 베드로가 어린 아이처럼 말하고 있을 때 그에게 내렸던 하나님의 꾸지람, 곧 "구름 속에서 소리가 나서 가로되 이는 나의 아들 곧 택함을 받은 자니 너희는 저의 말을 들으라"(눅 9 : 35) 하는 꾸지람을 필요로 한다.

영적 생활을 위한 교훈들

이제까지 살핀 것에 뒤이어 3가지 주된 교훈에 대해 얘기하고자 한다.

1. **하나님의 말씀을 청종하라.** 성경 기록 당시의 하나님의 백성들은 하나님의 목소리 듣기를 고대했다. "나 곧 내 영혼이 여호와를 기다리며 내가 그 말씀을 바라는도다"(시 130 : 5). "여호와여 말씀하옵소서 주의 종이 듣겠나이다"(삼상 3 : 9). 신약에 보면 하나님께서 빌립, 사울, 아나니아, 고넬료, 안디옥에 있는 교사들과 선지자들에게, 즉 기독교 공동체 내의 뭇 사람들에게 참으로 말씀하셨다. 바울은 교회의 일원은 누구나 하나님께로부터 계시를 받을 수 있음을 넌즈시 비쳤다(고전 14 : 26~31). 오늘날 대다수 신자들은 하나님의 목소리를 듣기란 극히 힘든 —거의 불가능한— 일임을 알고 있다. 문제는 우리가 하나님 앞에 조용히 서 있는 방법을 잊어버린 채, 묵상하는데 시간을(설사 있다손 치더라도) 거의 할애하지 않는다는 것이다.[15]

우리는 하나님의 말씀을 활용해야 하는데, 그 말씀은 우리를 하나님 존전으로 인도한다. 우리를 아버지께로 이끌며 그 아들에게 영광을 돌리게 하는 이 하나님의 말씀이 우리에게 말씀하게끔 하자. 성령께서 우리의 마음과 존재가 하나님의 칭호와 속성에서 떠나지 않게 하사 우리

---

15) '묵상 훈련'에 대한 유익한 장(章)은 J. Foster, *Celebration of Discipline*, Hodder & Stoughton, 1980을 참고하시오.

가 "하나님을 뵙게" 도와주신다. 단어, 구절, 심지어 성경말씀 전체가 하나님과의 생생한 만남을 위해 더없이 귀하다. 어떤 이에게는 방언기도나 찬송이 또한 아주 새롭게 해준다. 어쨌든 그 목적은 마음에 든 모든 것을 비우는 것이 아니라, 예수님과 그의 말씀으로 이끌기 위해 세상사로부터 그 마음을 멀어지게 하는 것이다. 이런 국면은 자주 무시된다. 왜냐하면 각계 각층에서 생각하기를 성경에서 가장 중요한 것은 그 '가르침'이라고 여기기 때문이다. 하지만 성경의 운문, 시편, 비유, 해학 및 모순법 등을 개념상 '가르침'에 국한짓는다면 이들은 헛 것이 되고 만다. 성경은 우리에게 단순히 지식만 전달하지 않고 판결까지 내린다. 어떤 면에서 복음주의적인 접근방법은 너무나 머리 중심이라는 비난을 받을 수도 있다. '성경으로부터 내가 무엇을 배울 수 있는가?'라는 질문은 항상 옳은 질문은 아니다. 성경의 어떤 부분은 그저 기쁨에 대한 얘기만을 하지 않고 오히려 그 기쁨을 실제로 준다. 또 어떤 부분은 우리에게 단지 화목을 가르치는데 그치지 않고 직접 화목케 한다. 성경은 우리에게 그리스도에 대해 말씀할 뿐 아니라 그 분을 직접 우리에게 주신다.[16] 무엇보다도 우선 5~10분 간 조용히 묵상을 시작하라. 계속하면 할수록 점차로 그 시간이 길어지게 되고, 무엇보다 중요한 것은 성경말씀을 통해 혹은 심령에 거하시는 성령을 통해 하나님께서 당신에게 말씀하시는 음성을 듣게 될 것이다. 그리고 이내 당신은 살아계신 하나님 존전에 있다는 느낌을 만끽할 수 있으며, 마침내 매일매일 하나님께서 당신에게 말씀하실 때 그 음성을 더 잘 들을 수 있을 것이다.

디트리히 본회퍼(Dietrich Bonhoeffer)는 이렇게 말한다. "묵상(silence)은 하나님의 말씀 아래 있는 개인의 순전한 침묵(simple stillness)이다…그러나 이것이 말 많은 이 시대에 배우고 실천해야 할 귀한 것임을 모르는 사람은 없다. 참된 묵상, 참된 침묵, 참으로 입을 다무는 것은 바로 영적 침묵의 당연한 결과이다…신자의 침묵은 듣는 침묵, 겸손한 고요이다…말씀 앞에서의 묵상은 하나님의 말씀을 올바로 듣게 할 뿐만 아니라, 올바른 때에 그 말씀을 올바로 말하게 한다."[17]

---

16) Tony Thistleton, 전게서, p. 105 이하.

2. 하나님의 말씀을 연구하라. "네가 진리의 말씀을 옳게 분별하며 부끄러울 것이 없는 일군으로 인정된 자로 자신을 하나님 앞에 드리기를 힘쓰라"(딤후 2:15). 신자들의 제자화의 처음 시작부터 하나님의 말씀을 주의깊게 연구할 필요가 있으며, 그리스도의 말씀이 우리 속에 풍성히 거하도록 해야 한다(골 3:16). 베뢰아 사람들이 복음을 들었을 때 "간절한 마음으로 말씀을 받고 이것이 그러한가 하여 날마다 성경을 상고" 하였다(행 17:11). 오늘날 많은 신자들이 영적으로 살았고 환희에 차 있으나 놀랍게도 성경의 진리에 대해서는 피상적으로만 알 뿐 사실 무지하기 이를데 없다. 그렇다면 어떻게 우리가 하나님의 말씀을 가장 훌륭하게 연구할 수 있는가?

(1) 준비물 : 서양은 주체할 수 없을 정도의 부(富)를 축적한 만큼 무지의 책임도 그만큼 크다. 성경에 대한 학식은 그리스도의 지체 전체의 유익을 위한 성령 은사의 하나이므로 무시되거나 멸시되어서는 안된다. 가능하면 두 개 이상의 성경 번역판을 갖는 것이 도움이 된다. 즉, 하나는 번역의 정확성으로 잘 알려진 것으로, 또 하나는 흥미있는 의역이 풍부한 것으로 준비한다. 또한 훌륭한 성경 색인(concordance)을 사용하라. 이는 성경 여러 부분에서 한 단어의 용례를 추적하기 위해서다. 요즘은 몇몇 귀한 편람(handbooks)과 사전도 역시 사용 가능하며, 성경 지도(地圖)는 유용한 배경 지식을 제공해 줄 수 있다.

주석 또한 우리가 본문의 의미를 이해하고자 할 때 굉장히 도움이 된다. 이들 주석들은 문체나 학식, 내용에 있어서 너무나 다양하므로 그것을 사보기 전에 전문가의 조언을 들으라는 말 이상은 할 수 없다. 아뭏든 당신 자신의 성경연구를 **보조하기** 위해, 그리고 어떤 단어나 구절에 대한 당신의 이해 정도를 알아보기 위해 이 모든 준비물을 활용하라. 만약에 예를 들어서 내가 주석에 너무 의존한다면, 어떤 주석가의 사상에 심취하여 자칫하면 주께서 내가 하시는 말씀을 못 듣게 될지도 모른다. 다시 말해서 먼저 기도와 진리의 영에 의존하여서 당신 자신의 연구를 하라. 그 다음으로 가까이 있는 자료들을 살피라.

(2) **방법** : 주된 핵심은 다양성에 있다. 어느 방법이라도 유능한 하인

---

17) Dietrich Bonhoeffer, *Life together*, SCM, 1954, p.59 이하.

처럼 사용할 수 있으나 그 어떤 방법이 주(主)가 되어서는 안된다. 우선 성경읽기 교재 중 체계적인 것을 사용하라. 그 예로 성서 유니온은, 다양한 연령층과 교육 배경이 다른 자들을 위한 탁월한 자료를 가지고 있다. 즉, 노트(notes), 카세트(cassette), 사운드스트립(soundstrip), 소책자(booklet) 등이 그것이다. 그 외 다른 성서 협회에서도 귀한 도움이 될 것들을 또한 출판하고 있다. 따라서 당신에게 가장 적합한 것을 찾아서 선택하라.

나 역시도 다음과 같은 흥미있는 방법을 찾아내었다.

① **속독** : 종종 나는 성공회 예배서(Anglican Lectionary) 중에서나, 아니면 로버트 머레이 맥케인(Robert Murray Mcheyne)에 의한 옛 방식을 따라 하루에도 4장 혹은 그 이상도 읽는다. 이것은 어떤 특정 기호구절에 얽메이지 않고 성경 전체를 개괄하는데 도움을 준다.

② **한 절씩 한 절씩** : 이것은 서신서 중에 한 편을 연구하거나 복음서 중에 어느 한 장을 연구하는 데는 더없이 좋은 방법이다. 처음에는 끝까지 여러 번 서신 전체를 읽도록 하라. 이를 통해 작가의 의도를 파악하게 된다. 그리고나서 보다 집중적인 연구를 시작하라. 바로 이때 주석이나 사전, 성구색인 등이 당연히 유용하게 된다. 만일 설교자가 성경을 '밝히 펴보이는' 법을 배우게 된다면, 그 결과 회중들은 하나님께서 그의 말씀에서 우리를 위해 품으신 큰 부요를 보게 될 것이며, 자연히 설교의 수준도 측량할 수 없을 정도로 향상될 것이며, 그에 비례하여 우리 교회의 영적 건강도 향상될 것이다.

③ **책** : 그 책 전체를 읽으라. 그리고 가능하면 여러 번 읽되, 여러 번역판을 읽으라. 다음으로 그 책의 주제를 종이 위에 간단히 메모하라. 그리고 한 주제를 택하여 작가가 그것을 어떻게 전개해 나가는지 살펴보라. 보다 설명을 요하는 구절은 주석을 활용하고 특별히 연구할 가치가 있는 단어들에 유의하라. 한편 그 책의 배경을 조사하는데 시간을 할애하라. 그렇지 않으면 상당한 양의 중요한 내용을 놓치게 될 것이다.

④ **주제별 연구** : 이 연구는 '단어 연구'(보기 : '용서'에 대한 구절들을 검토하는 것)와 '제목 연구'(보기 : '예수님의 치유 사역'에 대해 ─ 여기에서 한 단어만을 연구하면 그 제목의 폭을 이해하는데 불충분

하다)로 대별된다. 성구색인 사용의 위험도 아울러 인식해야 한다. 신약에서 동일한 헬라어는 여러 다른 영어 단어를 번역하게 되며, 마찬가지로 동일한 영어 단어도 여러 다른 헬라어를 포함한다. 또한 (헬라어와 영어에 있어서) 동일한 단어나 구절이 반드시 동일한 것을 의미한다는 보장도 없다. 그것들이 다른 본문에서 사용될 경우에는 아주 다른 목적을 가지는 것이 당연하다.

⑤ **등장 인물** : 성경은 그 등장 인물들에 대해 보기 드물게 정직한 기록을 하고 있다. 성경에 나오는 모든 인물들은 있는 그대로 묘사되었다. 다윗은 하나님의 마음에 합한 자였다. 그렇다. 그러나 그는 또한 살인자요 간음한 자였다. 시몬 베드로는 초대 교회의 반석 같은 지도자였다. 그렇다. 그러나 성급하고 자신에 차 있었으나 무력한 자였다. 우선 에바브로디도, 아나니아, 빌립 등과 같이 대수롭지 않은(왜냐하면 알려진 바가 거의 없기 때문에 '대수롭지 않다') 인물들을 한 사람씩 신중히 연구하라. 그런 연구는 거의 뜻밖의 큰 수확을 거두기 마련이다.

성경연구는 혼자 하든 모여 하든간에 값진 일이다. 시편 119편을 읽으라. 그 말씀에 대한 많은 개인적인 묵상을 통해 개인적인 유익을 살펴보라. 그 다음으로 예수께서 그의 제자들 모두에게 가르치셨던 방법, 즉 제자들이 초대교회에서 계속 행하던 관행들을 주목하라(행 2 : 42). 상황에 따라 개인 성경공부를 강조해야 할 경우도 있고 단체 성경공부를 강조할 경우도 있겠지만 어쨌든 이 두 가지 다 중요하기 그지 없다. 내가 조선소 지역 교구를 사역하기 위해 캠브리지(Cambridge) 대학을 졸업하고 바로 부임하였을 때, 우리 젊은 동료들에게 자신들의 침실에서 조용하게 스스로 성경읽기를 진심으로 권하였다. 어떤 이들은 크게 웃어넘겼다. 한 청년은 집세가 싼 공영주택에 사는데 형제가 열 둘이나 되었다. 성경을 읽고 기도하기 위해 '조용한 시간'(quite time)을 갖는다는 생각은 처음부터 어불성설이 아닐 수 없었다. 게다가 어떤 이는 전혀 성경을 읽을 수 없었고, 1,300페이지에 달하는 성경은 절망적인 상대였다. 다행히 사용 가능한 카세트가 지금은 있고, 그 밖의 자료도 있다. 그래서 그 문제는 줄어들었다. 그럼에도 불구하고 나는 공동 공부가 적어도 성경을 읽을 수 있는 가장 실제적이며 유일한 방법이 됨을 이내 확인했다. 그 밖에 그 모임을 원만히 운영하기 위해 몇몇 기술이 요구되었다.

3. **하나님의 말씀을 순종하라.** 하나님께서는 우리에게 말씀하신다. 그것도 단지 지식만을 전해주지 않고 심지어 우리의 발걸음을 인도하시며, 우리의 생활을 새 방향으로 향하게 하신다. 그리고 우리를 그리스도의 형상으로 끊임없이 닮게 하시는 이도 하나님이시다. "너희는 도를 행하는 자가 되고 듣기만 하여 자신을 속이는 자가 되지 말라"(약 1:22). 에 일켄 테일러(J.Aitken Taylor)가 이것을 잘 묘사했다. "사람이 이렇게 기도해서는 안된다. '하나님, 제가 성경에서 찾은, 보기에 모순되는 것들을 해결하도록 도와주소서.' 오히려 이렇게 기도해야 한다. '하나님, 오히려 당신의 말씀을 전적으로 의심없이 순종하여 받아들이도록 도와주소서. 그 말씀이 참으로 제 발에 등이요, 제 길에 빛이 되게 하소서.'"[18] 우리는 하나님의 말씀이 진정 우리를 권고하시며, 우리에게 도전을 주시며, 우리를 변화시키도록 해야 한다.

① **그 말씀을 당신의 삶을 형성하는데 사용하라.** 만약에 세상이 우리를 자신의 틀 안으로 밀어넣지 않도록 하려면 우리는 하나님께서 우리의 마음을 새롭게 변화시키게 해야 한다(롬 12:1 이하). 하나님의 가치관은 세상의 것과 판이하다. 따라서 우리가 매일 계속되는 세상의 선전과 일상사를 통한 부단한 세상 압력에 맞서려면 무엇보다도 하나님의 말씀 안에 우리의 몸과 마음을 몰수해야 한다.

② **유혹을 이기는데 그 말씀을 사용하라.** 광야에서 사단의 모든 유혹을 이기신 예수님으로부터 교훈을 배우자. 그는 '성령의 검,' 즉 하나님의 말씀을 가지고 사단을 물리치셨다. 그가 유혹을 물리치는데 사용하신 성구는 모두 신명기 6장과 8장에서 인용되었다. 이것은 예수님이 바로 그때 이 구절들을 묵상하고 계셨음을 시사한다. 그래서 그 유혹에 적절한 댓구가 유혹에 직면하였을 때 그렇게 쉽게 그에게서 나올 수 있었던 것이다(마 4:1~11).

③ **그 말씀을 길잡이로 사용하라.** 즉, 성경은 생각나는 대로 이런 저런 성구들을 골라보는 '약속 상자'(promise box)가 아니다. 성경을 충분히

---

18) *Presbyterian Journal*, 1978, 4, 12. J.I. Packer, 전게서, p.60 이하에서 인용.

알고자 하는 목적은 점점 더 '그리스도의 마음'을 소유하고, 하나님이 주신 변치 않은 이 원리들을 개개의 문제에 적용할 수 있기 위해서다.

④ 다른 사람들을 돕는데 이 말씀을 사용하라. 한번은 약 2시간 가량 신자의 믿음에 관해 한 변호사와 얘기를 나눈 적이 있다. 그 대화는 그의 말을 반대하는 내 말로 거의 일관했다. 참으로 흥미있는 대화였다. 그 때 나는 성경을 그에서 예닐곱 구절을 보여주었다. 20분 간 하나님의 영이 강력하게 그에게 말씀하셨고, 드디어 그의 지적 방어망이 확 뚫렸다. 그 당시 나는 연소한 신자에 불과했지만 그때 배운 그 교훈은 결코 잊을 수 없다. 성경이야말로 올바르게, 또 기도의 영을 통해 사용될 때 생활을 변화시키는 능력을 소유하고 있다.

⑤ 이외에도 권면이나, 위안, 꾸지람, 훈계, 희망 등을 줄 때 이 말씀을 사용하라. 하나님의 말씀은 우리의 믿음을 양육시키며, 하나님의 사랑으로 우리를 새롭게 한다. 성경 본문만을 인용하는 것은 무의미하다. 사람이 하나님의 말씀의 진리와 의미를 이해할 수 있을 때 비로소 그 말씀은 인간의 논증이 결코 소유하지 못할 권위와 능력을 행사하게 된다. "주여 영생의 말씀이 계시매 우리가 뉘게로 가오리까?" 시몬 베드로가 예수님께 대답했다. 과연 이 대답이 옳다.

8

영적 전쟁

신자라면 누구나 제자가 된다는 것이 하나의 투쟁임을 알고 있다. 개인적인 차원에서 볼 때, 왜 우리는 그처럼 자주 기도하기를 싫어하는가? 왜 우리는 사랑과 용서가 심히 어렵다고 여기는가? 왜 우리는 하나님과 또다른 신자들에게 우리의 마음을 활짝 열기를 주저하는가? 왜 우리는 계속해서 교만하고, 이기적이며, 격분하고, 질투하며, 탐욕에 차 있는가? 왜 우리는 그렇게 쉽게 패배하고 마는가? 왜 모든 차원에서 인간 관계들이 산산히 깨어지는가? 왜 억압, 불의, 좌절이 존재하는가? 국제적인 안목에서 볼 때 왜 증오, 폭력, 전쟁 등이 난무하는가? 북아일랜드에서 평화를 찾는 것보다 달나라에 가는 것이 더 쉽다니 이게 왠 말인가? 이 땅 위에서 왜 우리는 우리 자신들을 파괴시키고 있는가? 이런 질문들은 끝이 없다.

성경은 두 가지 주된 대답을 제시하고 있다. 첫째, 우리가 하나님을 반역함으로 죄의 노예가 되었다. "나의 행하는 것을 내가 알지 못하노니…"라고 바울이 말했다. 왜냐하면 "곧 내가 원하는 이것을 행하지 아니하고 도리어 미워하는 그것을 함"으로 그렇다(롬 7:15). 둘째, 우리는 영전(靈戰)에 휘말려 있으며, 그 싸움에서 마귀는 쉬지 않고 우리의 삶에 대한 하나님의 뜻을 수포로 돌아가게 하려고 기를 쓴다. 모든 방면에서 사단의 세력을 보는 자들이 혹 있는가 하면, 오늘날 대다수의 사람들은 인격을 갖춘 마귀(personal devil)를 믿기란 불가능하다는 것을 알고 있다. 인격자로서의 사단이 없다는 것과 전부 사단의 세력이라는 이 이중의 위험에 대해 루이스(C. S. Lewis)는 이렇게 경고한 바가 있다. "마귀에 대해서 인류가 빠져들기 쉬운 두 가지 비슷한, 그러면서도 상반되는 오해가 있다. 하나는 마귀의 존재를 믿지 않는다는 것이고, 또 하나는 반대로 그 존재를 믿으면서도 그들에 대해 지나친 불건전한 관심을 느끼게 된다는 것이다. 마귀들도 마찬가지로 이러한 오해에 기쁨을 감추지 못하고, 그와 동일한 즐거움으로 마귀가 없다는 유물론자와 마귀에 불건전한 관심을 갖는 마술사를 환영한다."[1] 심지어 마귀의 존재를 믿는 신자들 중에도 영전의 실재성과 그 적의 전술의 특징에 대해서는 장님과 방불한 자들이 더러 있다. "오늘날 교회의 영전은 대부분 적을 제대로 볼 수 없는 눈먼 오합지졸에 의해 교전되며, 그 결과 그들은 보이지 않는 적들에게 공격을 받아 아군끼리 서로 치고받는 상황에 이르렀다."[2] 그것이 교회 내의 감정대립, 오해, 적의(敵意) 등의 원인이 됨은 의심할 여지가 없다. 즉, 우리는 지금 영적 공격을 받고 있으면서도 그것의 성격조차 파악하지 못한 채 좌절한 나머지 눈에 보이는 공격목표만을 열심히 공격하고 있다.

성경적 증거

사단의 행동에 대한 전체적 개념을 갖기가 심히 어렵다는 것을 알고, 그러한 개념을 환상적인 것이나 아니면 중세적인 것으로 따돌려 버리려고 하는 사람들은 이 주제에 대한 성경의 많은 가르침에 세심한 주의를 기울여야 할 것이다. 구약의 무수한 구절들은 차치하고라도 예수께서 그의 공생애를 시작하시자마자 "예수께서 성령에 이끌리어 마귀에게 시험을 받으러 광야로 가"셨다는데 큰 의의가 있다(마 4:1). 후에 그가

---

1) C.S. Lewis, *Screwtape Letters*, Bles, 1942, p.9.
2) Richavd Lovelace, *Dynamics of Spiritual Life*, Paternaoster Press, 1979, p.18.

다가올 고난과 그의 지상사역의 최고의 목적에 마음을 집중하였을 때, 마귀와의 싸움이 다시금 분명히 언급되고 있다. 예수께서 "많은 고난을 받고 죽임을 당해야" 할 것을 가르치실 때 베드로가 이를 말렸다. 바로 그때 예수께서 "사단아 내 뒤로 물러가라 너는 나를 넘어지게 하는 자로다 네가 하나님의 일을 생각지 아니하고 도리어 사람의 일을 생각하는도다"(마 17:23) 하시며 그를 꾸짖으셨다. 사단은 끊임없이 우리의 마음을 멀게 하여 하나님의 뜻을 보지 못하게 하려고 애쓰며 우리를 유혹하여 인간이 핵심과 표준인 것처럼 여기게 한다. 또다시 예수께서 십자가의 시련을 맞이하셨을 때 겟세마네 동산에서 또 하나의 커다란 영적 전쟁을 치루셨다. 그때 그는 그 아버지의 뜻에 대해 기도와 순종을 행하심으로 그 전쟁을 승리로 이끄셨다.

예수께서 하나님의 말씀의 씨를 빼앗아가는 "악한 자"에 관하여 또한 말씀하셨다(마 13:19). 그리고 밭에 가라지를 심은 원수는 바로 마귀임을 경고하시며 유대 지도자들에게 "너희는 너희 아비 마귀에게서 났다"고 역설하셨다(마 13:39, 요 8:44). 아울러 그의 제자들이 악에 빠지지 않도록 보존하시기를 하나님께 기도하셨다(요 17:15). 예수님의 치유사역은 대개 악령과 마귀를 쫓아내는 일을 수반하였다. 참으로 예수님의 생애와 가르침과 사역에는 마귀의 힘과 인격성에 대한 의혹은 일체 없었다.

사도들 역시도 이 영적 전쟁에 관한 세밀한 교훈을 주고 있다. 바울은 독자들에게 "사단도 자기를 광명의 천사로" 가장한다고 경고하였다(고후 11:14). 바울이 자기에게 잘못한 자들을 용서하는 것도 "이는 우리로 사단에게 속지 않게 하려 함이라 우리가 그 궤계를 알지 못하는 바가 아니기" 때문이라고 강조하였다(고후 2:11). 또다른 곳에서는 신자들에게 서로의 관계를 바로 가져서 "마귀로 틈을 타지 못하게 하라"고 당부하였다(엡 4:27). 또한 "마귀의 올무"(딤전 3:7, 딤후 2:26)와 "귀신의 가르침"(딤전 4:1)에 관해서도 기록하고 있다. 아울러 에베소 교인들에게 강권하기를 "마귀의 궤계를 능히 대적하기 위하여 하나님의 전신갑주를 입으라 우리의 씨름은 혈과 육에 대한 것이 아니요 정사와 권세와 이 어두움의 세상 주관자들과 하늘에 있는 악의 영들에게 대함이라"고 하였다(엡 6:11~12). 골로새 교인들에게도 그리스도의 십자가를 통하여 하나님께서 "정사와 권세를 벗어버려……십자가로 승리"하셨다고 말하면서 힘을 북돋우었다(골 2:15). 베드로도 경고하기를 "근신하라 깨어라 너희 대적 마귀가 우는 사자같이 두루 다니며 삼킬 자를 찾나니 너희는 믿음을 굳게 하여 저를 대적하라"(벧전 5:8~9). 이와 같은 구절들은 신약 여러 곳에서 더 많이 찾아볼 수 있다.

역사적 증거

교회사를 통해서 볼 때 기독교 지도자들은 왕왕 심각한 영적 투쟁을 치뤄왔고, 그때마다 다른 이들에게 어떻게 하면 그리스도의 승리를 체험할 수 있을지 가르쳐 주었다. 이그나티우스 로욜라(Ignatius Loyola, 1491~1556)는 영적 전쟁과 정복에 관한 훌륭한 소책자(지금도 제수이트 묵상서로서 널리 통용되는 책이다)를 기록했고, 이 책에는 "66명 분별에 대한 규범"들이 포함되어져 있다. 그는 실례로서 성령에 의한 죄의 자각과 좌절로 이끄는 사단의 거짓된 정죄를 대조시키고 있다. 또한 성령의 조명과, 반대로 더 깊은 죄와 영적 암흑으로만 이끄는 사단의 거짓 "교화"도 비교하고 있다.

종교개혁자들은 이러한 로욜라의 지도를 성경적인 것으로 대부분 받아들였다. 그리고 비록 그들은 중세에 솟아난 미신적인 것들을 거의 모두 거부했지만 그래도 그들 역시 영적 투쟁을 심각하게 취급하고 있었음을 부인할 수 없다. 마틴 루터(Martin Luther, 1483~1546)도 악한 자에 의해, 그것도 침체의 늪에서 오래고 고통스런 공격들을 체험했다. 그 뒤에 윌리암 거널(William Gurnall, 1616~1679)의 『신자의 전신갑주』(Christian Armour)를 포함한, 영적 전쟁에 관한 다수의 작품들이 나타났다. 이 책의 긴 제목은 값진 것이기에 다 소개하면 이렇다.

"전신갑주를 입은 신자-신자와 마귀와의 전쟁에 대한 논문: 하나님과 그의 백성의 대적이 사용하는 전략, 군사력, 교활함, 책략 등에 대한 발견 기독교인 전쟁에 대비하여 영적 무기를 갖추고, 갑주를 입고, 무기 사용법을 배우는 공개된 잡지·이와 함께 총력전의 좋은 결과." 나는 1837년 판을 소장하고 있는데 에베소서 6:10~20에 대한 상세한 해설만도 무려 818면에 달하고 있다.

존 번연(John Bunyan ; 1628~1688)은 『천로 역정』(*Pilgrim's Progress*), 『거룩한 전쟁』(*The Holy War*)과 『죄인들의 괴수에 대한 넘치는 은총』(*Grace Abounding to the Chief of Sinners*) 등으로 유명한데 그는 어둠의 권세를 천국으로 가는 길가에 짧은 줄로 묶여져 있는 사자에 비유했다. 이 사자는 길 한복판에서 우왕좌왕하는 여행자들은 해할 수 있어도, 하나님의 뜻 가운데로 나아가는 자는 손댈 수 없다. 참으로 생생한 영상과 성경적 정확성을 가지고 그는 악의 세력이 그리스도의 승리로 격퇴되며, 그 무엇으로도 악한 세력들이 하나님의 나라와 영광을 훼손시킬 수 없음을 보여주었다.

존 웨슬리(John Wesley, 1703~1791)와 죠지 윗필드(George Whitefield, 1714~1770) 역시 이 영적 전쟁에 대한 어떤 의심도 품지 않았다. 그들의 설교와 저술이 이를 뒷받침하고 있다. 윗필드의 『일지』(*Journals*)는 천상의 영전에 대해 자주 언급한다. "사단은 우리를 넘어뜨리려고 애를 쓴다…단 사단이 설치고 있다. 사단과 그의 부하들이 점점 더 미쳐 날뛸 것이다. 나는 나의 청자(聽者)들에게 이것을 예고하고자 애썼다. 주여! 영적 전쟁의 날을 위해 우리를 준비시키소서."

죠나단 에드워즈(Jonathan Edwards, 1703~1758)는 영적 부흥기간 동안의 사단의 반격에 대해 특히 경계하였다. 그는 사단의 주전략이 박해, 고발, 침투임을 간파했다. 또한 좌절, 절망, 상호 의심 등을 통하여 부흥의 주역들을 공격한다는 것도 주지하였다. 할 수만 있으면 사단은 신자와 신자, 지도자와 지도자 간을 대립시켜 놓고 이를 통해 분리하고 정복한다. 에드워즈는 또한 사단이 부흥을 막지 못하면 이 부흥을 불건전한 극단으로 밀어부치는 것도 목격하였다. 즉, "우리가 과거 하나님의 교회의 역사를 회고해 보면 국교의 부흥을 뒤집는 것이 바로 마귀의 일상 궤계였음은 두 말할 나위 없다. 그리고 마귀가 더 이상 사람들을 어찌할 수 없을 때는 그들을 무절제와 방종으로 몰아간다. 마귀는 자기가 할 수 있는 한 사람들을 묶어두고(부흥을 막고), 그러나 여의치 못할 때는 그들을 마구 떠밀어서 정신없이 몰아제친다.[3]

---

3) Edwards, *Thoughts on the Revival*, p.410.
　　Michael Harper, Spiritual Warfare, Hodder & stoughton, 1970.

금세기에 접어들어 1904~5년의 대부흥 기간 동안 사단의 혼란한 거짓 역사에 관하여 이반 로버츠(Evan Roberts)와 제씨 펜 루이스(Jessie Penn Lewis)는 『신자들을 공격하는 전쟁』(*War on the Saints*)이라는 글을 저술했다. 그리고 보다 최근에는 비교(秘敎)에 대한 신선한 관심이 일면서 여러 비중있는 기독교 서적들이 분명한 성경적, 목회적 관점에서 쓰여졌다.[4] 이 주제를 둘러싼 복합성과 '광신적 외곽집단'(lunatic fringe)의 값싼 감각주의(sensationalism) 때문에 오늘날 교회 지도자들 가운데 하나님과 사단과의 투쟁에 관해 회의적인 자들도 더러 있다. 이 시대에 유행하는 사상의 조류가 이런 제목을 거부하지만 초대교회 이후 수 세기에 걸쳐서 이런 전쟁에 관한 신중한 가르침이 계속 이어왔다.

영 분별

영을 분별하는 능력은 그리스도의 몸된 교회 전체의 유익을 위해 하나님의 우리에게 주신 영적 은사의 하나이다. 이 능력이 예수님과 사도들의 사역에서 상당한 역할을 담당했음은 두 말할 필요없다. 예수님은 악령에 사로잡힌 자를 만나셨을 때 자신이 무엇을 해야 할지 곧바로 아셨다. 즉, "그 더러운 귀신을 꾸짖어 가라사대 벙어리되고 귀먹은 귀신아 내가 네게 명하노니 그 아이에게서 나오고 다시 들어가지 말라"(막 9:25). 그 즉시 효력이 나타났다. 제자들이 아무리 노력해도 그 소년을 고칠 수 없었다. 그러나 그는 예수님을 통해 온전케 되었다. 예수님은 육체의 보통 질병들을 이런 식으로 치료하시지는 않았으나, 그 대적과 접할 경우에는 그 즉시 이를 간파하셨다. 베드로 역시 빌립의 전도로 개심하여 세례받은 무리와 어울리던 마술사 시몬의 정체를 밝힐 수 있었다. 바울도 점치는 소녀를 자유케 한 적이 있다. 이처럼 사도들은 매사에 그 전투의 성격을 정확하게 식별해야만 했다. 영전에 대한 성경

---

4) Kurt E. Koch, *Christian Counselling and Occultism, Occult Bondage and Deliverance.*
   John Nevins, *Demon Possession.*
   John Richards, *But Deliver us from Evil.*
   J. Staffford Wright, *Christianity and the Occult.*
   Michael Green, *I Believe in Satan's Downfall*, Hodder & Stoughton, 1981.

적 이해를 통해서 수 세기에 걸친 교회 안의 혼란을 간파할 수 있다.
"영 분별의 성경적 원칙을 적용하게 될 경우 교회사의 상당 부분을 이해하는데 무척 용이하다. 이 원칙들은 반드시 세심한 주의력을 가지고 적용해야 한다. 그러나 적이 반격으로 침투하고 공격함으로써 다소 소란했던 부흥기는 오직 이 원칙들을 가지고 설명되어질 수 있다. 대적들을 영적으로 분별하지 못하면 마치 한편 선수들은 눈에 보이고 반대편 선수들은 눈에 안보이는 상태에서 치루는 혼란한 미식축구 게임처럼 되고 만다."[5] 요한은 요한일서에서 "오직 영들이 하나님께 속하였나 시험하라"(4:1)고 우리에게 말씀했다. 이 말씀은 이단과 사이비종파가 급증하는 시기에 절실한 말씀이다. 그러나 진짜 하나님의 역사를 가짜나 이단, 심지어 마귀의 역사로 매도하지 않도록 "세심한 주의력"을 가지고 살펴야 하겠다. 혹자는 카리스마적인 운동은 옳든 그르든간에 모두 다 그처럼 매도해 버렸다. 하지만 이들은 가말리엘의 신중함을 본받는 지혜가 있어야 했다. 왜냐하면 "만일 하나님께로서 났으면…도리어 하나님을 대적하는 자가 될까 하노라"(행 5:39)는 이유 때문이다.

사단은 예수 그리스도의 진리를 못보도록 백성들의 마음을 가리고자 애쓰는 "이 세상의 신"(고후 4:4)으로 묘사된다. 그는 바로 "온 세상을 꾀는 자"(계 12:9)이다. 즉, 악령들을 동원하여 사람들로 하여금 하나님에 관한 거짓말을 믿고 하나님의 말씀은 불신하며 육신의 일에 홀딱 빠지게 해서 심한 영적 흑암과 불행으로 몰아간다. 신약에서는 오류와 색욕과 공포의 영들에 대해 언급하고 있다. 곧 더러운 영, 유혹의 영, 귀머거리 영, 벙어리 영, 그리고 거짓 인도와 거짓 예언으로 사람들을 기만하는 거짓 영 등이 존재한다. 이들 악령들은 밀교 의식처럼 괴상한 짓을 하기도 하고 기타 무수한 방식으로 활동한다. 이 마귀의 대리자들은 성경의 진리를 혐오하게 하며, 그 의미를 가리고, 깨달은 것을 거절하게 만든다. 더우기 이들은 교회의 제도들과 각종 학문적 신학 연구 모임 등에 파고 들어가서 활동한다. 지도자들과 학자들로 하여금 그리스도의 신성, 부활, 영광의 재림 등을 부인하게 만든다. 이것이 곧 이 세상의 신이 눈멀게 하는 역사의 실례다.

---

5) Richard F. Lovelace, 전게서, p.256.

사단은 "공중의 권세잡은 자"로서 갖은 방법을 다해서 그리스도의 통치를 대적하며 그 손아귀에 악의 조직과 불의한 정치제도를 붙잡고 있다(엡 2:2). 마약의 대량 불법사용, 포르노 산업, 인간의 존엄을 무참히 파괴하는 유물론의 굴레, 세상에 점점 더 들끓는 음란과 무감각한 폭력 등 - 바로 이들 배후에서 강력하게 작용하는 것이 사단이다. 바울은 디모데에게 이것을 경고하였다. "말세에 고통하는 때가 이르리니 사람들은 자기를 사랑하며 돈을 사랑하며 자긍하며 교만하며 훼방하며 부모를 거역하며 감사치 아니하며 거룩하지 아니하며 무정하며 원통함을 풀지 아니하며 참소하며 절제하지 못하며 사나우며 선한 것을 좋아 아니하며 배반하여 팔며 조급하며 자고하며 쾌락을 사랑하기를 하나님 사랑하는 것보다 더하며 경건의 모양은 있으나 경건의 능력은 부인하는 자니 이같은 자들에게서 네가 돌아서라"(딤후 3:1~5). 설사 이 모든 것의 근원을 타락한 인간의 죄악된 마음에서 찾을 수 있다 하더라도, 타락과 죄악의 범위가 너무나 팽만하여 "사단적" 또는 "악마적"이라는 말만으로는 이 악의 영향력을 다 표현할 수 없다(인간의 악한 마음이 "사단적"이라는 말만으로 다 표현이 안된다는 말은 그 배후에 사단이 있음을 인정하지 않는 한 그 엄청난 현상을 설명할 수 없다).

직접 공격

우리가 알아야만 할 마귀의 고도의 전술은 심히 다양하다. 먼저 사단은 박해라는 직접 공격, 즉 하나님의 백성, 특히 그리스도의 사역에 전적으로 참여한 자들의 몸과 마음과 영혼에 다양한 공격을 가함으로써 하나님의 역사를 망치려고 끊임없이 일한다. 베드로는 그의 독자들에게 "우는 사자"와 같은 마귀를 조심하라고 경고하면서 "너희는 믿음을 굳게 하여 저를 대적하라 이는 세상에 있는 너희 형제들도 동일한 고난을 당하는 줄 앎이니라" 고 부연하셨다. 그는 앞에서 그들에게 닥칠 "불시험"에 관하여 말하면서 "오직 너희가 그리스도의 고난에 참예하는 것으로 즐거워 하라"고 격려하였다(벧전 4:12~13 ; 5:8~9).

과거 로마 제국 하의 초대교회의 맹렬한 핍박에서부터 금세기 공산주의와 회교도가 판치는 현재의 고문과 투옥에 이르기까지 하나님의 힘찬 역사마다 이와 같이 공격을 받아왔다. 여기서 주목해야 할 것은 20세기에 들어와서 이전 교회역사를 다 합친 경우보다 더 많은 기독교 순교자가 있었다는 점이다. 이러한 공격들은 믿음과 행위에 대한 커다란 오해에 근거한 거짓 고소에 의하여 번번히 되어졌다. 우익 독재정권과 모든 전체주의정권도 신자들에게 정부전복 선동 혁명음모 내지는 불법활동 등의 혐의를 뒤집어 씌웠다. 날조된 혐의가 있고, 그 뒤에 정의가 조롱을 당하고, 그리하여 말할 수 없는 고통이 뒤따랐다. 경건한 사랑과 빛나는 믿음을 가지고 살아가는 신자들에게 이런 무모한 공격은 그 강도가 가히 마귀적이다. 육적, 영적 고통의 근원을 파악하기가 어렵다는 것은 이미 정평이 나 있지만 어떤 고통은 그 고통의 시기나 목적, 잔인성 등으로 미루어 "우는 사자"의 소행이 분명하다. 많은 사역자들이 수년에 걸쳐 좌절과 싸워왔다는 것이 그 예가 된다. 위대한 침례교 목사였던 찰스 스펄젼(Charles Spurgeon)은 "가장 고통스런 경험"을 통하여, 특히 바로 전 날의 설교로 기진맥진한 월요일 아침에 "영혼의 깊은 좌절이 무엇을 의미하는지" 깨달았다. 루터도 이와 유사한 투쟁을 했는데 이에 대해 스펄젼은 이렇게 기록했다. "루터의 영은 종종 환희에 찬 제7 천국(the Seventh Heaven)에 가기도 했고 또 그만큼 자주 절망의 경계선에 가곤 했다…그는 심히 피곤한 아이마냥 흐느끼다가 마침내 잠들곤 하였다." 루터 자신은 하지만 이에 대해 아주 실제적으로 대처할줄 알았다. 좌절에 대한 그의 태도는 이렇다. "마귀와 논쟁하지 마시오. 그 모든 문제를 떨어버리는 것이 보다 현명하오…친교를 힘쓰거나 거리가 먼 문제들을 놓고 토론하시오. 예를 들어서 베니스에서는 어떤 일이 벌어졌는지, 혹은…식사하고, 춤추고, 농담하고 노래하시오…혼자 있기를 삼가시오…육체노동은 좌절을 해소시킵니다. 말에 마구를 달고 밭에 거름을 주시오."[6] 이런 태도는 더 깊은 좌절 속으로 몰고가는 사단의 공격에 대한 건전한 반응이 될 수 있다. 우리는 네 가지 상이한 고통의 요인이 상호작용하는 것을 분별해야 한다. 신체적인 요소(병, 피로, 영양실조, 호르몬과 화학작용의 불균형), 심리적 요소(타고난 성질), 타락한 본성, 마지막으로 사단의 공격 등이 그것이다. 마귀는 물론 약점

---

6) C. Spurgeon, *Lectures*, Vol. I, p.167.

을 이용하기 마련이지만 이상이 있을 경우 여러 방면으로 동시에 치료하는 것이 합당한 태도일 것이다.

참소

다음으로 사단은 참소라는 간접공격으로 하나님의 역사를 망치려 든다. 그는 "형제들을 참소하는 자"로서 거짓을 강같이 토하여 교회를 매몰시키려고 한다(계 12:1~17). 하나님의 영의 일에 대한 반대는 교회 밖에서 뿐 아니라 교회 안에서도 일어날 수 있다. 교회 안에서 영적 회복이 정중히 무시될 때, 그것도 교회 지도자들에 의해서 되어질 때 이런 반대가 은밀히 진행되어진다. 교회 지도자가 부흥을 정중하게 무시하기도 하지만 부흥현상을 과장되게 풍자하되, 흔히 어쩔 수 없어 뒤따르는 이상한 것이나 과도한 것을 꼬집어서 그것을 풍자하고 그리고는 그것을 강력하게 반대하기도 하는 것이다. 한 그룹의 신자들에 대한 다른 그룹의 신자들의 통렬한 비판은 그 상황에 대한 어의없는 오해에서 종종 빚어진다. 나는 훌륭하고 정직한 기독교 지도자들이 오류, 혹은 비행의 명목으로 서로를 고소하는 것을 들었는데 나는 너무 어이없어 할 말을 잃었다. 내 자신도 그러한 고소를 무심결에 하였다는 사실 외에는 더 이상 할 말이 없었다. 따라서 자리에 대한 터무니없는 왜곡이 심한 것으로 미루어 "형제들을 참소하는 자"가 열심히 일하고 있음이 분명하다.

반드시 사단은 신자들의 과실과 과오에 편승하여 교회를 분열하거나 하나님의 이름이 "이방인 중에서 모독을" 받게 한다(롬 2:24). 바울은 신자들이 자신들의 행위를 살펴서 하나님의 이름과 말씀이 훼방을 받지 않도록 해야 한다고 누차 강조하였다(딤전 6:1). 세속사회에서 교회의 보편적인 이미지는 과거의 측은하고 무용한 잔재물에 지나지 않는다. 사실 교회의 요소 중에 그런 이미지를 풍기는 것이 더러 있을 수 있다. 완전히 틀린 말은 아니다. 그러나 이것은 교회의 참 모습의 왜곡이며, 결과적으로 형편없는 거짓말에 지나지 않는다. 하지만 안타깝게도 대다수 사람들이 이 거짓말을 믿고 있다. 이것이 바로 마귀의 장난이다. 마귀는 "참소자"일 뿐만 아니라 "비방하는 자"이기도 하다.

이 참소자는 또한 수많은 신자들의 마음 속에 커다란 고통을 안겨다 준다. 놀랄 만큼 정확하게 그리고 자주 우리로 하여금 죄와 연약을 기억케 하여 급기야 정죄와 절망에 빠뜨려 버린다. 불경건하고 악한 생각이 마음에 파고들 수 있다―그것도 예배 또는 기도시간에. 그래서 많은 신자들은 그런 생각을 하게끔 하는 자신들의 죄악된 성질로 인해 소스라치게 놀란다. 우리는 이것들이 "악한 자의 화전(火箭)"에 불과하다는 것을 분명히 깨달아야 하겠다(엡 6:16). 그러나 우리가 우리 자신과 또다른 사람들을 위한 그리스도의 승리를 드러내는 믿음의 방패를 어떻게 들어야 할지 모른다면 머지않아 극한 죄책감과 계속되는 강박관념에 포위되고 말 것이다.

부추김

세째로, 마귀는 성령의 활동을 더럽히는 신자의 육욕을 이용해서 하나님의 역사를 손상시키려고 기를 쓴다. 하나님은 진리의 하나님이시다. 그러나 사단은 이 하나님의 말씀의 진리를 편협한 고집불통의 것으로 바꾸기 위해 교회 내의 힘있는 여러 인물들을 이용하는 경향이 있다. 어떤 신자는 너무나 확신에 차 있어서 자신만 옳고 다른 사람은 잘못되었으므로 말이나 글로써 그리스도 안에 있는 형제들에게 신랄한 비판의 채찍을 가하기도 한다.

하나님은 사랑의 하나님이시다. 그러나 사단은 하나님의 사랑의 참된 경험을 감정의 혼란 혹은 간음이나 동성애 등으로까지 변질시키기 위해 인간 육체의 연약성을 이용하기도 한다. 오늘날 기독교적인 결혼에 대한 막대한 압력이 존재한다. 그 중에는 사회 내의 가정생활의 붕괴가 보편화 되었다는 점에서 오히려 당연시 되는 것도 있지만, 뛰어난 기독교 활동가들과 지도자들을 파멸로 몰아간다는 점에서는 가히 악마적이라 하겠다.

하나님은 또한 화평의 하나님이시다. 하지만 사단은 평화애호가(peace-lovers)가 되려고만 하고 평화창조자(peace-makers)는 안되려고 하는 우리의 약점을 십분 이용하려 든다. 우리는 충돌을 회피하고 긴장된 관계를 해결하지 못하고, 결국 죄가 거침없이 우리와 교제를 지속하도록 허용하고 있다. 그래서 우리는 여러 관점에서 그리스도 안에서의 깨끗한 연합(unity)보다 흠묻은 세계교회주의(ecumenism)에 부합한다. 신랑되신 그리스도는 신부되는 교회에게서 도덕적, 교리적 순결을 찾으신다. 그는 우리가 그 분 안에서 마음껏 자랄 수 있도록 "사랑 안에서 진리를 말하라"고 그의 말씀에서 우리에게 말씀하고 계신다. 그는 우리의 불완전도 아신다. 우리는 누구나 실수를 저지르며 분명하게 만사를 보지도 못한다. 하지만 우리가 정직과 사랑, 용서로 우리의 교제를 구별할 바로 그때 참되신 평강의 하나님이 우리와 함께 하실 것을 믿어 의심치 않는다.

위조

네째로, 사단은 거짓 운동으로 하나님의 역사를 혼란케 하고자 애쓴다. 이 운동은 뭇 사람을 속일 뿐 아니라 하나님의 영의 참된 운동을 불신하게 만든다. "빛의 천사"로 가장한 마귀는 "미혹케 하는 영과 귀신의 가르침"으로 경건한 백성들을 심히 미혹한다(딤전 4:1). 또한 그들을 율법주의, 아니면 방종의 굴레로 인도한다. 그는 "의의 일군"으로 가장한 사단의 일군들을 통해(고후 11:15), "표적과 거짓 기적"(살후 2:9)을 통해 연약한 신자들을 현혹시킨다. 그는 신자들을 경건의 모양은 있으나 하나님의 생명과 능력은 없는 거짓 신앙으로 끌고 간다(딤후 3:5). 오늘날의 경험주의적인 풍조 속에서 참된 카리스마적인 체험과 나란히 신비주의 운동과 동양적 신비주의가 우후죽순처럼 자라왔다. 영적 성취와 실현성을 약속하는 종파들이 많은 정통 교회의 영적 황폐를 틈타 소모성 질환(wasting disease)처럼 커가고 있다.

이것이 신약 시대 이후 계속되는 교회사의 패턴이다. 사도들과 교부들은 영지주의적 이단들과 신비주의적 종파들을 속이는 영들의 표현으로 보았다. 그들은 "적그리스도의 영"과 "미혹의 영"을 경계하였다. 아울러 다른 신자들에게도 "멸망케 할 이단을 가만히 끌어들이는" 거짓 선지자들을 경고하였으며(벧후 2:1), 진리를 대적하는 자들, 곧 "마음이 부패한 자요 믿음에 관하여는 버리운 자들"을 이름까지 들어서 말씀하였다(딤후 3:8). 오늘날 교회와 사회가 다같이 혼란한 것을 볼 때 사도들의 경고를 1세기의 미신으로 보고 무시하는 것은 어리석은 처사가 아닐 수 없다. 보다 겸손하게 이는 우리 자신의 제한된 영안(靈眼)을 인식하고 성경의 가르침을 하나님의 말씀으로 받으며, 현재 교회들에게 거짓의 위험성에 관해 의당 경고해야만 한다.

유혹

먼저 사단은 쉬지 않고 하나님의 백성을 유혹으로 넘어뜨리려 한다. 그래서 '유혹자'라고 부른다. 보통 그의 활동은 기독교의 증언과 모순된 것들을 권장한다. 즉, 우리를 유혹하여 혈기를 내게 하고, 일에 태만하며, 남의 것을 탐내고, 교만을 채우며, 섭섭함을 조장한다. 이런 유혹은 바로 우리 신자들의 생활에서 약점을 목표로 잡고 있다.

찾아내기가 심히 어려운, 그러나 결국 강력하고 효과있는 유혹은 신자 이하의 생활, 즉 세속적인 물질주의, 사회적 지위, 중급 정도의 도덕성, 서구의 풍요 등에 대한 유혹이다. 이 모든 것들은 영적인 것(spirituality)으로 얇팍한 허울을 뒤집어쓰고 있다. 그러나 불신자들은 이러한 허식을 꿰뚫어 본다. 기독교의 증언에 진실성을 부여해 줄 참된 생활양식은 달리 존재하지 않는다. 신자와 불신자를 구별하는데 효과적인 그 어떤 것도 없다. 왜 신자는 반드시 '종교 클럽'에 참여해야 하는가? 이 종교클럽은 진정한 삶에 대해서는 별로 할 말이 없고 단지 몇몇 종교활동에 대해서 말할 뿐이다. 참된 제자가 되기 위한 도전을 회피하려는 유혹은 이렇게 교활하고도 대단한 것이다. 그것은 지극히 효과적이며 신자들을 그리스도의 무력한 사신으로 만든다.

그리스도인으로서 우리는 이 세상에서 살도록 부름받은 것이 확실하나 세상의 가치관에 순응해서는 안된다. 이 세상의 특징을 다소 이해하는 것도 따라서 중요하다. 세상 하면 우선 술, 마약, 섹스, 도박 등을 떠올리는 신자들이 있다. 이 모든 것들은 우리 마음에 계신 그리스도와 바꾸기에는 천하고 불건전한 대용품이 될 수밖에 없다. 그러나 요한은 "온 세상은 악한 자 안에 처한 것"(요일 5:19)이라고 말했다. 이 세상은 교육, 정치, 철학, 경제, 산업, 위락(爲樂)시설, 텔레비전, 라디오, 언론 등을 포함하고 있다. 이것들이 그 자체가 나쁘다고 할 수는 없으나 본질상 사단이 통치하는 이 세상에 속하였다. 그리스도의 주권 하에 직접적으로 속하지 않는 모든 것은 이 세상왕국에 속하였으며, 결국 하나님의 왕국과 대적하고 있다.

일찌기 예수께서 "노아의 때에 된 것과 같이 인자의 때도 그러하리라 …사람들이 먹고 마시고 장가들고 시집가더니…"(눅 17:26~27)라고 말씀하셨다. 이 말씀에 주목하라. 예수님은 그들이 호색하며, 간음하며, 도박하며, 살인하였다고 말씀하지 않으셨다. 그렇다. 이 악행 등이 실재로 존재한다. 그러나 예수님은 그들이 "노아가 방주에 들어가고 홍수가 나서 저희를 다 멸하기" 전까지 행하던 일상적으로 자연스런 일들만 지적하셨다. 그러면 왜 하나님의 심판이 임하였는가? 왜냐하면 이것이 그들의 세상사였고 그들의 생활의 전부였기 때문이다. 즉, 그들은 하나님을 제외한 모든 것을 소유하였으며, 하나님이 그들 삶의 중심이 되어야 함에도 불구하고 그렇지 못하였다.

따라서 신자들의 문제는 "어떻게 하면 먹고 마시고 장가가고 시집가는 것을 피할 수 있을까?" 하는 것이 아니다. 절대 그렇지 않다. 문제는 "어떻게 하면 이것들, 배후에 있는 세력을 피할 수 있을까?" 하는 것이다. 왜냐하면 이 세상 전체가 악한 자의 세력 안에 있는 까닭이다. 심지어 무해한 일상사마저도 사단이 조종하는 이 세상에 속해 있다. 그렇다면 우리는 어떻게 이 세상의 강한 마수(魔手)로부터 자유할 수 있는가? 어떻게 우리는 하나님의 사랑에서부터 너무나 쉽게 멀어지게 하는 욕망, 야망, 매력을 극복할 수 있는가? 그 해답은 바로 이것이다. 즉, 그리스도 안에서 그의 십자가를 통하여 우리가 이미 세상에 대해 십자가에 못을 박히고 세상도 우리에 대해 못을 박혔다(갈 6:14). 죄에 대하여는 더 이상 우리는 옛 왕국에 속하지 않았다. 우리는 예수님이 통치하시는 그 왕국으로 이미 옮겨졌다.

사실 이 진리는 우리가 하나님의 사랑에 마음을 열 때만 보여질 수 있다. 또한 그의 영이 우리 속에서 우리의 삶을 통치하시며 끊임없이 그리스도의 형상을 닮아가게 하실 때야 비로소 볼 수 있다. "하나님이 가라사대 저가 나를 사랑한즉 내가 저를 건지리라"(시 91:14). 우리는 하나님과 이 세상을 동시에 사랑할 수 없다. 그러므로 하나님의 사랑이 우리의 마음에 날마다 성경을 통해 부어질 때만이 우리는 세상의 마수에서 자유를 누릴 수 있다. 이것으로 영적 전쟁이 끝났다고 생각하면 큰 오산이다. 지금 우리는 확실히 예수님이 통치하시는 은혜의 왕국에 영원히 속해 있다. 그러나 날마다 우리는 그의 주권에 우리의 삶 전체를 복종해야 하며, 또한 그의 사랑으로 다시금 새로와지고 성령으로 충만해야 한다. 오로지 이 길을 통해서 우리는 더욱 더 "하나님의 자녀들의 영광의 자유"에 참여할 수 있다(롬 8 : 21).

귀신들림

여섯째로, 사단은 하나님께서 자신의 영광을 위해 창조하신 피조물, 즉 인간을 소유함으로 하나님의 역사를 조롱하여 흉내낸다. '살인자'(요 8 : 44)요 '아볼루온(파괴자)'(계 9 : 11)인 사단은 하나님의 일을 망치고 싶어 안달이다. 그래서 악령이 인간 속에 거주함으로 인간을 파멸시킨다는 것은 경악할 만한 사실이라 하겠다. 우리는 복음서에서 종종 이 사실을 접한다. 더러운 귀신들린 사람은 그 귀신이 예수님의 명령에 따라 그에게서 나오기에 앞서 그 귀신에 의해 넘어뜨려졌다(눅 4 : : 33~36). '군대'라는 이름의 귀신들은 귀신들린 자로 하여금 그를 묶고 있는 쇠사슬과 고랑을 끊고 광야로 나가게 했다. 마침내 예수님에 의해서 그로부터 나왔을 때 돼지떼를 온통 몰사하게 했다(눅 8 : 26~33). 또한 더러운 귀신에 잡힌 소년은 심한 경련과 상처를 입었다. 그 귀신이 그 소년을 '잡아 찢고' '상하게' 했다. 예수님이 꾸짖자 그를 떠났다(눅 9 : 37~43). 참으로 예수께서 이렇게 주의를 주셨다. "더러운 귀신이 사람에게서 나갔을 때에…쉬기를 구한다." 그런데 후에 다시 와보니 그 사람의 생활이 말끔히 정리되고 비어 있음을 알고는 "가서 저보다 더 악한 귀신 일곱을 데리고 들어가서 거하니 그 사람의 나중 형편이 전보다 더 심하게 되느니라"(눅 11 : 24~26).

내 개인적으로 여러 사람들의 생활 가운데서 사단의 파괴적인 세력을 목격하였다. 거짓말하고 비웃고 상처를 주는 악령이 하나님의 형상을 입은 인간을 사로잡고는, 그로 하여금 제정신을 잃고 흉악한 것들을 말하고 행하도록 조종하는 것을 직접 보았다. 또한 사단의 음성이 사람들을 통해 전해지는 것을 들었다. 어둠의 권세에 조종되는 사람들(여러 가지 원인이 있겠으나 일반적으로 미신행위에 연루된다)의 비참한 모습을 보기도 했다. 악령의 권세에 소유되었던 이들이 구원받고자 예수께로 돌아오게 될 때 벌어지는 공포의 투쟁이 계속되는 동안 나는 시종 기도하지 않을 수 없었다. 거기서 사단의 실제역사에 무척 놀랐지만 그로 인해 예수 그리스도의 더 큰 권세를 체험하게 되었다. 지난 10~15년에 걸친 경험을 통해, 비록 마귀에 대한 제반 개념들 중에는 지적으로 이해하기 어려운 것도 있지만 마귀가 존재한다는 것은 믿지 않을 수 없었다.

그러나 보통 마귀의 파괴적인 성격은 비록 위험하고 실제 존재하고 있지만 아주 평범한 모습을 띤다. 사단은 인간의 존엄성을 무너뜨리는 기존의 인간제도를 통해 활동하며, 또한 가난하고 약한 자들을 억압하는 사회 정치제도를 통해서, '더러운 이들'을 위해 무방비한 사람들을 착취하는 인간의 탐욕을 통해서, 그리고 육체의 모든 정욕과 섹스의 희생물인 젊은이들의 색욕을 통하여 일을 한다. "하나님이 창조하신 것을 깨뜨리는 이 파괴적인 활동들을 선동하고 성취하는데 관련된 흑암의 세력들은 인간의 책임과 죄를 없애지 못한다. 이 일련의 활동들은 마귀에게서 자주 보게 되는 가공할 만한 계략과 히틀러의 600만 유대인의 살인과 같은 대량학살에서 엿볼 수 있는 인간 내면의 무분별함과 악독함 등을 보여주는 것에 불과하다."[7]

만약 영적 전쟁을 보지 못한다면 우리는 사람들에 대해 쓴 마음과 증오를 품는 일에 말려들게 될 것이다. 그러나 이 세상에 있는 사단의 하수인들이 우리의 적이 아니며, 또 그렇게 보아서도 안된다. 왜냐하면 예수께서 원수를 사랑하며 너희를 핍박하는 자들을 위해 기도하라고 우리에게 말씀하셨기 때문이다. 선인이든 악인이든간에 모든 사람을 하나님께서는 다 사랑하시며 우리도 사랑해야 한다. 하나님께서는 죄는 미워하셔도 죄인은 사랑하신다. 참으로 우리의 싸움은 혈과 육에 있지 아니하고, 정사와 권세와 이 세상 어두움의 세상 주관자들과 하늘에 있는 악의 영들에 대한 것이다. 이 영적 전쟁의 규모나 치밀함, 격렬함에 비추어 볼 때 하나님의 영 분별의 은사가 크게 요구된다. 이것을 위해 특

---

7) Richard F. Lovelace, 전게서, p.140.

별히 간구할 때 하나님께서 우리에게 넘치게 주실 것이다. 그래서 바울은 골로새 교인들이 "모든 신령한 지혜와 총명에 하나님의 뜻을 아는 것으로" 채워지기를 기도하였다(골 1:9).

하나님의 자유 투사들

신약의 서신들을 읽어보면 당시 대부분의 독자들이 영전(靈戰)을 익히 알고 있었던 것으로 전제되고 있다. 따라서 교회들에게 영전을 잘 치루도록 격려하는 권면은 간간이 나타날 뿐이다. 그러나 오늘날 우리는 독자들이 영전을 익숙하게 알 것이라고 전제할 수 없다. 그러므로 영전에서의 승리와 자유를 위한 제원칙들을 간단히 요약하는 것이 도움을 주리라 여겨진다.

1. **적을 알아라.** 바울은 사단에 관해 말하기를 "우리가 그 궤계를 알지 못하는 바가 아니로라"고 했다(고후 2:11). 우리는 악한 자의 성격과 전술을 너무 많이 생각할 필요는 없지만 그것을 알고 있어야 한다. 그의 적극적이고 파괴적인 활동을 결코 잊지 말라. "시험에 들지 않게 깨어 있어 기도하라"고 잠들었던 제자들에게 예수님이 말씀하셨다(마 26:41). 또한 우리가 늘상 암송하는 주기도문에도 "다만 악에서 구하옵소서"라고 기도한다.

2. **하나님의 사랑 안에 자신을 지키라.** 유다는 마지막 때에 자기의 경건치 않은 정욕대로 행하며, 기롱하며, 당을 짓고, 육에 속하였으며, 성령이 없는 자들에 대해 열거하면서 "하나님께서 능히 너희를 보호하사 거침이 없게 하시리라"고 확신을 심어주었다. 그러나 그들은 그들대로 "지극히 거룩한 믿음 위에 자기를 건축하며 성령으로 기도하며 하나님의 사랑 안에서 자기를 지켜야" 했다(유 17~25절). 사람들은 때때로 죄를 짓는 신자는 바보라고 말한다. 왜냐하면 우리가 그리스도 안에 거할진대 죄 지을 필요가 없기 때문이다. 그와 같이 우리가 사단의 권세를 알긴 알되 두려워해서는 안된다. 우리가 그리스도와 함께 빛 가운데 걸어가면 흑암의 권세를 무서워 할 아무런 이유가 없다. 바울은 "사망이나 생명이나 천사들이나 권세자들이나 현재 일이나 장래 일이나 능력이나 높음이나 깊음이나 다른 아무 피조물이라도 우리를…예수 안에 있

는 하나님의 사랑에서 끊을 수 없으리라"는 것을 확실히 알았다(롬 8 : 38~39). 따라서 우리가 그 사랑 안에서 우리 자신들을 지키기만 하면 완전히, 그리고 영원히 우리는 안전하다. 악한 자가 우리를 해치지 못한다(요일 5 : 13).

3. 그리스도 안에서 강건하라. 이것은 에베소 교인들에게 준 바울의 교훈이다. "너희가 주 안에서와 그 힘의 능력으로 강건하여라"(엡 6 : 10). 그리스도는 "모든 정사와 권세와 능력과 주관하는 자와 이 세상뿐 아니라 오는 세상에 일컫는 모든 이름 위에 뛰어나게 하시고 또 만물을 그 발 아래 복종케" 하신다(엡 1 : 21~22). 우리가 아무리 그를 의지해도 오히려 부족할 정도이다. 이는 "너희 안에 계신 이가 세상에 있는 이보다 크신" 까닭이다(요일 4 : 4). 특별히 사단에 대한 우리의 승리는 그리스도의 십자가에서 나타나야 한다. 왜냐하면 바로 십자가에서 하나님이 '정사와 권세를 물리치셨고' 우리가 '형제들의 참소자'를 정복할 수 있는 것도 바로 '어린 양의 피'이기 때문이다(골 2 : 15, 계 12 : 10 이하).

십자가의 권능에 의해 아주 극적으로 사람들이 사단의 굴레에서 자유를 얻을 수 있게 된다. 나는 십자가에 관한 말씀을 읽는 것이 영적 전쟁, 특히 가장 치열한 전투에서 힘을 솟아나게 하는 것을 여러 차례 목격했었다. 대개의 경우 필요한 것은 그리스도의 십자가를 통해 마귀를 이기신 하나님의 권세를 독실하게 그리고 확고하게 신뢰하는 것이다. 그러므로 걸핏하면 사단을 추방하는 "구출사역"을 들먹이고 무분별하게 귀신을 추방한다는 행위 등을 거부해야 한다. 모든 질병을 다 사단의 압제나 침입으로 돌릴 수 없다. 그렇게 한다면 말로 다 할 수 없는 고통이 초래되며 나아가서 심각한 혼란에 빠질 수도 있다. 여기 열거된 보통의 원칙들을 적용하는 것이 거의 모든 경우에 효과가 있을 것이다. 그리스도는 우리를 위해 승리하셨다. 우리는 이 승리 안에 확고히 서서 이것을 선포하고 즐거워해야 한다. 이것이 바로 사단을 물리치는 길인 것이다. 우리는 즉석식품과 같은 구출공식들을 주의해야 한다. 우리는 항상 육신을 십자가에 못 박고 성령 안에서 행해야 하는데, 바로 그리스도의 능력으로 거의 언제나 이렇게 할 수 있다.

4. 성령에 충만하라. 바울은 "열매없는 어두움의 일"과 "때가 악함"에

대해 에베소 교인들에게 경고하면서 지혜있는 자같이 행하며 "오직 성령의 충만을 받으라"고 당부하셨다(엡 5：1~18). 그들은 효과적인 전쟁수행을 위한 성령의 모든 은사가 필요했을 것이다. 디모데에게도 "너를 지도한 예언을 따라 그것으로 선한 싸움을 싸우라"고 말하였다(딤전 1：18). 거듭거듭, 아니 가슴아프게 하나님께서는 그가 없이는 우리가 지극히 나약해질 수밖에 없음을 깨닫게 하실 것이다. 교만, 즉 자기 과신과 자기 의존은 너무나 간단하게 우리의 생각을 사로잡는다. 시몬 베드로와 같이 우리도 우리 자신 혼자 힘으로 그것을 할 수 있다고 생각한다. 즉, 다른 사람은 실패해도 우리는 견고히 설 것이라고 생각한다. 우리가 다른 신자의 죄에 충격을 받을지라도 우리 자신의 약점은 보지 못한다. 우리 삶의 전영역에서 **성령에 의지해야** 할 시점에 이르러야 한다. 만약 매일 매일 예수님의 보혈로 우리의 죄를 씻지 않는다면, 그리고 매일 성령의 충만을 받지 못한다면, 우리는 결코 악한 자를 이길 수 없다.

5. **신자로서 활발하게 전도하고 봉사하라.** 성령충만을 받으라는 말씀과 더불어 바울은 "세월을 아끼라," 잠에서 깨어나라고 재촉하였다. 유다도 의심하는 자들을 긍휼히 여기며, 어떤 자들을 불에서 끌어내어 구원하라고 촉구하였다(유 22~23절). 다시 말해서 우리가 싸우고 있는 우주적인 전쟁의 관점에서 볼 때 한 순간도 놓쳐서는 안된다는 말이다. 날마다 우리는 주님의 뜻이 무엇인지 알아서 이를 행해야 한다. 아이작 왓츠(Isaac Watts)의 "사단은 게으른 손이 행하는 손해를 여전히 찾고 있다"는 말은 참으로 옳은 말이다. 물론 균형이 있어야 한다. 우리는 앞서 칼 융(Carl Jung)의 "분주함이 바로 마귀다"라는 말을 살펴본 바도 있다. 복음서에서 예수께서는 힘을 다해 수고하시면서도 영혼은 고요하고도 평화롭고, 분주하시지만 쫓기지 않으시고 정신을 차리시면서도 긴장하시지 않는 등 균형을 유지하신 것을 본다. 그는 하나님이 주신 사역을 완전히 감당하셨고, 그의 생애 속에 사단이 발붙일 틈을 찾지 못했다.

6. **잘못된 관계를 바로 잡는데 지체하지 말라.** 모든 교회는 죄인들의 교제로 이루어져 있다. 우리가 남에게 상처를 주고 또 남에게 상처를 받는 것이 불가피하다. 그래서 예수님은 할 수만 있으면 일흔 번씩 일곱 번

이라도 용서해야 할 필요성에 대한 가르침이 절실함을 아셨다. 바울은 우리가 때때로 옳든 그르든간에 분을 품게 된다는 것을 알았다. 그런데 우리가 이 분과 그에 따른 문제들을 그 즉시—해가 지기 전에—풀지 않으면 마귀에게 틈을 주게 된다(엡 4 : 26~27). 만약 우리가 분을 품은 채 잠자리에 들면 쉽사리 잠들 수 없고, 아침에 일어나서는 우울하고 과민해져 있는 우리 자신들을 발견하게 된다. 신자 상호 간에 교제의 균열이 생기면 마귀는 재빨리 그것을 이용할 것이다.

또한 우리는 사랑 안에서 서로 서로 항상 열려져 있는 생활을 영위해야 할 필요가 있다. 그럴 때 영적 전투에서 서로를 도울 수 있다. 그러나 만약 내가 당신의 삶에 무슨 일이 일어났는지 알지 못하고 당신도 내 삶에 대해 그렇다고 하면 서로가 문제에 봉착했을 때 아무 도움도 주지 못한다. 반대로 우리가 참으로 서로의 삶을 공유한다면 당신이 넘어졌을 때 내가 일으켜줄 수 있고, 또 내가 넘어졌을 때 당신이 나를 일으켜 줄 수도 있다. "두 사람이 한 사람보다 나음은…혹시 저희가 넘어지면 하나가 그 동무를 붙들어 일으키려니와 홀로 있어 넘어지고 붙들어 일으킬 자가 없는 자에게는 화가 있으리라… 한 사람이면 패하겠거니와 두 사람이면 능히 당하나니 삼겹 줄은 쉽게 끊어지지 아니하느니라"(전 4 : 9~12). 영적 전쟁에 관한 바울의 교훈은 신자 개개인이 아닌 교회에게 쓰여진 것이다. 신자들이 함께 서서, 함께 기도하며, 서로를 일으켜 세워야 했다. 즉, 그들이 진실로 사랑 안에서 연합하였을 때만이 이것을 오로지 할 수 있었다.

7. **하나님의 전신갑주를 입으라** [8](엡 6 : 10~20). 하나님께서는 우리에게 필요한 모든 면에서 보호해 주신다. 우리는 주님과의 동행을 둘러싼 '진리의 고리'가 있도록 하고 우리의 생활이 하나님과 또한 서로 간에 의로 맺어져 있도록 해야 한다. 게다가 어디를 가든지 평안을 힘쓰며, 믿음의 방패를 들어서 악한 자의 모든 불화살을 소멸하고, 집요하게 공격해 오는 불안과 공포로부터 우리의 마음을 보호하며, 성령의 권능 안에서 효과있게 하나님의 말씀을 사용해야 한다. 예수께서 광야에서 그

---

8) 이에 관해서는 *Hidden Warfare Send the Light Trust*, 1980의 4장에서 보다 자세히 기술했다.

의 적을 이길 때 사용했던 것이 바로 하나님의 말씀이었음을 잊어서는 안된다.

8. **쉬지 말고 기도하라.** "모든 기도와 간구로 하되 무시로 성령 안에서 기도하고 이를 위하여 깨어 구하기를 항상 힘쓰며 여러 성도를 위하여 구하고…"(엡 6 : 18). 우리가 기도를 쉼으로 하나님과의 친밀한 교제를 상실한다면 결코 이 전쟁에서 굳건히 설 수 없다. 우리는 날마다 그 분의 '진격 명령'을 필요로 한다. 우리는 그에게 가서 그를 기다리고 그 속에서 우리의 힘을 재정비하고, 그리고 난후에 적과 싸우기 위해 세상에 나아가야 한다. 만약 예수께서 그의 사역을 위해 이것이 계속 필요하다는 것을 아셨다면 우리는 겸손과 기도를 통해 우리의 연약을 더욱 더 고백해야 하지 않겠는가!

9. **즐거운 소리를 활용하라.** "즐거운 소리를 아는 백성은 유복한 자라"고 시편 기자는 찬송했다(시 89 : 15). 수 세기에 걸쳐서 하나님의 백성들은 그에게 찬양함으로 힘을 얻었다. 특히나 전장에서 더 그랬다. 여호수아도 그 백성에게 "외치라! 여호와께서 너희에게 이 성을 주셨느니라…이에 백성은 외치고 제사장들은 나팔을 불매 백성이 나팔 소리를 듣고 동시에 크게 소리질러 외치니 성벽이 무너져 내린지라…그 성을 취하고…"(수 6 : 16, 20). 여호사밧이 강한 대적과 마주하였을 때 하나님의 백성들을 불러 기도와 금식을 하게 했다. 주께서 선지자를 통하여 그가 이 전투에서 승리를 주리라고 고무하시며 말씀하셨다. 그들이 엎드려 경배하고 "심히 큰 소리로" 서서 하나님을 찬송하였다. 그들이 전투하러 나아갈 때 노래하는 자들이 군인보다 앞서 나아가며 찬송하였다. 그러자 하나님께서 승리를 주셨다(대하 20장). "즐거운 소리로 하나님께 외칠지어다…하나님이 즐거이 부르는 중에 올라가심이여" 하고 시편 기자는 말했다(시 47편). 더구나 사도행전 4장에서 제자들이 주님을 죽인 관원들과 격렬한 싸움을 벌이게 되었을 때 그들이 함께 소리를 높여 하나님께 부르짖기를 "대주재여…" 한 뒤 큰 목소리로 그의 말씀을 증거할 용기를 간구하며 그의 만물의 통치자되심을 찬양했다. 빌기를 다하자 그들이 새롭게 성령으로 충만하여지고 어둠의 권세가 물러간 것은 당연한 일이었다.

세계 여기저기서 열린 찬양의 축제에서 내가 수 천 명의 신자들에게

"하나님이 다스린다!"는 축제의 함성을 지르도록 격려했다. 거대한 회중이 '기쁨의 함성'으로 함께 연합하였다. 많은 사람들이 그 뒤에 이 간단한 행동이 큰 격려가 되었었다고 내게 토로해 왔다. 우리는 주님 안에서 서로의 힘을 북돋우워야 한다. 온 세상 사람들이 증오와 폭동의 소리, 정치선거의 외침이나 미식축구팀을 응원하는데 목소리를 돋우는 이때 확실히 우리는 성경의 교훈을 따라 하나님을 찬양해야 하겠다. 이것이 험산준령을 넘는데 도움을 주며, 살아계신 하나님 안에서 우리 믿음을 강하게 해준다. 결국 "만일 하나님이 우리를 위하시면 누가 우리를 대적하리요"(롬 8:31). 우리는 이 험난하고 어찌할 바 모르는 시대에 서로를 격려하며 예수 그리스도께서 우리의 통치자가 되심을 함께 증거해야 할 것이다.

9

복음전도

　예수님의 제자로의 부르심은 우선적으로 그 제자의 유익을 위한 것은 아니다. 그의 제자들은 이 사실을 좀처럼 깨닫지 못하고 그저 뭐 얻을 것은 없나, 우리들 중에 누가 가장 큰가 하는 생각만 하고 있었다. 예수께서 이들을 꾸짖으셨다. "인자의 온 것은 섬김을 받으려 함이 아니라 도리어 섬기려 하고 자기 목숨을 많은 사람의 대속물로 주려 함이니라"(마 21：28). 그리고 예수님은 한 가지 이유 때문에 그의 생명을 바치셨다. 바로 불쌍한 그의 백성에 대한 깊은 연민 때문이었다. "무리를 보시고 민망히 여기시니 이는 저희가 목자없는 양과 같이 고생하며 유리함이라"(마 9：36).

　그렇다면 그의 구체적인 실천계획은 무엇이었는가? 그는 잠재적인 12명의 지도자들을 부르사 그들을 가르치시고 그들을 보내사 가르침과 병고침을 명하시고, "천국이 가까왔느니라"(마 10장)고 전파하게 하셨다. 얼마 후에 다시 70명이 예수께서 "친히 가시려는 각동 각처로" 동일한 목적을 가지고 보냄을 받았다(눅 10：1~10). 이 사역은 쉽지 않았을 것이다. 이들을 배척하는 사람들도 있었을 것이고, 심지어 핍박하는 자들도 있었을 것이다. 그들은 영적인 대전투에 출전하지 않을 수 없었다. 그런데 이 70명은 기쁨에 넘쳐 돌아왔다. 확실히 이 전도사역은 이들에게 있어서 놀라운 배움이요 고무적인 체험이 아닐 수 없었다. 제자로서 그들은 부름을 받아 보내졌고 거기서 제자로서 양육을 받았다. 후에 예수께서 모든 제자는 예수님의 증인으로서, 또한 복음 사역의 수행을 위해 부름받았음을 분명히 밝히셨다. "아버지께서 나를 보내신 것같이 나도 너희를 보내노라…땅 끝까지 이르러 내 증인이 되리라"(요 20:21, 행 1:8). 예수님은 먼저 우리에게 "오라"고 부르시고, 다음에는 "가라"고 하신다. "갈지어다…온 천하에 다니며 만민에게 복음을 전파하라…가서 모든 족속으로 제자를 삼아…"(눅 10:3, 막 16:15, 마 28:19).

그들이 하루 아침에 능력있고 효과적인 전도를 시작하지 못한 것은 당연했다. 자연스럽게 예수님은 그들을 도우사 두려움을 없애주며, 무력함을 극복하게 하고, 추수 때가 급박한 줄 알아 경성하여 기도하도록 하셨다. 또한 그들에게 계속해서 하나님의 나라에 관해서도 가르치셔야 했다. 그들의 교만과 자기 자신의 껍질을 벗겨내고 겸손과 고통의 방법으로 그들이 그들 자신으로는 무가치하다는 것을 보여주어야만 했다. 그리고 오직 기도와 금식을 통해서, 그들이 역사하고 계시는 하나님의 권능을 보리라고 기대할 수 있었다. 때로는 그들에게 사랑이 있는지 여부를 시험하시고 그들의 책무에 도전을 주시기도 하시며, 그래서 그들을 영적 전장을 위해 준비시켜야만 하셨다. 종종 예수님은 닥쳐올 환난의 때를 경고하시면서 그러나 아울러 성령의 권능을 또한 약속하셨다. 성령의 도움을 통해 그들이 맡은 임무 뿐 아니라 그보다 더 큰 일도 해낼 수 있었다.

우리가 초대교회-인간의 공포와 실패로 인해 연약해진, 그러나 성령 안에서 활발한 초대교회를 바라볼 때 모든 사람이 복음에 관해 소문을 퍼뜨리는 것을 목격한다. 누가 먼저 이방 대도시 안디옥에 그리스도의 복음을 가져왔으며 베니게(페니키아, Phoenicia) 해안을 왕래하며 복음을 증거하였는가? 전문가들이? 아니다. 그 반대로 "별 볼일 없는 사람," 즉 그리스도를 전파할 수 있는 곳은 어디나 찾아갔던 무명의 평신도(후에 이들을 "범인들"〈凡人, idiotēs〉이라고 불렀다)였다. 그 어떤 대적도 그들을 막을 수 없었다. 그 당시의 세상을 극적으로 변환시킨

주역은 바로 복음 증거에 적극적이며 전도하는데 담대했던 모든 교회였다.

오늘날 교회에 있어서 우리가 주의깊게 생각해야 할 점은 이것이다. 즉, 교회사의 처음 수 세기 동안 지대한 영향을 끼쳤으며 지금도 동남아시아와 아프리카, 라틴 아메리카 등지에서 그와 같은 효과를 거두고 있는 이 전도의 정신을 어떻게 고취시킬 수 있을까 하는 것이다. 겨울에 얼어붙은 캐나다의 큰 강들의 어귀와 같이 대부분의 서구 신자들의 입을 얼어붙게 만드는 천성적인(또는 문화적인) 침묵을 어떻게 극복할 수 있는가? 어떻게 하면 우리 교인들을 사람들에 대한 타고난 공포심과 변화를 싫어하는 마음으로부터 자유롭게 해줄 수 있겠는가? 끝으로 이 전도가 교회의 예배와 교제로부터 거리나 가정, 직장-신자들이 있는 곳은 어디에나-에 이르기까지 어떻게 하면 저절로 넘쳐날 수 있겠는가?

게토의식 (ghetto mentality) 을 제거하라

추기경 수에넨스(Suenens)와 함께 옥스포드 대학(Oxford University)까지 선교했던 스티븐 닐(Stephen Neill) 주교는 이렇게 기술했다. "여전히 우리가 직면하고 있는 문제는 한번도 복음을 듣지 못한 불신자의 문제이다. 다른 경우도 그렇겠지만 이 전도집회에 참석하는 사람들의 대부분은 독실한 신자들이거나 가끔 교회에 나가는 신자들, 아니면 한 때 신자였으나 이제는 더 이상 교회를 나가지 않은 이들이다. 그렇다면 우리는 어디서 정말 믿지 않는 불신자와 접촉을 가질 수 있으며, 어떤 메시지에 그가 귀를 기울이겠는가? 이 문제의 해답을 알 만한 사람은 아무도 없다. 소위 전도의 대부분은 교회 내에서, 혹은 교회 근처를 벗어나지 못한다. 즉, 기독교 궤도에서 박차고 나와 이 세상으로 나아갈 방도를 아직 우리는 찾지 못한 것 같다."[1] 신자들이 전도나 축제를 위해 함께 모이는 선교나 축제도 물론 할 수 있는 것이다. 바깥으로 도는 신자들이 그리스도에게 전적으로 헌신하는 자들이 되어야 한다. 그 밖

---

1) John Taylor, *The Winchester Churchman*, 1979. 7.

의 사람들도 계속적인 격려가 필요하다. 반드시 영적 부흥이 있은 뒤에야 효과적인 전도가 수반된다. 지난 수 년 간 세계 각지에서 열린 많은 축제에 참석했었는데, 거기서 복음이 음악과 찬양, 무용, 드라마, 색채와 환희의 상태 등을 통해 전파되었다. 그런 일들은 세 가지 목적을 가지고 있다-전도, 부흥과 신자들 간의 화목이다. 이것이 바로 기독교 사역의 3가지 요체이다.[2] 그럼에도 불구하고 우리는 솔직히 이 방법으로 불신자들이 그리스도를 발견한 예가 거의 없다는 사실을 인정하지 않을 수 없다. 여기서 우리는 개인전도가 참으로 효과적인 제자화를 인도한다는 점을 보게 된다. 불신자에게 접근하는 다른 방도가 있겠으나 그 어느 것도 이 개인전도의 자리를 대신할 수 없다.

이런 점에서 교회는 가정이나 직장에 있는 신자들에게 보다 많은 훈련과 지원을 아끼지 말아야 하겠다. 교회가 달리 접근할 수 없는 지역까지도 십중팔구 파고들어 갈 수 있는 사람들이 바로 이들이다. 즉, 그리스도 안에서 살아가는 신자들의 일상적이고 평범한 증거가 그러하다. "상업, 무역, 공업 등에 종사하는 실업인들이 모여 와서 우리와 함께 예배를 드린다. 그리고 우리는 그들에게 훌륭한 남편이 되라고 말하며 아울러 그들을 교회의 회계로 임명한다. 그리고는 그들이 날마다 어떻게 살아갈 것인가에 관해 거의 준비시켜 두지 못한다. 사실 하나님의 나라가 오늘날 효과적으로 임하여야 하는 곳이 바로 그들의 삶의 현장인 데도…우리는 전문가 뿐만 아니라 모든 하나님의 백성들에게 그들이 살며 일하는 그곳에 대한 소명감을 키워주어야 한다. 현재 이 거룩한 작전에 있어서 결핍된 것은 하나님의 지휘대로 신속히 움직이는 기동 타격대다."[3]

서양의 여러 나라에서-유럽의 나라들을 예로 볼 때-교회가 전도해야 할 상황에 놓여 있다. 사람들 대부분이 기독교 신앙에 관해서 거의 혹은 전혀 알지 못하며, 오히려 교회를 현실과 맞지 않는 것으로 간주한다. 교회야말로 기독교 실업인, 교사, 정치가, 사회 운동가로서 삶의 전영역 속에 파고들어갈 강한 책임감을 지닌 신자들의 소그룹들이 절실

---

2) 더 자세한 것은 *I believe in Evangelism*(Hodder and Stoughton, 1976)을 참조하라.
3) John Poulton, The Monthly Letter for May/June 1979 of the WCC Commission on World Mission and Evangelism.

히 요구된다. 그래야 교회가 주님의 말씀대로 세상의 빛과 소금이 될 수 있다. 기독교인 극작가인 머레이 왓츠(Murray Watts)는 이 점을 이렇게 강력하게 표현했다. 요즘 우리는 TV를 보면서 말하기를 '폭력, 음란, 외설-얼마나 소름끼치는가! 이미 고기가 상해버렸어'라고 한다. 물론 상했다. 왜냐하면 처음부터 그 고기에는 전혀 소금이 들어가지 않았기 때문이다. 소금 대신에 다른 것들이 거기에 들어갔다. 세속단체, 혁명단체, 종교단체 등 온갖 단체들이 그리스도의 복음과 같이 할 수 없는 철학을 가지고 사회의 전략상 요충지에 침투해 왔다. 이들 단체들은 단 한 가지 일을 대성공리에 수행했다. 즉, 이 단체들은 목표를 성취하기 위해서는 모든 것을 희생할 각오가 되어 있는 훈련되고 헌신하는 제자들을 동원한 것이다. 만약 우리 신자들이 하나님의 나라가 임하도록 기도한다면, 12제자들의 상상할 수 없을 정도의 용기를 가지고 우리 자신이 우리가 기도한 대로(그 응답으로) 하나님의 나라가 우리 삶에 임하도록 해야 한다.

증인과 전도자

중요한 것은 모든 신자들이 다 전도자로 소명을 받지는 않았다는 사실이다. 모두가 다 그리스도의 증인이다. 또한 모두가 다 교회의 복음 전도 사역을 수행해야 한다. 그러나 단지 일부만 전도자이다(엡 4 : 11). 피터 와그너(Peter Wagner)는 교회 신자 중 약 10%만이 이 특별한 은사를 소유하고 있다고 믿고 있다.[4] 이것은 10%는 그 은사를 따라 훈련과 격려를 받은 한편, 다른 90%의 사람들은 저들이 하는 식으로 전도를 하고 있지 않다는 죄악감에 시달려서는 안된다는 것을 의미한다. 모든 은사는 이 땅 위에서 하나님의 선교의 전체 사역을 감당하는 교회(그리스도의 지체)를 강건케 하는데 꼭 필요하다.

그러면 먼저 **증인**의 특징은 무엇인가?

(1) 증인은 그리스도를 **직접 체험**해야 한다. 소문은 법정에서도, 여론

---

4) C. Peter Wagner, *Your Church can Grow*, Glendale, California, USA : Regal, 1976, p. 72~76.

형성장에서도 받아들여지지 않는다. 사람들은 오로지 우리가 개인적으로 보고 들은 것만을 청취할 것이다.

(2) 증인은 이 체험에 대한 **언어표현 능력**을 갖추어야만 한다. 비록 우리가 우리의 생활과 직업, 관계, 자세, 고통, 심지어 죽음을 통해서 증거하지만, 우리 속에 있는 소망에 관한 이유를 묻는 자에게 대답할 것을 항상 준비해 두어야 한다(벧전 3 : 15). 또한 "온유와 두려움"으로 하며, 삶의 성실성을 통해서 우리가 말한 것의 진실성을 보여주어야 한다.

(3) 증인은 또한 **하나님의 능력**에 대한 확신을 가져야 한다. 이 능력은 복음의 능력이요, 못 박히신 그리스도의 메시지의 능력이요, 성령의 능력이다. 하나님께서는 어떤 장벽도 허물으실 수 있으며, 어떤 마음도 변화시킬 수 있다는 사실을 이 증인은 알고 있다. 이런 확신은 무모한 것이 아니라 겸허하며 조심스러운 것으로 하나님과의 풍성한 기도에 의해 생겨난다. 이 증인은 하나님없이는 아무것도 할 수 없으며, 하나님이 함께 하시면 모든 것을 할 수 있다는 사실을 깨닫게 된다.

(4) 증인은 영적으로 상실된 사람들을 불쌍히 여기는 마음을 가져야 한다. 이들을 하나님께서 귀중히 여기시는 사람들로 알고 돌보아야 할 것이다. 즉, 하나님의 형상을 입은, 그의 아들로 인해 구원을 받은, 그래서 그의 성령에 의해 살아가야 할 사람들로 여겨야 한다.

그러면 두번째로 **전도자**의 특징은 무엇인가? 물론, 아니 적어도 잠재적으로 유능한 증인에게 요구되는 자질은 가져야 할 것이다. 게다가 그 자질 중에는 증인들의 삶에서보다도 전도자의 삶에서 더욱 완전하게 발전시켜야 할 것도 있다. 위의 네 가지 자질 외에도 전도자(남자든 여자든간에)가 잠재적으로 갖추어야 할 세 가지가 있다.

(5) 전도자는 다른 사람에게 복음을 설명할 때 **아주 선명하게** 해야 한다. 그의 메시지를 확실하게 알고 그것을 간단하고 적절하게 전달할 수 있어야 한다.

(6) 그는 또한 머리에 호소할 뿐만 아니라 **의지에 호소**할 수 있어야 한다. 복음의 사실들을 교훈한 후에, 그들을 불러서 그 반역의 무기를 내던지고 회개와 믿음으로 그리스도께 돌아와서 그 분을 구주로 영접하도록 해야 한다.

(7) 끝으로 전도자는 성령께서 이 상황에서 참으로 역사하시기만 하면 어디서나 그리스도의 분명한 응답이 있을 것이라는 **하나님이 주신 믿음**을 가지고 있어야 한다.

재삼재사 우리는 사람에게 있는 "잠재력"을 발견해야 할 필요성을 강조해 왔다. 우리가 이것을 위해 기도하고 힘쓰도록 서로를 격려할 때에야 비로소 이것이 우리의 생활에서 개발될 것이다. 또한 우리에게 있는 하나님의 은사를 우리 자신보다도 다른 사람들이 더 쉽게 분별할 것이다. 이리하여 우리의 은사들을 못쓰게 만드는 이기적인 욕망으로부터 보호받을 수 있다. 모든 은사는 반드시 하나님의 영광과 그의 백성들의 유익을 위해 사용되어져야 한다.

동기 부여

"세상을 변혁시키기 위해 필요한 단 한 가지는 우리가 복음대로 살면서 확신을 가지고 예수 그리스도의 복음을 전파하는 것이다"라고 돔 헬더 캐미러(Dom Helder Camara)가 말했다. 사실이다. 그러나 오늘날 수많은 교회에 있어서 주된 문제점은 동기부여이다. 전보다 더 많은 전도훈련 과정이 생겨났지만 막상 무엇을 말하며, 어떻게 전해야 할지, 그리고 무엇보다도 "신자들이 그것을 하게끔 어떻게 동기를 부여할 것인가?" 하는 문제에 여전히 봉착해 있다.

신약의 제자들 중에서 전도자 빌립을 살펴볼 필요가 있겠다. 우리는 이 사람의 배경에 대해서는 거의 아는 바가 없다. 그는 사도행전 6장에서 처음으로 언급되는데 다른 6명의 집사와 함께 교회 내의 실제 행정을 감당하도록 임명받았다. 그러나 전도자로서의 그의 영향은 상당했다. 빌립과 초대교회에서 그와 같은 많은 사람들이 그렇게 쉽게 그리스도를 전파할 수 있었던 원인은 도대체 무엇인가?

1. 그는 성령에 충만했다. 이것이 우리가 예루살렘 교회의 목회를 돕기 위해 사도행전 6장에서 선임된 빌립을 포함한 7명의 집사들에 대해 알고 있는 한 가지 눈에 띄는 사실이다. 그들은 모두 믿음과 지혜와 성령에 충만한 사람들이었다. 그들이 받은 성령은 바로 그리스도를 증거하기 위해 오신 성령이시다. "증거하고픈 충동은 교회가 타고난 것

이다. 즉, 이것이 교회의 본질이며 교회의 존재 자체이다. 따라서 교회는 증거하지 않을 수 없다. 교회에 거하시는 성령 때문에 이런 성격을 띄게 되었다. 오순절로 인해 교회는 증거하는 교회가 되었다. 오순절에 증거하시는 성령께서 자신을 교회와 동일시하사 지상명령(Great Commission, 마 28:18~20)을 교회의 생활법칙으로 세우셨기 때문이다…이 성령의 법에 대한 교회의 반응이 너무나 자발적이어서 그리스도의 대명령을 의식적으로 순종하게 할 필요를 느끼지 못하셨다…동기를 부여할 필요가 없었다."[5] 그리스도의 사랑이 성령을 통해 그 제자들의 마음에 쉬지 않고 부어졌을 때 그 사랑은 자연스럽게 다른 사람들에게로 흘러들어 갔다.

바울은 일찌기 "우리 복음이 말로만 너희에게 이른 것이 아니라 오직 능력과 성령과 큰 확신으로 된 것이니"라고 말씀하셨다(살전 1:5). "큰 확신"(full conviction : plerephoria)이라는 헬라어는 컵이 넘쳐 흐른다는 의미이다. 사람들이 우리와 맞부딪칠 때 우리 마음에 철철 넘치는 성령께서 그들의 생활을 그리스도와 저절로 접촉하게 하신다. 그런데 우리의 마음이 성령으로 충만하지 못하다면 증거하는 일을 꺼리게 된다. 왜냐하면 증거할 것이 아무것도 없는 까닭이다. 그리고 우리가 의무감에서 그리스도를 증거한다면 우리의 말은 공허한 말이 될 수밖에 없고, 결국 그리스도를 실제로 전달할 수 없다.

불가지론자(초자연적인 존재를 부인-역자주)인 프린스톤 대학교의 철학 교수가 수 세기 동안에 있어온 위대한 하나님의 성도들을 주의깊게 연구한 끝에 결국 진정한 성도로 변하였다. 실제로 그를 사로잡은 피할 수 없는 사실은 그들의 삶에 나타난 영적 광채였다. 종종 그들은 극심한 고난을 받았다. 그 중에는 다른 이들보다 더한 고통을 받은 분들도 있었다. 그러나 이 모든 고통에도 불구하고 그들의 영혼은 결코 꺼지지 않는 영광스런 광채로 빛났다. 그 철학자는 어떤 초자연적인 존재가 바로 그들의 놀라운 기쁨의 원천이 됨을 확신하게 되었고, 이 사실이 그를 그리스도께로 이끌었다.

내 친구 중 하나가 말하기를 우리에게 있어 가장 중요한 것은 우리의

---

[5] H. Beer, *Pentecost and Missons*, Lutterworth, pp. 122, 128.

말이나 행동이 아니라 "무심결에 전해지는 우리의 감화력," 즉 그리스도의 향기가 스며나는 것이라고 얘기했다. 예수님은 우리가 자신의 증인이 되기를 바라신다. 또한 자신과 함께 있기를 원하시며, 자신과 함께 시간을 보내며 끊임없는 교제가 이루어지기를 원하신다. 중요한 것은 도대체 우리가 누구이며, 무엇하는 사람들인가 하는 점이다. 그리스도를 증거하는데 있어서 말이나 행동보다 더 중요한 것은 인격이다. 안디옥의 성 이그나티우스(St. Ignatius)도 이렇게 말했다. "그렇다고 말은 하지만 실제 그렇지 않은 것보다는 침묵하면서 실제 그런 것이 더 낫다."

아래의 시는 위대한 시는 아니지만 위대한 진리를 말하고 있다.

> 당신이 하는 말 속에서만이 아니라
> 당신이 고백하는 행동 속에서만이 아니라
> 가장 무의식적인 방식으로
> 그리스도는 표현됩니다.
>
> 고요하고 거룩한 미소?
> 이마의 거룩한 빛?
> 오? 당신이 웃는 그 순간
> 그 분의 임재를 느꼈읍니다
> 내게는 그것이 당신이 가르쳤던 진리가 아니었읍니다
> 당신에게는 그토록 분명하지만 내게는 희미한 진리.
>
> 그러나 당신이 내게 왔을 때 그에 대한 느낌을 가졌읍니다
> 당신의 눈에서 그 분이 내게 손짓합니다
> 당신의 마음에서 그 분의 사랑이 빛납니다
> 마침내 나는 당신을 보는 것이 아니라
> 당신 속에 계신 그리스도를 봅니다.[6]

2. 그는 일하시는 하나님을 보았다.

우리는 빌립이 무엇을 보았는지는 정확하게 말할 수는 없으나 급성장

---

[6] 출처 미상.

하던 예루살렘 교회에 잘 알려진 점으로 보아 그는 오순절 성령께서 제자들 위에 임하셨을 때 쉽게 그 자리에 함께 하였을 것이다. 아마도 그는 하나님의 사랑과 부활하신 그리스도의 임재에 압도당했을 것이다. 경이와 사랑과 찬양에 빠진 채 성령이 주신 방언으로 하나님을 경배했을 것이다. 앉은뱅이가 고침을 받아 걷고 뛰며 하나님을 찬양하는 그러한 "기사와 표적"들이 사도들을 통해 일어나는 것도 보았을 것이다. 어쩌면 사도들이 밀려오는 적대현상 앞에서 담대히 하나님의 말씀을 증거할 수 있도록 위해서 기도할 때 그도 주권자이신 하나님께 기도함으로 동참하였을 것이다. 그는 분명 그 신생교회의 사랑의 돌봄과 무한한 관용을 체험했을 것이고 그 결과 예수 그리스도를 강력하게 또 효과적으로 선포하게 된 것도 보았을 것이다. 교회의 사활이 달렸던 중요한 시기에 성령을 속였던 아나니아와 삽비라에게 내린 하나님의 극적인 심판도 분명히 알고 있었을 것이다. 그가 오순절 120문도(門徒)에서부터 불과 수 주 지난 뒤의 수 천 명의 성도에 이르는 교회의 비약적 성장의 증인이었음은 두말할 나위 없다. 그들의 가르침은 "예루살렘에 가득하게" 되었고, 심지어 채찍질과 경고를 받은 후에도 "저희가 날마다 성전에 있든지 집에 있든지 예수는 그리스도라 가르치기와 전도하기를 쉬지 아니하니라"(행 5 : 28, 42).

사실 하나님의 역사하심을 보는 것만큼 감격스러운 일은 없다. 사람들이 그리스도에게 사로잡히고 그들의 생활이 (때로는 너무나 눈부시게) 변화되고, 신자들이 하나님의 일에 관대하고도 자발적으로 참여하며, 어떤 이는 병의 치유를, 또 어떤 이는 마귀의 권세로부터의 자유를 얻게 될 때, 또한 찬양을 통해 하나님의 임재의 영광을 맛보고 그리스도의 지체(교회) 안에서 하나님의 사랑을 거의 만져보는 것처럼 체험하게 될 때―바로 그때 당신은 모든 것을 믿고 모든 것을 행할 수 있으리라! "우리가 보고 들은 것을 말하지 아니할 수 없다"(행 4 : 20). 이런 까닭에 전도에 있어 영적 부흥이 너무나 절실하다. 만약 교회의 실상이 저급한 차원에 처해 있다면 믿는다는 것은 일종의 전쟁과도 같을 것이며, 더구나 진리를 증거한다는 것은 심히 고통스러운 일이 아닐 수 없다. 그러나 하나님의 백성들의 삶 속에서 그 분의 사랑과 권능이 재현될 때에는 그것이 참으로 무엇인지를 자연스럽게 설명할 수 있다.

3. 그는 고통을 통해 오히려 자극을 얻었다.

빌립이 임명되고 얼마있지 않아 7집사 중 스데반 집사가 붙잡혀 시련을 겪게 되었다. 하나님의 권능이 그와 함께 놀랍게 역사하자 당시 통치자들이 조치를 취하지 않을 수 없었다. 스데반은 하나님이 그의 백성 가운데 새로운 일을 하셨을 때마다 반대와 거절을 당했다는 엄연한 교훈을 과거 이스라엘의 역사로부터 담대하게 증거했다. "목이 곧고 마음과 귀에 할례를 받지 못한 사람들아 너희가 항상 성령을 거스려 너희 조상과 같이 너희도 하는도다"라고 그는 설교를 끝마쳤다. 이 말씀은 사실 그대로였고, 누군가가 이것을 얘기해야만 했었다. 스데반은 용감하게 순교하였고, 그의 순교는 오히려 교회의 힘이 되었다. 교회에 대한 박해의 물결이 연이어 일어나게 되자 유다와 사마리아 각지로 모두들 흩어지게 되었고, "그 흩어진 사람들이 두루 다니며 복음의 말씀을" 전했다(행 8 : 4). 물론 빌립과 다른 전도자들은 스데반 설교의 내용을 깊이 상고했으며, 그의 광채와 아울러 그가 말한 진리는 당시 유대인들이 상종하지도 않았던 사마리아로 떠나는 빌립에게 힘찬 격려가 되었다.

바울도 "형제 중 다수가…주 안에서 신뢰함으로 겁없이 하나님의 말씀을 더욱 담대히 말하게 된 것은" 바로 그의 고통과 매임 때문이었다고 후일 기록한 바 있다. "순교의 피는 교회의 씨앗이 된다." 그리고 각 시대마다 신자들의 핍박을 통하여 거의 매번 복음의 확장이 이루어져 왔다. 일찌기 본회퍼가 말하기를 "교회란 복음을 위해 고난과 순교를 당하는 이들의 공동체다"라고 술회한 바 있으며, 그 자신도 그리스도를 위해 생명을 버린 수 백만의 성도 중 하나였다.

『복음 전도-현재와 과거』(Evangelism-now and then)라는 책에서 마이클 그린(Michael Green)은 아민 장군(General Amin)을 반대한 정치범으로 고소된 3명의 우간다(Uganda)인에 대해 기록하고 있는데, 그들 모두 감옥에서 개심(改心)했다. "그들은 성령의 사랑과 권능 안에서 성장하였다. 그리고는 사형집행인에 의해 형장으로 송치되어졌다. 거기서 그들에게 마지막 격려를 하도록 되어 있는 페스토 키벤절(Festo Kivengere) 주교에게 도리어 그들은 사형집행인에게 가서 복음을 전해줄 것을 당부하는 한편 모인 사람들 앞에서 기쁘게 그리스도를 증거하였고, 그들의 죄를 용서하셨고 또한 자신들을 반갑게 맞아주실 하나님을 계속해서 놀란 총살병들로부터 총성이 들려올 때까지 찬양하였다. 이 이야기는 요원의 불길처럼 방방곡곡으로 번져나갔다.[7]

서구 교회가 대부분 앓고 있는 골치거리는 교회가 너무나 평안하다는 것이다. 어디서나 신자가 되는데 별로 힘이 안든다. 교회가 축 늘어져 있기 때문에 반대할 건덕지도 없다. 교회가 퇴주하고 있기 때문에 교회의 운동을 반대할 가치가 없는 것이다. 그러나 교회가 하나님의 새로운 사회, 즉 풍요 속에 싹트는 세상의 탐욕에 반대하는 반문화(counter-culture)를 이룩하고자 할 때 반드시 핍박을 받는다. 교회 안에 있는 예수 그리스도의 빛과 사랑이 죄악된 인간의 이기적인 욕망을 위협할 때 이것들은 오히려 반격에 나설 것이다. 만약 교회가 기꺼이 성령으로 새롭게 된다면 핍박이 몰아칠 때 신자들은 그리스도를 담대히 증거할 용기를 소유하든지 아니면 포기하고 탈락하든지 할 것이다. 그때가 바로 교회 정화의 시기요, 강렬한 복음전파의 시기가 될 것이다.

영국 성공회의 전도보고서에 적절한 비유가 실려 있다. "예수께서 그의 제자들에게 '내가 너희로 사람을 낚는 어부가 되게 하리라'고 말씀하셨을 때 예수님과 제자들이 마음에 그렸던 모습은 그들이 갈릴리 호수의 특히 위험한 '깊은 곳으로 가서' 배 한편에 그물을 던진 후 다시 그물을 해변으로 끌어올리려고 애쓰는 그런 모습이었을 것이다. 이것이야말로 위험한 일 중의 위험한 일이었고, 그들의 생사가 달린 일이었다. 참으로 전시간을 드려야 할 일이었다. (심해의 트로올 낚시군에게는 미안한 얘기지만) 영국의 보편화된 현대 어부상(像)은 강둑에 우산을 받쳐들고 유유자적하게 홀로 앉아서 낚시를 드리운 채, 이따금씩 피라미나 낚아 올리는 그런 사람이다. 그는 아무런 위험도 받지 않고 잡을 가치도 없는 것들을 잡고 있다. 그가 하는 일은 전시간을 드리는 일이 아니라, 단지 주말의 기분전환하는 일에 불과하다. 따라서 그의 생애를 거기에 의존하지도 않는다."[8] 우리가 아무런 위험도, 아무런 댓가

---

7) Michael Green, *Evangelism-now and then*, IVP, 1979, p. 26.
8) *Evangelism in England Today*, a Report by the Church of England's Board for Mission and Unity, Church House Bookshop, Great Smith Street, London SWIP, 3BN.

도 치루지 않고 전도 놀이를 하고 있는 한, 우리 사회에 아무런 영향도 끼칠 수 없다. 우리가 전도를 재미난 주말 스포츠가 아닌, 심각하고도 값비싼 하루하루의 생업(교회의 생업)으로 여길 때 우리는 폭풍과 싸워야 할 것이지만 동시에 영광을 위한 수확을 거둬들일 수 있을 것이다. 오늘날 세계 각지에 흩어져 있는 교회 지도자들은 신자들에게 흔히들 이렇게 당부하고 있다. 지금 정치, 종교적 상황이 심히 민감하니 전도하지 말라고. 과연 스데반과 빌립이 이것을 듣는다면 정말 어떻게 나올까?

메시지

빌립의 메시지 가운데는 불분명하거나 방어적이거나 변증적인 것은 전혀 없었다. "빌립이 사마리아 성에 내려가 그리스도를 백성에게 전파하니"(행 8:5), "빌립이 하나님 나라와 및 예수 그리스도의 이름에 관하여 전도함을 저희가 믿고…"(8:12), "빌립이…예수를 가르쳐 복음을 전하니"(8:35). 우리에게 맡겨진 하나님의 메시지는 바로 예수 그리스도이다. 이 메시지의 핵심은 어떤 전제나 철학이 아니라 오직 그리스도의 인격이다.

"복음전파란 교회가 사랑 안에서 불쌍한 세상 사람들에게 성령의 권능을 따라 그리스도의 주장을 제시하는 것이다."[9] 그리스도의 "주장"은 그의 독특한 인격과 대속의 죽으심, 그 죽음에서의 부활, 그리고 산 자와 죽은 자를 심판하러 오시는 그의 재림 등에 바탕을 두고 있다. 히브리서는 제자도에 따르는 난관 때문에 믿음이 흔들리는 사람들을 위해 쓰여졌다. 이 서신의 전체 내용을 간단히 요약하면, **예수님 같은 분은 전혀 없다!** 라는 것이다. 그 분은 하나님의 최후통첩이시며 만물의 창조주요, 하나님의 영광을 반사하며 하나님의 본성의 도장을 지닌 분으로 묘사되고 있다. 그가 권능의 말씀으로 이 우주를 지탱하고 계신다. 그가 단번에 자신을 유일한 죄의 대속물로 드리심으로 우리가 예수의 피를 의지하여 담대히 하나님의 목전에 지금 나아갈 수 있다. 참으로 그

---

9) *A New Canterbury Tale*, Grove Books, Brancote, Notts, England.

와 같은 분은 전혀 없다.

따라서 예수님이 없다면 우리는 궁극적 중요성을 지닌 것을 가지지 못한 것이며, 우리 존재의 주목적을 상실한 것과 다름없다. 베드로는 얼마 전 예수님을 죽였던 지도자들 앞에서 담대히 증거하기를 "다른 이로서는 구원을 얻을 수 없나니 천하 인간에 구원을 얻을 만한 다른 이름을 우리에게 주신 일이 없음이니라"(행 4:12)고 했다. 바울도 언젠가 그와 함께 종말이 이를텐데 "우리가 다 그리스도의 심판대 앞에" 드러나리라고 기록하고 있다(고후 5:10). 그리스도께서 친히 다가올 심판에 관해 분명히 여러 번 가르치셨다. 왜냐하면 우리를 향하신 그의 크신 사랑 안에서 그는 우리에게 무엇이 가장 필요한지 말씀하셨을 뿐 아니라 그 필요를 만족시키기 위해 자신을 죽음에 내어주셨기 때문이다. 지금 시급한 것은 우리가 우리 죄에서 돌이켜 그 분을 주님과 구주로 신뢰하고 우리 마음에 그의 성령을 받는 일이다. 만약 우리가 이 큰 구원을 등한히 여기면 하나님의 의의 심판을 어떻게 피할 수 있겠는가?(히 2:3).

게다가 우리가 이 복음을 주저하고 부끄러워 하며 변명한다면 어떻게 다른 사람들이 피할 수 있도록 도울 수 있겠는가? 우리가 이 복음을 복잡한 철학용어로 고쳐 써서 그 내용이 개개인의 생활에 반영되지 못한다면 어떻게 그 복음의 진리와 시급함을 전할 수 있겠는가? 만약 예수님이 그 메시지의 중심이 아니며 우리 삶을 불태우는 열정이 되지 못한다면 어떻게 다른 사람들로 하여금 예수님을 믿게끔 하겠는가? 만일에 사람들이 예수님을 따르는 자들이 서로 싸우는 것을 본다면 "예수님과 같은 분은 전혀 없다"고 어떻게 믿을 수 있겠는가? 심지어 함께 일하지도 않고 때로는 예수님과 비교할 때 너무나 하찮은 것을 두고 서로 가지려고 싸운다면 그것을 본 사람들은 어떻겠는가? 또한 우리가 길을 잃은 자들에 대해 아픈 마음을 가지지 않고 전도하는 일에 냉담하며 더구나 사람들을 그리스도께로 인도하는 댓가마저 치루려 들지 않을 때 모든 사람들이 하나님이 자신들에게 왜 필요한지 어떻게 깨달을 수 있겠는가? 이 문제들이 바로 주변의 많은 불신자들이 심각히 여기는 문제들이자 우리 교회가 또한 심사숙고해야 할 문제인 것이다. 하나님께서는 우리에게 화목의 사역을 일임하셨다. 우리는 사람들이 예수 그리스도를 통하여 하나님께로 화목하도록 불러와야 한다. "하나님이 우리로 너희를 권면하신 것같이…너희는 하나님과 화목하라"(고후 5 : 20). 그러나 우리는 그리스도께서 친히 하나님의 나라를 전파하셨다는 사실을 잊어서는 안된다. "그리스도 안에서 (모든 것이) 통일되게 하려 하심"이 바로 그리스도 안에 주신 하나님의 분명한 목적이며, 그리스도를 통하여 세상 전체가 화목하는 것이 곧 그의 의도이다(엡 1 : 10). 이처럼 개인구원만을 위한 전도는 신약이 말씀하는 참된 전도가 아니다. 그리스도의 가르침은 삶의 전영역－개인적, 사회적, 교육적, 정치적인 모든 것－에 영향을 끼치고 있다. 나는 이것에 관해 풀러 신학교(Fuller Theologial Seminary)의 윌리암 글래서(William Glasser) 박사와 얘기를 나눈 적이 있다. 그는 내게 이런 수사적인 질문을 던졌다. "남아프리카를 위한 복음은 무엇입니까? 예수 그리스도가 당신의 죄를 위해 죽으셨다는 것입니까?" 내가 남아프리카 대학에서 복음전도 단체를 인도했을 때, 내가 그 학생들이 당면한 다급한 문제들에 대해 부분적으로 얘기를 꺼내지 않으면 결코 그 문제를 듣기를 기대할 수 없었다. 하나님께서 남아프리카의 인종차별에 대해 무어라고 말씀하시겠는가? 신자가 "위에 있는 권세자들에게 굴복한다"(롬 13장)는 것이 무엇을 의미하는가? 하나님의 아들의 죽음과 부활을 통하여 인간의 죄에 대한 하나님의 응답을 나타내셨다는 것을 나는 분명하게 설교했다. 그러나 전도자는 사람들이 묻는 질문에 귀를 기울여야 하며 그것을 깊이 숙고해야 한다. 그렇게 할 때에야 비로소 그는 현실과 복음을 연결시킬 수가 있다.

남아프리카 출신의 데이빗 보쉬(David J. Bosch) 교수는 그것을 이렇게 설명했다. "만약 우리가 사람들의 절실한 필요"와 "개인적 고민"에 해당하는 복음만을 전달하고(즉, "외로우십니까? 실패했다고 느끼십니까? 친구가 필요하십니까? 그러면 예수께 오십시오!"), 반대로 그들 동료 간의 관계나 인종차별주의, 착취, 현저히 드러난 불의 등에 대해서는 침묵한다면 우리는 복음을 전파하지 않는 것이다. 이것이 소위 본회퍼가 말하는 '싸구려 은총'(Cheap Grace)의 전형적인 모습이다."[10]

---

10) *Witness to the World*, Marshall, Morgan & Scott, 1980, p. 206.

오늘날 많은 사람들이 그들이 들어왔던 기독교 복음을 거부하고, 오히려 마르크스주의(Marxism) 철학을 받아들이고 있다. 이는 그들이 귀에 못이 박히도록 들어온 복음의 메시지(만약 당신이 한 사람 한 사람을 변화시킨다면 당신은 이 세상을 변화시킬 것이다)가 실제적인 것으로 보이지 않고 있다는 것이 부분적으로나마 그 원인이 되겠다. 보쉬 교수는 이것을 간단히 이렇게 표현했다. "개개인으로부터 시작하지 않는 기독교는 시작한 것이 아니다. 그러나 개개인으로 끝난 기독교는 참으로 끝난 것이다." 확실히 하나님께서는 개개인의 구원에 한없는 관심을 갖고 계신다. 그러나 그의 목적은 창조의 회복에 있다. 만물이 그의 주권 곧 그의 왕국의 통치 하에 있어야 한다.

그래서 하나님의 나라에 관한 빌립의 설교는 그 왕국의 수많은 표적을 동반했다. "무리가 빌립의 말도 듣고 **행하는 표적도** 보고 일심으로 그의 말하는 것을 좇더라 많은 사람에게 붙었던 더러운 귀신들이 크게 소리를 지르며 나가고 또 많은 중풍병자와 앉은뱅이가 나으니 그 성에 큰 기쁨이 있더라"(행 8:6~8). 오늘날 우리 사회는 압박과 좌절과 절망으로 점철되어져 있다. 이전보다 더욱 우리는 하나님 나라의 복음을 전파하며 증거해야 하겠다. 하나님은 죄와 악과 죽음을 통치하신다. 사람들이 그의 권능 곧 사람의 마음을 변화시키고 깨어진 관계를 회복시키며 억압을 깨뜨리고 공의를 베푸시며 상한 감정과 육체의 질병을 치유하시는 그 능력을 목격하게 될 때 마침내 그들이 "일제히" 주목하기 시작할 것이다.

적어도 우리는 아주 열렬하게 이 세상에 가장 영광스런 복음을 전해야 한다. 그러기 위해서는 드라마와 무언극, 음악과 춤 등도 점점 말을 싫어하는 이 세상에서 이 복음을 전달하는데 한 몫을 단단히 해야 한다. "오늘날 우리는 당신이 좋다면, 과장된 형상이나 비유, 이야기, 공상 등을 필요로 한다. 현대의 서양인은 인격 결핍증에 시달린 채 심한 우울과 무감각에 빠져 있다. 지금이 바로 일어나서 열심히 우리의 이야기를 들려줄 시기인 것이다."[11] 음악과 춤과 드라마에 재능이 있는 한 팀과 함께 복음을 전하면서 많은 '진짜 불신자들'이 그리스도의 복

---

11) John Poulton, 전게서.

음의 생명성과 실제성에 놀라면서 기뻐하는 것을 여러 차례 볼 수 있었다. 감옥에서, 거리에서, 단과대학과 대학교에서, 나는 과거 교회에 대한 많은 사람들의 냉담과 적의를 꿰뚫고 들어가는 이 의사전달 방식에서 신선함을 만끽하지 않을 수 없었다.

북아일랜드에 위치한 한 감옥에서 예배를 드린 후 얼마 지나서 그 감옥에 수감된 지도자급의 한 테러주의자가 다음과 같은 내용의 서신을 보내왔다. "저는 한동안 신자가 된다는 것에 대해 곰곰히 생각해 보았읍니다. 그런데 당신들의 방문을 받은 후 이제까지의 모든 의심이 사라지고 이제는 예수님의 보혈로 구원을 얻었읍니다." 그의 서신에서 두 가지 흥미있는 사실을 보게 되었다. 첫째, 폭력에 매수된 생활 속에서도 그는 영적 기근에 시달리고 있었다. 둘째, 실제로 그에게 밀려들어 간 것은 나의 말이 아니라 팀 전체의 의사전달이었다. 왜 마귀가 이 좋은 전달수단들을 모두 다 독점하도록 내버려 둘 수 있겠는가?

여기서 주목해야 할 사실은 빌립의 전도가 불완전했다는 사실이다. 마술사 시몬의 경우에서 알 수 있듯이 그는 영분별의 능력이 부족했다. 시몬은 "세례를 받은 후에 전심으로 빌립을 따라다니며" 그의 능력에 놀라움을 금치 못했다. 그러나 그의 거짓된 정체를 폭로한 것은 사도 베드로였다. "하나님 앞에서 네 마음이 바르지 못하니…그러므로 너의 이 악함을 회개하고 주께 기도하라…내가 보니 너는 악독이 가득하며 불의에 매인 바 되었도다"(행 8:21~23). 우리는 그리스도의 지체 안에서 서로의 은사를 상호 필요로 한다. 빌립 역시도 사마리아인들이 성령을 받는 문제에 있어서, 먼저 베드로와 요한의 도움이 필요하다. 즉, 사마리아인들의 종교는 유대주의의 한 오염된 형태인데, 이런 종교를 가진 그들이 그리스도의 지체로 완전히 받아들여지기 전에, 먼저 사도들의 증거와 확증이 필요했다고 흔히 말한다. 이것이 사실 그대로일 수 있다. 사도행전 18장의 아볼로의 경우처럼 빌립의 전도 메시지가 성령에 대한 직접적인 언급을 담고 있지 않았을 가능성도 있다. 오늘날 개종할 당시에 개종하는 사람에게 성령의 인격과 사역에 관해 언급하지 않을 경우, 후에 혼란이 야기될 소지가 충분하다. 십중팔구 은사논쟁의 대부분이 바로 이런 이유로 인해 생겨난다. 오순절 베드로의 교훈은 명확하기 이를 데 없었다. "회개하여 각각 예수 그리스도의 이름으로 세례를 받고 죄사함을 얻으라 그리하면 성령을 선물로 받으리라"(행 2 : 38). 영국의 은사주의와 복음주의의 대화(charismatic-evangelical dialogue) 결과로 나온 『복음과 성령』(Gospel and Spirit)이라는 제목의 성명서에는 이렇게 진술되어져 있었다. "우리는 전도와 설교를 할 때 우리를 위한 하나님의 구원과 은사를 모두 다 소개할 필요가 있다는데, 즉 잘린 복음이 아닌 완전한 복음을 전해야 한다는데 동의한다."[12]

방법

빌립의 전도에 있어서 가장 두드러진 특징은 그가 성령에 순종했다는 것이다. 그는 순종하는 마음으로 유대와 사마리아의 적대관계를 주목하였고, 성령께서 그와 함께 하시는 것이 뚜렷이 나타났다. 또한 순종하는 마음으로 결실이 풍성한 사역지를 떠나 왜 가는지도 모르는 채 예루살렘과 가사 사이의 광야 길을 따라 수 마일을 여행하였다. 그는 성령께서 하라는 대로 한 특별한 여행자에게 접근하였고, 또 얼마 후에 다시 그를 떠나 "여러 성을 지나 다니며 복음을 전하고 가이사랴에 이르니라." 우리가 에디오피아 내시에 대한 빌립의 개인전도에 주된 초점을 맞출 때, 그가 적당한 시간에 적당한 말씀을 가지고 적당한 사람에게 간 것이 그의 순종에서 비롯되었음을 주목하게 된다.

1. 적당한 사람

에디오피아의 "재정장관"은 성령께서 빌립이 그곳에 오기 오래 전부터 벌써 역사하고 계셨던 인물임에 분명했다. 그는 하나님께 경배하러 예루살렘에 왔고 분명히 하나님을 찾고 있었다. 아마도 북쪽 에집트에 정착한 유대인들이 그의 호기심을 자극하였을 것이다. 나는 종종 테일러 스미스 사제(Bishop Taylor Smith)의 기도문을 외곤 한다. "주여! 볼 수 있는 눈을 주시며, 당신을 위해 헌신할 모든 기회를 붙잡는 은혜를 베푸소서." 세계 방방곡곡에서 성령이 역사하심을 믿는다면, 우

---

12) London SW3 2SJ, 19Draycott Place, The Evangelical Alliance로부터 얻을 수 있다.

리는 그 분이 사람들의 삶 속에서 무엇을 하시는지 보아야만 한다. 아울러 기회가 주어질 때 그것을 붙잡을 수 있는 민감성과 용기를 소유해야 한다. 에디오피아의 구전에 따르면 이 내시가 그 나라 최초의 개종자일 뿐만 아니라 최초의 전도자가 되었다고 전해진다. 확실히 그는 적당한 사람이었다.

 2. 적당한 시간

 빌립이 성령의 지시를 따라 마차로 다가갔을 때 그 장관이 성경을 소리내어 읽는 것을 들었다. 하필이면 그것도 이사야 53장이었다니! 얼마나 시간이 딱 들어맞는가! 말할 때가 있는가 하면 침묵할 때도 있다. 내 전도 경험에 비추어 볼 때, 어떤 사람의 생활에서 하나님이 특별히 가까이 하사 찾으시는 순간이 있다. "너희는 여호와를 만날 만한 때에 찾으라 가까이 계실 때에 그를 부르라"(사 55:6). 비록 복음이 급하고 또 바울도 디모데에게 "때를 얻든지 못 얻든지" 말씀을 전파하라고 부탁하셨지만(딤후 4:2) 하나님께서 적당한 시간에 자기 백성에게 우리를 인도하시도록 기다려야만 한다. 바로 그 시간은 성령께서 이끄시는 시간이며, 그의 백성들은 이것을 깨달을 수도 있고 못 깨달을 수도 있다. 예수께서 우물가에서 사마리아 여인을 만나셨던 순간도 그 한 예가 된다고 하겠다.

 3. 적당한 말씀

 빌립은 그 장관이 읽고 있는 내용과 관련하여 그 즉시 질문을 던졌다. "읽는 것을 깨닫느뇨?"

 이 질문은 장관으로 하여금 적극적인 태도를 취하게 하였다. 즉, 더 깊은 대화를 위해 마차로 빌립을 초대하게 만들었다. 여기서 몇 가지 흥미있는 점을 얻을 수 있다.

 (1) 그 사람과 관련된 용어를 사용해야 한다는 점이다. 이 경우 빌립의 첫 마디가 적절하였을 뿐만 아니라 정중했기에 더 깊은 대화로 자연스럽게 이어질 수 있었다. 영국 국교회 목사로 사역하는 내 친구가 요 얼마 전에 청소부를 그리스도께로 인도하였다. 그에게 이렇게 말을 건넸다고 한다. "빌, 당신에게 이 세상에서 가장 훌륭한 청소부를 소개해

주고 싶은데…그는 밤낮 할 것없이 어느 때라도 당신의 쓰레기를 치워 줄 것일세!"빌은 이 말에 매료되었다. 그에게 아주 적절한 얘기가 아닐 수 없었다. 그는 예수께서 자기 심령의 쓰레기를 치워내고 그의 삶 전체를 깨끗하게 하고자 오셨음을 이내 깨닫게 되었다. 원칙적으로 이 방법이 예수께서 우물가에서 여인에게 접근하시던 바로 그 방법이다. 그녀는 물을 길으러 왔고 그에 맞게 예수님은 다시는 목마르게 하지 않을 생명의 물을 그녀에게 소개했던 것이다.

(2) 우리가 사람을 예수께로 인도할 수 있는 기본적인 윤곽을 갖추는 것도 유익한 일이지만, 무엇보다도 "선지자적 증거"를 위해 기도해야 한다. 어떤 여인이 그리스도를 이웃에게 증거하기를 열망했으나 그녀는 전도자도 아니었고, 또 그럴 기회도 없었던 듯하다. 그래서 한 날 아침에 "주님, 제 이웃의 여인에게 당신이 그녀를 사랑하고 있음을 보여주려고 합니다. 제가 그녀에게 **무엇을** 말할 수 있겠읍니까?" 하고 기도하였다. 이 성도는 직접적인 음성을 듣지는 못했지만, 마치나 그녀에게 "네 이웃에게 가서 두려워 말고 전하라"고 큰 음성으로 주님이 말씀하시는 것만 같아 깜짝 놀랐다. 순종하는 마음으로 가서 문을 두드리고 들어가도 괜찮을지 여쭈었다. 그리고는 반사적으로 얘기를 시작했다. "하나님께서 오늘 아침 당신에게 무엇인가를 말씀하고자 하시는 것 같습니다. 제 생각에 그 분이 당신에게 '두려워 말라'고 말씀하고 계십니다." 그러자 그녀는 눈물을 터뜨렸다. 그녀의 딸이 오늘 아침 수술을 해야 하는데 이 마음 여린 어머니는 두려워 어쩔 줄을 모르고 있었다는 것이었다. 하나님께서 그녀를 걱정하신 나머지 그녀에게 꼭 맞는 말씀을 보내주셨다는 생각이 그녀를 깨뜨리고만 것이다. 그녀는 이제 그만큼 자기를 사랑하시는 하나님을 알고자 열심을 다하고 있다.

(3) 전도를 하려면 또한 성경을 알아야만 한다. 빌립은 장관이 읽고 있던 구절을 곧바로 알아맞힐 수 있었으며, 이 구절에서 시작하여 예수님의 복음을 가르쳤다. 특히 우리는 성경에서 다음 두 가지 방법—하나님을 찾을 수 있는 방법과 가장 평이한 질문, 즉 거듭 되풀이되는 질문들을 간단하게 대답할 수 있는 방법—을 알아내야 한다. 『거기 누군가 있읍니까?』(Is Anyone There?)라는 내 책에서 나는 이제까지 수없이 들어왔던 몇 가지 질문들과 논평들을 잠깐 언급했다.[13]

세상의 고통문제를 어떻게 보나?
교회는 죽었고 현실과 무관하다.
다른 종교들은 어떤가?
내가 이해하지 못하는 것들이 너무나 많다.
내 노력해 보았지만 소용이 없었다.
더 이상 끼어들기 싫다.
하나님이 어떻게 나를 인도하시는가?
나는 결코 꾸준히 믿을 수 없었다.
내가 그것을 내 혼자 간직하면 안되는가?

또다른 흔한 논평도 있다.

나는 더 이상 하나님이 필요없다.
교회만 나가면 되지 뭐 애쓸 필요있나?
나는 성경을 받아들일 수 없다.

우리는 이 질문들에 대한 완전한 대답을 기대할 수는 없다. 세상의 고통과 같은 많은 문제들은 해답이 불가능할 것이다. 아뭏든 우리가 하나님과 그의 역사하시는 방법들을 모두 다 알 수 있다면 하나님은 우리의 작고 제한된 모습보다 더 크지도 않고 믿을 가치 또한 없다. 그러나 가능하다면 이 질문들이 신앙의 장벽이나 발뺌이 되지 않도록, 이에 대한 논리적이고 성경적인 해답을 갖는 것이 도움이 된다.

많은 경우에 있어서 불신자들은 믿기를 원하지 않는다. 종종 이것은 의지의 문제가 된다.

"그 뜻에 반대하는 사람을 납득시켜라. 그래도 그는 늘 같은 의견을 갖게 된다."

또한 어떤 사람의 신앙이 빈틈없는 논증에 의존한다면 그는 더 빈틈없는 논증으로 여겨지는 것에 반드시 좌우될 것이다. 바울은 성령의 능력으로 "예수 그리스도와 그의 십자가에 못박히신 것"을 전하는데 전력하였고, 그 결과 그것을 듣는 자들의 신앙이 "사람의 지혜에 있지 아니

---

13) *Is Anyone There?*, Hodder & Stoughton, 1979, Chap 6.

하고 다만 하나님의 능력에 있게" 하는데 관심을 기울였다(고전 2 : 1~
5). 사마리아 여인이 예루살렘과 사마리아 중 어디서 하나님께 예배를
드려야 하느냐는 논리적인 질문을 하였을 때(이 질문은 예수께서 그 여
인의 삶의 아주 개인적인 영역까지 파고들어가 회개를 요구했을 때 제
기된 것이었음) 예수님은 완전한 대답을 하시지 않고 도리어 "하나님은
영이시니 예배하는 자가 신령과 진정으로 예배할지니라"(요 4 : 24)는
영적인 문제를 상기시키셨다. 제기된 평범한 문제에 정통하여 각각의
문제들에 대한 명확한 답을 제시하는 것도 좋지만 그 문제를 보다 개인
적이고 도움이 되는 방향으로 전환하는 일에 힘써야 한다.

사람을 그리스도께로 인도함

내가 낯선 마을에서 길을 잃어 어떤 사람에게 길을 물을 때면 "왼쪽
으로 돌아서 오른 쪽으로 꺾어지고, 다시 왼쪽으로 돌아서 오른 쪽으로
꺾어지면 바로 거깁니다!" 하는 대답을 듣기 원한다. 그들이 보다 더
복잡하면서도 정확하게 얘기해 줄 수도 있지만 그와 같은 짧은 방향지
시가 내가 듣고자 하는 전부이다. 만약 어떤 사람이 영적으로 길을 잃
어서 길을 묻는다면 그 역시 간단한 방향지시를 듣고자 한다. 아마도
우리는 보다 자세히 정확하게 설명해 줄 수도 있겠으나, 명확하고 간단
한 대답을 그는 그 순간에 듣기 원한다. 그리스도께 인도하는데 어떤
간단한 방향지시가 있겠는가? 나는 여러 해 동안 다 동원해 보았다.
그러나 내가 좋아하는 방법이 한 가지 있는데, 그 이유는 아마도 그 방
법을 통해서 내 자신이 21세 때 그리스도를 발견하였기 때문이다.

A, B, C, D 네 단계로 이것을 생각해 보자. 이 네 단계를 각각 말하
고 설명하고 예증하고 적용하겠다. 이것이 내가 다른 사람에게 그것을
설명해 주는 방법이다.

A. 인정해야 할 것. 당신은 먼저 당신에게 하나님이 필요하다는 것을
인정해야 한다. 특히 당신이 죄인이며, 따라서 그의 용서가 필요하다는
것을 인정해야 한다. 죄란 하나님의 길이 아닌 당신의 길로 가는 것을
말한다. 즉, 하나님이 원하시는 것을 하지 않고 반대로 당신이 원하는
것을 하는 것이다. 성경에서 바울은 "…차별이 없느니라 모든 사람이

죄를 범하였으매 하나님의 영광에 이르지 못하더니…"라고 말씀하셨다 (롬 3：22~23). 선한 삶에 있어서 당신은 에베레스트 산 정상의 삶을 누릴 수 있는 반면, 당신과 비교해 볼 때 나는 골짜기의 바닥을 헤맬 수도 있다. 문제는 "차별"이 없다는 것이다. 어느 누구도 하늘의 별을 딸 수는 없지 않은가. 우리 모두 성경에서 제시하는 하나님의 완전한 표준에서 너무 멀리 떨어져 있으며, 그리스도의 삶과 가르침에는 미치지도 못한다. 우리의 죄가 하나님과 우리를 갈라놓았으며, 결국 우리는 하나님의 용서가 절실히 필요하다.

B. **믿어야 할 것.** 그리스도께서 당신을 위해 죽으셨음을 믿으라. 이 손 (왼손을 들면서)이 당신이라고 가정하고(손 위에 책을 올려놓으며) 이 책이 당신의 죄라고 가정하자. 이 책이 바로 당신과 하나님 사이를 가로막은 "먹구름"과 같은 것이다. 이런 까닭에 하나님이 비현실적이고 멀리 떨어져 계신 것처럼 느껴진다. 이쪽 손(오른손을 들면서)을 예수 그리스도라 가정하자. 그에게는 결코 아무 죄도 없다. 이사야 53：6에 장차 오실 예수님의 십자가 고난을 언급하면서 "우리는 다 양 같아서 그릇 행하여 각기 제 길로 갔거늘 여호와께서는 우리 무리의 죄악을 그에게(책을 왼손에서 오른쪽으로 옮기면서) 담당시키셨도다"라고 말씀하고 있다. 지금 당신의 죄는 어디 있는가? 예수께서 십자가에 돌아가셨을 때 그에게 전가되었다. 한때 왜 예수께서 죽으셔야 하는지를 이해하지 못하던 시몬 베드로가 "그리스도께서도 한번 죄를 위하여 죽으사 의인으로서 불의한 자를 대신하셨으니 이는 **우리를 하나님 앞으로 인도하려 하심이라**"고 후에 설명하고 있다(벧전 3：18). 예수께서 당신을 위해 죽으셨을 때, 그로 인해 당신은 영원한 하나님의 사랑을 깨달을 수 있게 되었다.

C. **숙고해야 할 것.** 무엇보다도 예수께서 당신의 삶의 최우선이 되어야 한다. "아무든지 나를 따라 오려거든 자기를 부인하고 자기 십자가를 지고 나를 좇을 것이니라"고 예수께서 말씀하셨다(막 8：34). 우리는 **죄를 향해** "아니요"라고 거절해야 한다. 즉, 우리가 알고 있는 잘못된 모든 생활에서 기꺼이 돌아서야 한다. 여기 하나님의 도움이 요청된다. 우리 **자신**에 대해서도 "아니요"라고 해야 한다. 즉, 예수님을 삶의 전영역—가정, 직장, 시간, 돈, 목표, 인간관계, 기타 모든 것—의 주인으

로서 반갑게 맞아들이는 것이다. 비밀에 대해서도 "아니요"라고 해야 한다. 즉, 비록 누군가가 우리를 모방하거나 반대할지라도, 신자로 알려지는 것을 꺼려해서는 안된다. 당신을 사랑하거나, 당신을 이 세상 누구보다도 염려하거나, 당신에게 가장 좋은 친구가 되기를 원하는 그 한 분에게 당신의 생활이 공개되는 것을 두려워하지 말라(자신의 "득실"만을 생각하는 사람에게 나는 종종 마가복음 8:35~38을 소개해 준다).

  D. 실천해야 할 것. 당신의 삶을 예수께 헌신하라. 그렇게 할 때에야 비로소 예수께서 당신 속에 거하시는 성령을 통해 자신의 삶을 당신에게 주실 것이다. 결혼과 비교해 보라. 몇 해 전 내가 결혼하였을 때 주례를 서시던 목사님이 이런 말씀을 하셨다.
 "레이빗, 이 여인을 소유하겠는가?"
 "예."
 "애니. 이 남자를 소유하겠는가?"
 "예."
 바로 그때 새로운 관계가 맺어졌다.
 마찬가지로,
 "구주여, 이 죄인을 소유하시겠읍니까?"
 "예."— 그는 언제나 그렇게 대답하신다.
 "죄인이여, 이 분을 구주로 모시겠는가?"
 "예" 하고 당신이 대답하는 순간 이때 관계가 맺어질 것이다.
 결혼과 비교해 볼 때 다음 몇 가지를 생각할 수 있다.
 (1) 결혼 서약에서 "예" 하고 대답했을 때, 나는 "모든 다른 사람들을 단념하고" 누구보다도 애니(Anne)를 맞아들이기로 약속해야만 했다. 내가 예수님께 "예" 하고 대답했을 때, 기꺼이 예수님을 누구보다도 먼저 맞아들여만 했다.
 (2) "예" 하고 대답했을 때 그것은 감정이 아닌 의지에 따른 행동이었다. 예수께 대해서도 매한가지다. 관계라는 것은 감정이 아닌 사회와 책임에 바탕을 두는 것이다.
 (3) "예" 하는 대답은 새로운 관계의 시작을 알리는 것이었다. 우리는 그 관계를 지속해 나가야 하며, 이것은 항상 쉽지만은 않다. 예수께

"예" 하고 대답하는 것도 바로 이 새 관계의 시작을 의미했다. 이 관계가 지금까지 순풍에 돛 달듯 순탄하지는 않았다. 회의와 불순종, 거역 … 등의 순간도 물론 있었다. 그러나 이러한 위기를 겪을 때마다 성숙과 발전이 이루어진다.

이렇게 종이 위에 설명하는 것은 경직되고 판에 박은 듯한 인상을 준다. 사람마다 다 다르고 그 대화 역시 달리 진행된다. 각 단계는 다음 단계로 가기에 앞서 확실히 소화되어져야 하며, 그러기 위해서는 몇몇 질문과 부가설명 및 해설이 더해져야 한다. 이 모든 것의 열쇠는 바로 기도와 성령에 민감함과 개개인에 대한 참된 사랑이다. 패커(J.I. Packer)는 전도에 있어서 성령을 의지해야 한다는 사실을 이렇게 표현했다. "복음을 아무리 분명하고 그럴싸하게 전한다고 해도 우리가 죄를 깨닫게 하거나 변화시킬 가망성은 전혀 없다. 당신이나 내가 부지런히 얘기한다고 해도 인간의 생활을 뒤덮고 있는 사단의 권세를 깨뜨릴 수 있겠는가? 아니다. 참을성있게 복음의 진리를 설명한다고 죄인들이 납득할 성싶은가? 아니다. 갖은 애원을 다 한다고 그들이 감동하여 복음에 순종하겠는가? 아니다. 나나 당신이 영적으로 죽은 사람에게 생명을 줄 수 있는가? 아니다. 이런 절망적인 사실에 직면할 때까지는 우리의 전도가 현실성이 없다. 여기에 부딪혀봐야 우리가 어떻게 해야 할 것이 분명해질 수 있다."[14] 오로지 많은 기도와 우리의 절망에 대한 겸손한 인정 및 성경의 인도와 조명에 대한 갈망을 통해서만이 사람들의 눈에 붙은 비늘을 떼어내고 그리스도의 영광스런 복음의 빛을 보게끔 한다(고후 4 : 3 이하).

일단 어떤 사람이 그리스도께 나아갈 방법을 깨달은 것으로 생각되면 실제적인 행동방침을 제시하는 것이 바람직하다. 나는 종종 이렇게 제안한다. "당신이 좋다면 간단한 개인기도를 지도해 주겠오. 당신은 그 기도를 마음 속으로 한 구절 한 구절 큰 소리로 혹은 작은 소리로 따라 읽을 수 있을 것이오. 아니면 당신에게 몇몇 작품을 소개해 줄 수 있는데, 그것들은 당신이 취하고 있는 방법들을 보다 확실히 이해하는데 도움을 줄 것이오." 나는 씨 뿌리는 비유와 같은 일들이 벌어지는 것을

---

14) J.I. Packer, *Evangelism and the Soverignty of God*, IVP. 1961, p.108.

목격했을 때 그 즉석에서 그리스도께 맡기는 기도를 부드럽게 권한다. 이는 그 씨가 뿌려진 후 마귀가 그 씨가 마음 밭에 뿌리를 내리기도 전에 속히 낚아채 가기 때문이다. 만약 그가 자원하는 마음으로 기도한다면 내가 하던 기도를 속히 마무리짓고, 그가 혼자 기도할 때 행복해 하는지 살펴본다. 그리고난 후에 천천히 기도한다. 때로 이렇게 기도한다.

> 주 예수 그리스도여,
> 제 자신이 죄인임을 깨닫사오니
> 저를 용서하옵소서.
> 저의 죄를 씻기 위해
> 십자가 위에서 죽으심을 감사하나이다.
> 잘못된 생활에서 돌아서고
> 당신을 제 삶의 제일로 삼겠나이다
> 그리고 지금 당신께 나아가나이다
> "예" 하고 대답하오니
> 나의 주, 나의 구세주여, 생명을 드리옵니다.
> 성령을 통해 당신의 생명을 줍소서.
> 그리고 영원히 저와 동거해 줍소서.
> 감사하나이다. 주 예수여
> 아멘.

그 사람은 나를 따라 크게 혹은 작게 기도할 것이다. 그러면 나는 다시 짧막한 격려의 기도를 하며, 우리 기도들 들어주신 주께 감사하며, 아울러 이 사람이 성령에 충만하도록 간구한 뒤 그의 삶에서 하나님의 목적을 발견하고 (다른 신자들의 도움으로) 그리스도와의 관계 속에서 성장하며 이 세상의 불쌍한 자들과 예수님의 사랑과 진리를 나누게 해 달라고 기도한다.

그리고나서 마지막으로 그가 모든 의심에서 굳게 서도록 예수님의 언약을 상기시켜 주고 조만간 더 깊은 대화를 나누기 위해 시간 약속을 한다. 매번 나는 헤어지기 앞서 그에게 적절한 책자를 소개해 주며, 그 결과 그가 취한 방법을 이해하는데 도움이 되는 여러 가지 것을 읽게 된다.[15] 초신자들은 일정한 개인 기간 내지는 '초보자 모임'을 통해 몇 가지 추가사항들을 신중히 살피는 것이 좋다. 그때에 다음과 같은 몇몇 주제들을 5~6주의 과정을 통해 심사숙고해야 한다 - 확신, 성장, 기도, 성경, 믿음을 갖기 위한 기본사항(즉, 하나님, 그리스도, 성령, 십자가와 부활, 교회, 영적 은사 등등). 아울러 우리는 증거, 성령의 인도, 구제 및 제기되는 많은 문제들을 살펴보아야 할 것이다.[16]

전도는 시작에 불과한 것임을 잊지 말아야 한다. 하나님의 사랑과 성령의 감동을 통해 그 사람이 참된 그리스도의 제자로 자랄 때까지 보살펴주어야 한다. 그 사람이 다시금 전도하는 것을 볼 때, 혹은 적어도 교회에서 완전한 직책을 수행하게 될 때 비로소 우리는 그리스도 안에서 우리의 수고가 헛되지 않았음을 알고 즐거워 할 수 있다. 이 책에서 계속 언급하겠지만 상호 간에 제자를 삼는 일은 끝이 없다. 이 일은 우리의 가진 것 전부를 요구하지만 반면에 큰 상급을 우리에게 준다. 윌리암 바클레이(William Barclay)는 "이 세상에서 가장 큰 즐거움은 한 영혼을 그리스도께로 인도하는 즐거움이다"라고 말했다. 이 일이야말로 제자된 모든 사람들의 특권이자 책임인 것이다.

---

15) 나는 보통 나의 저서인 *A New Start in Life*(Kingsway)와 *Live a New Life*(IVP, 1975)를 활용한다. 그 밖에 알맞은 자료들도 사용한다.
16) 이 추가사항에 대해서는 *I believe in Evangelism*(Hodder & Stoughton, 1976)의 7장에서 보다 자세히 다루었다. 기본적인 교수과정에 대해서는 부록 B(303면 이하)에서 몇몇 실례를 들었으니 이것을 참조하라.

10

제자도와 검소한 생활양식

　오늘날, 범세계적인 하나님의 가족 안에서도 경제적으로 불평등한 점들이 많이 존재하는데, 다음과 같이 서로 상반되는 두 개의 실례를 통하여 이를 고찰해 보기로 하겠다.
　타임(Time)지에서[1] 흥미있는 기사를 읽은 적이 있다. 그 기사는 매주 텔레비젼 프로그램으로 방영되는 미국의 몇몇 복음전도자들에 관한 것이었다. 그들의 복음의 내용과 표현형태에 관하여 신랄한 질문이 가해질 수 있을 것 같다. 나 자신도 이 문제에 대해서 개인적으로 많이 염려를 하고 있지만, "전파되는 것은 그리스도니 이로써 내가 기뻐하고 또한 기뻐하리라"(빌 1:18)고 말씀하신 사도 바울의 관대한 정신으로 이를 바라보기 원하고, 또한 적어도 그들의 복음사역으로 말미암아 누군가가 하나님의 사랑과 평화, 심지어 치유도 경험할 수 있음을 확신하고 있다. 사실, 그들의 복음내용과 표현형태 보다 더욱 더 문제가 되는 것은 설교자들의 생활양식(lifestyle)이다. 그 기사에 따르면 어떤 목회자는 매년 5,100만 달러에 이르는 금액을 청중들로부터 증여받고, 이

---
1) 1980년 2월 4일.

중 1/50을 자신의 개인 수입으로 남겨둔다는 것이었다. 그 복음 전도자는 항상 사치스러운 집과, 많은 자동차, 그 외에도 수많은 물질적 혜택을 누리고 있다. 이러한 사실에 대하여 타임지의 저널리스트는 당연히 비판적일 수밖에 없었다.

이와 상반되는 다른 실례를 살펴보자. 그 기사를 읽고난 뒤 한 달 후 본인은 영국에서 개최된 "검소한 생활양식에 관한 국제회의" (International Consultation on Simple Lifestyle)에 참가하였다. 로날드 사이더(Ronald Sider)와 존 스타트(John Stott) 두 분이 이 회의의 공동의장이었다. 회의가 시작되는 그 날 저녁 콜롬비아에서 온 한 선교사가 통역관을 통하여 연설하였는데, 그는 다음과 같은 이야기를 들려주었다. 그가 어떤 촌락에서 완전히 심신을 피곤케 하는 하루의 설교를 마친 뒤, 지치고 매우 굶주린 몸으로 자신이 거주하고 있던 목사님의 가정으로 돌아갔었다. 그 목사님과 부인 또 그의 다섯 자녀들이 거기에 살고 있었으나, 식탁 위에는 오직 하나의 접시만이 놓여 있을 뿐이었다. 그 접시는 분명히 자기 집을 방문한 그 선교사를 위한 것임에 틀림이 없었다. 그가 자리에 앉았을 때 그 목사님의 부인은 계란 한 개와 작은 감자 한 개를 가져와 접시에 놓았다. 그는 속으로 "나는 몹시 배가 고픈데 이것이 전부란 말인가?"라고 생각했지만, 머리를 숙이고 그 앞에 놓여 있는 음식을 위하여 하나님께 감사기도를 드렸다. 막 식사를 시작하려다가 그는 다른 사람들이 이미 식사를 마쳤는지 물어보았다. 그 목사님의 부인은 조금 후에 그들의 몫을 준비할 것이라고 급히 대답하였다. 그러나 이미 저녁 10시 30분이라는 늦은 시간이었다. 그래서 그가 계속 추궁해 본 결과, 그 집안에는 바로 그 계란 하나와 작은 감자 외에 다른 아무런 음식도, 한푼의 돈도 없다는 사실을 알았다. 그는 그 부인에게 일곱 개의 접시를 더 가져오도록 한 뒤, 얼마되지 않은 그의 음식을 조금씩 여덟 부분으로 나누었다. 그리고는 그들 모두를 식탁에 초대하여 자리에 앉히고는 다시 머리를 조아려 하나님께 감사기도를 드렸다.

동일한 하나님의 가족이지만 각 구성원들 사이에 생활양식에 있어서 엄청난 차이가 있음을 지적하는 이러한 실례들은 얼마든지 더 많이 제시될 수 있을 것이다. 과연 하나님께서 이 지구상에 있는 자신의 자녀들을 위하여 작정한 것이 이러한 것이란 말인가? 특별히 서구 교회의 생활양식은 세계의 복음화와 선교사역에 얼마나 도움을 주고 있는가? 오히려 이를 방해하고 있는 것이 아닌가? 만약 우리가 하나님 나라의 가치를 확신있게 입증하고, 또 하나님께서 세상을 너무나 사랑하셔서 형언할 수 없는 귀한 선물로 그의 아들을 주신 이러한 사실에 대하여 권위있게 말하려면 우리에게 필요한 것은 무엇일까? 이를 위하여, 우리는 어느 개인, 단체를 막론하고, 모두가 완전히 새로운 이미지를 갖추도록 부단히 노력하여야 하며, 또 예수님의 검소한 생활을 따라 철저한 제자로서의 삶이 절실하게 요구되고 있다.

언젠가 크리스챤 극작가인 머레이 왓스(Murray Watts)는 나에게 다음과 같은 실화를 들려주었다. 태어날 때부터 귀머거리로 태어나 훌륭한 중류 기독교인 가정에서 양육된 한 사람이 있었다. 그 사람은 인도의 한 기차칸에서 어떤 광경을 목격함으로 말미암아 그리스도 안에서 생명력 있는 활기찬 신앙을 가지게 되었다. 그가 탄 차 내에는 온 마음을 다하여 진심으로 하나님을 찬양하는 한 걸인이 같이하고 있었다. 이 걸인에게는 비록 물질적으로 가진 것이 없으나 감사와 찬양이 항상 흘러넘치고 있었다. 그 귀머거리는 바로 이 놀라운 광경을 목격함으로 말미암아 자기를 항상 감싸고 있던 하나님의 사랑을 자기 마음 속 깊숙이 받아들이게 된 것이다.

이러한 실제의 사건을 비유로써 생각해 보자. 이 세상은 물질주의에 매도된 교회에 대하여 점점 귀머거리가 되어가고 있다. 만약 교회가 하나님께서 손길을 펼치기 원하시는 수많은 가난한 자들에게 구제활동을 벌이고, 그래서 그 결과 자신은 물질적으로 빈곤하게 된다면 아마도 교회는 하나님을 전적으로 의지하게 될 것이다. 바로 이러한 교회만이 귀머거리 같은 세상에 신선한 충격을 줄 수 있을 것이다. 이따금 물질적인 파산이 정신적인 풍요를 동반하듯이, 물질적인 풍요와 정신적인 자아도취(spiritual complacency)는 동시에 발생할 수 있다. 우리가 오직 하나님 한 분 외에는 가진 것이 없을지라도 오히려 이로써 우리는 모든 것을 소유하고 있으며, 감사와 찬양을 드릴 수밖에 없는 것이다. 하나님의 존재를 의심하였던 타인들이 우리들 가운데 살아 역사하시는 그의 실체를 볼 수 있는 것은 오직 이러한 사실을 그들이 알게 될 때 뿐이다.

오늘날, 신앙을 확언(affirmations of faith)하며, 기아에 관하여 논의하고, 또 영성을 표현하는 등 이러한 경건한 말들은 너무나 풍성하다. 그러나 세상은 우리가 입술로 선포하는 것이 어렵지만 실제로 희생적으로 나타나는 것을 보기를 원하고 있다. 우리는 다음과 같은 말을 들을 수밖에 없다. "내가 굶주렸을 때 당신들은 나의 어려움을 조사하기 위하여 위원회를 구성했었다…내가 집이 없었을 때 당신들은 나의 역경에 관하여 보고서를 제출했었다…내가 병들었을 때 당신들은 나의 비참한 상황에 대하여 세미나를 열었었다…당신들은 이러한 나의 모든 처지를 조사하였지만, 아직도 나는 여전히 굶주리며, 집이 없고, 병들어 있다."

존 테일러(John Taylor)는 다음과 같이 기술하였다. "예수님과 그의 제자들의 생애는 감사의 생활인 반면, 또 한편 도전적이었다. 그들은 이러한 것들을 단지 말하는 것만으로 충분하지 않으며, 이 세상에서 구체적으로 실현하여야만 한다는 사실을 알고 있었다. 마찬가지로 요즈음에도 우리는 자족하기를 가르치는 성경의 자족신학(The Bible's theology of enough)과 맹목적으로 성장만을 추구하는 성장우상주의(our idolatry of growth) 사이의 대조를 지적하는 것만으로 충분하지 않다. 뿐만 아니라 우리는 그와 같은 조류에서 반드시 물러서야만 하고, 그 추세에 기꺼이 대항하며 살아가도록 서로를 도와주어야 한다.[2]

예수께서 그의 제자들에게 돈과 소유에 관한 모든 문제들을 가르치고 권유하였음은 물론 나아가 그들과 전 생애를 함께 지내었는데, 이는 바로 그와 같은 이유로 말미암은 것임에 틀림없다. 예수께서는 제자들의 순종이 명백히 진실된 것이 아니라면, 음부의 권세나 다른 어떤 권세도 이기지 못할, 그러한 교회를 반석 위에 세우는 것이 아니라, 공중누각(空中樓閣)을 건축하게 될 것을 잘 알고 있었다. 이제, 실제적인 제자로서 우리가 필수적으로 갖추어야 할 여건들을 어떻게 구비하며 개선시켜 나갈 수 있을지 생각해 보기로 하자.

---

[2] 『자족은 족하다』(Enough is Enough), SCM, p. 62, 1975.

순종

처음부터 예수님은 그의 추종자들에게 그들의 주가 되는 자신에 대하여 완전한 순종이 절대적으로 필요함을 가르치려 했었다. 그들의 동의나 이해에 관계없이, 예수께서는 그들 생활의 전 영역을 통치하고 지배하는 하나님 나라로 그들을 인도하려 하셨다. 누가복음 5장에 보면, 목수의 아들이자 나사렛 출신인 예수께서 노련한 갈릴리 어부인 시몬에게 대낮에 바다로 그물을 던지라고 명령하셨다. 우리는 "선생이여 우리들이 밤이 맞도록 수고를 하였으되 얻은 것이 없읍니다"라고 하는 전문가의 항변을 이해할 수 있다. 그러나 위엄있는 예수님의 모습을 본 시몬이 "말씀에 의지하여 내가 그물을 내리리이다" 하며 순종하였을 때 그 포획량은 엄청난 것이었다. 이는 시몬이 후에 사람낚는 어부가 되기 앞서 배워야 할 최초이자, 가장 중요한 교훈이었다. 그리스도에 대한 순간적인 순종은, 우리들이 육신의 지혜와 정력으로 사력을 다해 열심히 노력하는 것보다 무한히 가치있는 것이다.

짧은 제자훈련 기간 동안 줄곧 이 순종의 교훈이 재삼재사 되풀이되어 가르쳐져야만 했다. 그러나 우리는, 초대교회의 괄목할 만한 성장 속에서 이 교훈이 과연 얼마나 효과적이었는가를 살펴볼 수 있을 것이다. 훌륭한 군인의 특징은 항상 명령에 즉각적으로 순복하는 것이다. 일반적인 부대나 특수부대 또 테러집단 할 것없이 모두 이에 대한 절대적인 중요성을 잘 알고 있다. 무조건적인 복종이 없이는 어떠한 단체이든간에 그 역량은 심각하게 감소될 것이다. 이러한 소양을 습득하기 위해서는 외관상 사소하게 보이는 일에도 많은 시간의 노력을 기울이는 것이 절대적으로 필요하다.

우리는 특별히 물질적인 재산에 대하여 순종을 배우는 것이 더욱 필요하다. 유안 칼로스 오티즈(Juan Carlos Ortiz)는, 우리가 위로를 주는 성경구절만 선택하고 불안을 주는 것은 무시해 버리는 그러한 경향에 대하여 자주 언급하였다. "적은 무리여 무서워 말라 너희 아버지께서 그 나라를 너희에게 주시기를 기뻐하시느니라"는 예수님의 안심스러운 말씀을 우리가 기쁘게 받아들이지만, 그러나 그 바로 다음 구절인 "너희 소유를 팔아 구제하라"는 말씀은 쉽게 무시해 버리려 한다(눅 12 : 32 이하). 그러나 순종을 위한 이같은 희생적인 행동은, 하나님이 그의 하늘나라를 우리에게 주시려는 모든 방법 중 아마도 필수적인 부분이 될 것이다. 이와 같은 예수님의 요구를 진지하게 받아들이지 못할 때, 우리는 왜 하나님 나라가 예수님께서 분명히 약속하신 것처럼 능력으로 임하시지 않는가 의아해 할 것이다. 그것은 "예, 그러나…"라고 하는 세상의 자율정신을 수용했기 때문이다. 아무리 합리화 시키려 해도 예수님께 "예, 그러나"라고 하는 것은 불순종에 불과하다. 이 때문에, 성령의 능력이 입증되는 데는 순종보다 더 큰 것은 없다. 하나님의 영은 오직 순종하는 자들에게 주어진다(행 5 : 32).

마태복음 6 : 19~24에 보면 예수님께서 일련의 현격한 대조를 통하여 그 문제를 다루고 있다. 우리는 두 종류의 보물(땅의 것과 하늘의 것), 두 가지 상태(빛과 어두움), 두 주인(하나님과 재물)을 놓고 반드시 선택을 하여야만 한다. 말을 바꾸면 우리는 "우리들의 생애에 있어서 무엇이 최우선인가?" 하는 심각한 질문을 반드시 해보아야 한다. 이 질문의 응답은, 무엇보다 소유에 대한 모든 자세 속에서 분명히 드러나게 될 것이다.

예수께서 사유재산의 소유권을 인정하였음은 중요한 사실이다. 심지어는 기독교인들 사이에서 부의 분배가 최대한 관대하게 잘 이루어지고 있었던 초대교회 당시에도, 베드로는 땅을 판 아나니아에게 "땅이 그대로 있을 때에는 네 땅이 아니며 판 후에도 네 임의로 할 수가 없더냐?"(행 5 : 4)고 말하였다. 없는 자들에게 주기 위하여 계속(헬라어 미완료 시제) 재산을 팔았다는 진술에서 알 수 있듯이, 몇몇 제자들은 그 자신의 소유를 갖고 있었다(행 4 : 34). 더우기 예수님은 미래를 위하여 지혜롭게 어느 정도 준비하는 것을 반대하지 않았다. 후에 바울은 "누구든지 자기 친족 특히 자기 가족을 돌아보지 아니하면(provide for) 믿음을 배반한 자요 불신자보다 더 악한 자니라"고 기록하였다(딤전 5 : 8). 예수께서는 우리들에게 하나님이 창조하신 훌륭한 수많은 선물들을 결코 무시하거나 경멸하라고 가르치지 아니하였다. 물질은 영지주의자들이 잘못 가르친 것처럼, 본질적으로 악한 것이 아니다. "하나님의 지으신 모든 것이 선하매 감사함으로 받으면 버릴 것이 없다"(딤전 4 :

1~5). 바울은 "비천에 처할 줄도 알고 풍부에 처할 줄도" 알았으며, 또한 배가 부르든지 고프든지, 풍부하든지 궁핍하든지 주의 평화를 발견할 수 있었다(빌 4:12).

예수께서는 "너희를 위하여"(for yourself) 보물을 쌓아두는 것을 철저히 금지하셨다. 모든 땅의 보물은 머지 않아 부패하거나 사라져버리기 때문에 이러한 행동은 어리석기 짝이 없다. 뿐만 아니라 세계 도처에 있는 모든 남성, 여성, 어린이들의 엄청난 요구를 고려하면 이는 이기적인 동시에 하나님의 사랑을 곧바로 부정하는 것이다. 그리고 "네 보물있는 그곳에는 네 마음도 있느니라"는 말씀에 근거할 때, 이는 무엇보다 우상숭배가 된다.

"세상의 소유라는 것은 제자들의 마음을 예수님으로부터 멀리 향하게 한다. 실제로 우리가 무엇에 헌신하는가? 이것이 문제이다. 우리들의 마음은 세상의 것을 향하고 있지 않는가? 아니면 그리스도에 대한 충성과 세상의 것에 대한 헌신을 잘 화합시키려고 노력하고 있는가? 혹은 오로지 그리스도에게만 헌신하고 있는가? …우리의 보물이 있는 그곳에 우리의 신뢰, 안전, 위로, 하나님도 위치한다. 보물을 쌓아두는 것은 우상숭배이다…다른 무엇보다 우리가 하나님을 제일 사랑하는 그러한 것을 방해하는 모든 것이 우리의 보물이며, 그곳에 우리의 마음도 있다…만약 우리의 마음이 완전히 하나님께 바쳐졌다면, 두 주인을 섬길 수 없음은 명백하다. 이는 절대적으로 불가능한 것이다…우리의 마음은 모든 것을 헌신해야 하는 오직 그 하나의 공간만 가지고 있으며, 따라서 우리는 한 주인만 고수할 수밖에 없다…."[3]

예수께서 "눈은 몸의 등불이니"라고 말씀하셨다. 즉, 눈이 밝히 보지 못할 때 온 몸은 반드시 어두움에 거하게 된다는 것이다. 이는 우리가 무엇을 하고 있는지 어디로 가고 있는지 볼 수 없기 때문이다. 우리의 온 생애가 올바른 방향을 가질 수 있는 것은, 오직 우리의 눈(성경에서 "마음"의 동의어로 사용됨)이 완전히 그리스도의 빛을 향할 때이다. 그러나 만약 나의 눈(혹은 마음)이 다른 주인을 섬긴다면-두 주인을 섬길 수 없으므로-나의 온 생애는 깊은 어두움 속에 머무르게 된다. 매

---

3) Dietrich Bonhoeffer, *The Cost of Discipleship*, SCM, 1959, pp. 154~157.

일의 생활을 통하여 "돈을 사랑함이 일만 악의 뿌리가 되나니"라는 말씀이 도저히 피할 수 없는 추악한 사실됨을 깨달을 수 있을 것이다.

그러므로 예수께서 제자들을 부르시고 선택하실 때 절대로 타협을 허용하지 않으셨다. 예수께서는 심지어 사랑스러우며, 재능이 많고, 또 유망하며, 진리를 추구하는 한 젊은 부자 청년이 찾아왔을 때 그에게까지도 다음과 같이 말씀하셨다. "가서 네 모든 소유를 팔아 가난한 자들을 주라 그리하면 하늘에서 보화가 네게 있으리라." 그 청년은 이 말씀을 듣고 근심하여 돌아갔다. 그러나 아무도 두 주인을 섬길 수 없으므로 예수님은 그와 타협하지 않으셨다.

하지만, 우리에게 잘 알려진 이 사건은 이외에도 다수의 교훈을 제시하고 있다. 첫째로, 론 사이더(Ron Sider)의 주해 속에서 찾아볼 수 있다. 예수께서 부자 청년에게 그의 소유를 팔아 가난한 자들을 주라고 요구하였을 때 "친구도 없이 극빈하게 되어라"고 말하지 않았다. 오히려 "그리고 와서 나를 좇으라"고 말씀하셨다. 다시 말하면, 예수님은 그를 함께 사랑을 나누는 공동체에 가입하도록 초청한 것이다. 그 공동체에서는 그의 안전이 개인 사유재산에 기초를 둔 것이 아니라, 새로운 형제 자매의 사랑스러운 보호와, 성령을 쉽게 맞아들이려는 마음에 달려 있었다.[4] 둘째로, 예수께서 가장 먼저 바랐던 것은 빈곤이 아니라 순종이었다. 만약 예수께서 요구하신다면, 순종은 빈곤에 이르게 할 것이다. 그러나 본질상, 빈곤을 선택하는 것은 그 자신의 삶의 방법이나 어떤 종교적인 이상(ideal)을 선택하는 것이 되며, 예수님의 가르침은 아니다. 셋째로, 많은 사람들이 이러한 생활양식을 율법화 하는 것이 위험하다는 것을 주장하고 또 인식하고 있기 때문에, 그들은 빠져나갈 구멍을 발견하고 또 '예, 그러나'라고 말하는데 너무 숙달되어 있다. 그래서 론 사이더는 모든 서구 기독교인 가운데 99퍼센트는 그들의 99퍼센트의 시간을 "너에게 구걸하는 모든 자들에게 주라" 그리고 "너의 소유를 팔아라"와 같은 말을 들어야 할 필요가 있다고 하였는데, 이는 매우 올바른 말이다. 네째로, 우리는 유혹적인 부의 위험을 절대로 과소평가해서는 안된다(딤전 6:9~10, 약 4:1~2 등등). 오늘날, 서구

---

4) *Rich Christians in An Age of Hunger*, Hodder & Stoughton 1977, p. 87.

(혹은 북구)에서 가장 심각한 죄악은 탐욕일 것이다. 탐욕스러운 사람은 아무도 하나님 나라를 상속받을 수 없다. 성경 속에서 모든 모양의 탐욕에 대한 비난은 매우 강력하다. 우리는 항상 "우리들의 생애에 있어서 무엇이 최우선인가?"라는 근본적인 문제로 돌아오게 된다. 우리는 그리스도께서 우리의 주가 됨을 분명히 깨달아야만 참으로 그의 제자가 될 수 있는데, 이는 무엇보다 소유에 대한 우리의 태도 속에서 증명되어질 것이다. 이러한 생활양식에 대하여 우리는 바리새주의와 율법주의 같은 태도를 반드시 경계해야 하지만, 이와 동일하게 하나님께서는 이 세상을 본받지 않는 올바른 성경적 과격주의를 아직도 요구하고 계신다.

믿음

만약 우리가 사역 중에 하나님의 능력을 보려면 믿음 역시 중요하다. 예수께서 그의 마지막 설교 가운데 제자들에게 "나를 믿는 자는 나의 하는 일을 저도 할 것이요"라고 약속하시며, "너희가 내 이름으로 무엇을 구하든지 내가 시행하리니 이는 아버지로 하여금 아들을 인하여 영광을 얻으시게 하려 함이라"고 하셨다(요 14:12 이하).

예수께서 마태복음 6:25~34에서 "염려하지 말라"고 하실 때, 그는 우리들에게 또다른 중요하고 예리한 질문을 하셨다. 너희들은 실제로 무엇을 신뢰하는가? 너희들의 신앙의 분명한 대상은 무엇인가? 우리는 모든 일에 하늘에 계신 아버지를 신뢰하든지 아니면 궁극적으로 어떤 형태의 세상적인 안전수단을 신뢰하든지 이 양자택일의 문제에 직면할 수밖에 없기 때문에, 그 논리에 반대하는 것은 억지에 불과하다. 대개 물질적인 소유는 근심을 유발시킨다. 우리는 원하는 것을 살 수 있는 충분한 돈을 갖기 위하여 염려한다. 하지만 우리가 그 원하는 것을 가지고나면 그것을 안전히 좋은 상태로 보관하기 위하여 염려한다. 또 우리는 미래의 안전을 약속하는 충분한 돈을 가지고 있는가 염려한다. 우리는 경제적 안정, 인플레이션, 경기쇠퇴, 경기회복 등에 따라 변화하는 유통화폐와 재산의 교환가치에 대하여 염려한다. 예수께서는 그러한 염려에서 유발되는 영적인 손상에 대하여 경고하셨다. 하나님 말씀의 씨앗은 쉽게 "이 생의 염려와 재리와 일락에" 기운이 막혀버리게 된다(눅 8:14). 만약 우리가 하늘에 계신 아버지의 미쁘심을 믿는다면, 하루에 하루를 살아갈 것이다. "내일 일을 위하여 염려하지 말라 내일 일은 내일 염려할 것이요 한 날 괴로움은 그 날에 족하니라"(마 6:34).

예수께서 우리를 이 세상나라에서 하나님 나라로 부르셨다는 사실을 우리가 인식할 때까지, 이러한 모든 것이 유치하고 무책임한 것으로 여겨질지도 모른다. 이 하나님 나라는 그의 백성들이 서로 사랑으로 돌보고 관용을 베풂으로 입증되어지는 곳이다. 우리는 특별히 이처럼 삶을 함께 공유하는 이러한 생활에서라야 실제로 하나님의 사랑의 실체를 경험할 수 있으며, 두려움을 내어쫓고 주 안에서 참된 믿음을 증진시킬 수 있을 것이다.

이는 확실히 예수께서 스스로 받아들인 생활양식이며 그의 제자들에게도 동일하게 실천하기를 가르쳤다. 사실, 그들 사역의 효과와 능력은 모든 것이 하나님을 기꺼이 신뢰하는, 그러한 자세에 달려 있다고 말할 수 있을 것이다. 예수께서 열 두 제자에게 하신 다음의 명령을 기억하라. "가면서 전파하여 말하되 천국이 가까왔다 하고 병든 자를 고치며 죽은 자를 살리며 문둥이를 깨끗하게 하며 귀신을 쫓아내되 너희가 거저 받았으니 거저 주어라 너희 전대에 금이나 은이나 동이나 가지지 말고 여행을 위하여 주머니나 두 벌 옷이나 신이나 지팡이를 가지지 말라…"(마 10:7~10). 대부분의 사람들은 그들의 믿음이 때때로 그러한 수준에 이르지 못하였다는 것을 쉽게 이해할 것이다. 어떻게 5,000명을 먹이셨던가? 그러나 그들 자신이 굶주렸을 때는 어떠했는가? 그때 예수께서는 평이하고 부드럽게 "믿음이 적은 자들아!"하고 타이르셨다(마 16:7 이하). 우리가 아무리 그들을 십분 이해한다 할지라도, 이러한 물질문제에 믿음이 적다는 것은 영적인 사역에도 믿음이 적음을 의미한다. 잠시 후 제자들이 왜 소년으로부터 귀신을 쫓아내지 못하였는가 물었을 때 예수님은 "너희 믿음이 적은 연고니라"고 대답하셨다(마 17:14~21). 이것이 그가 평범하고 매일의 문제인 생활양식에까지 그들의 믿음을 계속하여 시험하고 확장시킨 이유이다. 오직 그들의 믿음이 증진되어야만, 그들은 하나님 나라의 좀더 긴요한 사역을 믿을 수 있을 것이다.

70인이 파송될 때도 거의 동일한 시험이 주어졌다. "전대나 주머니나 신을 가지지 말며…어느 동네에 들어가든지 너희를 영접하거든 너희 앞에 차려놓는 것을 먹고 거기 있는 병자들을 고치고 또 말하기를 하나님의 나라가 너희에게 가까이 왔다 하라."그들은 경험이 없었고 배우지 못하였지만 단지 믿음만 가지고 떠났다. 그러나 "칠십 인이 기뻐 돌아와 가로되 주여 주의 이름으로 귀신들도 우리에게 항복하더이다"고 하였다. 예수님 역시 기뻐하시며 "천지의 주재이신 아버지여 이것을 지혜롭고 슬기있는 자들에게는 숨기시고 어린 아이들에게는 나타내심을 감사하나이다"라고 말씀하셨다. 이 말씀은 하늘에 계신 아버지의 미쁘심(Faithfulness)과 진실됨을 굳게 믿고, 그 믿음을 실행한 자들에게 대한 것이다(눅 10:1~21).

대부분의 사람들은 적절히 타협하기를 좋아한다. 물론 우리는 먼저 하나님 나라를 구하려고 노력하지만, 그러나 땅의 보물은 끈질기게 우리를 유혹하고, 근심을 야기시키며, 우리의 믿음을 약화시키고 있다. 우리가 분명히 재정적으로 안전하다면, 아마 지나치게 부자가 되려고 하지는 않을 것이다. 하지만 우리가 하나님 나라와 재물, 어둠의 최상의 것을 다 취하려 한다면, 오히려 하나님 나라의 변화시키는 능력을 잃게 될 것이다. 여기서 우리는 예수께서 사유재산을 금하지 않는다는 사실을 다시 강조하여야만 한다. 그러나 여하튼 우리가 이러한 것들을 '사모'하기 시작할 때, 결국 믿음에서 떠나게 될 것이며, 많은 근심으로 자기를 찌르게 될 것이다(딤전 6:10).

"우리가 하늘의 보화보다는 땅의 것을 선택하는 것은 우리의 믿음이 부족하기 때문이다. 만약 우리가 실제로 하늘의 보화를 믿는다면 누가 어리석게도 황금을 사려 하겠는가? 확실히 우리는 믿지 못하고 있는 것이다. 천국은 우리의 정통적 신앙 때문에 용인하고 있는 일종의 종교적 환상이요 꿈에 불과하다. 만약 사람들이 천국을 믿는다면 거기서 영원히 거하기 위하여 준비하는데 시간을 보낼 것이다. 그러나 아무도 그렇지 못하다. 인생여정을 마치고난 뒤 어떤 아름다운 세계가 우리를 기다리고 있다는 그러한 확신을 우리는 단지 좋아할 뿐이다."[5]

이는 확실히 중요하다. 우리는 사람이 믿음으로 의롭게 된다는 사실을 보고 아마 기뻐할 것이다. 그러나 우리가 의롭게 된다는 것을 경험할 수 없는 지금, 그 사실을 실제로 믿고 있는지 어떻게 알 수 있는가? 존 화이트(John White)는 다음과 같이 말하였다. "매일의 생활에서 하나님의 능력을 믿음으로 물질문제에까지 믿음이 구체적으로 실현되지 않는다면, 개인적 칭의에 관한 그러한 어떤 믿음도 우리는 의심할 수밖에 없다. 내가 죽고난 뒤 하늘에 멋진 것이 기다리고 있음을 믿는 믿음은 입증될 수 없지만, 현재 하나님께서 나의 필요를 채워줄 수 있다는 것을 믿는 믿음은 입증될 수 있다."[6]

그것은 엄밀히 젊은 부자 관원에게 대한 도전이었다. 예수님은 그에게 그의 소유를 팔아 가난한 자들에게 주라고 말씀하시면서 동시에, 그리하면 "하늘의 보화"를 가질 수 있으리라는 약속을 해주셨다. 계속하여 예수님은 "와서 나를 좇으라"고 하셨다. 그러나 그 결정적인 순간에 젊은 청년은 선한 생활과 종교적인 열정에도 불구하고 예수님에 대한 참된 신앙을 소유하지 못했다. 그는 예수님을 믿지 않았던 것이다. 혹은 그가 믿었다 치더라도 순종하지 않았던 것이다. 예수님은 놀란 제자들에게 부자가 천국에 들어가는 것이 어렵다는 것을 말씀하셨다. 그러나 한편 예수님은 자신을 위하여 이미 모든 것을 버렸다고 생각하는 자들에게 다음과 같이 약속하셨다. "내 이름을 위하여 집이나 형제나 자매나 부모나 자식이나 전토를 버린 자마다 여러 배를 받고 또 영생을 상속하리라"(마 19 : 29). 제자들은 우리의 모든 생애를 하나님의 장중에 맡길 때 우리를 위하여 그가 예비해 두신 엄청난 풍요를 직접 어느 정도 경험하였다. 그들이 이전에는 알지 못하였으나 사도들 사이에 깊은 유대관계가 있음을 발견하였다. 그들은 일상생활을 공유하였다. 그들은 함께 살아가고, 함께 일하고, 함께 기도하고, 함께 배워갔다. 그들은 모든 것을 포기했으나 이로 말미암아 더 많은 것을 획득한 것이다.

그래서 문제는, 재정적인 위기가 닥쳐왔을 때 우리가 실제로 무엇을 믿는가 하는 이것이다. 우리가 예수님을 믿는 참된 신앙을 가졌는가?

---

5) John White, *The Golden Cow*, Marshall, Morgan and Scott, 1979, p. 39.
6) 전게서, p. 41~42.

우리가 의롭게 되는 것도 믿음에 의한 것이며, 우리의 사역 가운데 하나님의 능력을 볼 수 있는 것도 믿음에 의한 것이다. 오늘날 하나님의 능력이 이 세상의 것을 전혀 혹은 별로 갖고 있지 않는 자들 사이에서 더욱 명백하게 입증되어지는 것은, 이 땅의 보물들로 주위를 가득 에워싸고 있는 우리 풍요로운 기독교인들에 대한 하나님의 책망이다. 역시 세상의 소유가 적거나 없는 자들이 신앙적으로 풍요로운 사람들이 아닐까?

정직

기만과 부정으로 그 사역이 특정지워지는 거짓 예언자들의 위험이 끊임없이 계속되었기 때문에, 바울을 비롯한 초대교회 지도자들은, 복음을 전하며 가르치고 목회하는 그들의 모든 사역에서 전적으로 정직하다는 것을 거듭 강조하였다. "우리는 수다한 사람과 같이 하나님의 말씀을 혼잡하게 하지 아니하고 곧 순전함으로 하나님께 받은 것같이 하나님 앞에서와 그리스도 안에서 말하노라… 숨은 부끄러움의 일을 버리고 궤휼 가운데 행하지 아니하며 하나님의 말씀을 혼잡케 아니하고 오직 진리를 나타냄으로 하나님 앞에서 각 사람의 양심에 대하여 스스로 천거하노라… 우리가 이 직책이 훼방을 받지 않게 하려고 무엇에든지 아무에게도 거리끼지 않게 하고 오직 모든 일에 하나님의 일군으로 자천하여…마음으로 우리를 영접하라 우리가 아무에게도 불의를 하지 않고 아무에게도 해롭게 하지 않고 아무에게도 속여 빼앗은 일이 없노라…" (고후 2:17; 4:2; 6:3; 7:2). 또 바울은 조금의 위선이나 교만도 없이 솔직하며 의혹이 가시도록 다음과 같이 말하였다. "아시아에 들어온 첫 날부터 지금까지 내가 항상 너희 가운데서 어떻게 행한 것을 너희도 아는 바니 곧 모든 겸손과 눈물이며…우리가 너희 가운데서 너희를 위하여 어떠한 사람이 된 것은 너희 아는 바와 같으니라… 형제들아 우리의 수고와 애쓴 것을 너희가 기억하리니…"(행 20:18, 살전 1:5; 2:9). 이상과 같이 우리는 얼마든지 많은 예를 들 수 있을 것이다.

복음 전달자들에 있어서 정직은, 그들의 메시지가 사람들을 개조시킬 수 있는 능력과 권위를 가지기 위하여 필수 불가결한 것이다. 예수님은

"너희 중에 누가 나를 죄로 책잡겠느냐?"고 함으로써 자신을 비판하려는 자들의 도전을 기꺼이 물리칠 수 있었다(요 8:46). 또 예수님의 가정은 비교적 안정된 직업을 갖고 있었지만 부(富)와는 거리가 멀었으며, 예수님 자신이 우리들을 위하여 가난을 받아들임으로써 우리는 그의 빈곤을 통하여 참된 부(富)를 소유할 수 있게 되었다. 예수님은 아마 부라는 것이 부정직하다고 보았기 때문에, 그의 전 생애가 진실되기 위하여 검소한 생활양식이야말로 필수적인 부분이 된다고 생각했을 것이다. 이 때문에 그는 그의 제자들에게도 자신과 같이 검소하게 살아야만 한다고 가르쳤다. 요한복음 13:29 등에서 보여지듯이 그들은 함께 공동의 돈궤를 사용했으며, 정기적으로 가난한 자들을 도와주었다. 그들 대부분이 이전에 간직하였던 물질적인 소유와 안락을 스스로 어느 정도 거부하였다. 그리고 후에 그들은 다른 사람들에게도 이와 동일하게 생활할 것을 가르쳤다. "우리가 먹을 것과 입을 것이 있은즉 족한 줄로 알 것이니라 부하려는 자들은 시험과 올무와 여러 가지 어리석고 해로운 정욕에 떨어지나니 곧 사람으로 침륜과 멸망에 빠지게 하는 것이라…"(딤전 6:8~9). "돈을 사랑치 말고 있는 바를 족한 줄로 알라"(히 13:5).

'탐욕에 연단된 마음'은 거짓 선지자들의 특징이다(벧후 2:14). 그들은 '이(利)를 위하여' 백성들에게 아첨한다. 그러므로 기대되는 교회 지도자들이 "돈을 사랑치 아니하며"(딤전 3:3), "더러운 이(利)를 탐하지 아니하여야" 하는 것은 바로 이 때문이다(딤전 3:8, 딛 1:7).

"그리스도의 복음을 전파하는 자들에게 있어서 가난함은 자유롭다는 증거이다. 그들이 복음의 전권대사가 되려 할 때 예수님은 즐거이 그들에게 엄격한 가난을 요구할 것이다. 그들은 기생충처럼 다른 사람들에게 짐을 지우려 하지 않아야 하며, 뿐만 아니라 주의를 끌려 하지 않고 거지처럼 돌아다니지 않아야 마땅하다. 그들은 친구들과 같이 자고 먹고 할 일종의 여행자로서, 별로 가진 것이 없이 가난이란 전투복을 입고 앞을 향하여 전진하여야만 한다. 이것이야말로 인간을 신뢰하는 것이 아니라 그들을 보내시고 돌보시는 하늘에 계신 아버지를 신뢰한다는 신앙의 표현이 될 것이다. **또한 바로 이것이 그들의 복음을 공신력있게 만드는 것이다**"[7] (굵은 글자의 문장은 나의 글임).

오늘날 이 상업적이고 선전하기를 즐겨하는 세상에서, 많은 사람들은 선전활동이나 설득 시에 나타난 그 어떤 내용이라도 당연히 의심을 하게 된다. 그 말이 사실인가? 무엇을 먹으려고 저러는가? 보이는 그대로인가? 이와 같은 질문을 자연스럽게 할 것이다. 하여튼 만약 세일즈맨이 그가 팔려고 노력하는 물건에서 재정적으로나 물질적으로 많은 개인적인 이익을 취하게 된다면 우리는 더욱 의심을 품을 것이다. 그러므로 값없는 하나님의 은혜를 말하는 그리스도의 사자들로서 우리가 하나님께로 부름받은 그 사역에서 개인적이며 재정적인 이익을 취하지 않아야 됨은 당연하다. 우리가 세상적인 댓가를 포기하고 보다 검소한 생활양식을 받아들이지 않는다면, 믿지 못하고 냉소적인 세상사람들의 눈에 우리의 사역은 진실성이 없게 보일 것이다.

최근 본인에게 매우 저명한 복음전도자로부터 인쇄물이 우송되어 왔다. 그는 지금 필요한 것에 대하여 감동적인 진술을 한 뒤, 나에게 다음을 강하게 호소하였다. "당신 자신을 성령에게 맡기세요. 그리고 당신을 향하신 그의 선하심에 대하여 당신이 특별 감사헌금을 할 수 있도록 성령님의 인도를 요구하세요." 또 만일을 위하여, 우편요금이 미리 지불된 회신용 봉투가 들어 있었는데 거기에는 "재정형편을 뒤바꿀 나의 헌금"이란 제목이 붙여진 종이쪽지도 함께 들어 있었다. 그 쪽지에는 다음과 같이 기록되어 내가 서명하도록 조장하고 있었다. "사랑하는 형제에게(복음전도자의 이름), 나는 하나님의 선하심과, 나를 선택하신 그의 사랑과, 나를 권유하여 만방을 치유하기 위한 예언사역에 하나님의 동업자 중 하나가 되게 해주시는 그의 사랑에 감사합니다…나는 성령의 인도하심대로 불신자에게 전도하기 위하여 ( )원을 11월 헌금으로 드립니다." 그리고나서 "지금은 하나님의 때이다"는 말로 끝맺음을 하였다. 유혹에 빠지기 쉬운 기독교인은 그러한 편지에 재정적인 도움을 많이 주었을 것이다. 우리 교회 역시 몇몇 미망인들이 이와 유사한 압력에 대해 인심좋게도 응답을 해주었다. 이 복음전도자는 틀림없이 계속 '성공'을 즐기고 있을 것이다. 만일 그가 그리스도를 전파하는 것처럼 보이니 아마 하나님께서 그의 노력에 이런 저런 방법으로 축복

---

7) Bonhoeffer, 전게서, pp. 186f.

해 주시는 것인지도 모르겠다. 그 모든 교섭들은 비극적이지만 주님의 공신력을 떨어뜨리는 것임에 분명하다.

내가 일반 방송사나 혹은 잡지와 인터뷰를 하게 되면 복음전도자인 나의 사역에 대하여 그들이 꼭 빠뜨리지 않고 물어보는 것이 있는데, 그것은 바로 "당신은 그 일로부터 무엇을 얻는가?"이다. 그들의 질문은 직업의 만족에 대한 것이 아니라 재정적인 보수에 관한 것이다. 진정코 나의 삶이 정직하다면, 달갑지 않는 이러한 질문에 진실되게 대답할 수 있어야만 한다. 탐욕이 가장 일반적이고 현저한 죄 가운데 하나라면, 교회는 강하고도 교활한 이 유혹에 대하여 반드시 스스로 보호할 수 있어야 할 것이다.

지교회 목회에 확고하게 뿌리내리지 못하고 있는 독립사역(헬레비 등)을 하는 자들이 이런 함정에 훨씬 더 빠지기 쉽다. 주(Lord)와 목회사역을 위하여 인색하지 않게 바쳐야만 하는 기독교인의 책임에 대하여, 지교회 교인들에게 정기적으로 또 반드시 성경적으로 가르쳐 주어야만 한다. 그런데 이 가르침의 주목표는, 우리들의 소유를 기쁘게 드림으로 말미암아 하나님은 영광을 받으시고 기독교인들은 축복을 받는다는 것을 가르치는 것이다. 그러나 독립사역의 경우 자금을 늘리는 여러 테크닉들과 함께 이 주목표 역시 명백하게 자금을 늘리기 위하여 악용될 수 있다. 그래서 처음에는 하나님을 찬양하고 하나님의 백성들의 자유에 관심을 기울였지만 결국은 어떤 종교사업의 경제적 번영으로 초점이 옮겨지게 된다. 바로 이 점에 있어서 그 정직성은 반드시 질문되어지는 것이다.

동일화

순종, 믿음, 정직 등의 요소가 예수님의 생애와 사역에서 완전히 실례로 나타난 것처럼, 동일화의 원형도 가장 숭고한 형태인 그의 성육화에서 발견할 수 있다. 하나님의 말씀이 인간이 되어 우리 가운데 거하셨다. 마틴 루터(Martin Luther)는 예수님에 대하여 다음과 같이 말하였다. "그는 먹고, 마시며, 또 수면을 취하시고, 일어나셨다. 그는 피곤하셨으며, 슬픔과 기쁨을 느끼셨다. 그는 울기도 하셨으며, 웃기도

하셨다. 그는 배고픔과 목마름을 아셨으며, 땀을 흘리기도 하셨다. 그는 이야기하고, 수고하고, 기도하셨다…그래서 그가 하나님으로서 전혀 죄가 없다는 이 사실을 제외하고는 다른 사람들과 아무런 차이점이 없다."

오늘날 신학적인 주요논쟁이 예수님의 신성에 관한 것이지만 정통적인 평신도 기독교인들 중에 예수님의 완전한 인성을 받아들이지 않는 경우가 많다. 전체적으로 교회가 종종 종교적 고립지(ghetto)로 은거하게 되고, 그리하여 하나님의 모든 창조물을 회복시켜야 하는 하나님의 사자(agent)가 되지 못하는 것은, 아마 예수님은 일반적인 사람과 본질적으로 다르며, 구별된 분으로 생각하려는 경향 때문인 것 같다. 우리는 신성한 것과 세속적인 것을 잘못 구분하고 있다. 우리가 "세상으로부터 더러워지지 않도록" 자신들을 지키려는 노력은 때때로 세상으로부터 자신들을 격리시키고 있다. 그렇게 될 때 우리는 하나님께서 주신 화해의 사역을 어떻게 수행할 수 있겠는가? 바울은 그러한 종교적 분리를 거부하였다. "내가 모든 사람에게 자유하였으나 스스로 모든 사람에게 종이 된 것은 더 많은 사람을 얻고자 함이라… 여러 사람에게 내가 여러 모양이 된 것은 아무쪼록 몇몇 사람들을 구원코자 함이니 내가 복음을 위하여 모든 것을 행함은 복음에 참여하고자 함이라"(고전 9 : 19~23). 이와 같이, 따뜻한 봉사와 효과적인 복음전파를 위하여 이러한 성육화 원리가 필수적으로 적용되고 있다.

성경을 살펴보면 하나님은 분명히 가난한 자와 함께 하심을 알 수 있다. 그는 사람들에게 편파적이 아니며, 자신에게 호소하는 모든 사람에게 부요하신 분이시지만, 그러나 그는 명백히 공의의 하나님이시다. 그러므로 부요한 자들이 탐욕과 무시로써 가난한 자들을 압제하고, 그 결과 필연적으로 그들의 고통을 가중시키기 때문에 하나님께서는 반드시 가난한 자 편에 서야 할 것이다. 더구나 하나님은 가난한 자와 동일하게 되신다. 우리가 가난한 자들에게 친절을 베풀 때 그것은 주(Lord)께 빌려주는 것이 된다(잠 19 : 17). 굶주리고 목마르고, 외롭고, 헐벗고, 병들었거나 갇힌 자들에게 우리가 실질적인 도움을 준다면 그것은 바로 예수께 행한 것이다 (마 25 : 34~40). 평범한 자들이나 가난한 자들이 예수님을 환영한 이유 중 하나는, 예수께서 스스로 그들과 동일하게 되셨기 때문이다. 그는 "가난한 자들에게 복음을 전파하기 위하여" 오셨으며, 그 일을 수행할 수 있었던 것은 바로 그가 머리 둘 곳조차 없었기 때문이라고 볼 수 있다. 십자가 위에서 그는 정말 모든 것을 벗어버렸다. 십자가에 달리신 그 벌거벗은 분보다 더 빈곤한 사람은 결코 존재하지 않을 것이다. 그러나 사도 바울은, 물질적으로는 아무것도 아니지만 영적으로는 모든 것이 되는 이 "십자가의 능력"을 거듭 언급하였다.

초대교회 역시 이와 동일한 모습을 보여준다. 베드로와 요한은 성전 미문(Gate Beautiful)에서 구걸하던 앉은뱅이에게 은과 금을 줄 수 없었지만 성령의 능력으로 "나사렛 예수 그리스도의 이름으로 걸어라"고 말할 수 있었다. 우리가 초대교회 교인들이 엄청나게 서로 나누어 가지며 관대하게 주는 생활을 하였음을 생각하면, 하나님께서 그들을 통하여 '많은 기적과 징조'를 보여줄 수 있었던 것은 별로 놀라운 일이 아니다. 그들이 보다 적은 물질적인 부(riches)를 취급하는데 신실하였기 때문에, 하나님께서는 그들에게 보다 큰 영적인 부를 맡길 수 있었다. 흔쾌히 "자족"의 원리대로 살아가려는 그들의 마음 때문에 모든 선한 사업이 풍성하게 이루어질 수 있었으며, 이로써 그들 가운데 역사하시는 하나님의 은혜를 분명히 입증할 수 있었다. 그들에게 하나님의 은혜는 여러 가지 다양한 방법으로 명백하게 나타났던 것이다. 하나님의 말씀이 특히 그 당시 가난한 자들 사이에서 결코 부족하지 않게 신속히 전파된 사실은 조금도 이상할 바 없다.

그렇지만 오늘날의 서구 교회는 대개 여유있는 중류계급을 대상으로 호소하고 있다. 이는 우리가, 가난한 자들에게 복음이 전파되는 것을 방해하는 문화적 장벽을 세우고 있기 때문이 아닌가? 우리 교회 건물이라든가 목사관, 우리들의 옷차림, 언어와 음악 등 이러한 모든 것들은 예수 그리스도를 추구하는 공동체에서 사회계급을 규정짓는 매우 선별성이 강한 요인이 될 수 있다. 물론 이 대신 음침하고 구멍뚫린 건물을 지어야 한다는 것은 결코 아니다. 그러나 우리가 건물에 대하여 물질적인 야망을 가지는 그 순간, 구세주가 정말 필요한 사람들에게 복음의 문을 닫아버리는 큰 위험에 직면하게 될 것이다. 전 교회역사에 있어서 가장 빠른 성장을 기록한 시대는, 분명히 물질적인 자산이나 교회 건물이라고는 찾아볼 수 없었던 초기 1~3세기의 기간이었음을 상기하는 것이 좋을 것이다.
 최근 본인이 미국에 갔을 때, 제각기 다른 관습을 가진 몇몇 교회를 방문했었는데, 그 교회들은 모두 그들 나름대로 매우 인상적이었다. 매우 설비가 잘된 건물들, 효율적인 조직, 양질의 주보, 각 좌석에 놓여진 화려한 안내장과 환영카드, 모든 예배의 정확한 시간조절, 오르간과 성가대의 아름다운 음악, 성가복의 아름다운 색채, 결코 적지 않은 상당수의 교인 기타 이와 같은 것을 접촉한 순간 나는 곧 깊은 감명을 받았다. 대체적으로 내가 받은 인상은, 명백히 사업적 능력에 의하여 보완된 고급스러운 공연(예배를 일컬음-역자주)에 관한 것이었지만, 그러한 교회들은 영국에서의 우리들의 작은 노력을 초라하고 서투른 것처럼 보이게 만들었으며, 이로써 나는 우리가 더욱 많이 배워야 한다고 느꼈다. 교회행정도 성령의 은사 가운데 하나이다. 그러나 나는 동시에 미국 교회에서 하나님의 임재를 인식하고 그의 음성을 듣기가 힘이 들어서 몸부림쳐야 했다. 예배분위기는 자유스럽지 못했다. 그런 교회들의 사회문화 풍조에 익숙하지 못한 불신자들이 거기서 참으로 회심하는 경우가 많을까. 진짜 불신자들이 그런 중류급의 독특한 분위기 속에서 불안을 느끼고 외톨이라는 의식이 들지는 않을까.
 이와는 대조적으로 건물도 없이 주일예배에는 거대한 학교 체육관을 사용하는 한 교회를 방문했었다.[8] 열성적인 사람들이 매주 카페트를 펼치고, 2,000개의 의자를 내어놓고, 강대상을 만들고, 몇몇 효율적인 설교장비를 설치하였다. 보다 전통적인 교회와 이 교회와의 차이는 엄청난 것이었다. 이 교회는 건물이나 조직이 거의 없었으며, 편안한 예배, 친밀하고 섬세한 경배, 또 그외에도 그리스도의 몸인 전 교인들을 교화시키기 위하여 담임목사의 부드러운 사회 아래 많은 사람들에게 그리스도의 몸된 교회를 세우기 위해 영적 은사들을 사용할 수 있는 기회가 부여되었다. 한 명도 없었던 교인들은 4년 동안 2,000명으로 성장하였다. 이들 중 대다수는 참으로 회개를 경험한 사람들이며, 기성교회의 진부한 형식에 환멸을 느껴왔던 사람들이었다. 그 체육관에서는 틀림없이 살아계신 하나님의 존재가 증명될 수 있었다. 그러한 교제 가운데서

---

[8] Calvary Chapel, Yorba Linda, Placentia, California.

분명히 하나님의 사랑, 기쁨, 활력은 넘쳐 흘렀다. 뿐만 아니라 회개, 치유, 구원, 기타 많은 축복이 매주 그들에게 주어졌다. 참된 영적 실체(spiritual reality)를 찾아 다니던 사람들은 누구든지 거기서의 모든 활동이 완전히 의미있는 것임을 발견할 수 있었다. 물질적인 설비면에서 볼 때 그들은 가진 것이 거의 없었으나, 영적인 면에서는 무엇보다 하나님께서 그들과 함께 하셨다. 그곳은 바로 성육화하신 그리스도의 몸이었다. 그러한 환경에서는 실로 평범한 죄인들이 복음을 즐거이 들을 수 있었다.

사랑

사랑은 이 세상 어느 것보다 더욱 최상의 것이며, 설사 우리가 아무리 유창하게 설교한다 할지라도 사랑이 없으면 소리나는 종과 울리는 꽹가리가 되고 만다. 핍박받는 초대교회를 조정하고 움직였던 것은 무엇보다도 그리스도의 사랑이었다. 사도 바울은 다음과 같이 이야기하였다. "우리가 이같이 너희를 사모하여 하나님의 복음으로만 아니라 우리 목숨까지 너희에게 주기를 즐겨함은 너희가 우리의 사랑하는 자 됨이니라." 사람들을 주(Lord)께로, 또 사도들에게로 자석처럼 끈 것은 바로 그들의 전염병과 같은 사랑이었다. 하나님에 대하여 마음이 경직되었거나 질투가 불타는 사람들을 제외하고는 누구를 막론하고-불쌍한 자와 버림받은 자, 병든 자와 불구자(lame), 유대인과 이방인, 종과 자유인, 남자와 여자, 비록 소수였지만 부자와 유력자 등. 모든 사람들이 주께로 나아왔다. 그들 기독교인들이 서로 사랑하였을 때 타인들은 그들이 명백히 예수님의 제자이며, 하나님께서 그들 가운데 분명히 거하시고 계시다는 것을 깨달을 수 있었다. 사랑은 항상 이 세상에서 가장 위대한 것이며, 그리고 틀림없이 하나님의 사랑을 가장 강력하게 입증할 것이다.

그렇지만 기독교의 사랑은 항상 희생적인 것이었다. "하나님께서 이 세상을 사랑하사 독생자를" 우리들에게 주셨다. 인류역사 가운데 가장 위대했던 사랑의 표현은 결코 한낱 감상적인(sentimental) 것일 수 없다. 마찬가지로 복음전파자의 유창한 언어보다도 사랑의 실천 그것이

10. 제자도와 검소한 생활양식

야말로 훨씬 고결한 것이다. 누구든지 사도행전의 처음 몇 장을 읽고나면 그들은 생활과 소유를 엄청나게 서로 공유하고 있었음을 깨달을 수 있다. 그들이 이와 같이 하나님의 사랑을 스스로 표현함으로 말미암아 다른 사람들도 거의 저항할 수 없는 강력한 힘에 의해 예수 그리스도께로 이끌려졌다.

"믿는 사람이 다 함께 있어 모든 물건을 서로 통용하고 또 재산과 소유를 팔아 각 사람의 필요를 따라 나눠주고…주께서 구원받는 사람을 날마다 더하게 하시니라"(행 2:44~45, 47).

"믿는 무리가 한 마음과 한 뜻이 되어 모든 물건을 서로 통용하고 제 재물을 조금이라도 제 것이라 하는 이가 하나도 없더라 사도들이 큰 권능으로 주 예수의 부활을 증거하니 무리가 큰 은혜를 얻어 그 중에 핍절한 사람이 없으니 이는 밭과 집있는 자는 팔아 그 판 것의 값을 가져다가 사도들의 발 앞에 두매 저희가 각 사람의 필요를 따라 나눠줌이러라"(행 4:32~35). 여기서 강력한 복음전파에 관한 기사가 그들의 생활이 함께 공유된다는 설명 사이에 위치하고 있음을 특히 눈여겨 보라. 즉, 예수 그리스도의 복음이 그와 같이 큰 영향을 미치게 된 것은, 바로 이러한 희생적인 사랑이 표현되어지는 그 상황 속에서 이루어졌음을 알 수 있다.

사도행전 6장 역시 이와 동일하다. 일부 헬라계 과부들이 구제에서 빠지게 되었다. 그러나 "성령과 지혜가 충만한 사람" 7명을 따로 선택하여 그 과부들의 물질적인 궁핍을 돌아보도록 사도들이 보다 적극적인 단계를 취했을 때, "하나님의 말씀이 점점 왕성하여 예루살렘에 있는 제자의 수가 더 심히 많아지고…"라는 사실을 우리는 분명히 깨달을 수 있다.

재산을 매각하거나 물질을 바치는 것이 절대로 강제적으로 이루어지지 않았다. 당연히, 사적 소유권을 포기하라는 압력도 없었다. 그들 중 많은 사람들이 필요한 대로 그들의 소유를 계속 팔았지만 그럼에도 불구하고 다수의 기독교인들이 최소한 얼마의 토지와 재산을 소유하고 있었음은 분명하다. 그러나 그들은, 자기의 형제 자매들에게 필요한 것이 명백하게 들어났을 때, 그들에게 이 사랑을 실천하기를 갈망했다. 이 역시 그리스도 중심적인 새 사회에 거하는 하나님의 사랑이었다. "누가

이 세상 재물을 가지고 형제의 궁핍함을 보고도 도와줄 마음을 막으면 하나님의 사랑이 어찌 그 속에 거할까 보냐"(요일 3 : 17). 심지어 안디옥에서 형성된 이방인들의 교회였지만, 그들은 유대에 사는 유대인 형제들에게 각각 그 힘대로 곧 부조(money)를 보내줌으로써 사랑을 표현하였다(행 11 : 27~30).

본인이 서구 교회에서 생활양식에 대한 성경적 가치관을 가르치려고 시도하면, 학생들을 제외하고는 언제나 단호하고 강렬한 반대에 부딪히게 된다. 대부분의 기독교인들은 믿음, 사랑, 소망, 봉사, 선교 등에 관한 가르침에는 쉽게 동의할 것이다. 그러나 돈과 재산 그리고 검소한 생활양식과 같은 영역에 이르게 되면 아주 민감한 거부반응이 나타나게 된다. 본인은 종종 왜 이러한가 의심스러웠다. 나의 생각으로 그 이유 중 하나는, 우리가 의식적으로는(consciously) 부정할지 모르지만 우리의 안전이 이러한 물질적인 것에 좌우된다고 생각하고 있기 때문이다. 또다른 이유는, 재물의 신(the god of mammon)이 우리들의 삶 속에서 우리들 대부분이 알고 있는 것보다 더욱 강력한 영향력을 미치기 때문이다. 마지막으로 그 이유는, 대부분의 사람들이 성경적 기준에 의해서는 세상의 압력에 견디어 나갈 수 없으며, 이 세상을 살아갈 수 없다고 직감적으로(instinctively) 판단하고 있기 때문이다. 생활과 재산의 공유는 신약 시대의 규범(norm)이었음에 틀림없다. 그러나 오늘날 제3세계나 심한 박해가 있는 교회에서는 이것이 가장 훌륭히 실현되고 있음에도 불구하고 서구 교회들은 거의가 이를 깨닫지도 못하고 있는데 정말 문제이다. 수많은 서구의 기독교인들은 '제자도'(discipleship)를 단순히 정기적으로 교회에 참석하며, 자신의 수입 중 일부를 바치고(기껏해야 십분의 일이며, 대개 그 보다 훨씬 아래이다), 교회활동에 제한적으로 참여하는 것, 그 이상으로는 생각지 않고 있다.

결론적으로 대부분 서구 기독교인들과 교회의 생활양식(lifestyle)으로는 주위의 풍요로운 사회에 전혀 예언자적 도전(prophetic challenge)을 주지 못한다. 사실은 교회와 세상을 거의 구별조차 할 수 없다. 우리는 세상의 기준과 가치관을 거의 무의식적으로 받아들이고 말았다. 그리고 지난 30년 동안 생활수준이 현저히 향상됨에 따라 우리 기독교인들도 이웃과 마찬가지로 자동차와 카페트, 또 TV와 세탁기, 가구, 오디오

등을 구입하기 위하여 엄청난 돈을 소비하게 되었으며, 마침내 이런 것들 중 대부분은 우리 현대 생활(modern life)에서 필수품으로 간주되고 있다. 이와 같은 생활 속에서 우리는 '자족'의 원리대로 '음식과 의복에 만족'하면서, 또 그 나머지는 모든 선한 일에 사용하며 살아가려는 그런 진지한 시도를 해본 적이 있었는가? 그리고 그 속에서 사랑으로 서로 헌신한 적이 있었는가? 그래서, 실제로 우리의 소유를 나누어 가지고, 우리의 생활수준을 인플레이션에도 불구하고 낮추며, 희생적이고 값 비싸며 실제적인 것으로 그리스도의 사랑을 실천하였는가?

론 사이더(Ron Sider)는 다음과 같이 표현하였다. "우리가 신약을 보면 예수님께서 제자들을 불러 모으신 곳은 완전히 새로운 생활양식에 맞게 살아가는 새로운 공동체이었다. 초대 교회는 역시 하나의 새 사회(new society)였으며, 모든 관계가 변화된 새로운 몸(body)이었다…신약을 볼 때 그들이 막대하게 재정을 서로 나누어 가졌음은 명약관화하다…하나님께서는 절대로 그의 백성들에게 지나치게 부요하거나 빈곤한 것을 바라지 않는다…그래서, 만약 오늘날 한 몸을 이루고 있는 전세계의 신자들이 그 이상을 감히 실행해 보려 한다면? 그리하여 우주적인 그리스도의 몸(body) 안에 무엇인가 경제적 평등과 같은 것이 존재하게 된다면?…그것은 아마 우리가 취할 수 있는 가장 강력하고 유일한 복음전파 방법이 될 것이다. 예루살렘에 있는 교회가 인상깊게 공유하는 생활을 하였을 때 하나님의 사업은 활발히 증진되어 갔다. 초대 기독교인들의 재정적인 공유(financial sharing)가 복음전파에 끼친 영향은 실로 엄청난 것이었다. 불행히도 현대 서구 교회에서는 신약의 코이노니아(koinonia)란 근본적인 특성을 크게 잃어버리고 말았다."[9]

나는 이 면에 있어서 이제 걸음마 정도 밖에 못한다고 생각한다. 지금도 역시 내내 도전을 받고 있으며, 앞으로는 더욱 그렇게 생활하기를 바라고 있다. 그러나 나는 지난 8년 동안, 검소하게 살아야만 한다는 격려를 부분적으로는 확대된 가정생활(신자들끼리 모여 사는 소규모 공동생활)을 통하여서 받아왔다는 사실을 알게 되었다. 확대된 가정에서 우리는 진지하게 이 목표를 위하여 자신들을 헌신하며, 서로 자유롭

---

9) 1977년 1월 13일 'Third Way'의 인터뷰에서.

게 사랑과 선한 일을 부추기고 있었다. 내가 하고 싶은 말은 비록 우리들의 생활이 부끄러울 정도로 느리고 미미하게 향상되었다 할지라도 우리는 거기서 기독교인으로서 이전과는 다른 깊이있는 교제와 그리스도의 풍요로움을 발견하기 시작했다. 그리고 이러한 것들과 함께 우리는 최소한 얼마라도 이 세상의 유혹으로부터 해방되는 것을 체험했다. 우리는 "가난한 자 같으나 많은 사람을 부요하게 하고 아무것도 없는 자 같으나 모든 것을 가진 자로다"(고후 6 : 10)라고 한 바울을 따라가려면 아직도 멀었다. 그러나 나는 우리가 사도 바울이 가르쳤던 것을 어느 정도 조금은 알고 있다고 생각한다. 이리하여 나름대로 우리도 하나님 나라를 위하여 재물과 돈을 풀어 사용할 수 있었던 것이다.

돈이 말한다

나는 최초 영국 국교회의 지도자격인 한 주교(bishop)로부터 20세기의 복잡한 과학기술 사회에서 신약의 교회를 재형성하려고 하는 것이 올바른가 하는 질문을 받았다. 이에 대하여, 나는 신약의 원리들이 시대를 초월하는 것임을 믿지만 그 원리가 밖으로 표현될 때는 항상 이와 같이 독특한 세대에 어울릴 수 있도록 반드시 시대성이 있어야 한다고 대답하였다. 우리는 노예처럼 초대교회의 형태 그대로를 본받을 수는 없다. 그러나 마찬가지로 현재 서구 교회의 복음전파가 미치는 영향이 형편없다면, 또 이에 대한 시대적인 요구가 지금까지 계속 증가되고 있다면, 그리고 오늘날 무엇보다 영적인 권능과 사랑의 생활이 부족하기 때문에 교회에 위기가 닥쳐 온다면, 우리는 2000년 전에나 현재 제3세계를 비롯한 일부 지역에서 교회를 영향력있게 만든, 바로 그 근본원리들을 철저히 검토해 보아야 함은 당연하다.

물론 성령과 그의 사역 역시 매우 중요하다. 또 우리 각 교인들과 교회들에게는 성령충만함이 절대적으로 필요하다. 확실히 이와 대치할 만한 것은 전혀 존재하지 않는다. 그러나 예수님의 생애와 사랑을 분명히 나타내려면—이것없이는 우리의 복음은 한낱 무의미한 말밖에 되지 않는다—교회는 지상에 있는 그리스도의 몸이 된다는 사실이 무엇을 의미하는 것인지 반드시 다시 자각하여야만 한다. 생활과 소유를 실제적으로 희생적으로 공유함으로써 사랑이 깃든 하나님의 새 사회(new society)를 입증하는 것이 필요하다. 이 탐욕스러운 시대에 특별히 돈의 발언권이 강하다. 우리의 믿음이 실질적이고 물질적인 방법을 통하여 무엇인가 실제로 표현된다면, 예수 그리스도의 복음은 어떠한 종교적인 언어보다도 더욱 가치가 있을 것이다.

언젠가 제임스 백스터(James K. Baxter)는 다음과 같이 기술하였다. "초대 기독교인들이 그들의 물건을 자유롭고 완전하게 공유하기 시작한 것은 바로 성령의 폭탄이 오순절에 그들의 영혼에서 터진 이후였다. 실제로 그전에는 도덕적으로 그들이 이 자유롭게 즐거운 공유의 생활을 할 능력이 없었다. 취득습관(acquisitive habit)은 인류의 가장 뿌리깊은 습성 중 하나이다. "'이것은 당신 것이지 내 것이 아닙니다'라는 말과 그 말을 실천에 옮긴다는 사실은, 죽은 자를 소생시킨 것과 같은 하나님의 기적적인 역사이다."[10] 우리의 입술을 통하여 선포되는 그 실체(realities)를 타인들이 어렴풋이나마 감지할 수 있는 것도 그러한 하나님의 은혜로 인한 기적이다. 그러나 만약 우리 가운데 거하시는 하나님의 사랑을 그와 같이 구체적으로 표현하지 못할 때, 우리는 '불쌍하고, 수다스러우며, 옹졸한 기독교'라는 포스터(E. M. Foster)의 질책을 받아들여야만 할 것이다.

"자녀들아 우리가 말과 혀로만 사랑하지 말고 오직 행함과 진실함으로 하자"(요일 3 : 18).

* * *

본장의 내용은 1980년 3월 영국에서 개최된 '검소한 생활양식에 관한 국제회의'(International Conference on Simple Lifestyle)에서 발표된 기조연설(keynote address)이다.

---

10) 'Thoughts about the Holy Spirit,' p. 11.

11

제자도와 희생

 예수님은 그를 따르는 사람들에게 결코 안이한 생활을 약속하지 않았다. 물론, 그가 우리 모두의 강렬한 요구를 충족해 주기 위하여 오셨음은 분명한 사실이다. 과거의 죄에 대한 용서와, 현재의 새로운 삶, 그리고 미래의 아름다운 소망은 오직 그 분 안에서만 주어질 수 있다.
 동시에 예수님은 그의 교회를 세우시기 위하여 오셨다. 교회는 결코 전적으로 그 구성원들의 이익(benefits)만을 위하여 존재하는 안락한 단체(comfortable club)가 아니라, 모든 피조물을 회복시키기 위한 하나님의 사자(使者)이며, 따라서 주로 교인 아닌 사람들의 이익을 위하여 존재하는 것이다. 그러므로 교회의 일원이 된다는 것은 반드시 안 믿는 사람들을 제자삼는 일을 포함하고 있다. 이는 예수께서 분명히 가르치신 모든 요구를 수락해야 한다는 뜻이다. 사실 예수님은 제자로서의 희생에 대하여 너무나 적나라하게 말씀하셔서 그를 따르던 수많은 열광적인 군중들도 거의 다 돌아가버렸으며, 결코 그와 함께 있으려 하지 않았다. 다락방에서, 약속된 성령을 기다린 사람들은 그들 중 불과 120명에 지나지 않았다. 500명 이상이 부활하신 그리스도를 보았지만, 그의 부르심(His call)을 기꺼이 받아들인 사람들은 아마 그 120명의 사람들이 대부분이었을 것이다. 단지 숫자상으로만 생각해 보면, 그가 3년 간의 사역 기간 동안 맺은 열매라는 것은 별로 대단한 것이 아니었다. 그 이유를 납득하는 것은 그다지 어렵지 않다. 왜냐하면 그는 병자를 고치고 억압받는 자를 전혀 조건없이 해방시켰지만, 그가 부른 사람들과 그가 함께하기를 원하였던 사람들에게 제자도의 희생을 분명하고도 솔직하게 토로했기 때문이다.

누군가가 주님에게 말하였다. "어디로 가시든지 저는 좇으리이다." 이에 예수께서 대답하시기를 "여우도 굴이 있고 공중의 새도 집이 있으되 인자는 머리둘 곳이 없도다"(눅 9:57)라고 하셨다. 예수께서는 믿음으로 순종하며 살아가는 생활이 어떠한 것인지 제자가 되기를 원하는 이 사람에게 가르쳐주었던 것이다. 세상적인 관점에서 볼 때, 제자가 된다는 것은 언제나 불확실과 불안정의 삶을 의미하지만, 영적인 관점에서 바라보면, 보이지 않는 것들에 관한 계속적인 확신의 삶과(히 11:1) 하나님의 사랑 가운데에서의 완전히 안정된 삶을 의미한다. 예수께서는 사람들에게 이 세상의 불확실한 부(riches)를 신뢰하지 말고 전적으로 하나님만을 믿고 의지하라고 하셨다. 믿음은 진정 모든 제자도(discipleship)의 핵심이며, 믿음이 없이는 하나님을 기쁘시게 할 수 없다. 제자들이 믿음의 실체(reality)를 확실히 깨닫게 되기 위하여, 당연히 그들은 오직 하나님만 신뢰해야 하는 어려운 상황 속에 자주 놓여지게 되었다. 예수님과 마찬가지로 제자들도 대개는 다가오는 끼니를 어떻게 이어나갈는지, 또 밤이 되면 어디서 잠을 자게 될지, 알 수 없었다. 예수님의 부르심에 따르기 위하여 그들은 자신의 가정과 직장, 돈과 재물 등을 모두 버려야 했으며, 오직 그 분만을 전적으로 신뢰하여야만 했다. 그런데 그들은, 예수께서 자신들을 실망시키지 않으셨으며, 아울러 하늘에 계신 아버지께서 자신들의 필요를 채워주실 것이라고 약속하셨음에도 불구하고, 시험에 처하게 될 때 자주 믿음이 흔들렸다. 그때마다 예수님은 "믿음이 적은 자여 왜 의심하느냐, 믿음이 없느냐?"면서 책망하심으로써 그들을 겸허하게 하셨다. 그는 계속 힘을 다해 그의 제자들을 격려하며, 가르치고, 또 양육하며 훈련시키셨다. 예수님은 그들이 순종과 신뢰하는 삶을 소유하지 못한다면, 그의 모든 훈련이 허사가 되고 만다는 사실을 다 알고 계셨기에 이와 같이 끝까지 노력하셨던 것이었다.

순종에의 길

그리스도의 사역 초기부터 사람들은 그의 권세에 대하여 놀란 적이 한두번이 아니었다. "무리들이 그 가르치심에 놀래니 이는 그 가르치시는 것이 권세있는 자와 같고 저희 서기관들과 같지 아니함일러라"(마 7:29). 때로 그들은 서로 놀라 묻기도 하였다. "저희가 심히 두려워하여 서로 말하되 저가 뉘기에 바람과 바다라도 순종하는고 하였더라"(막 4:41). 그러나 많은 사람들은 그에게 하늘과 땅의 모든 권세가 주어졌다는 것을 알지 못하였다(마 28:18). 예수님은 단지 뛰어난 권세를 가진 기적을 행하는 사람, 그것만일 수는 없었으며 모든 권세와 함께 영광의 주(Lord)가 되셨다. 예수님의 이름 앞에 모든 사람들은 무릎을 꿇어야만 하며, 입으로 그가 주이심을 고백하여야만 한다. 그리스도에게는 "반 정도만"이란 것은 있을 수 없다. 우리가 그의 제자가 되기 원한다면 반드시 우리 생활의 모든 부분을 통치하시는 주로서 그의 장엄한 권세를 전적으로 받아들여야만 한다. 만약 우리가 혼쾌히 그를 주로 모시려 하지 않는다면 그는 우리의 구주(救主)가 될 수 없다. 예수님에 관하여는, 모든 것이 아니면 전무(全無)이다. 하나님 나라의 백성이 된다는 것은 예수님을 왕으로 모셔들이는 것이며, 예수님이 왕이시라면 그의 말씀과 권세에 당연히 순종해야만 할 것이다.

최초의 제자들은 분명히 이를 깨달았다. 사도행전 4장을 보면, 베드로와 요한이 "도무지 예수의 이름으로 말하지도 말고 가르치지도 말라"는 지시를 받았지만, 그들은 "하나님 앞에서 너희 말 듣는 것이 하나님 말씀 듣는 것보다 옳은가 판단하라 우리는 보고 들은 것을 말하지 아니할 수 없다"고 대답하셨다. 후에 그들은 하나님의 말씀을 담대히 전하기 위하여 다시금 기도하였다. 또한 사도행전 5장에도 보면, 베드로와 사도들은 더욱 심한 위협을 받은 후에 "사람보다 하나님을 순종하는 것이 마땅하니라 너희가 나무에 달아 죽인 예수를 우리 조상의 하나님이 살리시고…"라는 대답을 한다. 이 말을 들은 그 적대자들이 "크게 노하여 사도들을 없이 하고자(to kill)" 한 것은 당연지사(當然之事)이다. 마찬가지로 이를 볼 때 그 당시 사회에 하나님의 말씀이 타오르는 불꽃처럼 퍼져나간 것 역시 말할나위 없다. 그 초대 기독교인들은 개인적인 희생의 댓가가 어떻든간에 마땅히 순종하여야 함을 명심하였다. 여러 면에서 순종이란 분명히 그리스도의 복음을 위하여 자신의 삶을 희생하는 것을 의미한다. 하나님께서 자신에게 순종하는 자를 통하여 그렇게나 강력하게 활동하신 것도 바로 이 때문이다. 하나님께서는 자신에게 순종하는 자에게 그의 영을 부어주신다(행 5:32).

필립스(J. B. Phillips)는 다음과 같은 말을 하였다. "그들은 매우 순박하였으며, 기꺼이 신뢰하고 순종하였으며, 또 베풀기를 잘하고 흔쾌히 고통을 감수하였으며, 필요하다면 죽음까지 즐거이 받아들일 준비가 되어 있었다. 아마도 성령께서 그가 늘 찾고 있던 사람들이—사람들이 믿음과 사랑으로 연합되어 있음으로 성령께서 그들 안에, 그리고 그들을 통하여 별 지장없이 역사할 수 있는 자들—바로 이들이라고 판단하신 것도 이 때문일 것이다."[1]

그렇지만 예수님이 그의 제자들을 부르신 것은 또한 사랑의 부르심이었다. 예수님의 말씀에 그들이 순종한 사실은 그의 사랑을 신뢰한다는 것을 의미한다. 그가 우리들에게 완전한 사랑의 응답을 기대하며, 그의 계명에 순종함으로 사랑이 실천되어지기를 바란 것도 예수님이 우리를 사랑하셔서 그의 생명까지 우리들을 위하여 희생하였기 때문이다. 우리는 진실로 그의 제자가 되기를 바라고 있는가? 또, 완전하고 가장 적절한 하나님의 뜻이 진정 우리의 생애에서 이루어지길 기대하고 있는가? 또한 우리에게 모든 것을 요구하시지만 어떤 사람보다도 더욱 우리를 사랑하시고 오직 최고의 선한 것을 베푸시기를 간절히 원하시는, 그러한 하나님께 우리 자신을 맡기기를 정말 원하고 있는가?

우리는 시험을 당할 때 반드시 그의 말씀에 무조건적으로 순종하여야만 한다. 만약 우리가 그의 말씀을 거절한다면, 이는 그의 지혜와 사랑을 의심하는 것밖에 되지 않으며, 따라서 그의 제자로서는 부적절하다.

몇몇 예수님의 말씀은 그 당시의 군중들과 마찬가지로 오늘날 우리들에게도 '가혹한 가르침'(a hard saying)으로 보여지지만, 그 내면에는

---

1) The Young Church in Action의 서문에서(Bles 1955, p. vii).

중요한 진리가 담겨져 있다. "무릇 내게 오는 자가 자기 부모와 처자와 형제와 자매 및 자기 목숨까지 미워하지 아니하면 능히 나의 제자가 되지 못하고"(눅 14:26). 이 말은, 우리가 반드시 최우선으로 예수님을 주저말고 사랑하여야만 하며, 예수님에 대한 이 사랑에 비하면 우리들과 가까운 사람들에 대한 우리의 사랑은 상대적인 마음과 같은 것임을 가르치시는 예수님의 관용적인 표현방식이다. 예수님의 주되심(Lordship of Jesus)은, 그에 대한 충성이나 헌신과 동일한 그러한 충성을 어느 누구에게도 바칠 수 없다는 것을 의미한다. 여기에 타협이나 조건부의 양보 같은 것은 있을 수 없다. "누구든지 자기 십자가를 지고 나를 좇지 않는 자도 능히 나의 제자가 되지 못하리라···너희 중에 누구든지 자기의 모든 소유를 버리지 아니하면 능히 내 제자가 되지 못하리라"(눅 14:17, 33).

우리에게 그처럼 양보없는 전적으로 순종하는 생활이 요구된다면, 우리가 1세기의 문화와 아주 다르다고 간주하는 현대 문화의 조명 아래, 이에 대한 좀더 "합리적인" 수준(reasonable line)을 받아들임으로써, 그 엄중한 요구를 개조하려 하며 그리스도의 부르심을 완화시키려는 강한 유혹을 갖게 될 수 있다. 우리는 지적, 신학적 접근으로써 신약 시대의 그토록 열성적인 신자들이 열성을 약하게 만드는 '좀더 균형잡힌'(more balanced) 견해를 채택하려 하며, 그래서 예수님의 가르침을 적당히 해석하여 직선적이고 당황하게 하는 도전을 교묘하게 회피해 버릴지도 모른다. 물론 우리는 그의 가르침을 너무 문자적으로만 받아들일 수 없다. 그리고 우리는 절대로 율법주의자가 될 수 없으며, 성경해석상 필수적인 이론들을 결코 무시할 수도 없다. 그러나 예수께서 "너희 원수를 사랑하라"고 말씀하셨지만 그 말을 "너를 학대한 사람에 대하여 적극적으로 복수를 하지 말라"는 뜻으로 이해해 버리고, 또한 예수께서 "나는 길이니··· 아무도 나로 말미암지 않고는 아버지께로 올 자가 없느니라"고 하셨다 하더라도 그가 실제로 나타내고자 한 뜻은 "나는 너희들이 하나님께로 나올 수 있는 한 길이다. 그러나 물론 다른 길도 많이 있다"라고 본다면, 그리고 예수께서 "먼저 하나님 나라를 구하라"고 말씀하셨을 때 사실 그가 뜻한 바는 "너희들이 일상적인 생활을 향유하기 위하여 반드시 먼저 구하여야 할 많은 다른 것들이 있을 것이다. 하지만 분명히 이와 함께 너의 생애에서 하나님 왕국을 무시하지 않도록 하라"고 해석한다면, 이러한 방법들은 절대적 순종을 원하시는 예수님의 분명한 부르심을 회피하려고 하는 것일 따름이다. 유감스럽게도 만약 우리가 이와 같이 행한다면, 그 분에 대한 우리의 모든 자세는 잘못된 것임에 틀림없다. 우리는, 그가 우리를 사랑하시고, 그가 바라는 것이 곧 우리들에게 분명히 최상의 것이 됨을 믿지 못하는 것이다. 우리의 불신과 불순종으로 참된 제자가 될 수 없다.

믿음의 필요성

우리는 예수께서 우리의 순종을 시험하시는 목적이 우리로 하여금 그 안에서 참된 믿음의 경지에까지 이르게 하기 위함이라는 것을 이미 살펴본 적이 있다. 모든 것은 궁극적으로 하나님의 은혜-즉, 우리가 길 잃고 어떻게도 할 수 없을 때 우리에게 솔선하여 베푸신 그의 과분한 사랑-에 달려 있다. 그러나 "은혜로 말미암아" 모든 하나님의 선물이 우리에게 주어지지만, 우리는 "믿음을 통하여" 이를 받아들인다. 믿음은 필수불가결한 것이다. 믿음은 펼쳐진 손(the open hand)이며, 이로써 우리는 하나님이 은혜로 우리에게 제공하는 것들을 받아들일 수 있다. 따라서 우리는 믿음으로 의롭게 된다. 우리는 믿음으로(by faith) 하나님의 면전에 나아갈 수 있다. 우리는 믿음으로 성령을 받아들인다. 믿음에 의하여 그리스도가 우리 마음에 거하신다. 오순절에 성령이 임하신 사실이 묘사될 때나 혹은 다른 경우에 있어서도, 종종 "성령과 믿음이 충만하더라"고 기술되어지는데, 하나님께서 그들 사이에 놀라운 능력으로 역사하실 수 있었던 것도 "그의 이름을 믿는 믿음"에 의한 것이다. 후에 복음전도자로 일컬어진 빌립은 사도행전 8장에서 하나님의 영이 특이하게 인도하셨을 때, 이를 믿는 믿음에 의하여 행동하였음을 우리는 알 수 있다. 이로 말미암아 사마리아인들에게와 더우기 이디오피아 내시에게도 새로운 삶을 가져다주게 되었다. 또 기독교 교회의 원흉인 다소 사람 사울에게 곧장 찾아간, 아나니아의 믿음을 보라. 그리고 비록 주저하는 믿음이라 할지라도 높은 장벽을 넘어 이방인 고넬료의 집에 찾아간 시몬 베드로의 믿음을 주의깊게 살펴보라. 전(全) 초대

교회의 이야기는 부활하신 그리스도를 믿는 능동적인 믿음을 계속 증거하고 있는 하나의 실례이다. 그들의 복음적 활동은, 히브리서 11장에 기록된 위대한 믿음의 영웅들의 서사시적 이야기에 이어지는, 훌륭한 '제2부'가 될 수 있다.

더우기, 하나님의 은혜를 받아들일 수 있는 그 믿음은 하나님의 말씀을 순종함으로 입증되어진다는 사실이, 이러한 모든 예들(examples) 가운데 보여진다. 순종이 없다면 믿음 또한 존재하지 않는 것이다. "믿음으로 아브라함은 부르심을 받았을 때에 순종하여 장래 기업으로 받을 땅에 나갈새 갈 바를 알지 못하고 나갔다"(히 11:8). 본회퍼는 다음을 이야기한다. "오직 믿는 자만이 순종하며, 오직 순종하는 자만이 믿는 사람이다…사람들이 믿기 어렵다고 투덜거리는 것은 의식적이든 무의식적이든간에 순종하지 못한다는 표시이다…우리가, 도덕적인 문제에 직면하게 될 때, 오직 마귀만 그 해답을 알고서 다음과 같이 말한다 '(믿음에) 문제가 있음을 계속 주장하라. 그러면 당신은 순종이 필요치 않음을 알게 될 것이다'."[2]

요한은, 예수님의 말씀에 불순종한다는 것은 그를 믿지 않는다는 것임을 암시하였는데, 실로 의미심장하다. "그는 아들을 믿는 자는 영생이 있고 아들을 순종치 아니하는 자는 영생을 보지 못하고 도리어 하나님의 진노가 그 위에 머물러 있느니라"고 하였다(요 3:36). 바울도 역시 분명히 이를 밝혔는데, 예수님을 믿는 믿음을 통하여 우리가 구원을 받지만, "하나님을 모르는 자들과 우리 주 예수의 복음을 복종치 않는 자들에게"(살후 1:8) 하나님의 의로우신 심판과 함께 형벌이 주어지게 될 것을 가르치고 있다. 믿음과 순종이 서로 손을 마주잡고 나아가는 것처럼 불신과 불순종은 동전의 양면과 같다. 우리가 그의 말씀대로 행하지 않는다면, 예수님을 "주"(Lord)라고 부른 것은 아무런 가치가 없다.

칼빈이 다음과 같이 말한 적이 있다. "단지 믿음만이 우리를 의롭게 만들지만, 그 믿음은 결코 단독으로 존재하지 않는다." 행함이 없는 믿음은 항상 좋은 행동과 함께한다. 야고보가 그의 서신에서 말한 좋은

---

2) The Cost of Discipleship SCM, pp. 54, 58, 63.

행동의 기준은 하나님의 말씀에 대한 순종이다. "너희는 도를 행하는 자가 되고 듣기만 하여 자신을 속이는 자가 되지 말라"고 야고보가 말하였다(약 1:22).

"지금 이 문제야말로 결정적인 것, 곧 가장 중요한 것이다. 물론 우리가 복음전파를 하는데 있어서 많은 것을 '결단'(decision)하는 것이 필요하다. 보다 효과적인 교회운영과 조직이 필요하고, 교회를 움직여 나가기 위한 더 많은 재정이 필요하고, 때때로 우리는 더 나은 건물과 설비를 필요로 한다. 그러나 만약 우리가 기독교인들로 하여금 그리스도의 가르침을 분명하게 이해하고 이에 순종할 수 있도록 그들을 도와 주는 것이 이 시대에 가장 필요한 것임을 알지 못한다면, 기독교인으로서 우리에게 화(禍)가 있을 것이다…그리스도를 마음에 모시기 위하여 기도를 하는 것, 감정적인 경험을 하는 것, 그리스도를 증거하는 것, '구원의 계획'에 동참하는 것, 성령충만케 되는 것, 성경을 가르치는 것 등 이를 비롯한 수많은 기독교인의 행동은 충분히 타당하고 좋은 것이다. 그러나 만약 우리의 개인생활에서 예수님의 말씀을 순종하지 않는다면, 이러한 모든 것들은 아무 의미가 없으며 절대적으로 아무것도 아니다(absolutely nothing)."[3]

예수님의 제자들은 예수님을 추종하는 사람들이었다. 그들은 예수님께서 가신 길을 따라 가기 위하여 스스로를 헌신하였으며, 완전한 순종의 생활을 하겠다고 맹세했었다. 죄가 그들의 관계를 망치고 제자 직분을 파괴하기 때문에, 그들이 순종하지 못할 때는 곧 회개하고 용서를 구하여야만 한다. 순종이 없이는 믿음도 없다. 또한 믿음이 없이는 제자 직분도 역시 수행할 수 없는 것이다.

십자가의 길

예수님께서는 제자들에게 자신이 가야만 하는 길이 오직 하나 뿐임을 되풀이하여 가르쳤다. "인자가 많은 고난을 받고 장로들과 대제사장들과 서기관들에게 버린 바 되어…"(막 8:31). 고난과 버림받는 것 사이

---

3) Carl Wilson, 전게서, p.273.

에는 뚜렷한 차이가 있음을 주시해야 한다. 만약 예수님이 단지 고난만 당하셨다면, 그는 당시의 모든 유대인들로부터 엄청난 공감을 불러 일으켰을 것이며, 그의 수난은 대단한 존귀와 영예로 나타났을지도 모른다. 그러나 실은 그러하지 못했다. 무척 아이러니(irony)한 것은, 그가 고통을 당하면서 모든 사람들을 사랑하고 받아들였지만, 그 자신은 '사람들에게 멸시를 당하고 버림을 받았다'는 사실이다. 인간적으로 볼 때 그의 고통은 영광과 완전히 거리가 멀다. 그는 "사람들에게 얼굴을 가리우고 보지 않음을 받은 자 같아서 멸시를 당하였고 우리도 그를 귀히 여기지 아니하였다"(사 53:3). 그는 십자가에서 극도의 고난과 부끄러움을 참았다. 군인들에게 놀림을 당했으며, 채찍과 가시면류관으로 또 못으로 심한 고통을 받았으며, 군중들로부터 야유와 한쪽 강도로부터 조롱을 받았으며, 가까이 지내던 거의 모든 사람들에게 버림을 받았다. 십자가에 있어서 존귀란 찾아볼 수 없다. 유대인 역사가 클라우스너(Klausner)는 "십자가의 죽음은 사람들이 같은 인간들에게 앙갚음하기 위하여 고안했던 것들 중에서 가장 경악스럽고 잔인한 살인방법이다"고 하였으며, 키케로(Cicero)는 이를 "가장 잔인하고 끔찍한 고통을 가하는 것"이라고 하였다.

그러나 이는 예수께서 가야만 했던 길이었다. 그는 이를 만류하려는 어떠한 시도라도—심지어 그와 친밀했던 제자 중 하나가 제안했을 때에도 그것을 마귀의 소행으로 보았다. 십자가없는 그리스도는 결코 있을 수도 없다. 또한 이것은 베드로가 훌륭한 신앙고백을 한 그 직후에 배울 수 있었던 매우 중대한 교훈이다. 그리스도께서 그러한 반석 위에 그의 교회를 세우려 했었다. 그러나 십자가없는 교회란 결코 있을 수도 없는 것이었다. 사실 십자가는 언제나 사람들에게 방해가 되는 것이었다. 이로 말미암아 모든 인간의 자존심이 그의 발 아래로 꺽여지게 되었으며, 만약 우리가 예수님을 따른다면 우리도 그 십자가의 길을 가야만 한다는 생각이 끊임없이 일어났기 때문에, 모든 타종교인이 이를 "거침돌"로 본다. 예수께서 "종이 주인보다 크지 못하다…사람들이 나를 핍박하였은즉 너희도 핍박할 터이요"(요 15:20)라고 하셨는데, 제자들은 얼마 있지 않아 이것이 사실임을 경험하게 되었다. "무릇 그리스도 예수 안에서 경건하게 살고자 하는 자는 핍박을 받으리라"(딤후 3

: 12). 바울이 이렇게 기술하였다. 제자는 오직 그가 그리스도의 삶에 함께 참여해야만 참제자라 할 수 있다. 이 말은 그의 괴로움과 고난, 또 그의 버림받음, 십자가의 죽음 등 이와 함께 동참하는 것을 의미한다. "무릇 그리스도 예수와 합하여 세례를 받은 우리는 그의 죽으심과 합하여 세례받은 줄을 알지 못하느뇨 그러므로 우리가 그의 죽음과 합하여…내가 그리스도와 함께 십자가에 못 박혔나니…그리스도 예수의 사람들은 육체와 함께 그 정(passions)과 욕심을 십자가에 못 박았느니라…"(롬 6 : 2~8, 갈 2 : 20; 5 : 24).

오늘날, 아마도 대다수의 기독교인들이 십자가나 어떤 다른 형태의 순교에 직면할 수 없는데, 그렇다면 십자가의 길은 우리들에게 무엇을 의미하고 있는가? 언젠가 한 젊은이가 연상의 기독교인에게 질문하였다. "그리스도와 함께 십자가에 못 박힌다는 말은 무엇을 의미하는지요?" 그 사람은 잠시 동안 생각한 후 대답하였다. "그리스도와 함께 십자가에 못 박힌다는 말은 세 가지 의미가 있는데, 첫째로 십자가에 못 박힌 사람은 오직 한 방향으로만 향하며 뒤를 돌아볼 수 없다는 뜻이 있고, 둘째는 십자가에 못 박힌 사람은 세상과 이별을 하였으므로 세상으로 돌아갈 수 없음을 나타내고, 세째로 십자가에 못 박힌 사람에게는 그 자신의 계획이 더 이상 있을 수 없다는 것을 말하고 있어요. 즉, 그는 완전히 하나님의 장중에 있으며, 그는 상황이 어떠하든간에 '예, 주님!'이라는 말밖에 할 수 없지요."·이 설명은 십자가의 길을 간다는 것이 무엇을 의미하는가를 올바로 묘사하고 있다. 이제, 그렇다면 우리가 예수 그리스도의 참제자가 될 때 무엇이 죽어야만 할 것인지 살펴보기로 하자. 신약에서도 자주 이것을 이미 죽은 것으로 표현하고 있다.

첫째, 우리의 옛 사람(old self)이 죽었다.

이는 바울이 로마서 6장에서 설명한 위대한 진리이다. 로마서의 처음 3장에서 바울은 죄가 보편적 사실(universal fact)임을 단언하고 있다. 모든 사람이 한결같이 죄를 범하였으므로 하나님의 심판 아래 놓여져 있다. 이 부분 마지막에 가서 바울은, 하나님께서 의로우시면서 동시에 어떻게 죄인을 의롭다 하실 수 있느냐, 또 어떻게 거룩한 하나님께서 죄인을 받아들이고 용서하실 수 있느냐 하는 질문을 한다. 이에 대하여 오직 하나의 대답만이 있을 뿐이다. 즉, 그것은 하나님의 은혜로 말미암아, 그리스도와 그의 십자가의 죽음을 믿는 믿음을 통하여서만 이루어질 수 있다. 로마서 4장에서 바울은 구원을 가져오는 참믿음의 본질을 설명한다. 그 뒤 5장에서 그는 아담과 그리스도를 대조, 비교한다. 우리는 이를 다음과 같은 방법으로 설명할 수 있다.

우리는 모두 '아담 안에' 있기 때문에, 아담의 불순종으로 말미암아 자연히 모두 죄가 지배하는 사단의 왕국에 있게 된다. 그렇지만 우리가 일단 '그리스도 안에' 있게 되면, 죽기까지 하신 그리스도의 순종으로 말미암아 우리는 은혜가 지배하는 하나님의 왕국에 들어가게 된다. 우리는 이제 죽음에서 생명으로 옮겨졌으며, 더 이상 그와 같은 옛 생활(old life)에 속해 있지 않다. 우리는 이제 옛 생활에 대하여는 죽은 몸이다. 우리가 사단의 왕국에서 하나님의 왕국으로 옮겨갈 수 있는 유일한 방법인 그리스도의 십자가를 받아들임으로써 우리 자신은 십자가에 못 박히신 그 분과 완전히 동일시 한다. 즉, 우리가 그와 함께 죽었다는 말이다. 그리고 우리가 정말 그와 함께 죽었다면, 우리는 자아와 죄의 옛 세계에 대해 죽은 것이다. 우리 안에는 그와 같은 옛 삶이 조금도 남아 있을 수가 없다. "이와 같이 너희도 너희 자신을 죄에 대하여는 죽은 자요 그리스도 예수 안에서 하나님을 대하여는 산 자로 여길지어다 그러므로 너희는 죄로 너희 죽을 몸에 왕노릇 하지 못하게 하여 몸의 사욕을 순종치 말라"(롬 6 : 11 이하).

에밀 부룬너(Emil Brunner)는 언젠가 다음과 같이 단호하게 이야기하였다. "그리스도의 십자가에서 하나님은 인간에게 이렇게 말씀하신다. '십자가는 당연히 너가 있어야 할 곳이다. 나의 아들 예수는 너대신 십자가에 달려 있는 것이다. 그의 비극은 너의 생애에 있어야 할 비극이다. 너는 교수형을 받아야 마땅할 반역자이다. 그러나 보라! 나는 네가 그러함에도 불구하고 너를 사랑하매, 그래서 너대신, 너 때문에 내가 고통을 당하고 있다. 너를 위한 나의 사랑이 얼마나 큰지 나는 여기, 바로 이 십자가 위에서 너를 만나고 있다. 나는 이외의 어느 곳에서도 너를 만날 수 없다. 너는 반드시 십자가에 달려 있는 이 사람과 동일시 됨으로써 여기 십자가에서 나를 만날 수 있을 것이다. 그렇게 동일시 될 때, 나 하나님은 그 안에서(in him) 너를 만날 수 있으며, 그를 불렀던 것처럼 너에게도 나의 사랑하는 아들아 라고 부를 것이다.'[4]

그렇지만, 그러한 동일시(identification)로 말미암아 우리들에게 "하나님의 자녀라 불리우는" 놀라운 특권이 주어지는 반면, 그리스도를 위한 고난의 약속도 주어지게 된다. 어떤 이들은, 예수께서 우리의 모든 죄를 완전히 제거하기 위하여 단번에 죽으심으로 우리의 생애가 더 이상 고통의 생애가 될 수 없다고 이야기한다. 물론 예수께서 모든 속죄의 사역을 십자가 위에서 완성하셨으므로 우리는 결코 우리의 죄를 위한 속죄의 고통을 당하지 않을 것이다. "이것을 사하셨은즉 다시 죄를 위하여 제사드릴 것이 없느니라"(히 10:18). 하지만 이 십자가는 고난으로부터의 탈출을 의미하는 것이 아니라 오히려 모든 그리스도의 제자들에게 고난을 약속하고 있다. 바울은 다음과 같은 말을 한 적이 있다. "내가 이제 너희를 위하여 받은 괴로움을 기뻐하고 그리스도의 남은 고난을 그의 몸된 교회를 위하여 내 육체에 채우노라"(골 1:24). 세상의 죄를 제거하기 위하여 그리스도의 죽음에 결코 부족함이 없지만, 그러나 그리스도의 길은 십자가의 길이며 오늘날도 그는 아직 그의 몸된 교회에서 고난을 당하고 있다.

그리스도 안에서 우리는 은혜가 지배하는 하나님 나라에 소속되어 있다. 우리는 이런 의미에서 볼 때, 우리의 생활을 구속하는 사단과 죄의 권세로부터 자유롭게 되었지만, 그러나 그리스도께서 그의 모든 원수들을 그의 발 아래 복종시키게 될 그 날이 올 때까지 우리들의 영적 싸움은 매우 강렬하다. 우리는 그리스도 안에서 자유롭다. 이는 분명한

---

4) 출처 불분명함.

사실이다. 그러나 우리는 싸우기 위하여 자유로운 것이다. 히브리서 기자는 죄의 군사들과 이러한 계속적인 전투를 포기하지 말라고 그의 독자들에게 권고하고 있다. "너희가 피곤하여 낙심치 않기 위하여 죄인들의 이같이 자기에게 거역한 일을 참으신 자를 생각하라 너희가 죄와 싸우되 아직 피흘리기까지는 대항치 아니하고"(히 12 : 3 이하). 기독교인은 확실히 은혜의 영역(realm) 속에 있으며, 죄의 영역에 대하여는 단번에 죽은 사람들이다. 그러므로 바울은 "너희는 너희가 되어라"(become what you are)고 그의 독자들에게 거듭 충고하였다.

로마서 6장이나 다른 서신들에서 바울의 주장은 바로 이 점을 강력하게 제시하고 있다. 그는 그리스도 안에서 기독교인의 위치를 설명한 뒤 그들에게 부르심에 합당한 삶을 살아가도록 강권하였다. 우리는 반드시 우리가 되어야 한다(we must become what we are). 옛 사람은 그리스도의 십자가로 말미암아 죄에 대하여 이미 죽었다. 우리는, 과거의 죄의 영역(realm)이 결코 우리를 지배하게 내버려둘 수 없으며, 그리스도 안에서 반드시 새로운 생명의 빛 아래 살아가야만 한다. 어떤 의미에서 죄를 짓는 기독교인은 바보이다. 사실 우리 모두 (무지 때문에 약하여서, 또는 고의적인 잘못을 인하여) 죄를 짓게 된다. 우리는 아직도 유혹의 목소리에 귀 기울이며, 이 세상의 쾌락에 매혹을 느끼게 된다. 그러나 우리가 그와 같은 죄를 저지르는 순간, 우리는 그리스도와의 관계를 망쳐버리게 되며(다른 사람과의 관계 역시 망쳐지게 됨은 거의 확실하다), 마음의 평화를 잃게 되고, 다시 속박의 상태로 돌아가게 되며, 그리스도의 사역에서 열매를 맺지 못하고 별효과가 없게 되며, 구원의 기쁨을 상실하게 된다. 때문에 죄를 범한다는 것은 바보스럽기 짝이 없다. 무한히 자비로우시며 인내하시는 하나님께서는 우리를 회복시키기를 간절히 바라고 계시며, 우리가 참으로 회개하는 순간 이를 실행할 것이다. 그러나 우리는 하나님의 명령이 공정하고 그의 말씀은 틀림없다는 확고한 진리를 종종 어렵게나마 배워야 한다. 우리가 원한다면 그 명령을 쉽게 무시해 버릴 수 있지만, 그 결과는 우리 마음대로 묵살해 버릴 수 없는 것이다.

우리가 그리스도 안에서 자유와 풍성하게 열매맺는 생활을 지속하는 것은 쉽게 순식간에 이루어지지 않는다. 그러므로 우리에게는, 스스로 비천하게 되시고 십자가의 죽음 조차도 순종하셨던 그리스도의 마음이 필요하다(빌 2:5 이하). 우리는 그의 고난을 모범으로 주의깊게 관찰해야만 하며, 정성을 다하여 그리스도의 길을 따라 가야만 한다(벧전 2:21). "사랑하는 자들아 너희를 시련하려고 오는 불시험을 이상한 일 당하는 것같이 이상히 여기지 말고 오직 너희가 그리스도의 고난에 참예하는 것으로 즐거워하라. 이는 그의 영광을 나타내실 때에 너희로 즐거워하고 기뻐하게 하려 함이라"(벧전 4:12 이하). 자기를 부인하고 자기를 비우는 것의 핵심은 우리의 옛 '자기생활'(self-life)을 제거하려는 결단에 있는 것이 아니다. 왜냐하면 그것이 이미 그리스도와 함께 깡그리 십자가에 못박혔기 때문이다. 오히려 우리의 결단은 그리스도의 고난을 통하여 이미 우리에게 주어진 자유에 굳게 서 있기 위한 것이며, 하나님의 뜻대로 행하기 위함이다. 우리는 필요없이 율법주의나 방종이라는 두 개의 극단적인 실수에 빠져버림으로써 자유를 잃어버릴 때가 있다(갈 5장). 우리는 싸워서 이길 수 있다. 싸워 이길 수 있으나 싸움은 싸움이다. 예수님의 제자들에게는 어떤 형태로든 고난을 회피할 수 있는 방법은 절대 존재할 수 없다.

둘째, 세상에 대한 애착이 죽어야만 한다.

이러한 이유 때문에, 예수께서는 젊은 부자 관원에게 자기 본위의 야망을 버리고 그의 모든 재물을 팔아 가난한 자들에게 나누어 주라고 하셨다. 그렇게 하여야만 그가 예수님을 따라갈 수 있었던 것이다. 세상의 것의 가치와 기준에도 불구하고 세상에 대하여 이러한 죽음이 없다면, 우리는 그것에 속박된 채로 남아 있게 되어 그리스도의 제자가 될 수 없다. "이 세상이나 세상에 있는 것들을 사랑치 말라 누구든지 세상을 사랑하면 아버지의 사랑이 그 속에 있지 아니하니 이는 세상에 있는 모든 것이 육신의 정욕과 안목의 정욕과 이생의 자랑이니 다 아버지께로 좇아온 것이 아니요 세상으로 좇아온 것이라"(요일 2:16 이하). 우리는 매우 교활하고 강력하게 우리의 마음을 그리스도로부터 멀어지게 하는 모든 세상에 대한 애착을 참고 이겨나가는 것이 필요하다. 하지만 우리는 세상을 구원하기 위하여 세상으로 들어가야만 한다. 예수께서 원하시는 것은 우리가 세상 바깥에 있는 것이 아니라 악마로부터 보호되기를 바라고 계신다. 오직 우리가 자신의 생애에서 세상의 애착으로부터 자유롭게 될 때만, 이러한 삶을 살아갈 수 있을 것이다.

하나님께서는 모든 면에서 우리가 세상과의 이전 관계를 완전히 끊어 버리도록 하기 위하여 우리를 부르셨다. 그리스도 안에서 우리는 누구든지 새로운 사람이 된다. "과거는 끝이 나고 지나가버렸다. 모든 것은 새롭고 신선하게 되었다"(고후 5 : 17). 이 새로운 영역(realm) 속에서는, 하나님 보시기에 선하고 올바르다면 우리는 모든 사람들, 아니 만물과 반드시 '그리스도 안에서' 관계를 맺게 된다. 1세기에 영지주의자들은 (현재에도 명칭은 다르지만 이들의 후계자가 존재한다) 영과 물질의 이중성에 관한 잘못된 교리를 가르쳤다. 그들은 하나님께서 오직 우리의 영적 발전에만 관심을 가지시며, 따라서 우리가 육의 욕망에 탐닉하든지 아니면 이를 거부하든지, 모든 것을 다 할 수 있다고 가르쳤다. 그래서 영지주의자들은 특히 성적 윤리면에서 모든 것을 허용하는 사람들로 알려지거나, 이와 반대로 극단적인 금욕주의자로 알려지게 되었다. 이 금욕주의자들은 '붙잡지 말라. 맛보지 말라. 만지지 말라' 등과 같이 주장하였는데, 바울은 이에 관하여 정확하게 비평하였다. "이런 것들은 자의적 숭배와 겸손과 몸을 괴롭게 하는데 지혜있는 모양이나 오직 육체 좇는 것을 금하는 데는 유익이 조금도 없느니라"(골 2 : 21~23). 이외에도 그는 이러한 모든 것을 '마귀의 가르침'이라고 불렀으며, "하나님의 지으신 모든 것이 선하매 감사함으로 받으며 버릴 것이 없나니"(딤 4 : 1~3)라고 명백히 기술하였다. 환언하면 모든 것을 하나님께서 창조하셨기 때문에 이 세상에는 본래부터 선한 것이 많이 있다. 그러나 우리가 살고 있는 곳은 마귀의 통제 아래 놓여 있는 타락한 세상이다. 그러므로 우리는 오직 그리스도로 말미암아 구속을 받게 되고 그의 통치 아래 놓여지게 될 바로 그때만, 하나님께서 그의 세상에서 우리에게 준 선한 것들을 즐길 수 있다. 그렇게 되는 순간 모든 것은 '그리스도 안에' 있게 되며 우리는 비로소 만물을 감사함으로 받아 누릴 수 있다.

아브라함의 생애 속에서 좋은 예를 찾아볼 수 있다. 하나님께서 아브라함에게 그의 고향과 아버지의 집을 떠나 어떤 미지(未知)의 목적지를 향하여 가라고 말씀하셨다. 그는 어디로 가는지는 알지 못하였으나 누구와 함께 가는지는 알고 있었다. 그 뒤 아브라함은 하나님의 약속의 아들인 그의 독자를 제물로 바치라는 시험을 받게 되었다. 그때 그가 하나님께서는 죽은 자까지도 일으킬 수 있다는 것을 확신하고, 그의 가장 귀한 소유(possession)인 자기 독자 조차도 아낌없이 바치려 함에 따라, 결국 그는 믿음으로 하나님께서 약속하신 축복을 받을 수 있었다. 이러한 이삭의 예는 주목할 만하다. 본회퍼는 이에 대하여, "아브라함은 올라갈 때도 이삭을 데리고 갔고 내려올 때도 이삭과 함께 왔으나, 실제로는 전(全)상황이 바뀌어 있었다"고 설명한다. 신약의 관점에서 이야기하면, 아브라함은 이삭과의 전 관계를 그리스도의 통치 아래에 놓여지게 만든 것이다. 즉, 이제 "그리스도 안에" 있게 된 것이다. "그리스도께서 아버지와 아들 사이에 계셨다. 아브라함은 모든 것을 버리고 그리스도를 따라갔으며, 그처럼 따라갔기 때문에 이 세상으로 돌아와서 예전처럼 살아갈 수 있도록 허락되었다. 외관상으로는 변화된 것이 없었다. 그러나 옛 것은 지나가고 모든 것이 새롭게 되었던 것이다. 이와 같이 무엇이든지 그리스도를 통과하여야만 한다."[5] 오직 우리 생애의 전부가 이러한 기본과정을 통과하여야만, 그리스도로 말미암아 우리의 생활이 구속을 받게 되고, 하나님께 감사함으로 모든 것을 받아들일 수 있게 된다.

  세상에 살지만 세상에 속하지 않으려 할 때, 종종 어떤 고난이 따르게 된다. 사단이 아직 활동 중인 이 세상에서 복음에 순종하려면 긴장이 깃든 생활을 하여야 한다. 이는 부분적으로 성육화의 의미를 갖고 있다. 성육화는 오직 하나님을 믿는 믿음을 통하여서만 이해할 수 있다. 만약 그 믿음이 신뢰할 만한 것이라면 교회는 예수 그리스도의 행적과 매우 유사하게 될 것이다. 기독교인으로서 우리는… 성육화된 그리스도를 전적으로 의존하여야만 한다. 또 우리는 이 세상에서 집에 있든지, 혹은 완전히 '평화스러운 마음'을 갖고 있을 때에도 항상 긴장해 있어야 한다. 비기독교인 가운데서 살아가는 우리 기독교인들의 삶은 언제나 긴장과 압박, 심지어 고난도 감수해야만 한다. 전반적인 사회의 체계는 개인을 세계에 적합하게 변화시키려 하며, 긴장을 제거하려는 목표를 가지고 있다. 그러나 예수님을 따라가는 자는, 예수님께서

---

5) 전게서, p. 89.

융화시키려 온 것이 아니라 불화를 가져왔으며, 화평이 아니라 검을 주러 왔다는 그의 말씀(마 10:34~36)을 받아들여야 한다. 오직 이로 말미암아 마침내 진정한 평화를 가져오기 때문이다.[6] 기독교인들은 이러한 고통을 회피할 수 없다. 전 피조물이 탄식하며 썩어짐의 종노릇으로부터 해방되기를 기다릴 때, 우리 기독교인들도 '양자될 것 곧 우리 몸의 구속'을 기다리며 '속으로 탄식'하여야 한다. 그러나 탄식 속에서도 우리는 반드시 인내로 기다려야만 한다(롬 8:21~25).

관계 속에서의 고통

아무도 외딴 섬에 있는 것이 아니다. 우리의 삶은 함께 얽혀져 있으며, 그래서 우리가 어떤 사람이며, 무엇을 행하는가 하는 것은 항상 다른 사람들에게 영향을 미친다. 그러므로 신약은 결코 기독교인이 고립되기를 가르치지 않는다. 그리스도는 우리로 하여금 그리스도 자신과 또 그의 제자가 된 모든 사람들과 함께 교제를 갖도록 하셨다. 하나님께서는 다양성(variety)을 사랑하시기 때문에 우리가 하나님이 주신 개성을 간직하고 있기를 원하시며, 반면 모든 진리의 뿌리가 되는 고립성을 버리도록 가르치신다. 우리는 하나님의 권위에 복종해야만 하며, 그리스도를 숭배하는 마음으로 서로 서로·복종해야만 한다. 우리는 오직 이 방법으로만, 즉 그리스도의 몸의 일원으로서 서로 연합하여야만 오늘날 이 지상에서 그리스도의 삶을 나타낼 수 있다. 우리가 사랑 안에서 서로 철저히 하나가 되어야만 이 세상 사람들이 예수 그리스도에 관한 진리를 알고 믿기 시작할 것이다. 그러나 정확히 이 점에 있어서 문제가 제기된다.

사람들은 마치 추운 겨울밤을 함께 지내는 고슴도치 무리들과 같다고 독일 철학자 쇼펜하우어(Schopenhauer)가 말한 적이 있다. 고슴도치들은 영하의 추위 때문에 몸을 녹이려고 서로 가까이 가게 되지만 그들이 서로 밀착하게 되자 말자 곧 서로를 찌르고 상처를 주게 된다. 그래서 그들은 서로 떨어지게 되며, 그리고는 다시 함께 모여들기 위한 시

---

6) Howard Snyder, Community of the King, IVP, 1977, pp. 115f.

도만 되풀이할 뿐이다. 우리의 자연적인 이 사악한 고립심은 서로 밀접한, 그러나 동시에 아픔을 수반하는 관계를 맺지 못하도록 강력한 제어를 하고 있다.

많은 교회들이 신약에서 규정된 기독교인의 깊이있는 교제에 대하여 별로 알지 못한다. 대부분의 교회는 고립되고 독립심이 강한 개인들로 구성되어 있으며, 이들은 교제를 한다 하더라도 거의 성격이 비슷한 소수의 사람들만 선택하려 한다. 그러나 이러한 모습은 교회에 관한 성경의 가르침과 전혀 다른 것이다. 우리는 우리의 삶을 함께 공유하기 위하여 그리스도의 제자로 부름받았으며, 만약 필요하다면 우리의 소유물조차 함께 나누어야만 한다. 우리는 서로 가면을 벗어버리고 마음을 열어 참되고 정직해야만 한다. 만약 기독교인들이 교제 속에서 성령의 능력으로 이를 실행하기 위하여 진지하게 노력한다면 곧 다음 두 가지를 발견할 수 있을 것이다. 첫째, 그리스도 안에서 형제 자매로서의 깊은 사랑의 관계를 발견할 수 있으며, 이로써 엄청난 풍요와 만족을 느낄 수 있을 것이다. 둘째, 그러나 우리는 아직 죄 많고 모가 난 인간이기 때문에 따뜻해지기 위하여 함께 모여들지만 곧 서로 상처를 입히는, 그러한 아픔을 역시 발견할 것이다. 그래서 그 유혹은, 우리로 하여금 고통이 적은 안전한 위치로 물러서게 만들며, 서로 떨어지게 하고, 또한 옹졸하게도 장벽을 쌓게 하며, 계속 상처를 주기 쉽고 노출이 심한 그와 같은 깊은 관계를 맺지 못하도록 방해할 것이다. 그렇게 될 때, 우리는 그리스도께서 명령하신 사랑과 일치—그는 이를 위하여 기도하였고, 이를 위하여 죽으셨으며, 이를 성취하기 위하여 그의 영을 보내셨디 를 파괴하게 되거나 적어도 매우 손상시킬 것이다. 우리는 이 특별한 제자도의 댓가를 회피하려 할 때, 주님을 부정하게 되며 그의 영을 몹시 근심하게 만들 것이다. 예수님의 제자들이 그에게 상처를 입혔을 때 만약 예수께서 그들로부터 돌아서 버리셨다면, 그리스도의 교회는 결코 태어나지 않았을 것이다.

예수께서 스스로 우리 모두의 죄악을 책임지셨다는 그러한 유일한 의미에서 그가 우리 전부의 '죄를 진 자'(sin-bearer)가 되었음에도 불구하고, 그는 자신을 따르겠다고 고백한 우리들에게도 "너희가 짐을 서로 지라 그리하여 그리스도의 법을 성취하라"(갈 6 : 2)고 말씀하셨다. 문맥으로 보아 이는 서로의 걱정 뿐만 아니라 죄까지 함께 짊어지라는 것을 의미하고 있다. 바울은 그 앞절에서 "형제들아 사람이 만일 무슨 범죄한 일이 드러나거든 신령한 너희는 온유한 심령으로 그러한 자를 바로잡고…짐을 서로 지라"고 하였다. 우리가 이와 같이 할 수 있는 유일한 방법은 자신을 몹시 해친 죄라 할지라도 형제가 범한 그 죄를 용서하는 것이다. 이로써, 우리는 형제를 죄와 잘못의 짐으로부터 해방시킬 수 있으며, 동시에 자기 자신도 용서치 못하는 감옥에서 해방하게 된다. 용서의 본질은 해방이다. 예수께서 "용서하라 그러면 너희도 용서받게 될 것이다"고 한 것은 동시에 "해방시켜라 그러면 너희도 해방될 것이다"와 같이 바꾸어 말할 수 있다. 하지만 우리에게 상처를 입힌 어떤 사람을 용서하려면, 오직 그리스도의 십자가에서 찾아볼 수 있는 하나님의 자비와 은혜가 있어야만 한다. 용서는 결코 쉬운 것이 아니다. 용서하기 위해서 예수님은 그 댓가로 자신의 생명을 지불하셨다. 이는 우리에게 있어서도 자존심과 반감과, 분노와 복수심 따위를 십자가에 못 박아 죽이는 것을 의미한다.

우리는 당연히 많은 이유 때문에 용서하지 못하는 자신의 위치를 정당하게 생각할 수도 있다. 그 이유 중 일부는 논리상 올바르며 인간적으로 충분히 이해할 만한 것인지 모른다. 그러나 하나님은 이러한 우리에게 회개하라고 명령하신다. 용서하지 못하는 것처럼 그의 영을 슬프게 하는 것은 없다. 그의 몸은 이로 말미암아 건강을 헤치게 되며, 그의 사역 또한 방해를 받게 된다. 반감의 뿌리는 다툼을 일으키고, 이로써 많은 것이 훼손된다. 이유와 변명은 십자가 아래 놓여질 때 아무것도 아니게 된다. 십자가에서는, 하나님이 그리스도 안에서 우리를 얼마나 많이 용서해 주셨는지 알게 되며, 그래서 우리도 그의 사랑으로 형제가 일흔 번씩 일곱 번 죄를 지었다 하더라도 그를 용서하지 않을 수 없게 된다. 우리는 이를 실행할 수 있는 은혜를 소유하지 못했을지도 모르지만, 그러나 우리가 그리스도의 제자로서 이를 원한다면 하나님의 은혜가 항상 우리에게 충만할 것이며, 이 용서라는 필수적인 영역에서도 결코 부족함이 없을 것이다.

이 모든 것은 얼마나 중요한 것인지 이루 말로 표현할 수 없다. 사도 요한은 그의 첫번째 편지에서 '생명의 말씀'을 실제로 들었고, 보았고,

만졌다는 엄청난 흥분과 함께 시작한다. 이어서 그는 "예수 안에서 생명이 나타났으며, 우리가 그것을 보았다"고 진술하였다. 베드로 역시 그의 두번째 편지에서 "우리는 그의 크신 위엄을 친히 본 자라"는 가슴 설레이는 말을 하였다. 그러나 오늘날에는 예수님의 생명(the life of Jesus)이 어떻게 나타날 수 있는가? 예수께서 결코 2천년 전과 같은 모습으로 이 땅에 존재하지 않는데 어떻게 하나님의 영광이 보여질 수 있는가? 이에 대한 신약의 대답은 매우 분명하다. 오늘날에는 교회 안에서 하나님의 영광이 보여져야 한다(엡 3 : 21). 요한이 말하였다. "어느 때나 하나님을 본 사람이 없으되 만일 우리가 서로 사랑하면 하나님이 우리 안에 거하시고…"(요일 4 : 12).

때때로 우리는 제자로서 희생을 한다고 할 때, 우리의 모든 죄를 포기하는 것에 관하여서만 생각하기도 한다. 이는 분명히 옳은 것이지만 실은 더 많은 것을 포함하고 있다. 예수님은 아무런 죄도 없으시지만 그의 권리를 노출시켰으며, 스스로 미약하게 되셨다. 그리고 그는 다른 사람들에게 생명을 가져다 주기 위하여, 그 댓가로 그의 생명을 지불하셨다. 우리 역시 그와 또다른 사람들과 서로 교제를 지속하면서 하나님께 순종하려면, 우리는 우리의 죄를 당연히 버려야 할 뿐만 아니라 스스로 다른 사람들에게 자신을 노출시키며 또 미약해지기도 하면서 우리의 권리를 버려야만 한다. 우리는 그 과정 중에 상처를 입을지도 모른다. 그러나 바로 이렇게 함으로써 교회 안에 하나님의 영광이 보여지게 되며 예수님의 생명이 나타나게 될 것이다.

필 브래드쇼(Phil Bradshaw)는 다음과 같이 기술하였다. "그리스도는 어떠한 방어물(defences)도 가지고 있지 않았다. 그는 그의 삶과 죽음으로 전 세계의 죄를 받아들였지만 죄를 되돌려 준 적은 없었다. '욕을 받으시되 대신 욕하지 아니하시고…'"(벧전 2 : 23). 만약 우리가 이 길을 따라가기 원한다면(즉 예수께서 그의 아버지[성부]와 가지셨던 그와 같은 교제를 우리 사이에도 간직하기 원한다면), 구태어 죄많은 세상을 보지 않아도 우리는 그 댓가가 무엇인지 당장 알게 될 것이다. 우리 기독교인 형제가 그의 죄—그리고 분노, 비판, 낙심, 비난, 두려움 등—를 우리에게 산더미처럼 넘는 것을 체험하게 된다. 그러나 우리는 우리의 죄를 되돌려 주지 않는 것이 필요하다…만약 우리가 성경적 의미로

서로 하나가 되길 원한다면, 성경은 그 댓가로 주님께 우리의 생애를 바치며, 또 서로 간에도 삶을 헌신하는 것을 가르치고 있다. 그러한 교제는 온유한 마음을 갖추어야 이루어지며, 자신의 마음은 찢겨져야 한다. 마음이 찢겨진다는 것은 우리의 권리를 버려야 한다는 말이다… 따라서 하나가 되려면 많은 것이 요구된다. 그러나…이로써 사람들로 하여금 진리를 아는 지식에 이르게 하며, 화해와 회복을 시키는 능력을 발휘하게 된다. 뿐만 아니라 나아가 우리는 이 땅에서 하나님의 영광을 함께 나누어 가는, 한 몸이 된 삶을 향유하게 될 것이다."[7]

예수께서 그의 지상사역 동안 대단히 관심을 표명한 하나가 있는데, 하늘에 계신 그의 아버지를 영화롭게 하는 것이다(요 7:4). 이 때문에 그는 제자도에 관하여 가르칠 때 때로 가혹하게 보이는 말씀을 하기도 했다. 교회나 세상에 대한 그의 계획은 너무나 위대한 것이어서 그는 열성이 없는 제자들을 (a half-hearted disciples) 절대로 용납하지 않으셨다. 그리스도는 미지근한 라오디게아 교인들에게 "내 입에서 너를 토하여 내치리라"고 하셨다. 하나님의 영광은 순종의 길과, 십자가의 길과, 관계 속에서 고통(the pain of relationships)을 받아들이려는 준비가 된 그 사람들에게 나타날 것이다. 이는, 단호한 태도로써 항상 그의 아버지가 기뻐하시는 것만 하며 살아간 예수님의 생애이다. 우리가 오직 이 길을 통하여 예수님을 따라가야만 이 세상에 구원이 이루어지게 될 것이다.

---

7) Towards Renewal, Issue 19, Autumn 1979.

12

넘치는 소망

몰트비(F.R. Maltby)는, 예수님이 그의 제자들에게 세 가지 사실을 약속하셨다고 말한다. 즉, 그들은 이치에 맞지 않게 엄청난 행복을 누리며 또 완전히 두려움이 없을 것이며, 동시에 끊임없이 고통을 겪게 되리라는 것이다. 실제로 이는 신약 교회를 요약해서 설명하는 말이다. 하나님께서 그의 백성들을 취급한 사실에 관하여 기록해 놓은 성경의 진술에서, 거의 어디서든지 다음과 같은 역설적 주제(paradoxical theme)를 빈번히 발견할 수 있다.

　　신령한 심령의 옷은 기쁨과 화(禍)로 잘 얽혀져 있도다
　　(윌리암 블레이크〈William Blake〉).

마치 빛과 어두움이 함께 어우러져 있어 명암의 대조를 이루는 것처럼, 우리는 기쁨과 고통, 영광과 괴로움, 즐거움과 슬픔, 생명과 죽음이 성난 물결과 같이 넘실대는 것을 본다.

우리는 예수님의 생애 가운데서도 이러한 사실이 뚜렷하게 표현되고 있음을 발견한다. 그가 태어날 때, 하늘의 영광이 찬란히 나타났으며, 천사의 찬양이 산천(山川)을 울렸지만, 곧이어 유아들을 무섭게 학살하는 장면이 뒤따른다. 그가 세례받을 때, 하늘이 열리고 성령께서 내려 오셨으며, 하나님 스스로 "이는 내 사랑하는 아들이요"라는 확언을 하셨지만, 바로 직후 우리는 예수님이 기진맥진할 만큼 6주간이나 광야에서 마귀와 겨루셨던 것을 볼 수 있다. 제자들은 변화산에서 빛났던 영원의 빛을 본 후 악한 영들을 몰아내려 하였지만, 오히려 그들은 믿음이 부족함으로 이를 행할 수 없었으며, 이로 말미암아 질책을 받게 되었다. 70인이 임무를 마치고 돌아왔을 때, 하나님의 능력을 경험하고는 기뻐 흥분해 있었으며, 예수님도 성령에 의해 기뻐하셨다(눅 10 : 21). 그러나 얼마 지나지 않아 그는 마귀를 힘입어 사역을 한다고 사람들로부터 비난을 받아야 했다. 군중들은 "호산나"를 외치면서 종려나무 가지를 흔들고 기쁨에 넘쳤지만, 이에 반해 예수님은 예루살렘을 보시고 그들의 영적 소경상태와 다가올 심판을 생각하시며 눈물을 흘리셨는데, 서로 심한 대조를 이루고 있다. 부드럽고 품위가 있었던 마지막 만찬은 그 반면 배반과 저항, 또 부정과 실망의 전조였다. 베드로는 비통하게 눈물을 흘렸으며, 유다는 스스로 목을 매달고 자살해 버렸다. 예수께서 병자를 고치시고 죽은 자를 살리시고 필요한 사람마다 동정을 베푸셨지만, 예루살렘 폭도들은 "저를 십자가에 못 박게 하소서! 저를 십자가에 못 박게 하소서!" 소리지르며 그의 피를 갈망했다. 그는 남들을 구하였지만 그 자신은 구하려 하지 않았다. 그는 자신을 신뢰하는 자들을 결코 버리지 않겠다고 약속하였지만, 자신은 십자가에서 지독한 고통을 당하며 "나의 하나님 나의 하나님 왜 나를 버리시나이까"라고 울부짖었다.

신약의 교회에서도 실제로 이와 동일한 모습을 찾아볼 수 있다. 오순절 성령의 바람이 힘차게 불어옴으로 많은 기적과 징조가 발생했으며, 매우 인상적인 치료, 그리고 수 천 명이 회개하는 역사가 일어났으나, 그 뒤 투옥과 매질이 뒤따르게 되었으며 성령을 속이려 한 아나니아와 삽비라에게 하나님의 신속한 심판이 가해졌다. 사도행전 6장에서 교회 신자들이 놀랍게 증가했으나, 7장에서 스데반의 순교, 또 8장에서는 교회에 대한 핍박의 물결이 뒤따라 나타난다. 주교 쿠트베르트 발트슬리(Curthbert Bardsley)가 말하였다. "우리는 성령이 부어질 때 어떤 신기한 일들이 발생했는가를 안다. 곧 회개와 방언, 기적, 많은 회중들 등이다. 그러나 이는 또한 두려움과 실망 그리고 고통도 가져왔다."[1] 기쁨과 화(禍)는 오순절에서 뿐만 아니라 성령이 새롭고 신선하게 하는 능력으로 하나님의 백성들에게 오시면서부터 줄곧 그와 같이 잘 얽혀져 있었다.

베드로는 소아시아에 흩어져 있는 기독교인 피난민에게 적절하게 경고하였다. "사랑하는 자들아 너희를 시련하려고 오는 불시험을 이상한 일 당하는 것같이 이상히 여기지 말고 오직 너희가 그리스도의 고난에 참예하는 것으로 즐거워하라 이는 그의 영광을 나타내실 때에 너희로 즐거워하고 기뻐하게 하려 함이라 너희가 그리스도의 이름으로 욕을 받으면 복있는 자로다 영광의 영 곧 하나님의 영이 너희 위에 계심이라"(벧전 4:12~14). 여기에서 다음과 같은 말이 연속되어 있음을 주시하라. 즉, "사랑하는…불시험…즐거워하라…고난…영광…욕…복…" 등이다. 이는 언제나 제자도의 귀감이 되어왔다.

우리는 시편 역시 많은 곳에서 이와 동일하게 병렬 상태로 대조를 이루고 있음을 볼 수 있다. "여호와께서 시온의 포로를 돌리실 때에 우리가 꿈꾸는 것 같았도다 그때에 우리 입에는 웃음이 가득하고 우리 혀에는 찬양이 찼었도다." 그러나 이러한 넘치는 기쁨과 함께 더 나은 회복을 바라는 한숨과 외침의 소리가 이어진다. "여호와여 우리의 운명을 남방 시내들같이 돌리소서 눈물을 흘리며 씨를 뿌리는 자는 기쁨으로 거두게 하옵소서." 그렇지만 슬픔 가운데서도, 지금 눈물을 흘리는 자는 훗날 "정녕 기쁨으로 그 단을 가지고 돌아오리로다"라는 소망에 가득차 있다(시 126편).

개인적이든 단체적이든 우리의 생활은 연중 계절과 같다. 항상 추수만 할 수 없는 것이다. "언제나 태양이 비치면 사막을 만든다." 이것은 지혜로운 아랍의 격언이다. 우리에게는 추위와 매서운 겨울, 또 궂은 비도 필요하다. 그러나 우리는 그러한 차가운 날을 통하여 봄과 여름을 기대하는 소망 또한 필요한 것이다. "겨울이 오면 봄이 멀다 하리요?"[2]

현재 교회는 많은 면에서 길고 메마른 겨울을 지내왔다. 앙상한 나무

---
1) *Church of England Newspaper*(13 September 1973)에서 인용.
2) P.B. Shelley, *Ode to the West Wind*.

가지, 열매없는 과수원, 황폐한 땅, 추수할 기미조차 보이지 않았다. 하지만 많은 사람들이 적의에 가득찬 오늘날의 세상에서 밀려오는 어둠과 영적 죽음상태 속에서 사람들의 영적 배고픔은 점점 심해져 왔다. 지금은 정확히, 우리가, 하나님께서 그의 교회 속에 무엇인가 새로운 것을 이루어주시도록 반드시 간구해야만 할 시기이다. 수에넨스 추기경(Cardinal Suenens)은 다음과 같이 기술하였다.

"교회는 역사상 가장 심각한 순간을 맞이하였다. 인간적인 관점으로 볼 때 구원의 조짐은 보이지 않는다. 우리는 그 분 외에는 구원의 손길을 기대할 수 없다. 그의 이름이 없이는 구원이 존재하지 않는다. 이러한 시점에, 우리는 초대교회에서 보여졌던 것과 같은 그러한 성령의 활동이 교회에 나타나고 있음을 알 수 있다. 그것을 마치 하나님께서 우리의 역사 속에 한번 더 나타나신 것처럼, 사도행전의 기사와 바울의 편지들이 다시 되살아난 것 같다."[3] 확실히 하나님은 그의 성령에 의하여 교회에 새로운 일을 하고 계신다. 우리는 황폐한 땅을 뚫고 부드러운 봄의 새싹이 파랗게 돋아남을 볼 수 있다. 검은 구름과 휘몰아치던 바람도 한 줄기 빛으로 말미암아 사라져가고 있다. "하나님의 영은 인간의 수준으로 예보된 사건을 통하여서도 눈부시게 역사할 수 있다."[4]

우리가 올바른 시각에서 바라보면 많은 것이 우리를 고무시키고 소망을 불러 일으키지만, 그럼에도 불구하고 추수를 하기까지는 반드시 고난을 각오해야만 한다. "내가 진실로 진실로 너희에게 이르노니 한 알의 밀이 땅에 떨어져 죽지 아니하면 한 알 그대로 있고 죽으면 많은 열매를 맺느니라"(요 12 : 24). 좀더 실제적으로 이야기하면, 우리의 체면, 우리의 권리와 특전, 우리의 편견, 우리의 야망, 우리의 안락, 우리의 독립심과 자부심, 우리의 자기보호(self-preservation) 등을 죽이는 것을 의미한다. 우리가 어떤 방법으로든지 자신을 죽이지 않는다면, 이 세상에서 결실과 추수는 기대할 수 없으며, 소망은 존재하지 않을 것이다.

종종 우리는 영적 생활과 능력에 관하여 예수께서 몸소 보여주셨던

---

3) A New Pentecost? Darton, Longman & Todd, 1975, P.90.
4) Cardinal Suenens.

사실과는 매우 다른 생각을 갖게 된다. 대개 우리는 이 세상에서 자연적이며 세상적으로만 가치를 평가하려 했던 최초의 제자들과 비슷하다. 이러한 제자들의 모습에 예수께서는 그들이 하나님 나라에 대한 혁신적인 개념을 파악할 수 있을 때까지 올바른 영적 가치를 거듭 일깨워야만 했다. 예를 들어보자. 예수님은 처음부터 완전히 성령이 충만하셨고, 세례를 받을 때는 성령의 능력으로 기름부음을 받았다. 그러나 그에게 이것이 의미하는 바가 무엇이었는가? 그는 죄를 제외하고는 모든 면에서 기꺼이 우리와 같이 되셨다. 자주 그는 연약하셨으며, 고독함과 버림받는 고통도 경험하셨다. 그는 비웃음과 오해를 받기도 했고, 크게 소리치며 눈물을 흘리기도 하셨다. 그는 고난을 통하여 순종을 배우셨다. 그는 시험을 받으시고, 매를 맞았으며, 상처입고, 마침내 십자가에 못 박히셨다. 그는 "슬픔의 사람이었으며, 비통과도 친숙한 사람"이었다. 그렇지만 우리는 성령 충만할 때 이따금 하나님처럼 되기 원한다. 능력이 충만하고 권세와 영광이 가득하며, 영적 은사가 넘치고, 연약한 자를 돌보아 우리들의 능력으로 도움을 주려 한다. 그러나 우리는 그 고난의 모습을 생각지 못할 때가 많다. 사도 바울은 이미 "이루었다"고 생각하는 고린도 교회 교인들을 꾸짖었다. "너희가 이미 배부르며 이미 부요하며…우리는 그리스도의 연고로 미련하되 너희는 그리스도 안에서 지혜롭고 우리는 약하되 너희는 강하고 너희는 존귀하되 우리는 비천하여 바로 이 시간까지 우리가 주리고 목마르며 헐벗고 매맞으며 정처가 없고…우리가 지금까지 세상의 더러운 것과 만물의 찌끼같이 되었도다"(고전 4:8~13). 예수님을 따라간다는 것은 그의 고난과 십자가의 길을 따라가는 것을 의미한다. 주님이 하셨기에 제자들도 당연히 그와 같이 해야 하는 것이다.

죽음이 있는 그곳에 소망이 있다.

예수님은 우리를 위하여 죽음과 봉사로써 그의 삶을 기꺼이 희생하셨다. 여기에는 두 가지 주된 이유가 있는데, 첫째로 그는 오직 형용할 수 없는 십자가의 고통으로만 인간들이 용서받을 수 있음을 아셨기 때문이며, 그가 이 세상에 오신 것 자체가 바로 이를 위해서였다. 둘째는, "그 앞에(before him) 있는 즐거움을" 위하여 십자가를 참으셨다(히 12:2). 그는 십자가의 뒤에 아직 최상의 것이 기다리고 있음을 아셨던 것이다. 또한 바울도 다른 제자들과 함께 같은 두 가지 이유에서 예수님을 따르는 고통을 받아들였다. 첫째, 그는 자신의 고통으로 결코 죄를 사할 수 없다는 것을 알았지만, "그리스도의 남은 고난을 그의 몸된 교회를 위하여 내 육체에 채우노라"(골 1:24)고 하였다. 즉, 그의 고난은 다른 사람들을 위하여 필요한 것이었다. 그리스도의 능력은 바로 그의 연약함을 통하여 많은 생명에게 영향을 주었으며, 그들을 변화시켰다. 둘째, 그는 "현재의 고난은 장차 우리에게 나타날 영광과 족히 비교할 수 없도다"(롬 8:18)는 것을 알았기 때문이다. 그에게는 소망이 넘쳤던 것이다. 이와 대조적으로, 우리가 기꺼이 제자로서의 댓가를 치루려 하지 않고 영적으로 새롭게 되기 위한 희생을 감수하지 않으려 한다면, 이는 우리가 우리의 생활에만 집착해 있고 우리의 일시적인 특전에만 사로잡혀 있으며, 하나님의 사랑을 믿지 못한다는 사실을 폭로하는 것이다. 만약, 우리는 우리가 세상을 포기하면 하나님께서 우리에게 하나님 자신 외에 아무것도 주시지 않을까 두려워하고 있다. 이런 생각이 우리들의 믿음과, 소망, 사랑에 얼마나 무서운 공격을 하고 있는가! 언젠가 파스칼이 말하였다. "다른 무엇으로서가 아니라 오직 하나님에 의해서만 교회가 보존될 때 바로 그 순간이 교회가 행복한 순간이다."[5] 우리가 오직 그 분만 의지하는 용기있는 믿음에 이르지 못한다면, 하나님 아버지의 사랑이 얼마나 안정되며 그 실체(reality)가 어떠한지 결코 알 수 없을 것이다. 시편 27편은 이 점을 생생하게 묘사해 준다.

> 여호와는 나의 빛이요 나의 구원이시니 내가 누구를 두려워 하리요
> 여호와는 내 생명의 능력이시니 내가 누구를 무서워 하리요
> 나의 대적, 나의 원수된 행악자가 내 살을 먹으려고 내게로 왔다가 실족하여 넘어졌도다
> 군대가 나를 대적하여 진칠지라도, 내 마음이 두렵지 아니하며
> 전쟁이 일어나 나를 치려 할지라도 내가 오히려 안연하리로다

---

5) Cardinal Suenens, 전게서, p. xl.

내가 여호와께 청하였던 한 가지 일 곧 그것을 구하리니
곧 나로 내 생전에 여호와의 집에 거하여 여호와의 아름다움을 앙망
하며 그 전에서 사모하게 하실 것이라
여호와께서 환난 날에 나를 그 초막 속에 비밀히 지키시고
그 장막 은밀한 곳에 나를 숨기시며 바위 위에 높이 두시리로다.

 오늘날도 예수께서는 그를 따르면서 어떠한 희생이라도 감수할 수 있는 사람들을 찾고 계신다. 수많은 사람들이 그들의 정치적 종교적 이상을 위하여 자신의 삶을 투자하려고 하지만, 예수께서는 그의 세계가 사랑의 혁명으로 온전히 뒤바뀌어지기를 원하신다. 또한, 예수님은 오직 그들의 삶 전체를 자기에게 바치고 하나님 나라를 최우선으로 생각하는, 그러한 사람들을 통하여서만 효과적인 사역을 할 수 있다. 세상은 이 순간 심각한 위기에 도달했다. 우리는 내일을 자랑할 수 없으며, 우리의 자녀들에게 자신있게 남겨줄 것이라고는 아무것도 없다. 지금은 그리스도를 위하여 모든 것을 잃어야 할 때이며, 우리의 삶을 소망의 하나님에게만 기대해야 할 시기이다.
 고난이 닥쳐올 때 예수님의 제자들은 과연 어디에다 소망을 두어야 할까? 그 고난은 이론상으로만 가능한 것이 아니라 오늘날 세계 도처에서 무서운 현실로 일어나고 있으며, 앞으로도 증가할 것으로 보인다.

그리스도를 아는 지혜

 사도 바울은 한 가지 숭고한 야망을 갖고 있었다. 그것은 바로 그리스도를 아는 지혜가 좀더 깊어지는 것이었다. 또한 그는 그러한 지혜가 더욱 깊어지려면, 반드시 고난이 수반되어야 함도 알고 있었다. 그는 모든 것을 '배설물'로 여긴다고 하였으며, 다만 "그리스도와 그 부활의 권능과 그 고난에 참예함을 알려 하여 그의 죽으심을 본받는다"고 하였다. 자신을 비롯한 몇몇 사람들이 "힘에 지나도록 심한 고생을 받아 살 소망까지 끊어지고 우리 마음에 사형선고를 받은 줄" 알았는데, 그는 그와 같은 어려움을 당한 것이 "우리를 자기를 의뢰하지 말고 오직 죽은 자를 다시 살리시는 하나님만 의뢰하게 하심"인 것을 깨닫게 되었다. 그는 이에 대한 의미와 가치를 깨닫고나자 "그가 이같이 큰 사망

에서 우리를 건지셨고 또 건지시리라 또한 이 후에라도 건지시기를 그를 의지하여 바라노라"(고후 1:10)고 부언하게 되었다. 만약 우리가 오직 햇빛이 날 때만 하나님을 안다면, 우리의 지식은 겉모습 뿐이다. 그러나 폭우 속에서도 그를 신뢰할 때 하나님과의 관계는 더욱 성숙해질 것이다. 대낮의 밝은 빛 아래서는 우리가 볼 수 있는 가장 먼 사물이 태양이다. 그러나 어두운 밤에는 태양보다 더욱 멀리 떨어진 수많은 별들을 볼 수 있다. "내가 너에게 흑암 중의 보화를 주리라"(사 45:3).

수많은 세월 속에서 헤아릴 수 없는 사람들이 이 진리를 경험하였다. 죠지 매드슨(George Matheson)은 맹인이었으며, 실연을 당한 채 고통 속에 살았지만, 그는 "어리석은 단념보다는 거룩한 기쁨으로, 불평이 없을 뿐만 아니라 찬양의 노래로써" 하나님의 뜻을 받아들일 수 있도록 간구하는 기도문을 작성하였다. 리차드 범브랜드(Richard Wurmbrand)는 그리스도를 믿었기 때문에 갖가지 공산당 감옥 속에서 '춥고, 배고프고, 극도로 초라하게' 14년이란 세월을 보내었다. 하지만 그는 다음과 같이 고백한다. 긴 세월 동안 "그들은 4군데의 척추를 비롯하여 허다한 뼈를 부러뜨렸으며, 12군데나 살을 도려냈으며, 몸에 18개의 구덩이를 파고 화상을 입혔다." 그러나 "감옥에 혼자 남게 되면…매일밤 기쁨에 넘쳐 춤을 추었다…나는 이전에 알지 못했던 아름다움을 그리스도 안에서 발견하였다."[6] 고난은 불쾌한 것임에도 불구하고 항상 비극적인 것은 아니다. 고난은 숭고함과 깊이를 더해준다. 하나님은 그를 아는 우리들의 지혜를 더욱 증가시키기 위하여 이를 사용하고 계신다.

남에게 봉사하는 삶

하나님은 사랑이시며, 그 사랑의 성격은 세상을 구원하기 위하여 독생자를 주셨다는 사실에 잘 나타나 있다. 하나님의 사랑은 언제나 주는 것이며 희생적인 봉사로 특징지워진다. 우리는 반드시 우리의 삶 속에

---

6) *Tortured for Christ*, Hodder & Stoughton, 1967, p.19. 그리고 *In God's Underground*, W.H. Allen, 1968, p. 54.

하나님의 사랑을 받아들여야만 하며, 우리의 마음을 열고 다른 사람을 받아들일 수 있어야 한다. 이러한 노출은 고통을 야기시키지만, 이로 말미암아 괴롭고 도움이 필요한 사람들에게 하나님의 사랑이 미치도록 하며 산 소망을 불러 일으키게 된다. 유르겐 몰트만(Jürgen Moltmann)은 다음과 같이 말하였다. "폐쇄된 인간에게는 절대로 소망이 있을 수 없다. 그러한 사람은 고뇌로 가득차 있다. 폐쇄된 사회에는 어떠한 미래도 존재하지 않는다. 외곽지대에 있는 사람들이 가진 삶에 대한 소망을 파괴하며, 결국은 그 사회 자체도 멸망하게 한다. 우리가 기쁘나 즐거우나 남들을 향하여 나아가며 남들의 생활에 봉사를 하게 될 때 더욱 소망이 살아나며 더욱 생기가 넘치게 될 것이다."[7] 그리스도가 남들을 위하여 개방된 삶을 살았다면 오늘날 그리스도의 몸인 우리 역시 반드시 동일하게 되어야만 한다. 우리들의 삶을 남과 함께 나눈다는 것은 항상 위험스러운 일이다. 조만간에 옛 안정이 다소간 허물어지게 되고 이에 따라 우리 자아의 죽음을 초래하게 될 것이다. 그러나 죽음 뒤에는 부활이 있다. "우리 산 자가 항상 예수를 위하여 죽음에 넘기움은 예수의 생명이 또한 우리 죽을 육체에 나타나게 하려 함이니라 그런즉 사망은 우리 안에서 역사하고 생명은 너희 안에서 하느니라"(고후 4 : 11 이하). 이는 복음의 신비요 기적이다. 우리가 남들을 향하여 자신을 개방시킴으로 고통을 겪게 될 것이다. 어쩌면 십자가형을 당할지도 모른다. 그러나 이와 같은 방법으로 그리스도의 부활 생명을 능력 속에서 경험하게 될 것이다.

하나님 안에서 산 소망을 가진다는 말은, 그가 우리 삶 속에서 무엇을 하든지간에 그를 신뢰한다는 의미이다. 요리사는 스테이크를 부드럽게 만들기 위하여 미리 고기를 두드린 후 요리할 것이다. 마찬가지로 죄는 우리들의 마음을 강퍅하게 만들기 때문에 하나님께서는 그의 아들처럼 우리를 부드러운 마음과 인정많은 사람이 되게 하기 위하여 여러 가지 고통스런 경험을 거치도록 할 것이다. 또한 우리의 마음이 고난을 통하여 부드럽게 되고나서야, 우리는 고난당하는 사람들에게 필요한 뜻깊은 사역을 발견할 수 있다. 한 가지 예로 바울은 자신의 고난이 다른

---

7) *The Open Church*. SCM. 1978. p 35.

사람들에게 많은 격려가 된다는 것을 알았다. "찬송하리로다 그는 우리 주 예수 그리스도의 하나님이시요 자비의 아버지시요 모든 위로의 하나님이시며 우리의 모든 환난 중에서 우리를 위로하사 우리로 하여금 하나님께 받는 위로로써 모든 환난 중에 있는 자들을 능히 위로하게 하시는 이시로다 그리스도의 고난이 우리에게 넘친 것같이 우리의 위로도 그리스도를 말미암아 넘치는도다 우리가 환난받는 것도 너희의 위로와 구원을 위함이요 혹 위로받는 것도 너희의 위로를 위함이니 이 위로가 너희 속에 역사하여 우리가 받는 것 같은 고난을 너희도 견디게 하느니라 너희를 위한 우리의 소망이 견고함은 너희가 고난에 참예하는 자가 된 것같이 위로에도 그러할 줄을 앎이라"(고후 1:3~7). 그러므로 바울은, 그리스도의 능력이 자신에게 머물게 하기 위하여 (고후 12:9 이하) 아울러 다른 사람들이 "겁없이 하나님의 말씀을 더욱 담대히"(빌 1:14) 말하게 되도록, 놀랄 만한 곤란과 고통을 흔쾌히 겪었었다. 우리가 직접 여러 시험 속에서 그리스도의 충분함(the sufficiency of Christ)을 알았을 때만, 유사한 시험에 처해 있는 사람들에게 진리를 이야기해 줄 명백한 권리가 있는 것이다. 어떠한 이유에서든 큰 고난을 당하였으며, 충만한 믿음과 소망으로 그 고난을 극복한 사람은, 앞으로 시험에 닥쳐올 때 단순히 하나님의 말씀이 사실일 것이라고 추정하고 이를 신뢰하는 그러한 기독교인보다 그리스도에 대한 증언이 훨씬 더 권위있을 것이다.

실망하지 말라

마귀는 기독교인들이 실망할 때 이를 이용하기 좋아한다. 오늘날 도처에서 활동하는 기독교인들의 과업은 몹시 힘들다. 기독교인들이라 해서 우리 사회를 더욱 더 괴롭히는 좌절로부터 쉽게 모면될 수 없다. 사람들은 어디서나 현 생활이 아무런 의미없는 혼란 상태라고 느끼게 되며, 미래의 참된 소망이 없으므로 절망적인 미래에 직면하게 된다. 우리의 유물론적 사회는 영적으로는 완전히 파산상태이다. 그 결과, 소수의 부유한 사람들이 환상적인 오락이나 여행 속으로—이 두 가지 산업은 서구사회에서 매우 번창하고 있다—일시적인 도피를 할 수 있는 여유(?)가 있음에도 불구하고, 이 세상은 체념으로 인한 무관심과 실망의 기색이 너무 팽배해 있다.

바울은 그 당시에도 실망을 야기시키는 강한 시험이 있음을 알았다. 고린도후서 4장에 보면 두 번이나 "우리가 낙심하지 아니하며"라는 말을 사용하고 있는데, 이는 그가 종종 실망에 빠질 만한 유혹에 부딪혔다는 것을 가리킨다. 실제로 그는 너무나 많은 사람들이 실망스럽게도 영적 소경상태에 있기 때문에 "그리스도의 영광의 복음의 광채"를 보지 못한다고 언급하였다. 또한 그는 그리스도께 헌신한 많은 사역자들이 물리적 정신적 고갈상태를 경험한 사실에 대하여 기술하였으며, "우겨쌈을…답답한 일을…핍박을…거꾸러 뜨림을" 당하였다고 이야기하고 있다. 그는 이 세상에 거대한 영적 싸움이 격심함을 인식하였으며, 영적 수준의 고하(高下)를 막론하고 항상 고통이 있음을 느꼈다. 그러나 그는 이에 불구하고 낙심치 않으려고 결심한 두 가지 훌륭한 이유를 들었다.

첫째로 그는 기독교인의 직분(ministry)이 '하나님의 자비로' 주어진 것으로 엄청난 특권이 있음을 깊이 깨닫고 있었다. 우리는 스스로를 위하여 하나님을 알 수 있을 뿐만 아니라, 하나님께서는 우리를 그리스도의 사자(ambassador)로 부르셨으며, 그의 사랑과 자비를 다른 이들에게 전달하게 하셨다. 그리고 우리는 이 세상에서 유일한 진리의 메시지인 하나님의 말씀을 맡은 자들이다. 이 하나님의 말씀은 사람들에게 과거의 죄에 대한 용서와 현재의 새로운 삶, 그리고 미래의 영광스런 소망을 가져다 줄 수 있다. 뿐만 아니라 하나님께서 예수 그리스도의 빛으로 우리 마음 속의 어두움을 소산(消散)케 하신 것처럼, 이 말씀을 받은 사람들은 남들에게 그와 동일한 역할을 할 수 있게 될 것이다. 그러므로 바울은 우리가 낙심치 않으며, 하나님께서는 누구든지 그리스도 안에서 새로운 피조물로 만들 수 있다는 것을 알고 끊임없이 예수 그리스도를 주로서 전파해야 한다고 기록하였다.

둘째로, 바울은 항상 미래의 영광에 대한 강한 소망을 가졌다. 그는 다시 "우리가 낙심하지 아니하노니"라고 하면서 그의 생각을 밝힌다. "겉사람은 후패하나 우리의 속은 날로 새롭도다 우리의 잠시 받는 환난의 경한 것이 지극히 크고 영원한 영광의 중한 것을 우리에게 이루게 함이니 우리의 돌아보는 것은 보이는 것이 아니요 보이지 않는 것이니 보이는 것은 잠깐이요 보이지 않는 것은 영원함이니라." 그는 바로 이 미래에 대한 확신으로 말미암아 현재의 극심한 고난을 참을 수 있었던 것이다. "우리가 사방으로 우겨쌈을 당하여도 싸이지 아니하며 답답한 일을 당하여도 낙심하지 아니하며 핍박을 받아도 버린 바 되지 아니하며 거꾸러뜨림을 당하여도 망하지 아니하고 우리가 항상 예수 죽인 것을 몸에 짊어짐은 예수의 생명도 우리 몸에 나타나게 하려 함이라." 바울은 그 고난으로 다른 사람들도 도움을 받게 되는 것을 알고("모든 것을 너희를 위하여 하는 것"), 기꺼이 어떤 시련이라도 극복해 나갔으며, 뿐만 아니라 그의 앞에 최상의 것이 기다리고 있음을 알았기 때문에 더욱 모든 것을 참고 이겨나가려고 했던 것이다. 여기서 고린도후서 11장으로 눈을 돌려 "잠시 받는 환난의 경한 것"을 재고해 보면, 바울은 모든 교회를 위하여 날마다 염려하는 그 중압감을 제쳐두더라도 매 맞음, 파선, 계속되는 위험, 수고와 애쓴 것, 여러 번 자지 못한 것, 주리며 목마른 것, 춥고 헐벗은 것 등의 고난을 당하였다고 기술하고 있다. 그렇지만 그는 하나님께서 모든 그리스도의 참 제자들을 위하여 예비하신 '영원한 영광의 중한 것'을 생각해 볼 때, 이 모든 것은 비교도 할 수 없는 아무것도 아닌 것으로 간주하였다.

　루이스(C.S. Lewis)는 다음과 같이 기술하였다. "소망은 신학적 미덕 중 하나이다. 이 말은 영원한 세계를 향한 끊임없는 기대가, 일부 현대인들이 생각하듯이 현실도피나 부질없는 기대의 한 형태가 아니라, 실제로 기독교인이면 마땅히 가져야 할 태도라는 의미이다. 하지만 우리가 이 현세계를 그대로 내버려두어야 된다는 뜻은 아니다. 역사를 읽어보면, 내세를 최상의 것으로 간주한 바로 그러한 기독교인들이 현세를 위하여 최선을 다하였음을 알게 될 것이다. 로마 제국의 회심을 위한 발걸음을 내딛기 시작했던 사도들이나, 중세를 형성한 위대한 인물들, 또 노예매매를 폐지했던 영국 복음주의자들, 이러한 모든 사람들은 하늘에 착념했기 때문에 이 땅에 그들의 자취를 남겼다. 사실 기독교인들이 피안의 세계를 거의 생각하지 않고 있기 때문에, 이 세상에서도 그렇게나 효과를 미치지 못하게 된 것이다. 당신이 하늘에 목표를 두면 땅의 것을 덤으로 얻을 수 있지만 땅에 목표를 둔다면 아무것도 얻지 못할 것이다."⁸⁾ 마찬가지로 대개 옛 설교가들도 이와 동일한 주장을 하였다.

"당신은 잘 죽을 수 없으면 잘 살 수도 없다. 당신이 하늘을 확신할 때, 역시 이 지상에서도 남을 위하여 희생적으로 봉사의 삶을 살아갈 수 있을 것이다." 내 삶의 목적은 오로지 "내게 사는 것이 그리스도의 죽는 것도 유익함이니라"(빌 1 : 21).

얼마나 영광스러운 소망인가? 우리가, 죽음조차도 우리를 갈라놓을 수 없는, 그러한 하나님의 사랑에 근거하고 뿌리를 두고 있는 우리는 하나님의 세상에서 그리스도의 사역을 위하여 완전히 자신을 바칠 수 있을 것이다. 더우기 기독교의 소망은 종교를 빙자한 일종의 꿈이 아니다. 그것은 그리스도께서 우리에게 거듭 약속하셨던 것이며, 아울러 그 스스로 죽음에서 부활하신 확고한 증거에 근거를 하고 있는 것이다.

오늘날 우리는 더욱 미래의 소망을 굳게 잡는 것이 필요하다. 그리스도께서는 시대의 마지막이 되기 전, 많은 사람들을 탈선하게 만들 거짓 가르침이 많을 것이라고 제자들에게 경고하셨다. 이 뿐만 아니라 전쟁과 지진과 학대와 사악한 것도 있을 것이다. 마찬가지로 이변(異變)과 우주적 징조들이 그 날에 앞서 발생될 것이다. "일월 성신에는 징조가 있겠고 땅에서는 민족들이 바다와 파도의 우는 소리를 인하여 혼란한 중에 곤고하리라 사람들이 세상에 임할 일을 생각하고 무서워하므로 기절하리니 이는 하늘의 권능들이 흔들리겠음이라 그때에 사람들이 인자가 구름을 타고 능력과 큰 영광으로 오는 것을 보리라 이런 일이 되기를 시작하거든 일어나 머리를 들라 너희 구속이 가까왔느니라 하시더라"(눅 21 : 25∼28). 우리는 이 말씀들이 정확하게 무엇을 언급하고 있는지 알 수 없다. 베드로 또한 주의 날에 관하여 묘사하였는데, 우리는 이것 역시 너무 독단적으로 해석할 수 없다. "그러나 주의 날이 도적같이 오리니 그 날에는 하늘이 큰 소리로 떠나가고 체질이 뜨거운 불에 풀어지고 땅과 그 중에 있는 모든 일이 드러나리로다"(벧후 3 : 10). 그러나 이러한 시적(poetic) 말씀은 핵(nuclear)으로 인한 참상과 별로 모순되지 않으며, 전 인류가 자살하는 이와 같은 끔직스러운 모습이 실현

---

8) *Mere Christianity*. Collins. p. 115.

될 가능성은 매년 높아만 가고 있다.

　제3세계 국가들이 핵무기를 가지고나면, 왜 그들이 이를 사용하지 않겠는가? 이를 사용하지 않을 만한 타당한 이유는 없다. 가난한 나라는 부국(富國)들의 욕심으로 말미암아 억압받고 불구로 지내왔기 때문에, 핵으로 폭력을 휘두름으로써 오랫 동안의 좌절로부터 풀려나려고 한다 해도 충분히 이해할 만하다. 1980년에 빌리 그래함(Billy Graham)은, 만약 하나님께서 서구 사회를 심판하지 않는다면, 하나님이 소돔과 고모라에게 사과를 해야만 할 것이라고 말하였다. 이는 결코 과격한 말이 아니다. 소돔의 죄는, 오늘날 서구 사회에서도 많이 찾아볼 수 있는 단지 성적 도착(倒錯) 뿐만이 아니었다. 하나님께서는 그의 선지자 에스겔을 통하여 선언하였다. "네 아우 소돔의 죄악은 이러하니 그와 그 딸들에게 교만함과 식물의 풍족함과 태평함이 있음이며 또 그가 가난하고 궁핍한 자를 도와주지 아니하며 거만하여 가증한 일을 내 앞에서 행하였음이라 그러므로 내가 보고 곧 그들을 없이 하였느니라"(겔 16 : 49 이하). 우리가 이와 유사하게 가난한 자를 무시하고 거만스럽게 행동할 때 하나님의 심판을 피할 수 있다고 상상할 수 있는가? 과거 하나님은 종종 그의 신적 목적들을 수행하기 위하여 인간의 악을 이용하셨다. 미래를 낙관적으로 바라볼 이유는 거의 없다. 인간적인 관점으로 볼 때 여러 면에서 엄청나게 비관적으로만 느껴진다.

　그렇지만 제자로의 부르심은 하나님의 약속된 영광으로 부르심이다. 시대가 긴박하다는 것을 고려한다면, 우리는 그리스도를 영화롭게 하고, 그의 몸에 난 상처를 치료하며, 하나님의 날의 도래를 앞당기는, 그러한 삶을 살아가야만 한다. 지금은 종교적인 유희를 즐길 시기가 아니다. 기회는 빨리 사라진다. 그리스도는, 제자들이 그를 부끄러워하지 않고, 그들이 목격한 바를 담대히 증거하며, 그의 말에 순종하고, 성령이 충만하여 그의 사랑으로 하나되기를 갈망하신다. 여기서 과업이 쉬울 것이라는 약속은 찾아볼 수 없다. 도리어 기쁨과 화(禍)가 잘 얽혀져 있으며, 눈물과, 고통과, 땀이 눈부신 사랑과 형언할 수 없는 기쁨과 함께 혼합되어 있다. 그리스도는 제자들이 소망을 단지 소유하지만 말고 소망을 나누어주기 원하신다. 우리가 무엇을 받든지 욕심을 버리고 이를 양보하여 다른 사람들도 이 땅을 덮고 있는 어두움에서 일어날 수 있도록 해야 한다. "일어나라 빛을 발하라 이는 네 빛이 이르렀고 여호와의 영광이 네 위에 임하였음이니라"(사 60 : 1). 이 세상의 진로는 이러한 소망을 가진 그리스도의 제자들에 의하여 아직도 바뀌어질 수 있다. 우리는 성 프란시스(St. Francis of Assisi)를 따라, 미움이 있는 곳에 사랑을, 상처가 있는 곳에 용서를, 의혹이 있는 곳에 믿음을, 절망이 있는 곳에 희망을, 슬픔이 있는 곳에 기쁨을, 어둠이 있는 곳에 광명을 심어주기 위한 기도를 하는 것이 필요하다. "위로받기 보다는 위로하며, 이해받기 보다는 이해하며, 사랑받기 보다는 사랑하게 하소서. 우리가 줌으로 얻게 되며, 용서함으로 용서받으며, 생명을 바침으로 영생을 얻기 때문이니이다."

그리스도의 제자는 절대로 잃어버릴 것이 없다. 그가 모든 것을 줄 때, 모든 것을 얻게 된다. 그가 생명을 잃을 때, 생명을 발견하게 된다. 1956년 남 아메리카 아우카스(Aucas)에서 선교사로 활약하다가 순교를 당한 짐 엘리어트(Jim Elliott)는 이를 한 마디로 요약하였다. "잃어버릴 수 없는 것을 얻기 위하여, 지킬 수 없는 것을 주는 사람은 결코 바보가 아니다."

주께서 통치하신다!

부 록

부록 A ─────────────────────────

검소한 생활양식을 위한
복음주의자의 공약

  27개국에서 85명의 기독교인들이 한 자리에 모여, "검소한 생활양식을 진작"시키기 위하여 발표된 로잔 규약(Lausanne Covenant, 1974)의 결정을 4일 동안 검토하였다. 우리는 성경의 말씀을 통하여, 또 헐벗고 굶주린 자의 울부짖음을 통하여, 또 우리 서로를 통하여, 하나님의 음성을 듣기 위해 노력하였다. 우리는 하나님께서 우리들에게 말씀해 오셨다는 것을 믿는다.
  우리는, 예수 그리스도를 통하여 베푸신 그의 크신 구원, 우리 길의 빛이 되는 그의 성경계시, 또한 우리를 이 세상에서 증인과 봉사자가 되게 하시는 성령의 능력에 대하여 하나님께 감사드린다.
  우리는 이 세상의 불의로 말미암아 불안하게 되며, 그 희생자들을 염려하게 되고, 우리 역시 그 공범이었기에 회개를 하게 된다. 이로써 우리는 또한 많은 자극을 받고 새로운 결정을 내리게 되었으며, 그것을 이 공약에 발표한다.

1. 창조
  우리는 하나님을 만물의 창조주로서 경배드리며, 그의 선하신 창조를 찬양한다. 그는 후하게 우리들이 기뻐하는 모든 것을 주셨으며, 우리는 겸손하게 감사드림으로 이를 받아들인다(딤전 4 : 4, 6, 17). 하나님의 창조는 매우 풍부하고 다양하며, 이 자원이 모든 사람의 이익을 위하여 관리되고 나누어지도록 그는 작정하셨다.

그러므로 우리는 환경의 파괴와, 낭비 축적 등을 지탄한다. 우리는 이러한 죄로 말미암아 신음하고 있는 가난한 자의 아픔을 유감으로 생각한다. 그리고 우리는 어두운 금욕주의 역시 동의할 수 없다. 왜냐하면 이러한 모든 것은 창조주의 선하심을 부정하고 타락의 비극상을 반영하고 있기 때문이다. 아울러 우리도 이들 속에 포함되었음을 인식하고 이를 회개한다.

2. 청지기직

하나님께서 그의 형상을 따라 사람을 창조하시되 남자와 여자를 창조하시고 이 땅을 다스리는 통치권을 주셨다(창 1 : 26~28). 그는 사람들을 그 자원(resources)의 청지기로 만드셨으며, 또한 그들에게는 창조주인 하나님께 대하여, 또 그들이 개발시켜야 할 이 땅에 대하여, 또 그들과 함께 그 풍요로움을 나누게 될 동료 인간들에 대하여 마땅히 청지기로서의 책임이 주어지게 되었다. 그래서 인간이 가장 확실하게 그 책임을 완수하려면 하나님과 아울러 모든 자원을 지닌 이 땅과, 우리의 이웃들과도 바른 관계가 유지되어야만 한다. 이것은 가장 기본적인 진리이다. 만약 사람들이 그 자원들을 정당하게 공유하지 못할 때, 사람들의 사람됨(humanity)이 손상되고 만다.

신실치 못한 청지기들로 말미암아, 우리가 이 땅의 유한한 자원들을 보존하는데 실패하거나, 그 자원을 충분히 개발하지 못하고, 공정하게 분배하지 못한다면, 이는 하나님께 불순종하고, 사람들을 그 목적에서 소외시키는 것밖에 되지 않는다. 그러므로 우리는 다음과 같이 결정하였다―우리는 만물의 소유주인 하나님께 영광을 돌려야 하며, 우리는 우리가 가진 모든 땅이나 재산의 소유자가 아니라 청지기라는 것을 기억해야 하고, 또한 그것을 다른 사람들에게 봉사하기 위하여 사용하며, 착취당하고 스스로 자신을 방어할 능력이 없는 가난한 자들에게도 공정을 추구해야 한다.

우리는 그리스도께서 재림하셔서 "만유를 회복하실" 것을 기대한다 (행 3:21). 그때에 우리의 인간성(humanness)은 완전히 회복될 것이다. 그래서 우리는 오늘날도 인간의 존엄성을 고양시켜 나가야 한다.

3. 빈부

우리는, 원치 않는 가난으로 말미암아 하나님의 선하심이 침해된다고 단언한다. 성경에서 가난은 무력(無力)과 관련되어 있다. 가난한 자들은 스스로 자신을 방어할 능력이 없기 때문이다. 하나님께서 통치자들을 세우신 것은 그들의 힘으로 가난한 자들을 지키기 위함이지 그들을 착취하기 위한 것이 아니다. 교회는 불공평한 처사에 대항하여 반드시 하나님과 가난한 자 편에 서야 하며, 그들과 함께 괴로워하고, 통치자들로 하여금 하나님이 정해준 역할을 완수할 수 있도록 권고해야 한다.

우리는 부(富)에 관한 예수님의 말씀이 반갑지 않더라도 마음을 열고 이를 받아들이기 위하여 분투노력했다. 예수께서 말씀하셨다. "삼가 모든 탐심을 물리치라 사람의 생명이 그 소유의 넉넉함에 있지 아니하니라"(눅 12:15). 우리는 부의 위험에 관한 그의 경고에 귀를 기울였다. 부(富)로 인하여 걱정과 허영심과 잘못된 안전감을 갖게 되며 약한 자를 압제하고 가난한 자의 고통에 무관심하게 된다. 따라서 부자가 천국에 들어가는 것은 어려우며(마 19:23), 탐욕스러운 사람도 역시 마찬가지일 것이다. 천국은 모든 자에게 주어지는 무상의 선물이지만, 특히 가난한 자들에게는 천국이 가져오는 변화로부터 가장 큰 이익이 주어질 수 있기 때문에 더욱 복된 소식이다.

우리는 예수께서 아직도 몇몇 사람들에게(아마 우리까지도) 자신을 본받아 자발적으로 철저한 가난의 생활을 하도록 요구하고 있음을 믿는다. 그는 그를 따르는 자 모두에게 부의 유혹으로부터 내적 자유를 누리며(하나님과 재물을 함께 섬길 수 없기 때문이다), 나아가 '선한 사업에 부하고 나눠주기를 좋아'하는 헌신적인 아량을 갖도록 요구하신다(딤전 6:18). 실제로 예수 그리스도 자신이, 그의 가난으로 우리를 부요롭게 하기 위하여 부요하지만 스스로 가난한 자가 되셨다(고후 8:9). 이 모범은 바로 기독교인들이 가져야 할 아량의 본보기이며 기독교인들에게 강력한 동기부여가 된다. 이것은 희생을 요구하는, 의미심장한 자기헌신이다. 우리는 그를 따르기 위해 그의 은혜를 구하고자 한다. 따라서 우리는 다음을 결의한다―우리는 가난하고 억압받는 사람들을 이해하여야 하며, 그들이 가진 불공평의 문제를 자각하고, 그들을 고통에서 구원하기 위하여 노력하며, 우리는 규칙적으로 그들을 위해 기도한다.

4. 새 사회

교회란 그 구성원들이 새로운 생활양식과 새로운 삶을 향유하는 새 시대의 새 사회이며, 이는 무척 기쁜 일이다. 오순절 예루살렘에서 구성된 초대교회는 이전에 볼 수 없었던 훌륭한 교제가 그 교회의 특징이었다. 성령이 충만했던 그 신자들은 그들의 소유조차 팔아 나누어 가질 정도로 서로 매우 사랑하였다. 그들의 소유를 팔고 나누어 주는 것이 자발적이었으며 사유재산이 존속되었다지만(행 5:4), 사회의 요구를 무엇보다 우선적으로 생각하고 개인의 소유는 부차적이었으므로 "제 재물을 조금이라도 제 것으로 하는 이가 하나도" 없었다(행 4:32). 즉, 그들은 자기만의 소유권을 고집하지 않았던 것이다. 결과적으로 그들의 경제적인 관계가 변화됨에 따라 "그 중에 핍절한 사람(a needy person)이" 없었다(행 4:34).

우리들의 소유물과 재산을, 필요한 사람이면 누구나 다 이용할 수 있는, 이 자비롭고 희생적인 공유의 원리는 성령이 충만한 모든 교회에서 없어서는 안될 절대 필요한 특징인 것이다. 그래서 우리들은 이 세상 어떤 범주에서도 풍부한 사람들이 보다 혜택을 누리지 못하는 신자들의 필요를 좀더 채워줄 것을 결정하였다. 그렇지 않을 때, 우리는 마치 고린도 교회의 부요한 신자들이 가난한 형제와 자매들은 굶주렸지만 이를 버려두고 너무 과다하게 먹고 마셨던 것처럼 되고 말 것이다. 그렇게 되면 결국 우리도, 바울이 그들에게 하나님의 교회를 멸시하고 그리스도의 몸을 더럽힌다고 나무랐던 그 신랄한 비난을 받아야 마땅할 것이다(고전 11:20~24). 따라서 우리는 그 후에 바울이 역설한 것처럼 풍부한 신자들이 균등하게 하기 위하여 유대의 빈곤한 신자들을 도와주기로 한 그 사람들을 본받기로 결정한다(고후 8:10~15). 이는 그리스도 안에서 따뜻한 사랑과, 또 이방인과 유대인과의 화합을 입증하는 아름다운 모습이었다.
 이와 동일한 정신으로 우리가 교회에서 여행과, 음식, 설비 등에 관한 비용을 최소화 하면서 교회의 중동 사업을 효율적으로 집행하기 위한 방법을 모색해야만 할 것이다. 우리는 교회들과 교회 부속기관들에게, 그들이 계획을 수립할 때 공동생활 양식과 그들의 말씀증거에 있어서 청렴해야 한다는 것을 정확하게 인식하도록 요구한다.
 그리스도께서는 우리에게 사회의 부패를 방지하고 그 어두움을 밝혀 주기 위하여 세상의 소금과 빛이 되도록 부탁하셨다. 그래서 우리는 반드시 빛을 발하여야 하며, 소금의 맛을 잃지 말아야 한다. 가치나, 기준이나, 생활양식에 있어서 새 사회가 가장 명백하게 이 세상과 구별될 때에만, 비로소 교회는 이 세상에 정말 매력적인 대안을 제시하게 되고 최대의 영향력을 발휘하여 그리스도로 인도하게 될 것이다. 우리는 우리 교회들이 새롭게 되도록 스스로 헌신하며 기도와 수고를 아끼지 말아야 할 것이다.

5. 개인적인 생활양식
 우리 주 예수님은 우리가 경건하고, 겸손하며, 검소하고, 자족하게 살아갈 것을 명하신다. 동시에 그는 우리에게 그의 안식을 약속하신다. 그러나 이에 불구하고 우리는 내적 평안을 방해하는 더러운 욕망을 종종 허용하고 있음을 고백할 수밖에 없다. 그러므로 그리스도의 평화로 마음이 항상 새롭게 되지 않는다면 우리가 강조해 온 '검소한 생활'은 일방적인 것이 되고 말 것이다.
 우리 기독교인에게는 남들의 요구와는 관계없이 검소한 생활양식으로 살아가는 것이 당연하다. 그런데 8억의 인구가 극빈의 생활을 하며, 매일 약 10,000명이 기아로 죽게 되는데, 이 사실 때문에 검소하지 못한 어떤 다른 생활양식도 변명할 여지가 없는 것이다.
 우리들 중 얼마는 가난한 자들과 함께 살아가도록 부름받았으며, 또 얼마는 빈곤한 사람들에게 우리의 가정을 개방시키도록 부름받기도 하지만, 이에 관계없이 우리 모두는 검소한 생활양식을 더욱 발전시켜 나가도록 결심했다. 우리는 좀더 적게 소비해서 좀더 많이 주기 위하여 우리의 수입과 지출을 재검토할 예정이다. 우리는 누구에게도 어떤 법칙이나 규정을 주장하지 않는다. 그렇지만 우리는 낭비를 거부하기로 하고, 개인적인 생활, 의류, 주택, 여행, 교회건물 등의 지나친 사치에 반대할 것을 결정한다. 또한 우리는 생필품과 사치품, 또 일상적인 것과 축제를 위한 것, 또 하나님을 따르는 것과 유행의 노예가 되는 것, 이들 사이에 구별이 있음을 인정한다. 이 구별을 하는 데는 우리들이 가족들과 함께 양심적으로 생각하고 결정을 내리는 것이 요구된다. 서구 사람들은 자신들의 소비기준을 평가하는데 있어서 제3세계 형제 자매들의 도움을 필요로 한다. 우리 중에 제3세계에 속한 자들은 우리들 역시 탐욕의 유혹에 노출되어 있다는 것을 인식한다. 그래서 우리는 상호 이해와 격려와 기도가 필요하다.

6. 국제적 발전

우리는 로잔 규약(Lausanne Covenant)의 선언을 여기서 다시 되풀이한다. "수많은 빈곤한 자들은 우리에게 충격을 가져다 주었으며, 이를 야기시킨 불공평한 처사들은 우리를 당혹하게 만든다." 세계 인구의 약 ¼가량이 심각한 가난에 몸부림치고 있는 반면, 다른 ¼가량은 유례없는 부를 즐기고 있다. 이 현저한 불균형은 용인될 수 없는 불의이다. 우리는 이를 묵과할 수 없다. 제3세계의 실망은 타당하며 이에 따라 새 국제경제연맹(New International Economic Order)의 조직이 요구된다.

우리는 자원과 수입과 소비 사이의 관계를 좀더 분명히 이해하게 되었다. 사람들이 종종 기아에 시달리는 것은, 식량을 살 여유가 없기 때문에, 또 그 능력을 가질 수 있는 기회가 없기 때문이다. 그러므로 우리는 기독교 기관들이 원조보다는 개발에 더욱 강조를 더해가고 있다는 사실에 찬사를 보낸다. 인력과 적절한 기술 이전을 통하여 인간의 존엄성을 손상시키지 않으면서도 스스로의 자원을 유용하게 활용할 수 있게 해주기 때문이다. 따라서 우리는 더욱 폭넓게 인간계발계획(human development project)에 기여하겠다고 결의한다. 사람들의 생명이 위기에 처하였는데 기금이 부족해서야 되겠는가!

그러나 국가 정부의 활동이 필수불가결하다. 우리들 가운데 부요한 나라에 사는 사람들은 그들 정부가 공식적인 개발원조 목표달성과 비상

식량 비축과 무역정책의 자유화에 거의 실패했음을 인정하고 수치스럽게 생각한다.

우리는, 많은 경우에 있어서 다국적 기업들이 그들이 사역하고 있는 나라들의 지역적 주도력을 감소시키고 정부의 어떤 근본적인 변화를 억제하는데 이바지하고 있다고 믿는다. 우리는 다국적 기업들이 좀더 통제되어야 하며, 더욱 큰 책임의식을 지녀야 한다고 확신한다.

7. 정의와 정치

우리는 또한 현대사회의 불공평한 상황이 하나님께서 가장 싫어하는 것이며, 그래서 대변화가 꼭 필요하다는 것을 확신한다. 우리는 지상의 유토피아를 기대하는 것은 아니지만 그렇다고 해서 비관주의자는 더욱 아니다. 검소한 생활을 한다거나 인간개발계획(human development project)에만 참가한다고 해서 되는 것은 아니지만, 변화는 반드시 이루어질 수 있다.

빈곤과 지나친 부, 그리고 군비확장주의와 무기산업의 과도한 발전, 자본과 토지를 비롯한 자원의 불공평한 분배 등은 권력과 무력(powerlessness)의 소산들이다. 구조적인 변화를 통한 힘의 재분배 없이는 이러한 문제들은 해결될 수 없다.

기독교 교회는 그 밖의 사회 사람들과 함께 "사회 속의 생활기술"이라 불리우는 정치에 필수적으로 참여하게 된다. 그리스도의 종들은 반드시 그들의 정치, 경제, 사회적 참가를 통하여 주님의 통치를 표현하여야 하며, 정치과정에 참여함으로 이웃을 위한 그들의 사랑을 나타내어야 한다. 그렇다면 우리가 어떻게 하여야 변화에 기여할 수 있을까?

첫째로, 우리는 하나님께서 명령하신 것처럼 평화와 정의를 위하여 기도할 수 있다. 둘째, 우리는 기독교인들에게 그들과 관련된 도덕적, 정치적 문제들을 교육시킬 수 있다. 그래서 그들에게 분명한 비젼을 갖게 만들며, 그들의 기대를 불러일으키게 한다. 세번째는, 우리 스스로 행동에 옮길 수 있다. 일부 기독교인들은 정부에서, 또 경제분야에서 혹은 계발단계에서 특별한 임무를 수행하기 위하여 부름받았다. 뿐만 아니라 모든 기독교인들은 반드시 공정하고 책임을 지는 사회를 만들기 위하여 적극적인 노력을 기울여야만 한다. 어떤 상황에서는 하나님께 순종하기 위하여 불의하게 수립된 질서에 항변하는 것도 필요하다. 네째로, 우리는 반드시 고난받을 준비가 되어 있어야 한다. 고난의 종, 예수를 따르는 사람들로서 우리는, 사역에는 항상 고난이 수반됨을 알고 있다.

불공평한 제도를 변화시키기 위한 정치적 활동이 없이 개인적으로만 우리의 생활양식을 변화시키려는 그러한 참가는 별로 효과적이 아니다. 그러나 개인의 참가가 없는 정치적 활동은 고결하지 못하다.

8. 복음 전파

우리는 이 세상에서 복음을 받지 못한 수많은 사람들을 매우 염려한다. 앞에서 생활양식이나 불의에 대해 언급하였지만 이것이 결코 다양한 문화환경에 맞는 전도전략 개발의 촉급성을 감소시키는 것이 아니다. 우리는 전세계에 그리스도를 구주로 선포하는 일을 절대 멈출 수 없다. 아직도 교회는 "땅 끝까지" 복음을 전파하라는 명령을 진지하게 받아들이지 않고 있다(행 1:8).

책임있는 생활양식을 취하도록 부르심은 책임있는 복음전파를 위한 부르심과 결코 분리될 수 없다. 우리가 우리의 메시지와 모순된 생활을 할 때 그 메시지의 신뢰도는 심각하게 감소될 것이다. 만일 우리가 탐욕으로부터 분명히 구원받지 못했다면, 우리가 그리스도의 구원을 완전하게 선포한다는 것은 불가능하다. 마찬가지로 우리가 우리 소유를 관리하는 훌륭한 청지기가 되지 못할 때, 그의 통치를 선포할 수 없으며, 또 우리가 빈곤한 사람들에게 우리 마음을 굳게 닫는다면 정직하게 그의 사랑을 선포한다는 것은 있을 수 없다. 기독교인들이 빈곤한 사람들을 비롯하여 우리 서로를 돌보면서 살아갈 때, 예수 그리스도가 보다 매력적으로 보일 것이다.

이와 대조적으로 부요하게 살아가는 몇몇 서구 복음전도자가 제3세계를 방문한다면 많은 사람에게 거부감을 주게 됨은 확실하다.

우리는 기독교인들이 검소하게 살아갈 때 생활개발과 함께 복음전파를 위한 재정 및 인력자원이 더 풍성하게 사용될 수 있을 것이라고 믿는다. 그래서 우리가 검소한 생활양식을 취함에 따라 우리 스스로 세계복음화에도 온 마음을 다하여 헌신하게 된다.

9. 주님의 재림

구약의 선지자들은 하나님의 백성들에게 우상숭배와 불의를 꾸짖었을 뿐만 아니라 다가올 심판을 경고하였다. 이와 유사한 가르침과 경고를 신약에서도 찾아볼 수 있다. 주 예수께서는 심판을 위하여, 또 구원과 통치를 위하여 곧 돌아오실 것이다. 그의 심판은 탐욕스러운 자(이는 우상숭배자이다)와 압제자들에게 가해질 것이다. 그 날에 우리의 왕은 그의 보좌에 앉게 되며, 구원받는 자와 버림받는 자를 구별하실 것이다. 빈곤한 형제 자매 중에 지극히 작은 자 한 사람을 보살펴줌으로 말미암아 주님께 봉사한 사람은 구원을 받게 될 것이다. 이는 봉사적인 사랑 속에서 구원에 이르는 믿음의 실체가 드러나기 때문이다. 그러나 빈곤한 사람들의 어려움에 끝까지 무관심한 사람들은 그들 가운데 계시는 그리스도에게도 그렇게 무관심했으며, 따라서 돌이킬 수 없는 버림을 받게 될 것이다(마 25 : 37~46). 우리 모두 예수님의 중대한 경고에 다시금 귀를 기울여야 하며 빈곤한 자들 속에 계시는 주님에게 새로이 봉사하기로 결심해야 한다. 그러므로 우리는 같은 기독교인들에게 어디서나 이와 같이 행하도록 권고한다.

우리의 결의

우리는 우리 주 예수 그리스도의 희생으로 자유함을 받은 자들로서 그의 부르심에 대한 순종과 빈자들에 대한 마음에서 우러나온 긍휼과, 전도와 발전과 정의에 대한 관심을 가지며, 또한 심판날을 엄숙하게 기다리면서 공정하고 검소한 생활양식을 개발시키기 위하여, 또 그러한 가운데 서로를 도와주기 위하여, 또다른 사람들도 우리와 함께 이 공약에 참가하도록 고무시키기 위하여 겸허하게 다짐한다.

우리는 여러 가지 이와 관련된 것들을 성취하는데 시간이 필요하며 그 과업이 결코 쉬운 것이 아님을 안다. 우리들에게 전능하신 하나님께서 충성할 수 있는 은혜를 주시기를 기원한다. 아멘.

"검소한 생활양식을 위한 복음주의자의 공약"은 1980년 3월 17~21일 영국 호데스돈(Hoddesdon)에서 개최된 '검소한 생활양식에 관한 국제회의'(International Consultation on Simple Lifestyle)에서 승인, 서명된 것이다. 이 회의는 도날드 사이더(Donald Sider) 박사가 의장인 'World Evangelical Fellowship Theological Commission's Unit on Ethics and Society 와 존 스타트(John Stott) 목사가 의장인 'Lausanne Committee on World Evangelisation's Lausanne Theology and Education Group'가 후원하였다.

본인은 이 글을 사용하도록 허락해 주신 'Theological Commission of the World Evangelical Fellowship'의 행정담당자(Administrative Secretary)에게 감사를 드린다.

부록 B

제자훈련 기초과정

다음의 24개의 주제는 각 주제마다 15분씩 왓슨(David Watson)과 카세트로 대화를 나누면서 사용할 수 있다. 각 카세트는 4개의 주제를 다루고 있는데, 질문과 대화의 개요가 담겨 있는 다섯 부의 학습서와 함께 한 묶음으로 되어 있다.

2~4번은 '팰콘 시청각 개발처'(Falcon Audio-Visual Aids ; Falcon Court, 32 Fleet Street, London EC4Y IDB)와 '기독교출판협회' (Christian Foundation Publications; '45 Appleton Road, Hale, Altrincham, Cheshire WA15 9LP)에서 구할 수 있으며, 1번은 '기독교출판협회'에서만 구할 수 있는 것이다.

1. 새 생활

   나는 어떻게 알 수 있나요?
   나는 어떻게 성장할 수 있나요?
   나는 어떻게 나타낼 수 있나요?
   나는 어떻게 이겨나갈 수 있나요?

2. 기독교인의 초석 Ⅰ, Ⅱ(카세트 2개)

Ⅰ. 우리는 하나님에 대하여 무엇을 알고 있나요?
   예수 그리스도는 누구신가요?
   성령은 누구신가요?
   성경은 하나님의 말씀인가요?
Ⅱ. 왜 십자가인가요?
   기도
   죽은 뒤에도 생명이 있나요?
   교회

3. 기독교인의 삶 Ⅰ, Ⅱ(카세트 2개)

Ⅰ. 남을 도우면 하나님을 발견합니다.
   일반적 질문
   구제
   안내
Ⅱ. 믿음
   고난
   용서
   사랑

4. 영적 회복(카세트 1개)

   예배
   성령의 선물
   성령충만
   영적 싸움

부록 C

제자훈련 중급과정

 (이 과정의 기본형식은 봅 록스비그〈Bob Roxburgh〉와 죠지 말로네〈George Mallone〉가 주창한 '사랑의 정신으로'〈In the Spirit of Love〉라 불리우는 전도지침서〈Vancuver BC, Canada, 1975〉에서 제시된 것이다)

 이 과정의 목적은 한 주간 동안 개인학습을 한 뒤 이어서 그 주간의 학습에 근거하여 그룹활동을 하도록 하는 것이다. 다음에 기록된 것은 단지 하나의 실례이며, 다른 주제들도 이와 유사하게 발전시킬 수 있을 것이다.

1. 성령의 능력
주의 : 일주 동안 성경읽기와 문제를 마친 후 그룹학습에 참가하세요.

A) 매일 성경읽기와 학습문제
월요일 : 사도행전 1 : 1~14—'약속된 성령'
1. 비록, 예수께서 자신이 부활하셨음을 증거하고 하나님 나라에 대

하여 말씀하셨던 그 40일이 지난 후에도, 제자들에게는 여전히 매우 필요한 것이 었었읍니다(눅 44~53 참조).

그것은 무엇이었읍니까?

그것에 관해 그들은 무엇을 하여야 했읍니까?

언제 그것이 이루어졌읍니까?

왜 그것이 필요합니까?

2. 그들은 어떤 면에서 미래에 관한 잘못된 생각을 갖고 있었읍니까?(6~8절). 오늘날 우리도 어떤 유사한 실수를 저지를 수 있읍니까?

3. 그들은 성령의 임재를 위하여 스스로 어떻게 준비를 하였읍니까?

화요일 : 사도행전 2 : 1~36—'성령의 임재'

1. 오늘날 우리가 어떻게 함으로 성령이 충만하게 될 수 있읍니까? 사도행전 2 : 38 ; 5 : 32, 요한복음 7 : 37~39을 보세요.

2. 성령충만은 우리의 삶 속에 무엇을 가져옵니까? 4절, 11절, 17~18절, 22절 이하를 보세요.

3. 성령충만과의 관계 속에서 방언을 비롯한 다른 영적 은사들의 위치는 어떠합니까? (4절, 17절 이하).

4. 성령충만(또는 성령세례)은 항상 회개 후에만 있는 것입니까? 우리는 개심 후 얼마되지 않은 자와 '좀더 나은 것'이 필요하다고 느끼는 기독교인들에게 어떤 도움을 줄 수 있읍니까?

수요일 : 사도행전 3 : 1~26—'예루살렘에서의 증거'

1. 베드로가 보여주었던 것처럼 자신있게 치료를 선포한다거나 이를 위해 기도하는 것이 언제까지나 옳은 것입니까?(1~10절). 오늘날 교회에서 병고침은 복음증거를 위하여 어떤 역할을 담당해야 합니까?

2. 거기에 베드로의 말을 듣고 있는 다른 환자들도 있었음을 확신합니다. 그러나 그의 설교의 주목표는 무엇이었읍니까? 이로부터 우리는 무엇을 배울 수 있읍니까?

목요일 : 사도행전 8 : 1~25—'유대와 사마리아에서의 증거'
1. 사도행전 1 : 8에 기술된 그리스도의 명령에 순종하게끔 그들에게 도움을 준 것은 무엇입니까? 이로부터 성령의 고무하심(Prompting)에 관하여 무엇을 배울 수 있읍니까?
2. 빌립의 사역에서 우리는 무엇을 배울 수 있읍니까? (시간이 허락하면 26~40절도 읽어보세요).
3. 당신은 이 사마리아인들이 회심 후 성령이 임재한 사실에 관하여 어떻게 설명할 수 있읍니까? (14절 이하).

금요일 : 사도행전 28 : 16~31—'땅 끝까지 증거'
1. 바울은 로마에 복음을 증거하기 위하여 4년 동안이나 기다렸읍니다. 이로부터 우리가 우리 기도를 응답받는데 있어서 하나님의 역사하심을 어떠하다고 생각하십니까?
2. 바울은 유대 지도자들에게 그리스도에 관하여 어떻게 증거하였읍니까? 언제 그러한 담대함이 올바르게 보일 수 있겠읍니까?

토요일과 주일
1. 개인
(a) 우리는 어떻게 하여야 계속 성령충만할 수 있읍니까? 당신에게 주로 장애가 되는 것은 무엇입니까?
(b) 당신은 당신이 살고 있는 지역, 도시, 세계에서 그리스도를 증거하기 위하여 현재 무엇을 하고 있읍니까? 혹은 무엇을 할 수 있다고 생각하십니까?
2. 단체
(a) 당신의 교회에서 성령의 능력을 방해하고 있는 것은 무엇입니까?
(b) 우리는 교회 안에서, 또 교회를 통하여 성령의 능력이 어떻게 나타나게 되기를 기대해야 합니까?

B) 그룹 학습
1. 성경공부 문제에 대한 일부 답변을 가지고 간략하게 서로 이야기

를 나누도록 하세요.

2. 우리의 믿음을 불신자들도 함께 가질 수 있도록 하려면 우리가 갖고 있는 어려움이나 부족한 것은 무엇입니까? 가령 다음과 같은 문제가 있을 때 어떻게 할까요?

예) 나는 그 이야기를 알지 못해요

나는 기독교가 항상 "진리"라는 것을 확신하지 않아요.

나는 사람들이 나에게 퍼붓는 그 질문에 대답할 수 없어요.

나는 나의 개인적 믿음에 관하여 사람들과 이야기하는 것이 힘들어요.

나는 다른 사람들에게 지나치게 하는 것을 잘못이라고 생각해요. 당신이 이와 같이 한다면 많은 친구들을 잃게 돼요.

그것이 제게 그렇게 시급하게 느껴지지 않아요.

나는 지금과 같이 생각이 혼란스러울 때, 새 삶에 관하여 이야기한다는 것이 위선적이라고 생각해요.

나는 비기독교인과는 한 사람도 이야기할 기회를 갖지 못해요.

그들은 절대로 묻지 않아요. 그래서 나도 그들에게 결코 말해 준 적이 없어요.

나는 혼자 말하는 것이 두려워요. 누군가 함께 도와줄 사람이 필요해요.

그것은 나에게 있어서 너무 어색해요.

나는 한 번도 그것이 품위있게 보인 적이 없어요. 그것은 언제나 비사교적이고 공격적으로 보였어요.

C) 권장 도서

『성령 속에 거하는 사람』(One in the Spirit), 저자 : 데이비드 왓슨(H&S).

『나는 성령을 믿는다』(I Believe in the Holy Spirit), 저자 : 미카엘 그린(H&S).

D) 암송구절

요한복음 7 : 37~39

2 그리스도의 몸과 성령의 은사

주의 : 한 주 동안 성경읽기와 문제를 마친 뒤 그룹학습에 참가하세요.

A) 매일 성경읽기와 학습문제

월요일 : 고린도전서 12 : 1~11—'다양한 은사'
1. 우리가 영적 은사에서 참된 것과 거짓된 것을 어떻게 구별할 수 있읍니까?(1~3).
2. 4~11절에서 언급된 영적 은사에 관하여 각각 간략하게 정의를 내려보세요. 즉, 당신은 그것들을 다른 사람들에게 어떻게 설명할 수 있읍니까?
3. 당신은 성령의 은사가 모두 여기에 기록되어 있다고 생각하십니까? 만약 아니라면 어떤 것을 포함시킬 수 있읍니까?

화요일 : 고린도전서 12 : 12~31—'너희는 그리스도의 몸이요'
1. 우리는 남들의 은사를 어떻게 이해하여야 하며, 서로 어떻게 장려해야 합니까?(12~25절).
2. 26절의 말씀을 당신 스스로의 말로 설명해 보세요.
3. 우리가 간절히 사모해야 하는, "더욱 큰 은사"는 무엇입니까?(31절).

수요일 : 로마서 12장—'산 제사'
1. 만약 우리가 하나님의 영광을 위하여 하나님의 선물을 사용하고자 할 때 반드시 무엇을 추구해야만 합니까?(1~6).
2. 바울은 6~8절에서 어떤 은사를 더 추가해서 언급하고 있읍니까? 그것들을 당신 스스로의 말로 설명해 보세요.
3. 9~21절의 실제적인 가르침에서 당신은 개인적으로 어떤 것들이 가장 문제가 되거나 어렵다고 봅니까?

목요일 : 에베소서 4 : 1~16—'그리스도에게까지 자랄지라'
1. 왜 '성령의 하나되게 하심'이 실제로 중요합니까?(1~6절).

2. 그리스도의 몸을 장성한 분량에 이르도록 만드는 요소는 무엇입니까? (7~16절).

금요일 : 고린도전서 3장—'오직 하나님께서 자라나게 하신다'
1. 고린도 교회가 직면했던 문제는 무엇이었읍니까? 그리고 오늘날 우리는 어떤 유사한 위험에 처할 수 있읍니까? (1~9절).
2. 기독교인들은 어떤 시험을 거쳐야 합니까? '금이나 은이나 보석으로' 세운 것은 무엇을 의미합니까? (10~23절).

토요일과 주일
1. 개인
 (a) 당신은 남들과 교제할 때 어떤 은사들을 사용하고 있읍니까?
 (b) 당신은 어떤 은사들을 간구하고 있읍니까? 그것들을 어떻게 개발시킬 수 있읍니까?
2. 단체
 (a) 과거에 당신에게 도움을 주었던, 특정 신자들의 은사를 생각해 보세요. 그것에 대하여 하나님께 감사드리세요.
 (b) 에베소 4 : 7~16의 말씀을 따라 교회는 어떻게 발전하고 있읍니까?

B) 그룹학습
1. 성경공부 문제에 대한 일부 답변을 가지고 간략하게 서로 이야기를 나누도록 하세요
2. 그리스도의 몸을 세우기 위하여, 서로 교제 가운데 어떻게 은사를 발전시켜 나갈 수 있는지 토의해 보세요.

C) 권장 도서
(지난 주와 동일)

3. 지상명령
주의 : 한 주간 동안 성경읽기와 문제를 마친 뒤 그룹합습에 참가하세

요.

A) 매일 성경읽기와 학습문제

월요일 : 마태복음 28 : 1~20—"가서…볼지어다."
1. 1~15절의 기사가 어떤 점에서 그리스도의 부활을 입증하고 있읍니까? (간략하게).
2. 예수님은 '십자가'와 '높이심'(exaltation)의 결과로 교회와 이 세상에서 어떤 지위를 얻게 되었읍니까? (16~18절, 빌 2 : 8~11, 엡 1 : 20~23을 보세요).
3. '제자를 삼아'라는 말의 의미는 무엇입니까?
4. '세례를 주고…가르쳐…'라고 했는데 제자를 삼는데 있어서 말씀과 성례의 위치는 어떠해야 합니까?

화요일 : 마가복음 16 : 9~20
1. 여기서 부활에 관하여 어떤 증거가 더 추가되었읍니까? 왜 열 한 제자는 더디 믿었읍니까?
2. '복음전파' 가운데 세례는 어떤 위치를 차지해야 합니까? (고전 1 : 13~17을 참조하세요).
3. 오늘날 복음전파를 위하여 이러한 표적들이 가지는 의미는 무엇입니까? (17~20절, 롬 15 : 18 이하를 참조하세요).

수요일 : 누가복음 24 : 43~53, 고린도전서 15 : 1~11—'너희는 증인이라'
1. 구원케 하는 복음의 핵심은 무엇입니까? (두 본문을 살펴보세요)
2. '이 모든 일의 증인' 또는 '그리스도의 증인'이 되리라는 말은 무엇을 의미합니까?
3. 개인의 증인은 어떤 가치가 있읍니까? (고전 15 : 6~11)

목요일 : 고린도후서 5 : 10~21—'동기부여'
1. 이 구절에서 최소한 복음전파를 해야 될 5개의 동기를 찾아 열거해 보세요. 이 구절로부터 그들에 관하여 무엇을 배울 수 있읍니까?

어떤 공통되는 명칭이나, 인상적인 요인들을 기술해 보세요.

금요일 : 고린도전서 9 : 15~27—'아무쪼록 몇몇 사람을 구원코자 함'
1. 당신은 (개인적으로) 복음을 전파하는데 어떤 특이한 방법을 사용합니까? 당신은 바울이 15~18절에서 표현한 것처럼 이와 동일한 절박감을 갖고 있읍니까? 만약 아니라면 왜 그렇습니까?
2. 19~23절에 나오는 원리들을 당신 자신의 말로 설명해 보세요. 당신의 상황 속에서 이를 어떻게 적용할 수 있읍니까? 예를 들어보세요.
3. 24~27절을 읽어보면 무엇을 조심해야 합니까? 이를 위해 어떻게 해야 합니까?

토요일과 주일

1. 개인
만약 당신이 알고 있던 어떤 사람이 이제 막 기독교인이 되었다면, 당신에게 책임이 주어졌다고 가정할 때, 제자들을 따라 가도록 하기 위하여 어떻게 그를 지켜보고 도와주어야 합니까?(될 수 있는 대로 시간과 여백이 허락하는 데까지 상세하게 기술하세요).

2. 단체
 (a) 당신의 교회에서는 '제자를 삼는' 일이 얼마나 효과적입니까?
 (b) 좀더 실질적으로 실행되기 위하여서는 무엇이 필요합니까? 누구가 어떻게 하면 좋을까요?

B) 그룹 학습
1. 성경공부 문제에 대한 일부 답변을 가지고 간략하게 서로 이야기를 나누도록 하세요.
2. 복음전파를 하는데 있어서 당신이 가지고 있는 문제들을 함께 토의해 보세요. 이들을 어떻게 하면 극복할 수 있을까요?
3. 당신은 교회 밖에서 어떠한 복음사역을 해보고자 합니까?

C) 권장 도서
『복음전도』(*I Believe in Evangelism*)—저자 : 데이비드 왓슨(David

Watson : H&S, 기독교문서선교회에서 박영호 역으로 번역되었음)
『크리스챤 설득자』(The Chritian Persuader), 저자 : 레이톤 포드
(Leighton Ford : H&S)

D) 암송구절
마태복음 18 : 20

4. 복음전파
주의 : 한 주 동안 성경읽기와 문제를 마친 뒤 그룹학습에 참가하세요.

A) 매일 성경읽기와 학습문제
월요일 : 누가복음 19 : 1∼10—'삭개오'
1. 예수님은 그의 집이 어떤 단계를 거쳐 '구원'에 이르게 하였읍니까?
2. 회개의 의미는 무엇입니까? 사람들이 그리스도를 믿기 전에 회개의 참뜻을 얼마나 이해할 수 있을까요?

화요일 : 사도행전 8 : 26∼40—'복음전도자 빌립'
1. 빌립이 그와 같이 훌륭한 복음전도자였음을 가르치는 이 구절로부터 당신은 어떤 교훈을 얻을 수 있읍니까?
2. "빌립이 예수를 가르쳐 복음을 전하니"(35절). 당신은 사람들을 예수께로 인도하기 위하여, 성경구절과 함께 어떤 단계들을 거치고 있읍니까?

수요일 : 요한복음 3 : 1∼21—'니고데모'
1. 예수님의 예를 살펴볼 때, 사람들이 그리스도를 믿는 믿음에 이를 때까지 그 사람의 질문에 대답하는 것은 얼마나 필요합니까?
2. 복음사역 가운데 인간의 의지와 책임은 어떤 부분을 차지하며, 성령의 주권은 어떠합니까?
3. "믿지 아니하는 자는…벌써 심판을 받은 것이니라"(18절). 이는

왜 그렇습니까? 사람들은 왜 믿지 않습니까? (19~21절)

목요일: 고린도전서 1:18; 2:5—'우리는 십자가에 못 박힌 그리스도를 전한다.'

1. 우리의 메시지에서 '하나님의 능력'은 무엇입니까? (1:18, 23 이하; 2:2, 5).
2. "십자가에 못 박힌 그리스도"를 전파함으로 말미암아 결국 어떻게 됩니까?
3. 왜 약하고, 부족하고, 소심하다는 의식이 복음전파에 도움을 줄 수 있읍니까?

금요일: 사도행전 20:17~37—'복음전파와 후속조치'

1. 바울은 2번이나 "내가 꺼리지 않고"(20, 27절)라는 말을 했는데, 이는 복음을 전한다는 것이 쉽지 않음을 암시합니다. 그는 무엇을 꺼리지 않았읍니까?
2. "자기를 위하여 또는 온 양떼를 위하여 주의하라"(28절)고 했는데, 여기서 '양떼'란 최소한, 그들을 위하여 하나님께서 우리들에게 특별한 책임을 부여한 사람들 모두를 뜻합니다. 우리는 어떻게 주의해야 합니까?
3. 바울이 그의 생애를 통하여 우리들에게 가르쳐주고 있는 것은 무엇입니까?

토요일과 주일

1. 개인

요한복음 4:1~37을 이용하여 그리스도의 증인으로서 자신의 상태를 점검하세요. 적절한 평가를 내리면서 다음 표를 기록해 보세요.

	발전하고 있다	부족하다	생소하다
성령의 인도하심에 민감하다(4절).			
부적절한 시기에서도			

기꺼이 대화를 나눈다(6절).			
즐거운 마음으로 먼저 시작한다(7절).			
자진해서 사회 문화적 장벽을 무너뜨린다(7~9절).			
사람들에게 실제로 무엇이 필요한지 주의를 기울인다(10~15절).			
개인적인 문제에 관해서도 솔직하고 정직하다(16~18절).			
관심을 다른 곳으로 돌리려 할 때 이를 피할 능력이 있다(19~21절).			
사람들을 '결단의 시간'으로 이끈다(25~36절).			
남들에게 복음을 나누기 원한다(32절).			

　당신의 상태를 점검한 후 그리스도의 증인으로서 부족한 부분을 하나님께서 채워주시도록 기도하세요.

　2. 단체

　　(a) 당신의 교회에서 하고 있는 '전도활동'을 어떤 방법으로 강화시킬 수 있읍니까?

　　(b) 당신의 교회에서 하고 있는 '후속조치'를 어떤 방법으로 개선시킬 수 있읍니까?

　　(c) 복음전파와 후속조치를 위하여 어떻게 하여야 더욱 훌륭하게 당신 교회의 교인들을 양육할 수 있읍니까?

B) 그룹 학습

1. 성경공부 문제에 대한 일부 답변을 가지고 간략하게 서로 이야기를 나누도록 하세요.
2. 당신이 이웃이나 직장에서 복음증거를 할 수 있는 기회에 관하여 토의해 보세요. 당신은 어떻게 하고 있읍니까? 어려운 점은 무엇입니까? 무엇이 더 가능합니까?

C) 권장 도서

『당신의 믿음을 거저 주는 방법』(How to Give Away Your Faith), 저자 : 폴 리틀 (Paul Little ; IVP)

D) 암송구절

로마서 3 : 23 ; 6 : 23, 이사야 53 : 6, 마가복음 8 : 34, 요한계시록 3 : 20

5. 일반적인 질문에 대한 대답

주의 : 한주 동안 문제를 마친 뒤 그룹 학습에 참가하세요. 이 과에서는, 성경구절이 일부 제시되지만 성구 사전이나 다른 참고자료가 필요합니다.

A) 매일학습 문제

당신은 다음의 말을 들었을 때 어떤 대답을 할 수 있읍니까? (가능하면 성경구절로 대답하세요).

월요일 : "나는 하나님을 믿지 않습니다"(롬 1 : 18~23, 요 14 : 8~11 ; 1 : 14~18, 요일 4 : 12).

화요일 : "나는 전혀 하나님이 필요하다고 느끼지 못해요"(요 3 : 3~8, 엡 2 : 1~3, 12, 히 9 : 27).

수요일 : "고통에 대하여 어떻게 생각하나요?"(눅 13 : 1~5, 롬 8 : 15 ~25, 고후 4 : 16~18, 시 73편).

목요일 : "복음을 전혀 들어보지 못한 사람에 대하여 어떻게 생각하나요."(눅 12 : 47~48, 롬 1 : 18~23 ; 3 : 19~24, 행 10 : 34 이하, 창 18 : 25).

금요일 : "다른 종교에 관하여 어떻게 생각하나요?"(요 14 : 6, 행 4 : 12, 딤전 2 : 5~6, 히 1 : 1~3).

토요일 : "나는 지금의 나로서도 충분히 고결하다고 생각해요?"(요 3 : 3~7, 롬 2 : 1~3 ; 3 : 9~20, 엡 2 : 8~10, 갈 2 : 16).

주일 : 이외에도 당신이 자주 들어온 변명이나 반대, 질문 등을 기술해 보세요. 그리고 가능하면 그들에게 몇몇 성경구절로써 대답해 주세요.

B) 그룹 학습
1. 성경공부 문제에 대한 일부 답변을 가지고 간략하게 서로 이야기를 나누도록 하세요.
2. 대답을 준비할 수 있는 방법에 관하여 토의해 보세요(베드로전서 2 : 15을 참조하세요).

C) 권장 도서
『당신의 믿음을 거저 주는 방법』(How to Give Away Your Faith), 저자 ; 폴 리틀(Paul Littel ; IVP). 『거기에 누가 있읍니까?』(Is Anyone There?)—저자 ; 데이비드 왓슨(David Watson ; H&S).

D) 암송구절
위에 기술된 것 가운데 임의로 선택하세요.

6. 방문과 카운셀링

주의 : 한주 동안 성경읽기와 문제를 마친 뒤 그룹학습에 참가하세요.

A) 매일학습 문제

월요일 : 전도를 위한 방문

1. 이것은 왜 필요한가요?(마 9:35~10:1, 롬 10:13~15).
2. 누가복음 10:1~20로부터 오늘날 우리의 환경과 적합한, 어떤 원리들을 배울 수 있읍니까?
3. 세부지침

방문 시간 : 편리하고 알맞는 시간을 택하세요. 예를 들어, 가장 인기 있는 TV 프로그램이 방영되는 시간은 피하도록 하세요.

해야 할 행동 : 노크(지속적으로), 기도, 기다림, 문이 열리고, 미소를 지으세요.

해야 할 말 : 즉시 당신이 누구인가를 소개하세요. 당신이 어디서 왔으며, 무엇을 하고 있는지 말하세요.

집 안으로 들어가도록 노력하세요. 대화를 발전시키세요. 서두르지 마세요. 끈기있게 듣도록 하세요. 그 후 최대한 신속히 필요한 정보를 기록하세요(보이지 않는 곳에서!).

화요일 : 재방문(예를 들어 전도집회가 끝난 뒤).

1. 데살로니가전서 2:1~13을 살펴볼 때, 일정 기간 동안 당신의 접근자세는 무엇과 같아야 합니까?
2. 사도행전 20:19~35을 살펴볼 때, 일정기간 동안 가르치고 지켜보는 목적은 무엇이어야 합니까?
3. 세부 지침

명단이 당신에게 넘어오면 될 수 있는 대로 빨리 방문하세요—가능하면 24시간 이내.

상냥스럽게 하세요, 그리고 정다운 관계를 맺기 시작하세요.

성(性)이 같고, 비슷한 나이의 사람을 찾아가세요.

그들을 하나의 인격체로 호감을 갖고 대하세요.

짧은 성경구절을 함께 읽어보세요—예)시편 103편.

일정하게 시간을 정하여 만나도록 하세요. 그러나 시간은 적절하게 오래 가지 않도록 하세요.

유용한 인쇄물이나 책자들을 빌려주세요.

수요일 : 환자 방문
1. 야고보서 5 : 13~16에서 우리는 무엇을 배울 수 있읍니까?
2. 세부지침

지나치게 따뜻하거나 우울한 표정은 피하세요.

앉으세요. 그러나 항상 침대 위에만 앉지 마세요(압력은 고통을 줄 수 있읍니다).

만약 환자가 청각 장애자이면 큰 소리로 말하거나 글로 써서 이야기 하세요.

서두르지 마세요. 그러나 너무 오래 머무르지는 마세요.

다음 약속을 너무 성급히 결정하여 실수하지 마세요.

적절한 몇 가지 성경구절을 읽은 뒤, 기도하세요(간단히)—때때로 (안수를 하거나) 손을 잡고 기도해 보세요.

만약 환자가 아프다면, 시편 23편과 같은 성경구절을 읽어주세요.

환자가 무의식 상태이더라도 크게 성경을 읽고 기도하세요.

적당한 인쇄물이나 책자를 남겨두세요.

목요일 : 구원의 확신이 부족한 사람들과의 카운셀링
1. 요한일서 5 : 13을 보면 우리는 확신을 갖도록 되어 있읍니다. 어떻게 확신할 수 있읍니까? 1 : 1~3, 7 ; 2 : 3, 15, 29 ; 3 : 9, 14, 21 ; 4 : 13 ; 5 : 4, 19를 보세요.

2. 왜 그러한 의심이 남아 있는지 그 이유를 발견하도록 노력하세요. 데이비드 왓슨(David Watson)이 지은 『새 생을 살라』(Live a New Life)의 제8장을 읽어보세요.

3. 누가복음 1 : 30, 38, 46~49로부터 믿음의 특성을 가르쳐주세요.

그 사람이 하나님께서 말씀하신 약속을 신뢰하고 이를 근거로 해서 확신을 갖도록 도와주세요(마 7 : 24, 벧후 1 : 2~4, 19를 보세요).

그 사람이 성령충만하게 되기를 기도하세요(눅 11 : 9~13을 보세요).

금요일 : 억압받고 실패한 사람들과의 카운셀링

1. 유용한 성경구절인 시편 42~43편과 로마서 8:26~39을 읽어보세요. 여기서, 우리의 투쟁에 관하여 하나님의 어떤 대답을 들을 수 있읍니까?

2. 매우 부드럽고 이해심있는 사람이 되어야 합니다. 근본적인 문제를 깨달을 수 있도록 지혜와 지식의 은사를 간구하세요.

3. 어떤 경우에도 그들에게 (a) 모든 죄, 특히 남들에 대한 죄와, (b) 남들로부터 상처받은 모든 것들을 솔직하게 고백할 수 있는 시간을 (조용히) 만들어주는 것이 필요할지 모릅니다. 그들에게는 자기연민 (self-pity)의 죄를 고백하게 하며 하나님께 찬양의 제사를 드리기 시작하도록 도와주는 것이 좋습니다.

토요일 : 인간관계가 좋지 않은 사람들과의 카운셀링

1. 빌립보서 2:1~5 ; 4:1~7, 엡 4:25~32, 고후 6:14~7:1로부터 우리는 무엇을 배울 수 있읍니까?(이 대단한 주제는 대부분의 바울서신에게 다루어지고 있읍니다!).

주일 : 당신은 어떤 부분에서—부족합니까?
(a) 개인

당신은 어떤 부분에서—계속적인 훈련이 중요하다고 인식합니까?

당신은 어떤 부분에서—봉사하도록 하나님께서 당신을 부르셨다고 (비록 조금이라도) 느끼십니까?

(b) 단체 : 당신의 교회는 어떤 부분이 더 강화되어야 합니까? 어떻게 하면 됩니까?

B) 그룹 학습

1. 당신의 질문에 대한 몇 가지 대답에 관하여 토의해 보세요.

C) 권장 도서

『새 생을 살라』(Live a New Life)—저자 : 데이비드 왓슨(H&S).

『새 생명, 새 생활양식』(New Life, New Lifestyle)—저자 : 미카엘

그린(Michael Green ; H&S).

D) 암송구절
이사야 50 : 4.

7. 연설의 준비와 실제

주의 : 한 주간 동안 이 학습을 마친 뒤 그룹 학습에 참가하도록 하세요.

서문 : 많은 사람들이 비록 짧은 것이라 할지라도 연설을 한다는 생각만 하면 매우 초조하게 되고 맙니다. 그러나 실제로 그렇지 않은 매우 유능한 사람들도 많습니다. 하지만 아무리 능력이 있어도 간단한 연설을 하려면 조심스럽게 준비를 해야만 합니다. 마크 트웨인(Mark Twain)은 "3주간 동안 전념해야만 훌륭한 한편의 즉흥 연설을 준비할 수 있다"고 하였읍니다. 연설을 준비하는 것은 마치 집을 건축하는 것과 같습니다.

A) 장소를 설정하세요.

전체 '대지'(ground)가 성경이라면, 특정 '장소'는 어떤 성경구절, 즉 예를 들어 베드로전서 4 : 11과 같은 것이 됩니다. 여기서 우리의 사상은 별로 중요하지 않으며, 하나님 말씀이 필수적인 것입니다.

 1. 상식을 이용하세요.
 2. '메모용 노트'를 지니고 다니세요(특히 연설이 상당히 규칙적인 경우에 더욱 필요합니다).
 3. 당신의 청중이 필요로 하는 것을 가능한 많이 알도록 하세요.
 4. 기도하세요(항상 특별한 준비를 시작하기 전에 꼭 필요합니다).

B) 기초를 놓으세요.

하나님이 그의 말씀 속에서 지시하고 있는 바를 참되게 알 수 있을 때까지 가능한 한 철저히 성경구절, 주제 등을 공부하세요. 이러한 노력이 없다면 당신의 연설에 확신이 있을 수 없으며, 결국 쉽게 허물어지고 말 것입니다.

C) 계획을 검토하세요. 또 조심스럽게 당신의 메시지를 만들어 보세요.

"하나의 목표"를 가지세요. 종종 사람들이 자신의 목표를 한 문장으로 짧게 기술하고는 연설의 나머지 말들은 모두 이 문장에 연결시키려고 하는 것이 유익합니다. 집중적으로 목표를 치세요. 이 형편에 맞는 하나님의 메시지가 무엇입니까?

주의 : 성경구절의 뜻을 포착하는 데는 일반적으로 여러 가지 다양한 방법이 사용됩니다.

주의 : 웨슬리(Wesley)의 말을 기억하세요. "나는 그들에게 그리스도를 제시합니다."

D) 골격을 세우세요.

1. 간결한 계획 : 당신의 오점(방향)을 진술하세요. 설명하세요. 예를 들어보세요. 적용하세요.

2. 방향설정과 내용구분을 해보세요(일반적으로 한 연설에 핵심이 약 2~3개 정도 있으면 좋습니다).

 (a) 성경말씀을 이용하세요. (b) 질문을 하세요(누가? 무엇을? 왜? 기타). (c) 두운법을 미묘하게 이용해 보세요.—그러나 너무 억지로 사용하지 마세요.

E) 벽을 만드세요.

당신의 연설에 '어떠한 내용'을 담아보세요. 우리는 '자극,' '교훈,' '양육,' '충동' 등을 주어야 합니다. 대부분의 연설은 어떤 교리나 가르침이 필요합니다. 그리고 단지 "당신은 반드시 예수님을 신뢰해야 합니다"라는 사실만 이야기하는 것이 아니라 왜 그러한가를 말해 주어야 합니다. 이를 위하여, 성경은 번역이 다른 것으로 두 권 이상 필요합니다. 성구사전과 훌륭한 주석들을 이용하세요.

F) 창문도 잊지 말고 부착하세요.

—실례를 드는 것이 얼마나 중요한지 모릅니다.

이야기, 인용글, 화제가 된 뉴스 등으로 노트를 만드세요. 이러한 것들은 종종 확고한 교리 위에 풍성한 빛을 비춰줍니다.

G) 생활하는데 적합하게 하세요.

이 집은 박물관으로 만드는 것이 아니라 사람이 생활하는 집으로 만드는 것입니다.

그러므로 연설은 반드시 가능한 한 실제적인 생활과 관련이 되어야 하며, 또한 이를 다루어야 합니다.

H) 앞뒤의 문을 점검하세요.

즉, 연설의 시작과 끝은 특별히 중요합니다. 연설 초두에 몇 가지 유용하게 이용되는 것이 있읍니다—질문, 깜짝 놀랄 만한 이야기, 화제가 된 뉴스, 이야기, 광고, 수수께끼나 문제 등입니다. 그리고 언제 끝마쳐야 하며, 어떻게 끝마쳐야 하는가를 알도록 하세요.

최종준비와 발표

최소한 다음과 같이 시작을 하는 것은 대부분의 사람들에게(전부는 아니만) 매우 도움을 줍니다.

1. 연설의 내용을 완전히 글로 옮겨보세요. 그리고난 후 이를 더 함축시켜 발표요지를 작성해 보세요.
2. 실제와 동일한 연습을 해보세요—크게 말하거나 속삭이며 해보세요.
3. 다음을 자연스럽게 할 수 있어야 합니다.
   (a) 몸가짐—미소, 움직이지 않고 서서 있기, 좋지 않은 버릇을 사용치 않는 것
   (b) 소리—큰 소리
4. 공간, 음성의 높낮이, 일시적인 중지 등을 이용하세요.
5. 언제나 기도하세요. 고린도전서 2:1~5을 참조하세요.

실습: 어떤 성경구절이든지 이를 가지고 5분 이내의 짧은 연설을 준비해 보세요. 그리고 그것을 다음 학습모임에서 발표하세요.

참고서적

Babbage, Stuart B., *The Mark of Cain*, Paternoster, 1966.
Barclay, William, *More New Testament Words*, SCM, 1948.
Baxter, James K., *Thoughts about the Holy Spirit*, Fortuna Press, 62 Friend St Karori, NZ.
Beall, James Lea, *Your Pastor, Your Shepherd*, Logos 1977.
Boer, H., *Pentecost and Missions*, Lutterworth.
  Bonhoeffer, Dietrich, *Life Together*, SCM, 1954.
——————— *Cost of Discipleship*, SCM, 1959.
Bosch, David J., *Witness to the World*, Marshall, Morgan and Scott, 1980.
Brown, Colin ed., *The International Dictionary of the New Testament*, Paternoster, 1976.
Bruce, A, B., *Training of the Twelve*, Kregel, 1971.
Coleman, Robert E, *The Master Plan of Evangelism*, Revell, 1963.
Edwards, Jonathan, Thoughts on the Revival.
Foster, Richard J., *Celebration of Discipline*, Hodder & Stoughton, 1980.
Green, Michael, *I Believe in the Holy Spirit*, Hodder & Stoughton, 1975.

──────── *Evangelism— now and then*, IVP, 1979.
──────── *I Believe in Satan's Downfall*, Hodder & Stoughton, 1981.
Griffiths, Michael, *Give Up Your Small Ambitions*, IVP, 1977.
Harper, Michael, *Spiritual Warfare*, Hodder & Stoughton, 1970.
──────── *A New Way of Living*, Hodder & Stoughton, 1973.
──────── *This is the Day*, Hodder & Stoughton, 1974.
Hartman, D, and Sutherland, D., *Guidebook to Discipleship*, Harvest House, Irvine, California, USA, 1976.
Henricksen, Walter A., *Disciples Are Made, Not Born*, Victor Books, 1974.
Hinnebusch, Paul, *Praise a Way of Life*, Word of Life, 1976.
Hummel, Charles, *Fire in the Fireplace*, Mowbrays, 1978.
Kittel, *Theological Dictionary of the New Testament*.
Koch, Kurt E., *Christian Counselling and Occultism*.
──────── *Occult Bondage and Deliverance*, Evangelization Publishers, 7501 Berghausen Bd, Western Germany, 1970.
Lewis, C.S., *Screwtape Letters*, Bles, 1942.
──────── *Mere Christianity*, Collins, 1952.
Lovelace, Richard F., *Dynamics of Spirtual Life*, Paternoster, 1979.
Loyola, St Ignatius, *Spiritual Exercises*, Newman, 1954.
Miller, Keith, *The Taste of New Wine*, Word, 1965.
Moltmann, Jüngen, *The Open Church*, SCM, 1978.
Morton, T. Ralph, *The Twelve Together*, Iona Community, 1956.
Muggeridge, Malcolm, *Christ and the Media*, Hodder and Stouhton, 1977.
Nevius, John, *Demon Possession*.
Nida, Eugene, *Customs, Culture and Christianity*, Tyndale, 1963.
Ortiz, Juan Carlos, *Disciple*, Lakeland, 1971.
Packer, J. I., *Evangelism and the Sovereignty of God*, IVP, 1971.
──────── *Under God's Word*, Marshall, Morgan and Scott, 1980.
Powell, John, *Why Am I Afraid To Tell You Who I Am?* Collins, 1969.
Quoist, Michael, *Prayers of Life*, Gill, 1963.
Richards, John, *But Deliver Us From Evil*, Darton, Longman & Todd, 1974.
Richards, Lawrence O., *A New Face For The Church*, Zondervan, 1970.
──────── *A Theology of Christian Education*, Zondervan, 1975.
Saunders, J. Oswald, *Problems of Christian Discipleship*, OMF, 1958.
Sider, Ronald J., *Rich Christians in an Age of Hunger*, Hodder &

Stoughton, 1977.
Snyder, Howard A., *New Wineskins*, Marshall, Morgan and Scott, 1977.
───────*The Community of The King*, IVP, 1977.
Stewart, James S., *Heralds of God*, Hodder & Stoughton.
Stott, John R. W., *Christian Counter-Culture*, IVP, 1978.
Stott, John R. W. ed., *Obeying Christ in a Changing World*, Collins, 1977.
Suenens, Cardinal, *A New Pentecost*? Darton, Longman & Todd, 1975.
Taylor, John, *Enough is Enough*, SCM, 1975.
Townsend Anne, *Prayer Without Pretending*, Scripture Union, 1973.
Tozer, A.W., *The Divine Conquest*, Ravel, 1964.
Wagner, C. Peter, *Your Church Can Grow*, Glendale, C.A., Regal, 1976.
Wallis, Jim, *Agenda for Biblical People*, Harper & Row, 1976.
White, John, *The Golden Cow*, Marshall, Morgan, and Scott, 1979.
───────*The Cost of Commitment*, IVP, 1976.
Wilson, Carl, *With Christ in the School of Disciple-Building*, Zondervan, 1976.
Wright, J. Stafford, *Christianity and the Occult*, Scripture Union, 1977.
Wurmband, Richard, *Tortured for Christ*, Hodder & Stoughton, 1967.
───────*In God's Underground*, W.H. Allen, 1968.
Yoder, John Howard, *Politics of Jesus*, Eerdmans, 1976.

Magazines
Evangelical Quarterly Mission, Box 794, Wheaton, Illinois, 60187, USA.
New Covenant, PO Box 617, Ann Arbor, Michigan 48107, USA.
Pastoral Renewal, PO Box 8617, Ann Arbor, Michigan 48107, USA.
Third Way, 19 Draycott Place, London SW3 2SJ.

CHRISTIAN LITERATURE CRUSADE

기독교문서선교회는 청교도적 복음주의신학과 신앙을 선포하는 국제적, 초교파적, 비영리 문서선교기관입니다.

기독교문서선교회는 한국교회를 위한 교육, 전도, 교화에 힘쓰고 있습니다.

만일 당신이 예수 그리스도와 그리스도인의 생활에 대하여 알기를 원하시면 지체말고 서신연락을 주십시오. 주 안에서 기쁜 마음으로 도움을 드리겠습니다.

서울 서초구 방배동 983~2
Tel. 586-8761~3

기독교 문서 선교회

THE DISCIPLINES OF LIFE

인생훈련

CLC 도서안내

레이몬드 에드만 지음 | 권성수 옮김
신국판 | 268면

본서는 자유를 외치면서 방종하고 방탕한 현대인에게 기독교적인 인격훈련을 강조하고, 훈련 제목을 성경적으로 잘 정리하여 소개한 책으로서 평신도, 신학생, 교역자들에게 필독서이다.

CLC는 67권째의 메시지입니다.

기독교문서선교회
www.clcbook.com

■ 譯者略歷 ■
- 숭전대학교 영문과 졸업
- 총신대학 신학연구원 졸업
- 미국 웨스트민스터 신학대학원 졸업(Th.M., Th.D.)
- 현, 총신대학 신학대학원 교수

제자훈련
Discipleship

1987년 4월 30일 초판 발행
2007년 4월 10일 초판 5쇄 발행

지은이 | 데이비드 왓슨
옮긴이 | 권성수

펴낸곳 | 사) 기독교문서선교회
등록 | 제16~25호(1980. 1. 18)
주소 | 서울시 서초구 방배동 983-2
전화 | 02) 586-8761~3(본사)   031) 923-8762~3(영업부)
팩스 | 02) 523-0131(본사)   031) 923-8761(영업부)
홈페이지 | www.clcbook.com
이메일 | clc@clcbook.com

ISBN 978-89-341-0253-3(03230)
* 낙장·파본은 교환해 드립니다.